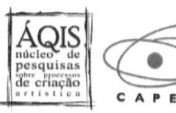 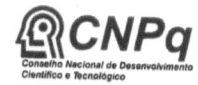 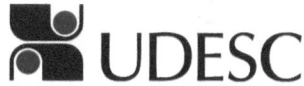

FALAS SOBRE O COLETIVO

Entrevistas sobre teatro de grupo

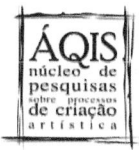

ÁQIS

Núcleo de Pesquisas Sobre Processos de Criação Artística

FALAS SOBRE O COLETIVO

Entrevistas sobre teatro de grupo

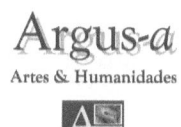

Artes & Humanidades

Argus-*a*
Artes y Humanidades / Arts and Humanities
Buenos Aires - Los Ángeles
2015

ÁQIS – Núcleo de Pesquisas sobre Processos de Criação Artística
Departamento de Artes Cênicas - DAC
Centro de Artes - CEART
Universidade do Estado de Santa Catarina – UDESC

Reitor – Profº. Antonio Eronaldo de Souza
Diretor Geral CEART – Profa. Gabriela Mager

ISBN **978-0-9904445-6-5**

Revisão – Diego de Medeiros Pereira
Design de capa – Argus-*a*

Editorial Argus-*a*
16944 Colchester Way,
Hacienda Heights, California 91745
U.S.A.

Calle 77 No. 1976 – Dto. C
1650 San Martín – Buenos Aires
ARGENTINA
argus.a.org@gmail.com

Organização

Adriana dos Santos

André Carreira

Ana Luiza Fortes

André Felipe Costa

Camila Ribeiro

Daniel Olivetto

Éder Sumariva

Éder da Costa Paulo

Heloisa Marina

Lara Matos

Ligia B. Ferreira

Margareth Ferreira Rueckert

Luís Deschamps

Patrícia Leandra Barrufi

Samantha Cohen

Vinícius Pereira

ÁQIS

[Núcleo de Pesquisa sobre Processos de Criação Artística]

O grupo de pesquisa ÁQIS (CEART/UDESC) aborda os processos de organização e criação artística, estudando desde procedimentos técnicos até as estruturas de funcionamento de agrupações de artistas. No contexto de uma abordagem interdisciplinar estudamos diversos fenômenos relacionados com o campo da teatralidade e a construção de discursos míticos dos artistas. No entanto, o estudo do teatro de grupo tem constituído um eixo de trabalho da equipe com projetos de pesquisa relacionados a experiências práticas e estudos teóricos. (http://www-dev.ceart.udesc.br/aqis)

Adriana dos Santos - Doutoranda em Teatro pela UDESC. Atriz.

Ana Luiza Fortes - Doutoranda em Teatro pela UDESC. Integrante da Dearaquecia. Atriz do Grupo *(E)xperiência Subterrânea*.

André Carreira - Doutor em Teatro pela Universidad de Buenos Aires, Professor do Programa de Pós-Graduação em Teatro da UDESC, pesquisador do CNPq, diretor do *Grupo Experiência Subterrânea*.

André Felipe Costa Silva - Ator e dramaturgo, membro da *Dearaquecia*. Mestre pelo Instituto Universitario Nacional del Arte (Argentina).

Camila Ribeiro - Fotógrafa de espetáculos, iluminadora e produtora.

Daniel Olivetto - Ator, diretor, integra a *Cia. Experimentus* desde 1999. Mestre em Teatro.

Éder Sumariva - Doutor em Teatro pela UDESC.

Éder da Costa Paulo - Licenciado em Artes Cênicas pela UDESC.

Heloisa Marina - Doutoranda em Teatro pela UDESC. Atriz.

Lara Matos - Doutoranda em Teatro pela UDESC. Atriz do Grupo *(E)xperiência Subterrânea.*

Ligia Batista Ferreira - Mestre em Teatro pela UDESC. Atriz.

Margareth Ferreira Rueckert - Licenciada em Artes Cênicas pela UDESC. Atriz.

Luís Deschamps - Licenciado em Artes Cênicas pela UDESC.

Patrícia Leandra Barrufi Pinheiro - Doutoranda em Teatro pela UDESC. Atriz integrante da Conjuração Trash Produções.

Samantha Cohen - Mestre em Teatro pela UDESC. Atriz, diretora, produtora cultural e pesquisadora.

Vinícius Pereira - Licenciado em Artes Cênicas pela UDESC. Ator integrante da *Dearaquecia.*

SUMÁRIO

Apresentação   *i*

Um projeto de pesquisa sobre Teatro de Grupo   1

Entrevistas

Belo Horizonte - MG

Cia Candongas   9

Cia Deu Palla   21

Cia Luna Lunera   31

Grupo Galpão   43

Grupo Trama   59

Grupo ZAP 18   73

Movimento de Teatro de Grupo   93

Grupo Giramundo   99

Labapi Teatro   107

Teattro Andante   115

Grupo Espanca!   123

Blumenau – SC

Cia Carona   131

Brasília - DF

Circo Teatro Udi Grudi   149

Campinas – SP

Boa Companhia   159

Lume Teatro   169

Barracão Teatro   193

Criciúma – SC

Cirquinho do Revirado   203

Curitiba – PR

Companhia Brasileira de Teatro   211

Florianópolis – SC

Erro Grupo   223

Experiência Subterrânea   237

Persona Teatro   241

Traço Cia de Teatro   247

Fortaleza – CE

Grupo Bagaceira de Teatro 261

Teatro Máquina 265

Teatro de Caretas 269

Goiânia – GO

Teatro Guará 283

Teatro Exercício 291

Cia. Nu escuro 303

Joinville - SC

Dionísios Teatro 317

Maceió – AL

Associação Teatral Joana Gajuru 327

Natal – RN

Clowns de Shakespeare 337

Porto Alegre – RS

Grupo Corpo Estranho e Grupo Caixa Preta 345

Grupo Falos & Stercus 353

Oigalê Cooperativa de Artistas Teatrais 361

Recife - PE

Cia Mão Molenga   369

Coletivo Angu de Teatro   377

Rio de Janeiro – RJ

Os Dezequilibrados   389

São Paulo – SP

Cia Elevador Panorâmico   401

Cia Livre   413

Cia São Jorge de Variedades   425

Companhia do Feijão   433

Companhia do Latão   443

Grupo Folias D'Arte   453

Os Satyros   469

Tablado de Arruar   481

Grupo XIX   503

Grupo Filhos da mãe...Terra!   515

Cia do Miolo   523

Apresentação

O material publicado neste livro é parte dos resultados da pesquisa *Teatro de Grupo: processos de criação*, que a equipe do ÁQIS desenvolveu entre 2002 e 2015. As entrevistas que estamos publicando foram uma das ferramentas básicas desse projeto que nos permitiram ver as complexas dinâmicas dos processos de criação e de produção teatral que constituem parte significativa da vida cultural brasileira.

Foi a partir das entrevistas com os realizadores daquilo que chamamos Teatro de Grupo que começamos a construir um mapa desse amplo fenômeno criativo que caracteriza a cena nacional no século XXI. Essa coleta de dados se deu mediante visitas aos grupos, realizadas na maioria das vezes por pares de estudantes. Assim, foram feitas entrevistas, gravações de ensaios, e coleta de materiais produzidos pelos grupos. A qualidade desses encontros nos permitiu observar a vitalidade de um movimento teatral que se espalha por todo o país. Temos então um complexo quadro de formas de trabalho, treinamento e organização que constituem uma parte significativa do fazer teatral brasileiro.

Alguns dados sobre projetos de montagem, datas de eventos e estréias que aparecem nas entrevistas, estão algo defasados no momento desta publicação, mas, mesmo assim consideramos que o centro das entrevistas que são as informações sobre os processos coletivos, constitui um valioso material para a pesquisa sobre o teatro de grupo.

As entrevistas foram realizadas com grupos de diversas partes do Brasil. O universo dos grupos estudados foi limitado pelo montante dos recursos disponíveis para a pesquisa[1], pois sempre buscamos realizar um contato direto com visitas às sedes dos grupos. Ver ensaios e conhecer o dia a dia dos grupos constituiu um objetivo do estudo, pois privilegiamos

---

[1] Neste projeto foram utilizados recursos oriundos de editais do CNPq, (Edital Universal e bolsas PQ, AT e IC), do Programa de Apoio à Pesquisa (PAP) da UDESC, e da CAPES sob a forma de bolsas de mestrado.

a possibilidade de conversar com o maior número de membros de cada coletivo. Consequentemente, os custos com passagens e hospedagem dificultaram que pudéssemos incorporar, por exemplo, grupos da Região Norte, e mais grupos do Centro Oeste e do Nordeste. Ainda é preciso dizer que nem todas as entrevistas realizadas durante o projeto finalmente aparecem no presente volume pela demora da revisão dos textos por parte dos próprios grupos.

As conversas com os atores, atrizes, diretores e diretoras foram feitas a partir de um formulário desenvolvido pela equipe do projeto. O questionário nasceu das necessidades dos diferentes subprojetos desenvolvidos no ÁQIS. Mas, estas questões foram um guia para trocas de informação, por isso, é possível observar as variações entre as entrevistas. O formato destas dependeu muito do contexto de cada encontro, muitos deles realizados nas sedes dos grupos em um ambiente amigável de troca e mútuo conhecimento. Também realizamos entrevistas por meio da internet, e alguns questionários foram respondidos por e-mail, dada a impossibilidade de um encontro pessoal.

No decorrer da pesquisa aprendemos muito com nossos entrevistados, e ao mesmo tempo criamos dinâmicas de reflexão sobre o tema da pesquisa com os artistas que nos recebiam para conversar. Por isso, sempre que possível o grupo de pesquisa buscou compartilhar com a comunidade acadêmica suas reflexões sobre o conceito de teatro de grupo participando ativamente de eventos nacionais e internacionais, ocasiões nas quais foram apresentados resultados parciais. Neste sentido, se destacaram as participações dos membros do ÁQIS em eventos tais como o Próximo Ato, realizado pela Fundação Itaú Cultural, os congressos da ABRACE e diversas jornadas e colóquios acadêmicos.

A edição deste livro tem como objetivo tornar disponível um material de referência que contribua para outras pesquisas sobre o teatro dos coletivos no Brasil. Atualmente, são várias com as iniciativas de pesquisadores que buscam compreender o teatro de grupo como modo de organização e criação, o que representa tanto a ampliação do campo de estudo como da consolidação de uma imagem mais complexa dos fenômenos relacionados com os coletivos teatrais. Nos últimos o trabalho cartográfico realizado por Fernando Yamamoto no Nordeste e diversos artigos publicados pela revista Sub-Texto por iniciativa do pesquisador Fernando Mencareli, as pesquisas de Rosyanne Trotta e a produção crítica de Valmir Santos, entre outros, representam contribuições fundamentais para a abordagem da diversidade que caracteriza o Teatro de Grupo. Nossa publicação se inscreve neste esforço coletivo de melhor conhecer a produção teatral que tem seu eixo nos grupos.

Um projeto de pesquisa sobre Teatro de Grupo[2]

André Carreira e Antonio Vargas[3]

Desde 1997 nossa equipe de trabalho do ÁQIS vem pesquisando os processos de conformação de identidade cultural associados ao teatro realizado no seio do movimento dos grupos.

O estudo do fenômeno do teatro de grupo é um elemento fundamental para a compreensão da cena brasileira contemporânea. Por isso, para analisar os desdobramentos do teatro no nosso país parece central identificar o papel que o teatro de grupo joga na conformação de novos padrões de trabalho.

Em um primeiro momento, o objeto de estudo do projeto esteve delimitado por questões relacionadas aos procedimentos da produção, depois nosso foco foi a especificidade do trabalho do ator no contexto grupal. Posteriormente, o projeto definiu seu eixo a partir da reflexão sobre a própria idéia de um teatro de grupo. Consideramos que esta forma de organização teatral é um importante modelo no teatro brasileiro que constitui uma zona periférica do nosso sistema teatral. Também nos interessou neste processo pensar como estas estruturas geram procedimentos de formação que estão articulados com os discursos artísticos e ideológicos dos coletivos.

Os principais objetivos do projeto foram: estabelecer uma breve história do movimento de teatro de grupo; delimitar os modelos de organização grupal relacionados como o teatro de grupo; analisar os procedimentos de formação de atores próprios do teatro de grupo, e refletir sobre processos de criação, principalmente no que se refere ao trabalho do ator no grupo.

O estudo sobre o teatro de grupo busca compreender um fenômeno que se fez mais presente em circuitos teatrais periféricos no Brasil a partir da segunda metade da década de 80. Como uma decorrência de novos movimentos teatrais que nos anos 80 buscaram re-estruturar espaços alternativos para o teatro e, especialmente, redefinir o papel do

---

[2] Desenvolvimento de texto publicado na Revista Camarim da Cooperativa Paulista de Teatro em 2007.

[3] Professores do PPGT Teatro e do PPGAV da UDESC, respectivamente, e do PROF-ARTES.

teatro no campo da cultura, a expressão 'teatro de grupo' pareceu propor um novo lugar social para uma forma de estruturação grupal consolidada nos anos 60.

Diferentemente da idéia de 'grupo teatral' como unidade de criação artística com um claro compromisso ideológico, que dialogava de forma direta com o contexto político, atualmente a modalidade que se encaixa sob o título de 'teatro de grupo' parece se relacionar de forma mais direta com o próprio contexto do teatro como linguagem artística. Observa-se neste caso um deslocamento dos objetos da esfera política e social para o terreno das linguagens teatrais com um conseqüente foco em reflexões sobre papel do teatro frente à complexidade dos fenômenos da cultura. Certamente, este deslocamento não faz desaparecer a vocação de compromisso político características dos movimentos dos coletivos, apenas se manifestam prioridades diferentes. Portanto, a maioria dos grupos que se relacionam com a ideia de teatro de grupo, assume discursos políticos estreitamente vinculados aos projetos estéticos. De modo que, atualmente assumir a própria expressão "Teatro de Grupo" representaria um gesto que politiza o fazer teatral por reforçar seu sentido coletivista e a discussão da linguagem teatral.

Neste caso não houve apenas uma mudança de conteúdos, mas sim uma complexa re-organização de procedimentos e de percepções sobre o fazer teatral, e o papel do teatro no contexto sócio-cultural. No ambiente dos grupos – isto é, daquele teatro que escapa à esfera do profissionalismo comercial – ocorreram, nas últimas duas décadas, transformações significativas no que diz respeito à compreensão do lugar social do teatro. Aqui cabe destacar que esse fenômeno pertence a uma zona periférica – tanto da cultura em geral como do próprio Teatro -, e é exatamente por isso que ele reveste grande importância para os estudos que pretendem abordar a história do teatro no país no século XX.

A noção de grupo representa hoje uma referência que permite estudar um amplo conjunto de grupos que têm sido responsáveis pela estruturação de um espaço dinâmico de circulação de espetáculos e de formação de novos atores e atrizes. Tal espaço, apesar da delimitação do campo do teatro de grupo está marcado pela diversidade de formas e procedimentos.

O trabalho sobre modelos teatrais periféricos identificou uma tendência acentuada de aparecimentos de novos projetos relacionados à idéia de teatro de grupo. Para aprofundar a reflexão sobre as repercussões do teatro de grupo no Brasil, e compreender como esta presença tem formulado novas formas de estruturação coletivas, foi necessário identificar as matrizes que operam como fundamento de uma grande quantidade de trabalhos grupais.

Esta pesquisa se apoiou no reconhecimento da condição periférica de experiências teatrais realizadas no contexto do grupo. Do contato com os coletivos fica evidenciado o amplo reconhecimento de uma condição periférica, ainda quando tal condição possa variar muitos nos diferentes contextos culturais. Não é igual a percepção de grupos que trabalham em cidades tão diversas como São Paulo, Florianópolis, Fortaleza ou Belo Horizonte. Apesar disso parece ser comum a consciência de que os projetos grupais se situam em um território menos favorecidos do que o das formas de produção que estão associados aos processos da industria cultural.

Assim, o mapeamento dos grupos implicou na organização de um retrato de um modo de produção teatral que consideramos de resistência. Por isso, foi interesse da nossa pesquisa analisar os elementos ideológicos e poéticos que determinam a estruturação de tais projetos. Ainda que o centro de nosso material se refira aos processos de criação e de produção coletivos.

A equipe do ÁQIS entrevistou artistas e registrou atividades de grupos tomando como critério documentar o trabalho de coletivos com pelo menos cinco anos de atividade regular. Os estudantes que participaram do projeto visitaram grupos, assistindo ensaios, apresentações, conversando com atores, atrizes e diretores, conhecendo sedes, descobrindo assim uma complexa realidade de trabalho diário. Essas visitas produziram um amplo material que serviram de base para mais de dezesseis subprojetos desenvolvidos pelos membros da equipe sob a forma de dissertações de mestrado, trabalhos de conclusão de curso de graduação, de iniciação científica. Todos foram realizados, a partir do compartilhamento coletivo de informações nas reuniões semanais do ÁQIS.

A organização de documentação sobre os grupos teatrais, produzida pela equipe de pesquisa por meio de entrevistas e de levantamento de fontes secundárias, buscou constituir um arquivo de referência sobre o fenômeno do teatro de grupo. Isso alimentou os subprojetos individuais que conformaram o projeto integrado, isto é, os trabalhos através do quais cada estudante pesquisador abordou um subtema de sua escolha. Assim, foram realizadas pesquisas sobre a utilização de espaços cênicos; os grupos e seus públicos; as práticas de treinamento do ator; processos de criação coletiva; iconografia do teatro de grupo.

Iniciamos nosso mapa pelos grupos pela Região Sul, para posteriormente abordar cidades como Campinas, Belo Horizonte, Goiânia, Brasília, Maceió, Natal, Fortaleza, Recife, São Paulo e Rio de

Janeiro. Temos consciência de que este conjunto não representa a totalidade do teatro de grupo do Brasil, mas, acreditamos que tais entrevistas nos permitem construir uma imagem bastante ampla dessa produção teatral.

Com o material produzido o projeto buscou estabelecer um diálogo mais amplo com artistas e pesquisadores, de tal forma que as iniciativas do ÁQIS possam encontrar posteriores colaborações mesmo à distância. Pensamos que este projeto contribuirá para a realização de outras pesquisas, pois ao construir esta fonte de informações estamos dando mais visibilidade ao trabalho de vários grupos que ocupam lugares periféricos. Ao mesmo tempo pretendemos contribuir com os estudos teatrais redimensionando o teatro de grupo como fenômeno horizontal com ramificações nas mais diferentes regiões do país.

Nossa preocupação também se refere à necessidade de conceituar de forma mais clara o que é o teatro de grupo, ainda que seja a partir da constatação da diversidade de modelos, e da impossibilidade da elaboração de uma definição que enquadre de forma unitária uma grande diversidade de modos de trabalho.

Discutir o próprio conceito que hoje nos serve de baliza, é uma tarefa de longo prazo a ser realizada em conjunto com os artistas que adotam tal nomenclatura. Acreditamos que essa discussão pode ser um fator provocador que anime uma reflexão que esteja associada aos processos organizacionais e criativos.

Um dos objetivos dessa pesquisa foi sondar como o teatro de grupo opera nos contextos periféricos, tanto como uma possibilidade alternativa, quanto como uma tendência que pode gerar práticas de hegemonia, nestes contextos, a partir da construção de novas redes de representação de hierarquia. Essa discussão parece importante para estudar o teatro de grupo sem fazer do nosso olhar uma simples forma de validação desse modelo de trabalho.

Buscamos desde as diferentes vertentes do projeto integrado, compreender o teatro de grupo, suas relações com o contexto cultural e as principais tendências que funcionam como base para a estruturação de um sistema teatral periférico.

No campo dos estudos teatrais ainda persistem lacunas no que se refere ao conhecimento das práticas teatrais periféricas. Por isso, abordar as especificidades destas práticas teatrais e relacioná-las com o movimento do teatro de grupo é fundamental para criar uma base de reflexão sobre a complexidade dos processos criativos/produtivos teatrais e poder gerar conhecimento que contribua com o movimento teatral do contexto estudado. Queremos com a publicação desse material que sustenta nosso estudo, contribuir de uma forma direta com a história do teatro brasileiro contemporâneo buscando compreender tanto a situação periférica do teatro de grupo, como as estruturas internas do movimento e suas linhas de influências e articulação de discursos.

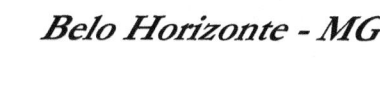

Belo Horizonte - MG

CIA CANDONGAS
Entrevista com Guilherme Théo e Wagner Vasconcelos[4]

Concedida a Daniel Olivetto e Patrícia Leandra Barrufi.
Em setembro de 2006, na sede do grupo, em Belo Horizonte.

Vocês poderiam começar falando um pouco da trajetória do grupo *Candongas?*

Wagner - A Companhia se formou em 1994, numa oficina de iniciação teatral promovida pela Secretaria Municipal de Cultura, aqui em Belo Horizonte e acontecia na Casa das Domésticas, aos domingos.

Guilherme - A gente se formou basicamente nessa oficina, onde começamos a montagem de um espetáculo, o professor escolheu um texto do Jota Dângelo, que é um autor aqui de Minas, chamado *Pelos caminhos de Minas*. A gente montou o espetáculo com doze pessoas. Doze atores que participaram da oficina que começou com trinta. Apresentamos esse espetáculo em 1994. Depois nós, cinco pessoas daqueles doze, queríamos continuar apresentando o espetáculo, e formar um grupo, no caso o *Candongas*. O professor fez uma adaptação no espetáculo, tirou várias cenas e dobrou outras. Eram esquetes e deu para fazer um espetáculo de rua.

Quem ministrou essa oficina?

Wagner - Wilson Avelar.

Guilherme - Isso, Wilson Avelar. Hoje ele trabalha só com artes plásticas, mas ele era de um grupo chamado *Olho da Rua*, daqui de Belo Horizonte também e o grupo ainda existe. O legal disso é que, como ele veio de um grupo de teatro de rua, ele trabalhava na oficina todos os elementos de teatro popular, inclusive a oficina era a céu aberto. Ele trouxe para a gente um universo teatral diferente do que algumas escolas de teatro trabalham, geralmente elas são muito baseadas no método Stanislavski. E ele trabalhou conosco outro tipo de técnica, que elaborava um teatro mais aberto, com uma comunicação mais direta com o público, e de lá pra cá essas referências foram fundamentais na trajetória do grupo.

---

[4] Atores da Cia. Candongas.

Depois disso, nós fomos convidados a participar de um projeto chamado Usina de Teatro que aconteceu num parque muito famoso aqui, o parque Lagoa do Nado, que foi ministrado pelo Marcos Vogel. Ele também deu continuidade às essas técnicas de teatro mais aberto. A gente montou *Pantagruel* do Rabelais e o outro espetáculo que era *O grande teatro do mundo*. No projeto, a gente foi fazendo outros espetáculos.

Wagner - Só que a gente começou a perder a identidade. Não se falava mais *Companhia Candongas*, nós éramos um grupo dentro de outro grupo maior que era a *Usina de Teatro*. A *Usina* tinha outros grupos de outras partes da cidade. Ninguém mais ouvia falar do *Candongas*, ouviam falar da *Usina de Teatro*.

Guilherme - Daí em 98 a gente decidiu sair da *Usina* para continuar um trabalho só nosso e escrevemos um projeto chamado *Clã do Jabuti*, onde pegamos a obra do Mário de Andrade, o conjunto de poesias chamado *Clã do Jabuti* dele, e aí começamos a montar um espetáculo baseado nesse universo, na brasilidade que ele colocava em suas poesias. Montamos dois espetáculos nesse projeto, um chamado *Noturno de Belo Horizonte* e o outro que foi a *Lenda do Céu*. E de lá pra cá a gente começou a insistir nos trabalhos da companhia. Foi nesse período que alugamos o espaço que é hoje a Casa de Candongas. O cenário da *Lenda* precisava de um espaço maior. Todos os grupos de Belo Horizonte passam por isso no início: pegar emprestado espaço de um centro cultural, da Prefeitura...

Wagner - De Igreja!

Guilherme - Então ficávamos pra lá e pra cá e quando o pessoal precisava do espaço, a gente tinha que sair e procurar outro. Então falamos: "Olha, não dá mais para viver essa vida de itinerante!". Apesar de fazer teatro em espaços abertos, precisamos de um espaço onde a gente possa guardar a nossa tralha, o nosso material, para poder manter o nosso treinamento, o que é muito difícil. Então a gente foi e alugou, até hoje sofremos as duras penas pra manter, mas temos esse espaço que é a Casa de Candongas.

Wagner – O grupo já estava registrado, mas até então não tinha o espaço da *Companhia Candongas*. O que era o *Candongas*? Quem eram os atores do *Candongas*? Com o espaço começamos a ter todas as responsabilidades, de virar empresa mesmo.

Guilherme - É. Porque este é um trabalho bem artesanal. O trabalho teatral é artesanal. Mas a coisa de você ser uma pessoa jurídica já te pede uma "prontidão" de executivo, o que é muito conflitante. Mas estamos evoluindo. Depois que alugamos este galpão, fomos convidados para montar um espetáculo do Marcelo Xavier, que é um autor de livros infantis, e tinha tudo a ver com a nossa proposta. Ele queria montar um infantil baseado na cultura popular brasileira, que não pegasse referência em clássicos e nem em contos de fada universais tipo Chapeuzinho Vermelho, que é uma coisa que aqui em Belo Horizonte, e acredito que em todo o Brasil, é muito comum. As pessoas vão montar um infantil e pegam esses textos clássicos assim...

Wagner - Três Porquinhos e por aí vai...

Guilherme – Então ele falou para montarmos a partir de mitos brasileiros; o resultado foi o espetáculo *Mitos - O folclore do Mestre André*. São esquetes que contam a história de 5 mitos brasileiros. O trabalho fez muito sucesso e até hoje apresentamos ele.

Wagner – Ele conseguiu nos manter durante muito tempo. A gente fazia em agosto que é o mês do folclore, aí tinha grana em agosto, setembro, outubro, novembro. É um dos espetáculos que segura a nossa onda.

Vocês também ministram oficinas?

Guilherme - Sim. Vira e mexe abrimos oficinas aqui na Casa de Candongas para a comunidade. E geralmente com um preço simbólico, porque a comunidade aqui é muito carente e não tem condições de bancar o curso.

Wagner - Às vezes é até gratuito...

Guilherme - Muitas vezes é gratuito mesmo. A gente inscreve projetos na lei e consegue manter as oficinas. Agora estamos sem patrocínio e tivemos que parar as oficinas, mas a gente quer ver se volta, porque a turminha de vez em quando bate aqui: "Quando é que vai ter a oficina... Quando é que vai ter teatro"?

Qual era o patrocínio do grupo?

Guilherme - Estávamos com o patrocínio da CEMIG, que é a empresa de energia de Minas Gerais. De vez em quando inscrevemos projetos na lei de incentivo, participamos com esses projetos de circuitos culturais bancados por empresas. Muitos pela Belgo Mineira, que desenvolve o projeto *Trilhas da Cultura*; vários grupos participam. A Belgo promove apresentações nas cidades em que tem sede, então os grupos circulam nessas cidades do interior de Minas. Ah, eu deixei de falar de vários espetáculos que fizemos: um bem legal que mantemos até hoje é o *Commedias a La Carte*. Chamamos um pesquisador em máscaras, chamado Fernando Linares, ele é argentino e vive em Belo Horizonte há décadas. A gente convidou ele para dirigir um espetáculo baseado na *commedia dell'arte*, estreamos em 2001 e até hoje a gente vem apresentando.

Wagner - Inclusive com esse espetáculo comemoramos nosso aniversário de doze anos.

Guilherme - Isso. A gente comemorou o nosso aniversário de doze anos com ele porque é um espetáculo que a gente pode apresentar na rua, em praças, queríamos fazer o nosso aniversário com o povo mesmo. Bem a nossa cara, na rua, com qualquer tipo de pessoa, mesmo aquelas pessoas que não têm costume de ir a uma sala de espetáculos. Foi muito bacana e teve um público bacana demais.

Wagner - O *Candongas* trabalha com repertório, a gente tem o *Mitos*, tem *Commedias a La Carte*, tem *A Saga de José Maria Vona Onda*, que é um espetáculo voltado para empresas, e tem *Vona Onda - A Comédia*.

Vocês convidam diretores?

Guilherme - Sim. O nosso grupo é composto por atores e nós não temos diretor fixo. Mas temos dois atores que também dirigem espetáculos, o Gustavo Bartolozzi e o Antônio Rodrigues. Eles já assumiram essa parte de diretor, só que eles dirigem muitos outros grupos. Na verdade só o Gustavo dirigiu um espetáculo da companhia que foi a *Lenda do Céu*. Mas sempre chamamos outros diretores porque acreditamos que, exatamente, cada espetáculo é um aprendizado. A gente chama os diretores pra variar a nossa linguagem, para elaborar ainda mais a linguagem do grupo, para assimilar outras referências técnicas e outras linguagens teatrais. Isso enriquece o trabalho da gente.

De onde surge a criação dos espetáculos? De textos? De ideias do grupo?

Guilherme - Cada situação é uma, não é Wagner?

Wagner - O *Mitos* é de um texto do Marcelo Xavier, que é o autor, o *Commedias a La Carte* trabalha com roteiros da *commedia dell'arte*, então a gente não tem um texto, cada ator, cada máscara, tem o seu *Zibaldone* que é um repertório literário, e a gente casa isso em cena; experimentamos situações e levamos para o espetáculo.

Guilherme - E a cada texto fica uma criação coletiva.

Wagner - É, ele tem uma base, mas está sempre mudando. Por exemplo, situações de política é um prato cheio, política, futebol. Cada cidade que a gente vai, buscamos informações e vamos inserindo isso no espetáculo.

Vocês interferem diretamente na criação dos espetáculos?

Wagner - Com certeza!

Guilherme - É difícil até, porque somos atores de muitos "cacos". A gente até brinca: "Esse texto não tava no meu caco, não"!

Wagner - Até confundimos o que já era texto e o que foi criação nossa. A gente interfere muito.

Guilherme - Mesmo quando o dramaturgo vem com um texto pronto já falamos: "Olha, não garantimos a fidelidade total"! Mas é bom, porque é um processo de respirar o texto, a gente precisa respirar o texto.

Wagner - O único momento que nós trabalhamos com o texto foi com o Marcos Vogel.

Guilherme - É, as vírgulas eram fundamentais para ele. Mas o *Vona Onda* é criação coletiva nossa e a *Saga de José Maria Vona Onda* também. Mas estamos até com vontade de fazer um espetáculo com um texto fechado, de um artista pernambucano que mora aqui, que é o Fernando Limoeiro. A gente vai ver se dá certo, mas o texto dele é um texto fechado.

Wagner - *As Grandes Lonas do Céu* é um texto que ele escreveu para companhia em homenagem aos dez anos. Só que já estamos com doze anos e ainda não conseguimos.

O Candongas tem um tipo específico de ator, com características que definem a identidade do grupo?

Guilherme – Olha, procuramos muito, em todos os nossos espetáculos, ter uma comunicação muito próxima da plateia. Tanto que no *Commedias*, a gente faz jogos de improvisação...

Wagner - A gente pede a palavra para o público e improvisa três, quatro, às vezes cinco vezes. Não tem tempo de preparar o improviso, a gente vai brincando e inserindo essas palavras durante o espetáculo. A nossa característica é pegar essa linguagem da rua e levar pro palco ou espaço alternativo. Isso a gente faz sempre. Os espetáculos são sempre abertos, sempre tem espaço para o improviso ou para uma brincadeira com o público.

Guilherme - Não gostamos de fazer um espetáculo no qual o público chegue e fique lá passivamente observando. A gente gosta de mexer com a plateia, trabalhamos na linha do riso, nunca trabalhamos um espetáculo dramático, no sentido sério. Não por opção, mas pela própria origem...

Wagner - Foi conseqüência. A rua foi uma escolha. Quando o Wilson trouxe a proposta: "Vocês querem ir para rua ou vocês querem ir para o palco"? Poxa, a rua já tinha tomado conta da gente e a gente não sabia disso!

Guilherme - E aí fomos desenvolvendo uma pesquisa nesse universo do riso popular. Então acho que vai ser muito difícil montarmos um espetáculo dramático, mas pode ser. A gente não se fecha para isso. Mas o ator do Candongas é assim. A gente gosta mais dessa linha de teatro popular.

Wagner - Essa liberdade para a gente é muito importante.

A preferência de vocês é fazer teatro popular, para o povo, para a rua...

Guilherme - O público que gosta mais dos espetáculos do *Candongas* é um público da rua mesmo. É um público que fica à vontade; a gente faz uma gracinha na esquina e eles já estão rindo.

Wagner - Às vezes quando vamos para o palco, as pessoas que nunca assistiram a gente, estranham.

Guilherme - É, estranham! Talvez pelo descaramento da cena...

Wagner - Eles não acreditam em tanta liberdade que tem dentro do teatro com a gente.

Nesses casos tem bilheteria?

Guilherme - Tem. A gente faz promoções. Porque é muito difícil você ter uma bilheteria bacana aqui em Belo Horizonte. Até tivemos uma crise uma vez: o *Commedias* é um espetáculo que pode ser apresentado em espaços fechados e espaços abertos. A gente entrou em cartaz e não conseguiu um retorno de bilheteria como gostaríamos. E aí o teatro estava muito "frio" porque tinha pouca gente dentro e o público pequeno não ficava à vontade para reagir às coisas que o espetáculo estimulava. Então quando entramos em cartaz, sempre fazemos muita promoção para garantir e público, mas já chegamos à conclusão de que seria muito difícil a sobrevivência pela bilheteria. Temos que sobreviver mesmo é por projetos, parcerias com empresas, e aí esses projetos são para o público mesmo que vai sem pagar. É lógico que a gente quer chegar num ponto de ter um público pagante interessante. Mas a gente prefere garantir de levar a nossa arte para o máximo de pessoas possíveis.

Vocês definem que têm um tipo específico de público ou são todas as idades e classes?

Guilherme - Todas as idades, todas as classes...

Wagner - Até o *Mitos*, que é um espetáculo infantil, ele é para todas as idades. Como são mitos brasileiros, então o avô da criança que leva ali pra assistir, ele já ouviu falar em Mula Sem Cabeça, de Curupira. Então acaba se envolvendo muitas vezes até mais que as crianças. É muito legal isso.

Vocês registram o trabalho do grupo? Costumam tirar fotos, filmar?

Guilherme - A gente sempre fotografa. Tem só um espetáculo nosso que a gente não tem muito registro e fizemos poucas apresentações, foi um dentro da *Usina de Teatro*. Mas o resto, a gente sempre tira foto, até por exigência dos festivais, a gente tem recurso audiovisual para conseguir circular com os espetáculos.

Vocês estão criando um arquivo desse material?

Guilherme - Nós temos um arquivo de foto, que precisa ser melhor organizado, mas temos muitas fotos e temos alguns vídeos também. Dos espetáculos já prontos, mas o básico é isso. A gente tem um arquivo de *clipping,* algo que todo mundo tem, para guardar reportagens, informações de trabalhos que a gente fez. Basicamente é isso.

Wagner - A gente vive aqui no *Candongas de Teatro,* basicamente de teatro. Mesmo que não seja aqui dentro, é dando uma oficina, dando aula, tudo ligado ao teatro.

Guilherme – Eu estou sentindo falta agora, porque estamos precisando entrar num processo de registrar na teoria a nossa pesquisa prática. Porque às vezes a pesquisa fica tão prática que esquecemos de registrar em documentos, sabe? Eu acho que isso é importante. Estávamos querendo fazer agora um livreto para o nosso aniversário e eu tive que pegar da minha memória os processos que passamos, para colocar alguma referência. Esse é um tipo de registro que eu sinto falta, da gente começar a fazer com mais rigor.

Wagner - É que é muito trabalho, não é? Nós somos cinco atores e agora tem o Dudu que veio para trabalhar com essa parte técnica, que até então a gente fazia tudo, microfone, luz. E agora faz uns cinco meses que ele está aí, veio para aprender, para entender o processo. Porque em cinco pessoas para montar o espetáculo, carregar caminhão, descarregar...

Guilherme - Leva nota fiscal, vai no banco...

Wagner - Vai no contador, organiza o espaço....

Na hora de ensaiar está todo mundo estressado...

Wagner - Exatamente. Por isso a gente chamou essa consultoria... a gente cresceu muito, mas cresceu sem organização. Então a gente começou a se organizar para continuar crescendo.

Que critério vocês usam para selecionar as imagens do grupo?

Guilherme - A gente pretende trabalhar sempre com um assessor de comunicação, para ele dar um toque para a gente, de qual vai ser o conceito da comunicação de cada projeto nosso. É um processo consciente de trabalhar a informação para o público na divulgação. Aí a gente viu que imagem ia usar que referência iconográfica ia usar...

Wagner - E é importante essa visão de fora, porque a gente está dentro da panela, às vezes o que pensamos que está se passando, não é nada disso.

Como é processo de produção para o grupo?

Guilherme – A atividade de produção aqui da companhia acaba tendo que ser dividida. A gente está fazendo agora uma consultoria empresarial, onde eles conseguem dividir de uma forma bem organizada todos os setores que a *Companhia Candongas*. Então cada um de nós fica responsável por esse setor e vai poder se intercomunicar de uma forma eficaz. Sonhamos muito em ter um produtor executivo trabalhando conosco. Mas essa coisa da afinidade com a linguagem teatral tem que existir. Já trabalhamos com produtores muito interessantes, pessoas fantásticas, que tinham uma habilidade tremenda. Mas a linha de trabalho que eles começaram a usar não era muito parecida com a nossa, então acabava criando uma certa falta de sintonia.

Wagner - Precisávamos de alguém que tivesse essa visão empresarial, que eu acho que é o que falta no ator. Mas ao mesmo tempo tem essa coisa de botar preço num produto. Mas é espetáculo, é arte! Até nisso acabamos nos chocando aqui dentro. "Mas você não quer vender"? "Não quer viver disso"? "É o teu produto"! "Mas não, não é assim!" Então já tivemos muito "arranca rabo" aqui dentro com produtores.

Que tipo de relação vocês têm com o espaço cênico? Vocês já sabem em que espaço vão apresentar quando estão criando o espetáculo? Já ensaiam nele?

Guilherme - Sempre fazemos isso. Principalmente quando é para rua, aí ensaiamos em espaço aberto. O *Rondo* a gente ensaiou no parque Lagoa do Nado; o público ficava em volta assistindo os ensaios abertos e tinha gente que até dava palpite na direção.

Wagner – A gente distribuía cachaça, pão de trigo e limonada, então era uma festa! O pessoal ia assistir o espetáculo direto, e ficava tomando uma cachacinha. Muito bom...

Guilherme - No *Commedias* a gente sempre fazia ensaio aberto. Tanto que o público daqui, na estreia, já sabia até as falas.

O público aqui do bairro é fiel, então...

Guilherme - Principalmente crianças, elas adoram... A gente brinca com o pessoal que pergunta para gente dessa relação: "Se você for para outro bairro, os meninos na rua brincam de teatro, mas o teatro deles é imitar a novela das oito, aqui no Santa Cruz e Cachoeirinha, a gente sai na esquina e eles estão imitando o *Commedias a La Carte*, a Isabela com o Pantaleão". É maravilhoso vê-los fazendo as cenas. Eles alimentam a gente muito.

Wagner - Até o *Vona Onda - A Comédia*, que foi um espetáculo para palco, a gente começou com a ideia de palco, espaço alternativo, mas tem toda a linguagem da rua ali. A gente começa o espetáculo entrando no teatro com o público.

Guilherme - Os atores ficam no meio da plateia.

Wagner - Eles se confundem no meio do público e são chamados para esse palco como se fossem da plateia mesmo. É completamente aberto o espetáculo. Uma preocupação é essa: levar essa linguagem da rua para o teatro.

E como é o diálogo com outros públicos, quando vocês saem da comunidade?

Guilherme - É sempre muito bacana. Quando a gente encontra esse público que não vai a teatro, é muito bom. É um público que gosta desse tipo de atividade, de manifestação cênica.

Wagner - É a busca de um universo carnavalesco; essa é a preocupação da companhia o tempo todo.

Guilherme - Então a gente sempre vai encontrar esse público que nem vai a teatro, mas que adora quando a gente chega e chama a atenção deles: "Vem participar"! Eles se identificam com aquilo.

Vocês podem comentar mais sobre essa preocupação com a pesquisa do grupo?

Guilherme - Eu quero documentar isso tudo em breve. Eu tenho vontade de fazer mestrado. Sou formado em artes cênicas e quero que meu mestrado seja dentro da pesquisa do *Candongas*. Então eu preciso registrar todo esse material prático que temos, para transformar em material teórico e eu poder escrever a minha dissertação. Eu pretendo usar a história do grupo nisso.

Wagner - Até para ajudar a gente a se localizar. Qual é a nossa linguagem? Definir a nossa cara.

Guilherme - E a coisa do teórico dá uma credibilidade. A pesquisa teórica te exige um rigor de linguagem, um rigor de referências. O que eu acho importante para o trabalho do grupo.

E até de distanciamento, também. Você vai ter doze anos de prática para observar e pensar por um outro lado.

Guilherme - E aqui em Belo Horizonte, onde o Teatro de Grupo é muito intenso, podemos descobrir qual o nosso grande diferencial. Temos uma intuição de como é, mas acho que essa pesquisa vai nos dar exatamente o ponto do diferencial, que vai nos mostrar a partir de onde podemos crescer e aprofundar.

E referente às oficinas que o grupo ministra, vocês utilizam algum referencial teórico, vocês tem um projeto pedagógico?

Guilherme - Pegamos referências em literatura, pesquisamos a cultura popular, usamos muito textos do Bakhtin, como aquele livro dele *A cultura popular na idade média e no renascimento,* que fala um pouco do clima carnavalesco que gostamos. Sempre damos a oficina com o conteúdo em cima daquelas coisas que trabalhamos. E também usamos o Câmara Cascudo, que é brasileiro e tem um dicionário de gestos. Tem um livro dele que fala sobre os mitos brasileiros. Sempre relacionamos isso e com o que a gente desenvolveu no nosso treinamento.

As oficinas são para uma faixa etária específica?

Guilherme - Até colocamos: tem que ser acima de 16, mas se chega um menino de 14 anos querendo fazer, a gente deixa.

As oficinas são aqui?

Wagner - Têm aqui, têm em escolas, cidades do interior.

Guilherme – Temos um projeto de captação de recursos. A empresa capta e a gente tem que fazer uma atividade para o público dela, às vezes pode ser o espetáculo ou a oficina.

Wagner - A gente deu uma oficina para o pessoal lá no Sul.

Guilherme - O pessoal do *Ói Nóis Aqui Traveiz*. A gente fez uma troca, eles nos ajudaram na produção local de uma turnê e nós fizemos uma oficina de uma semana lá, muito bacana. Foi uma troca. Conheceu a Tribo deles e foi maravilhoso.

Vocês fazem parte do Movimento Teatro de Grupo?

Guilherme - A gente é um grupo relativamente novo no Movimento, faz dois anos que estamos lá. Queríamos muito ter uma participação mais ativa dentro de discussões políticas, de política cultural na cidade, no município, no Estado, e até nacionalmente falando. Aí a gente se juntou com a associação Movimento do Teatro de Grupo, que já existia há muito tempo aqui em Belo Horizonte, para poder ter um lugar para fomentar essa discussão. Foi tão intensa a nossa entrada, que o Gustavo que é integrante do *Candongas*, acabou virando presidente da associação, inclusive hoje ele está em Brasília participando de um encontro que discute o sistema nacional de cultura. Também fazemos parte do Redemoinho, que é uma rede que foi formada no Galpão Cine Horto. Estamos achando importante sair daquela coisa de esperar o poder público fazer, porque a nossa atividade depende muito da ação do poder público, e poder pensar junto com o poder público quais as melhorias que o teatro carece. Não temos ainda tantos frutos dessa nossa entrada, mas as perspectivas são muito interessantes para a área. O MTG deve fazer agora a segunda edição de um evento chamado *Minas de Grupos* que envolvem grupos de todo o Estado, inclusive os que não fazem parte do MTG, para discutir como é o Teatro de Grupo em Minas, do que precisa, quais são as carências, quais são as características. No primeiro as discussões foram documentadas e enviadas para a Secretaria de Cultura do Estado, para a Fundação de Cultura, para o Ministério, para poder mostrar que estamos nos unindo e nos reconhecendo enquanto segmento teatral. O processo é frutífero, ainda não está na época de colheita, mas estamos plantando para conseguir as coisas.

CIA DEU PALLA
Entrevista com Renato Milani

Concedida a Daniel Olivetto e Patrícia Leandra Barrufi.
Em setembro de 2006, na sede do Movimento Teatro de Grupo, em Belo Horizonte.

Gostaríamos que você falasse um pouco a respeito do processo criativo do grupo. Como vocês costumam começar a criação de um espetáculo? A partir de texto ou de improvisações sobre um tema?

Renato - Bom, temos uma linguagem que é bem voltada para o humor negro. A morte sempre é um caminho criativo para o grupo. Gostamos de trabalhar com esse tema independente de ter um texto prévio, na maioria das vezes nem usamos textos prontos. Às vezes é uma ideia, às vezes o texto surge de histórias. Por exemplo, *As mulatas de Chico Rodrigues* é uma história da minha família. A minha avó era atriz, as minhas tias avós eram atrizes e a partir daí surgiu *As Mulatas de Chico Rodrigues*. Muitas vezes eu escrevo para o grupo. O próximo trabalho que vamos fazer se chama *Hotel Paraíso*. Nós gostamos muito de cinema e surgem várias coisas a partir dessa referência, mas tudo conduzido pela temática da morte. Você deve pensar o porquê da morte, não é? Eu venho do interior e a morte para mim tem duplo sentido, não é só tristeza, ela tem algo de alívio também. Eu, quando menino, adorava enfeitar o caixão dos defuntos. Nos velórios, a gente sabia que sempre tinha bebida e comida, muita bebida e muita comida. E que depois de uma determinada hora a gente podia ficar acordado até mais tarde. Então sempre que morria alguém era um pouco como uma festa. Temos uma relação forte mesmo com a morte. Em todos os nossos espetáculos falamos da morte.

Desde o primeiro espetáculo?

Renato - Desde o primeiro espetáculo. A gente montou *O Defunto*, de René de Obaldia. Em outro espetáculo, chamado *As Freiras, nossa vida é uma comédia*, trabalhamos com a comédia, o humor negro. Mas em todos os espetáculos tem morte. Tem espetáculo em que eu morro e ressuscito e tentam me matar de novo, é sempre assim. A morte está presente em tudo.

Como é a interferência o ator no processo de criação?

Renato - O ator interfere o tempo inteiro, não apenas no texto, mas também na direção. Os diretores que trabalham com o *Deu Palla* têm que se adaptar ao *Deu Palla*. Eles são convidados e como convidados têm que se adaptar. Tivemos um caso de um diretor que tentou colocar nariz de palhaço na gente e o grupo detesta nariz de palhaço. Falamos para ele: "A gente detesta palhacinho de nariz!" Não é uma linguagem que gostamos. O diretor tentou impor isso e tivemos que fazer "A revolta do nariz". No dia da "Revolta do nariz", estava todo o elenco, olhamos um para o outro, tiramos o nariz, jogamos no chão e falamos "Nós não queremos mais nariz ou a gente te mata!" Daí o diretor cortou o nariz. Então há uma influência muito grande dos atores em todo processo criativo. Uma coisa que o *Deu Palla* faz muito é mudar as intenções do texto. A gente brinca com o texto em todos os espetáculos. Por exemplo, tem uma cena em que eu falo "Depois veio o rapto de Francisca Manuela", certo dia eu virei e falei "O *raptú* de Francisca Manuela". Mudar uma tônica, a palavra, para ganhar outro sentido e criar um estranhamento, que tem a ver com o próprio *Deu Palla*. O *Deu Palla* é o estranho, o que sai do cotidiano. Fazemos os espetáculos como uma brincadeira, a gente tem que se divertir, o público só vai se divertir se a gente estiver se divertindo. Se não, não vale à pena.

Vocês trabalham também com oficinas?

Renato - Trabalhamos. A gente tem uma oficina que se chama "O ator e o espaço alternativo". Essa oficina existe há dez anos e o processo é muito bacana. Fazemos um trabalho de criação em grupo. Primeiro em um grupo maior, depois em menores. Pegamos matérias de jornais da cidade e construímos pequenos textos. O aluno é quem cria a oficina. A última aula da oficina é ministrada em uma praça, para perceber toda essa dinâmica do espaço não convencional e os grupos apresentam como exercício os textos e as cenas criadas na oficina.

De que forma são oferecidas as oficinas? O grupo tem um espaço próprio para isso?

Renato - Temos. Com muito custo e depois de muitos anos de batalha conseguimos um espaço. É um galpão que fica na periferia, em um bairro chamado Palmeiras, região oeste da cidade. Nesse galpão a gente ainda não deu oficina, porque na periferia é um pouco complicado, estamos tendo dificuldade de inserção lá dentro, de aproximação das pessoas mesmo. Elas passam, olham, se interessam, perguntam, mas ainda não tem muita coragem de entrar. Mas ano que vem vamos comemorar os vinte anos do grupo e queremos fazer uma oficina lá. Já fizemos oficinas no interior de Minas, no Rio, São Paulo, Nordeste. Só falta fazer no Sul!

Vocês buscam uma formação de ator a partir dessas oficinas? Elas são direcionadas a atores e não atores?

Renato - A gente já teve diversas experiências com não atores fazendo a oficina. Mas o mais legal é quando são atores. Mas eu acho que o teatro tem uma coisa que é muito aberta, você não precisa ser ator, necessariamente, para fazer teatro. Nós não limitamos isso. Por exemplo, eu tive uma aluna, há muito anos atrás, que era uma senhora de sessenta e poucos anos que tinha acabado de fazer cateterismo. E eu disse: "Olha, você vai ser minha filhinha e eu vou te dar um carinho todo especial". Naquela época eu ainda dava opções, quem não queria montar a cena a partir de matérias de jornais, podia usar pequenos textos. Nós adaptamos *A Casa de Bernarda Alba*, e ela fez a velha louca, mãe da Bernarda. E ela ficou tão louca, pirou tanto com a oficina, que arranjou um vestido de noiva para entrar vestida de noiva pelo meio da plateia. A mulher com quase setenta anos! Foi lindo. Depois ela falou que nunca tinha acontecido algo assim com ela. Ela ainda estava muito fragilizada por ter feito cateterismo, que é um exame muito agressivo. Eu acho que essas coisas acontecem. Mas eu prefiro quando é um núcleo de atores.

Vocês têm uma oficina de curto prazo, uma oficina que vocês dão num tempo mais curto, certo? Mas vocês têm algum curso permanente de teatro?

Renato - Não. Só as oficinas mesmo. A equipe do grupo é grande, mas o núcleo de produção são duas pessoas, eu e a Daniela Cabral. Então temos que ficar pensando na sobrevivência dessa equipe. Eu e a Dani ficamos responsáveis pela venda dos espetáculos, por pensar nos próximos espetáculos, nos projetos, na prestação de contas das leis. É um turbilhão de coisas, que às vezes não sobra muito tempo para ministrar oficina. Eu sempre tento encaixar essas oficinas no período em que a gente não está fazendo produção. Porque geralmente quem dá a oficina sou eu. Por isso não dá para ter um curso permanente. A oficina também é muito flexível, ela pode durar uma semana, como pode durar duas. Dependendo pode ser feito em vinte aulas ou então a gente estende para quarenta aulas, o que é mais bacana. Em duas semanas o trabalho fica muito mais bacana.

Um dos nossos subprojetos dentro desse projeto de pesquisa é a respeito do projeto pedagógico e sobre a extensão do trabalho do grupo dentro dessas práticas de oficina. Em que medida esses anos de trabalho influenciam na criação da oficina e em que medida essa oficina alimenta também o trabalho do grupo?

Renato - Muitas vezes recebemos influência de coisas que foram criadas na oficina. Às vezes você vê uma coisa tão bacana que foi criada, um texto. Eu não sou dono da oficina, os alunos também não. Ninguém é dono daquela criação. A gente pega o registro dos textos que foram criados na oficina e montamos alguma coisa dentro do grupo. Em relação aos alunos, já aconteceu de um grupo de pessoas que fez a oficina resolver montar algo por conta própria a partir do que eles experimentaram com a gente. Tem uma cidade aqui perto que se chama Itaúna, onde um grupo está criando um espetáculo chamado *As Freiras* a partir da nossa oficina e baseado no nosso espetáculo. Como a gente abandonou *As Freiras* e não temos mais interesse em fazer, falamos: "Ótimo! O que vocês precisarem podem contar conosco"! Depois eles vieram mostrar fotos. Eu fui a Angra dos Reis há pouco tempo e me encontrei com um aluno, por acaso, dentro do ônibus. Ele falou: "Nossa, A oficina do *Deu Palla* foi fundamental para mim. Agora eu estou no Rio fazendo faculdade de teatro". É bacana. São essas coisas que eu acho mais legais. Eu falo em todo começo de oficina, que cada um tem que buscar o seu caminho, mas não tem jeito porque o *Deu Palla* tem uma marca muito forte: o humor negro. No mínimo, as pessoas acabam pegando um pouco disso.

O grupo continua com a mesma formação desde o início?

Renato - A gente vai fazer vinte anos e o elenco vai mudando, não tem jeito. Por exemplo, o Carluty ficou dezoito anos dentro do grupo e saiu ano passado. Quando o Carluty saiu, eu fiquei três dias sem dormir, porque eu não entendia. "Como? Como?" Foram três dias para aceitar que o Carluty tinha saído do grupo. Estávamos a dezoito anos juntos, eu e ele fundamos o grupo. Tem a Dani que está desde 1999 e que agora é do núcleo de produção. Tem a Lília que está desde 1993, a Margarete desde 1996, tem a Janaína que começou em 2002. Tem uma permanência dessa equipe, o povo não sai. Cada um tem a sua música dentro do grupo e a vinte anos cantamos essas mesmas músicas nas viagens.

Vocês fazem registros dos espetáculos e dos ensaios?

Renato – Fazemos. A gente gosta de fotografar os ensaios, temos algumas gravações. As nossas comemorações são todas registradas, dos dez, dos doze, dos quinze, dos dezoito anos. Ano que vem queremos fazer uma revista comemorativa, junto com uma exposição. Fizemos exposição também nos dez anos. Já fizemos apresentação em praças públicas nas comemorações e tudo isso tem registro. Fotos, milhões de fotos, vídeos. Tudo isso e os figurinos. A gente guarda tudo mesmo que eu não entre mais em um figurino que eu usei em 1990. As perucas. De vez em quando eu fico mexendo. O nosso espaço é um galpão, tem o nosso escritório, tem uma sala de figurino e um mezanino onde guardamos cenários. Quanto ao material de registro e o material de venda do grupo, chamamos um fotógrafo profissional que trabalha com o grupo há muito tempo, porque já sabemos da qualidade do trabalho dele. Trabalhamos muito com o Guto Muniz. Agora, para o material, para aquilo que é de registro do grupo, de memória, aí a gente já não tem muito essa preocupação. Fotografa com o que tiver a mão e quem puder e tal, chama amigos ou o pessoal que está estudando fotografia. A gente tem uma amiga fotógrafa que trabalha com fotos de casamento Ela adora fotografar a gente, sempre pergunta "Tem cerveja depois?", aí ela vai e fotografa o ensaio. A gente também tem fotografia das nossas festas, festinhas de final do ano, amigo oculto, as nossas árvores de natal são enfeitadas com fotografias. E tudo isso é registro.

Vocês têm um público específico ou uma busca por algum público?

Renato - Olha, durante muito tempo o nosso público era universitário. O *Deu Palla* começou dentro de universidade, mesmo que não fôssemos universitários. A gente fez um primeiro trabalho sem muita consciência do que seria. Pegamos *O Defunto* e *Apareceu a Margarida*, montamos para apresentar ao ar livre e o que aconteceu? O trabalho deu muito certo no meio universitário e a gente começou a ser chamado para apresentar. Aí montamos um texto do Ionesco, apresentamos em cantinas e de repente quando nós vimos estávamos apresentando em casamentos, em festas, em saraus, então o público inicial do grupo era esse. Em 2004 começamos a experimentar algo mais voltado para o público infantil, porque notamos que as crianças gostavam muito do nosso trabalho. Não entendíamos o motivo, porque estávamos falando de assassinato. "Estamos falando da morte, por que as crianças gostam da gente?" Aí decidimos fazer um espetáculo para crianças, mas continuamos falando da morte, fizemos o *Brincando na Terra dos gigantes*, que é a história de uma tia doida que foi abandonada na porta do altar e cozinha o retrato do noivo no feijão, tem muita maldade nessa história. Tem uma velhinha que bate na tia com uma bengala. Os meninos da história também são muito cruéis, contamos histórias de fantasmas. No fim, deu certo e fomos muito premiados com esse espetáculo. Continuamos falando de morte, mas agora também pra crianças. Não temos um público específico.

E a bilheteria?

Renato - Infelizmente a bilheteria não supre as nossas necessidades. A gente sobrevive mais de projetos e vendas de espetáculos. A bilheteria geralmente é muito ruim. Vocês vão ouvir essa reclamação de todo mundo. Infelizmente o público de teatro não está indo ao teatro por inúmeras questões. Não sei o que tem que ser feito, não sei o que pensar. Na verdade, a oferta da vulgaridade está tão... Sabe? Tem vulgaridade em tudo quanto é canto, as pessoas não têm mais paciência para sentar numa sala escura e prestar atenção em alguma coisa. Quando é na rua é diferente, as pessoas param, vêm... Não sei o que a gente vai ter que pensar, mas vai ter que se aprofundar muito nessa questão para descobrir como trazer o público e como se sustentar pela bilheteria.

Qual o espaço preferencial do grupo para as apresentações?

Renato - Eu gosto mais da rua porque na rua eu me sinto mais desprotegido e mais corajoso. Em *As Mulatas de Chico Rodrigues* a gente xinga o público, mande eles irem embora pra casa, a gente grita "O que vocês estão fazendo aqui? Vão embora para casa de vocês! Tem coisa melhor na televisão do que ficar vendo teatro! Some!". E eu gosto disso. Eu gosto quando vem um cachorro e fica au, au, au....e você para e fica au, au, au em cima do cachorro também. Eu gosto mais desse tipo de coisa. Eu gosto do teatro também, que tem aquela concentração, mas eu acho interessantíssimo você estar num lugar e de repente estar contracenando com uma pessoa que apareceu. Aí mesmo que a sua concentração tem que ser muito maior, porque o outro interfere, não adianta.

Eu me lembro de uma apresentação de vocês no Festival Isnard Azevedo em Florianópolis... Vocês tinham umas araras que ficavam penduradas com figurinos, e estava um vento violento... E parou uma figura da rua, super caricata e parou atrás de cenário. Eu lembro que as pessoas ficaram intrigadas se era personagem da peça ou um ator. Porque ela parou justamente do lado das araras. O espetáculo ali acontecendo, e tinha essa figura ali atrás.

Renato - A gente já teve situações assim, terríveis. Daquelas de chover e ter que sair correndo, se enfiar dentro de um banheiro com o público junto, as roupas que já estão suadas de quinhentos espetáculos, começa a subir um vapor. O público desesperado, e todo mundo correndo na chuva.

Quando vocês criam um espetáculo, o grupo pensa antecipadamente em locais de apresentação?

Renato - Não, na verdade, ele surge. No caso do *Brincando na Terra dos Gigantes* pensamos em rua, mas aí surgiu o teatro de sombras, então só podia ser em palco. Quando começamos a fazer a pesquisa do teatro de sombras, estudamos os orientais, fizemos dois meses de oficinas para poder elaborar os bonecos. Aí o espetáculo foi se encaminhando para o palco. Esse próximo espetáculo que se chama *Hotel Paraíso* é inspirado num filme que tem o mesmo nome, mas a gente quer só a inspiração mesmo, porque vamos criar todo o texto. E tem uma coisa que eu vou querer colocar a mais. Eu vou fazer uma defesa dos vilões. Eu acho que um vilão não é vilão por acaso, ele tem uma história para ser daquele jeito. E eu quero detonar com Romeu e Julieta, eu quero falar mal da Julieta. Na verdade, eu acho a Julieta uma piranha e o Romeu um promíscuo! E tudo acontece por causa deles mesmo, eles são os verdadeiros vilões da história. A gente só tem essa ideia por enquanto, não sabe se vai ser para palco ou para rua ou se vai ser nos dois espaços.

Como vocês escolhem o espaço? E quando decidem já começam a ensaiar nele?

Renato- A gente ensaia no nosso galpão. Aí depende se escolhemos para o espetáculo um espaço na rua, a gente muda a dinâmica da relação com o público. Se for para palco, a gente coloca só uma parede de fundo, se não a gente faz no meio. A gente muda a dinâmica de improvisação, de atuação e de criação do texto. Para o próximo trabalho só tem isso que eu falei antes mesmo: título, um roteiro e a vontade de defender os vilões.

Vocês estão criando o texto juntos?

Renato - O texto? O *Deu Palla* funciona muito assim, eu não paro de pensar, a partir da hora que começamos uma história a gente não para de pensar. Daí eu ligo para a Dani e digo que comecei a rir sozinho no meio da rua porque pensei em tal texto, então ela diz se acha bacana. Ou às vezes estou dentro do ônibus e começo a fazer uma risada macabra, surge uma maldade louca na minha cabeça e eu acho que isso encaixa dentro do texto. *As freiras* foi todo criado desse jeito. Por exemplo, quando eu resolvi falar mal da Xuxa, eu pensei "Gente, a Xuxa é aquele monstro do Poltergeist, que pega a menina e leva pra dentro da televisão". A ideia aparece assim: comparar a Xuxa com a Besta do 666. A gente teve a cara de pau de ligar para assessoria dela e pedir pra liberar o Ilariê para a gente. É claro que eles não deixaram, porque a gente fez uma paródia. Cantamos assim "Tá na hora, tá na hora, tá na hora de rezar... se esquecer do compromisso, no inferno vai queimar"! E a gente transformou a Xuxa na Besta! Então é essa coisa da criação mesmo, de não saber nunca para que lugar a gente vai. *As freiras* foi uma peça criada para palco e a gente já fez em circo, *Mulatas* foi criada para rua e a gente já fez em teatro. As coisas acabam mudando também.

E essa flexibilidade em apresentar em locais diferentes repercute na identidade do grupo?

Renato - Olha, a gente "dá pala" em qualquer lugar, o grupo não tem esse compromisso assim, com um lugar ou com outro. Gostamos mais de espaço alternativo, não convencional, da rua, mas não temos muito essa preocupação. A gente quer "dar pala" em qualquer lugar. Já apresentamos na praia, tínhamos um espetáculo que se passava em uma praia. E quando fomos para Recife, a gente disse "Estamos com o nosso cenário pronto", nunca tínhamos apresentado na praia. Pegamos nossas coisas e fomos apresentar na praia. Foi ótimo! Eu saí de dentro do mar e tudo. Foi uma delícia!

Qual o significado do nome *Deu Palla*? É uma expressão de Belo Horizonte, não é?

Renato - "Deu Palla" é uma expressão daqui. "Dá pala" significa escorregar, fazer alguma coisa de errado, vacilar. Então a gente fala assim "Você deu pala total!" E como a gente vive "dando pala", acabou ficando *Deu Palla* o nome do grupo. Dentro do grupo sempre tivemos certo problema com a religião. O grupo sempre questionou muito a religião. Nunca questionamos Cristo, não. Mas sempre tivemos um probleminha com a religião, a gente acha que as religiões dominam as informações. E não fazem as informações circularem. Tínhamos um espetáculo que se chamava *A Mulher que Sabia Demais ou O Segredo de Fátima*, onde a gente falava no final que ia acabar com a palhaçada e revelar o segredo de Fátima para todo mundo, e no final a gente colocava uma música altíssima e ninguém escutava o que a Fátima estava falando, mas a gente revelava o segredo para todo mundo. A gente também tem um espetáculo que se chama *Rumo a Roma* em que a gente detona com a imagem do Papa, falamos que o Papa é um dinossauro ultrapassado. É só mais isso que eu queria falar. É uma "pala" do *Deu Palla*!

CIA LUNA LUNERA
Entrevista com Cláudio Dias

Concedida a Daniel Olivetto e Patrícia Leandra Barrufi.
Em setembro de 2006, na sede do Movimento Teatro de Grupo,em Belo
Horizonte.

Como começou o grupo, que trabalhos vocês montaram?

Cláudio - A *Companhia Luna Lunera* é formada por atores egressos do
curso profissionalizante de atores da Fundação Clóvis Salgado, no Palácio
das Artes. Ingressamos na Fundação como turma em 1998, o curso dura
três anos e no último ano são montados dois espetáculos. No nosso caso,
montamos no primeiro semestre o *Fuleirices em Fuleiró*, com direção do
Marcos Vogel e texto do Mário Faria Brasini, um espetáculo realizado na
rua que acontecia em três atos. Entre um ato e outro levávamos o público
num cortejo para dentro do Palácio das Artes, o último ato acontecia lá.
Esse espetáculo foi bacana porque pegava o povo que estava passando na
rua e depois a gente ficava sabendo que era a primeira vez de muitas
daquelas pessoas no Palácio das Artes, um teatro que fica no centro da
cidade, um centro cultural importante e que muitas pessoas não sabiam
nem o que era, nem o que se fazia lá dentro. Então a gente levava o
público para conhecer esse espaço no último ato. Foi bem bacana. No
segundo semestre a gente montou outro espetáculo, *Perdoa-me por me
traíres,* do Nélson Rodrigues com direção do Kalluh Araújo, um diretor
importante aqui de Belo Horizonte. Ele é um grande encenador, trabalhou
com a Bete Coelho em São Paulo. Ele tem uma trajetória bacana dentro
do Estado. O espetáculo estreou no final de 2000, também lá no Palácio
das Artes, e foi um grande sucesso de público e de crítica. A partir desse
espetáculo os atores da turma resolveram continuar enquanto grupo. A
gente continuou com o *Perdoa-me Por Me Traíres* até 2003, nossa última
temporada foi no SESC Belenzinho em São Paulo. Com esse espetáculo
ganhamos todos os prêmios do ano em Minas Gerais, ganhamos o prêmio
de melhor espetáculo, melhor direção, melhor ator, atriz, atriz
coadjuvante, ator coadjuvante, cenário, figurino e iluminação. Foi um
espetáculo marcante para cidade e para gente também. Com ele viajamos
para o Chile para representar o Brasil em um festival e a partir disso
começamos a fazer várias viagens, fomos para Porto Alegre, São Paulo,
Rio, Salvador e em várias cidades do interior de Minas. No início de 2003,
o Chico Pelúcio que era então diretor do Galpão Cine Horto, nos

convidou para participar de um projeto chamado Cena 3x4, que tinha como objetivo investigar o processo colaborativo de criação com a supervisão do Antônio Araújo e do Luís Alberto de Abreu. Então nós participamos com mais três grupos, a Companhia Maldita, o Grupo Trama e o Abaki. Ao todo eram quatro grupos que participavam. No final de 2003 estreamos um espetáculo chamado *Nesta Data Querida* com direção da Rita Clemente e dramaturgia do Guilherme Lessa, dentro desse projeto. Esse espetáculo teve uma trajetória parecida com o *Perdoa-me Por Me Traíres*, mas era um espetáculo muito denso, usávamos uma estrutura mais violenta e na temporada de São Paulo, duas atrizes ficaram grávidas, então a gente teve que parar com o espetáculo por um tempo. O final do *Perdoa-me* coincidiu com a estreia de *Nesta Data Querida*, que continua até hoje. A gente fez agora no final de semana passado, em duas cidades do interior de Minas: Bocaiúva e Montes Claros. O grupo vai fazer oito anos... na verdade cinco. Mas ao todo estamos juntos há oito anos. A gente se formou com doze atores, hoje nós somos dez e três estão de licença. Participam do *Nesta data querida* três atores. Em 2004 começamos o processo de montagem do novo espetáculo que se chama *Não Desperdice Sua Única Vida* ou mais seis nomes, temos seis nomes para este espetáculo. Aconteceu também como processo colaborativo, mas com direção da Cida Falabella. É um projeto independente da companhia, já fora do 3x4. Nesse espetáculo, trabalhamos sobre a noção de ator narrador, estudamos Brecht e realizamos uma investigação sobre o espaço, buscando maneiras diferentes de se relacionar com o público. O espetáculo estreou em 2005, a última apresentação foi no Festival Internacional aqui de Belo Horizonte. Temos uma sede há quatro anos que se chama Estação Lunar, uma brincadeira com o nosso nome. É um espaço alugado, onde guardamos cenário e figurino, realizamos ensaios e atividades de produção. Hoje contamos com um projeto de manutenção que prevê pagamento para estagiários. Temos dentro do grupo projetos de comunicação e produção. Fizemos, por exemplo, um projeto de circulação pelo interior de Minas onde realizamos oficinas de Ator-criador e de Produção cultural. Dessa oficina de produção cultural, tiramos alguns estagiários para poder participar da produção de um espetáculo nosso que iria acontecer uma semana depois. Apresentamos nessas cidades o *Nesta data querida* e convidamos um professor de uma universidade da região para fazer uma leitura crítica sobre o espetáculo, mediando um debate com o público. A ideia do projeto era essa: levar informação para o público e também para os próprios grupos de teatro do interior, porque eles são bem carentes de informação. O projeto levou um pouco do que a gente realiza e dos nossos estudos pra esses grupos. No fim, não apareceram só grupos de teatro, apareceram grupos de quadrilha, grupos de dança, grupos de Congado. Essas pessoas estão ávidas por trocas de informação.

E o novo espetáculo? Como está sendo construído?

Cláudio - Para o espetáculo novo começamos a pensar sobre o que gostaríamos de falar agora. Concluímos que é sobre a incomunicabilidade, sobre a solidão nos grandes centros urbanos, como Belo Horizonte. As personagens nascem de reportagens de jornais e através de vários exercícios da direção e da dramaturgia, a gente constroi cenas individuais para cada personagem. Depois partimos para improvisações visando o encontro entre essas personagens. No *Não Desperdice Sua Única Vida* queríamos também buscar uma nova relação com o público. De que forma poderíamos conseguir isso? Então a Cida, que faz mestrado em Artes Cênicas aqui em Belo Horizonte, trouxe um pouco do universo do Brecht para o espetáculo. Quando o público chega é dividido em seis grupos e cada grupo assiste a biografia de um ator. O espetáculo é para pouca gente (no máximo sessenta pessoas), com isso conseguimos um alto nível de intimidade entre ator e plateia. Depois o público se reúne e o espetáculo continua, mas ele assiste tudo como se fosse a partir do olhar do ator que ele observou na primeira parte. Foi esse o resultado que alcançamos com a investigação sobre o espaço e a relação com o público. Então, sempre ao começar um novo espetáculo nos perguntamos: "O que a gente quer fazer agora? O que a gente quer dizer agora?", e tudo parte daí. No próximo espetáculo queremos focar em uma investigação corporal, ainda não sabemos exatamente o que vai ser, mas convidamos um coreógrafo ao invés de um diretor de teatro para fazer o espetáculo. Não sabemos o que vai sair disso. Tudo nasce desses motes, não tem muita racionalidade nisso, é a ideia do momento.

Nesse sentido aparece algum modelo de ator, uma característica central de atuação?

Cláudio - Acho que isso vai muito pelo que o trabalho está pedindo. No *Não Desperdices* o ator era um narrador questionando o seu próprio fazer teatral. A grande pergunta do espetáculo foi: "Por que nós fazemos teatro"? Então todas as biografias são permeadas por essa pergunta e também pelo "Por que nós fazemos teatro juntos"? Isso vai muito de acordo com o trabalho e também pela linha de cada diretor. Não temos "uma" linha de pesquisa e sim, uma troca com cada diretor que convidamos. Somos um grupo de atores, não existe "O diretor". Nós sempre convidamos um diretor, foram quatro espetáculos com quatro diretores diferentes. Com o próximo vai ser a mesma coisa. Estamos até pensando em ter alguma pessoa do grupo na direção. Um dos atores dirigindo o grupo. Nesse trabalho que vamos começar ano que vem um dos atores vai ser assistente de direção, até porque o diretor não é de teatro e sim, de dança. Nós vamos fazer essa ponte entre teatro e dança.

Quantos atores têm o grupo?

Cláudio - Hoje somos sete atores ativos, três estão fazendo outras coisas agora, mas são da primeira formação da companhia.

Vocês costumam ministrar oficinas na sede?

Cláudio - A gente tem um curso de iniciação teatral. Na verdade, temos dois cursos acontecendo: um de iniciação e outro para quem já passou por esse primeiro. Já temos até uma turma que quer se formar enquanto grupo. É o grupo gerando um novo grupo. Trabalhamos também com oficinas em projetos: uma de Produção e a outra sobre o Ator Criador. Nós participamos com uma oficina em um projeto de um grupo muito bacana de Salvador chamado Dimenti, a gente já troca figurinhas há bastante tempo. Eles fizeram um projeto legal, onde vários grupos, sempre de fora de Salvador, cada mês um, são convidados para uma mesa redonda sobre as atividades do grupo e também para ministrar uma oficina. Demos essa oficina em Salvador em julho. Tivemos um contato bem bacana com a cidade, pelo fato de já conhecer pessoas lá, por conta da apresentação do *Perdoa-me por me traíres* na cidade. Foi um retorno à Salvador.

Além do curso de iniciação teatral vocês costumam ministrar cursos para atores também?

Cláudio - Essas oficinas são para atores, porque a gente trabalha com o tema do ator criador. Lá em Salvador, por exemplo, trabalhamos com a noção de partituras biográficas só com atores profissionais. Já as oficinas no interior são para amadores ou para iniciantes, porque essa questão da profissionalização acontece de uma maneira diferente da capital. Mas nossas oficinas em geral são para atores profissionais.

As oficinas longas são direcionadas aos profissionais e as outras oficinas para amadores?

Cláudio - A gente tem uma parceria com o SESC de Minas Gerais. Então essas oficinas se iniciaram no SESC e acontecem lá, mas agora estamos ministrando também na sede da companhia, no nosso próprio espaço. Inicialmente não trabalhávamos lá porque tinha a questão de adequação do espaço e até de segurança, mas agora estamos conseguindo. Os atores também dão aula em outros lugares como escolas. As pessoas desenvolvem atividades fora do grupo.

Vocês se consideram um grupo com um projeto pedagógico?

Cláudio - Não, acho que não. Porque na verdade cada ator desenvolve um tipo de trabalho. Então não existe um conceito comum para todo o grupo. Tem uma coisa que a gente faz muito dentro do grupo: o jogo. Partimos do princípio que teatro é jogo. Então, nas oficinas e no curso de iniciação trabalhamos por esse caminho. Talvez a palavra que ligue tudo é o jogo.

Não tem, por exemplo, uma referência central ou alguma teoria teatral?

Cláudio - Não, não.

Gostaria que você falasse sobre registro. As imagens que vocês costumam produzir para os registros de vocês, são feitas pelo grupo ou algum profissional de fora?

Cláudio - A gente tem registro fotográfico de todas as viagens, por exemplo. O cenário de *Nesta Data Querida* tem uma mesa com um bolo de aniversário, então em cada cidade a gente tem a foto de um bolo diferente. Fotos na porta dos teatros, com todo mundo, esse tipo de coisa. O grupo mesmo faz o registro. Em uma viagem pelo interior, por exemplo, eu levei uma câmera e a gente gravou quase tudo o que aconteceu. Ficamos nos perguntando por que nunca tínhamos levado uma câmera antes! Porque sempre acontece muita coisa bacana, não é? Temos registros dos três espetáculos em vídeo, algumas matérias de jornais, de tevê e todo o material gráfico que a gente produziu ou que foi produzido nos eventos que participamos. Tem também algum material que foi produzido durante ensaios: o ator escreveu um texto que está guardado, utilizou uma imagem ou fotografia, projetos antigos, esse material a gente tem. Não está organizado, mas a gente tem.

Vocês costumam registrar ensaios?

Cláudio - Muito pouco. E algumas apresentações, mas nem todas. Gravamos o *Nesta data* em três cidades, o *Não desperdices* em duas e o *Perdoa-me* em uma. Foi uma prática que foi crescendo no grupo. Acho que a experiência dessa última viagem foi bem bacana para pensar nisso e foi onde, aliás, nós tivemos equipamento pela primeira vez para poder fazer. Realmente, contratar uma pessoa sempre para fazer é difícil. O projeto já é tão enxugado. A gente sempre esbarra na verba, não é? Nós temos muita coisa, mas nunca é o suficiente para fazer tudo que a gente pensa.

Vocês percebem se a criação do espetáculo está orientada pela busca de um público específico?

Cláudio - Não. A gente não busca um público específico, apesar de a companhia ter um público já meio cativo, pessoas que sempre assistem a nossos espetáculos. Em toda a apresentação nós passamos uma lista onde a pessoa preenche o nome, o endereço, o e-mail e pode dizer o que achou do espetáculo. Com isso acabamos tendo comentários de boa parte do público sobre o espetáculo. A gente se comunica sempre que tem alguma coisa nova, o que vai acontecer, quando vai apresentar. É uma maneira de se comunicar com o nosso público. A gente não cria um espetáculo para um público específico, mas a gente tem um público nosso. Em janeiro e fevereiro, na Campanha de Popularização do Teatro, o público é bem diferente, a gente percebe isso. O nosso público costuma ser universitário, jovens de dezoito a trinta anos. Esse é o público mais característico. Na Campanha é uma chance de conquistar outro público. As reações e comentários são completamente diferentes.

E como vocês mantêm os projetos do grupo? É através de leis de incentivo?

Cláudio - Alguns se mantiveram sem as leis de incentivo, mas hoje está sendo quase impossível. Porque estamos com uma estrutura maior a cada dia e com a manutenção de três espetáculos. Vamos voltar com o *Perdoa-me* provavelmente ano que vem e caminhamos para o quarto espetáculo. Nosso último projeto incluía manutenção da companhia e projeto de circulação. No projeto de manutenção da companhia tem toda a manutenção da estrutura física: contas de luz, de telefone e de água, tem ainda o aluguel e os estagiários. A produção recebe uma cota mínima. A gente fez uma reunião para discutir "Esse dinheiro vai significar o quê? E é para produzir o quê?" Há quatro anos seguidos temos um projeto aprovado na lei. Temos a sorte de sermos patrocinados pela Usiminas, a maior empresa patrocinadora do Estado. É importante dizer que a Usiminas é uma empresa que respeita o projeto. Coisa que não acontece com outras empresas, que na verdade querem realizar seus próprios projetos, utilizando os nossos como desculpa. Normalmente você fica condicionado à circulação e tem que se adequar a um tipo de projeto. No caso da Usiminas o bacana é que eles respeitam o que você idealizou. Eles patrocinam até a manutenção e é muito difícil você arrumar uma empresa que patrocine manutenção. Na verdade o patrocínio é sempre bem restrito. Mas tivemos sorte.

Nos espetáculos vocês têm alguma preferência em relação ao espaço de apresentação?

Cláudio - Não. O *Perdoa-me* começou numa sala para cento e cinquenta lugares e a última apresentação em Belo Horizonte foi em um teatro para mil e quinhentos. No último espetáculo quisemos investigar uma relação nova com o espaço e uma correlação diferente com o público, então não podia ser para muita gente nem em um espaço muito grande. O terceiro espetáculo também é para pouca gente e não pode ser feito em teatro. Mas não existem muitas possibilidades para esse tipo de espetáculo. Percebemos que esse último espetáculo, financeiramente, é praticamente inviável, até para festivais. Um festival quer um bom espetáculo para duzentas, trezentas, quatrocentas pessoas. No nosso caso, só para montar são necessários três dias, é muito tempo. Para um festival isso não é interessante. Percebemos que o fato de ser para um público reduzido inviabiliza viagens e não dá para contar com a bilheteria também. Mas isso era uma investigação que a gente queria ter. A criação sabia desse problema de produção, mas foi um risco que a gente correu e estamos colhendo os frutos dessa escolha.

A bilheteria é importante na manutenção do trabalho de vocês?

Cláudio - No início, foi. Porque não tínhamos lei de incentivo, nem éramos um grupo conhecido e para conseguir uma lei você precisa ter certa projeção. Então a gente se mantinha pelo dinheiro do *Perdoa-me Por Me Traíres*. Vivemos muito tempo de bilheteria. Aos poucos isso foi se transformando, porque depende muito do espetáculo. O *Nesta Data* foi um tipo de espetáculo que não tinha tanta viabilidade como o *Perdoa-me*. A bilheteria não é fundamental, não é uma preocupação do grupo. Mas no caso do *Perdoa-me* foi.

Como vocês abordam o espaço cênico na relação do espaço e criação do cenário? Vocês sabem de início onde vai ser o espetáculo e já ensaiam neste espaço?

Cláudio - Quando estreamos o último espetáculo, o *Não Desperdice Sua Única Vida*, procuramos pela cidade um local que fosse adequado ao que a gente estava pensando e encontramos o Centro Cultural da UFMG. A parte principal do cenário foi construída lá, tem também um momento das biografias onde cada ator ocupou, de acordo com o que queria um espaço diferente do Centro Cultural. Quando começamos a viajar tentamos seguir a mesma ideia: ocupar o espaço com o espetáculo, então cada ator ocupava o seu espaço tendo o básico para a realização da cena. Mas a gente sempre tem que ter um espaço com a metragem exata para encaixar o cenário da parte que é coletiva. Em Curitiba apresentamos em um lugar bem diferente do que fizemos no interior de Minas, mas a ideia era essa.

Vocês se apresentaram em prédios públicos?

Cláudio - Não. Em Curitiba foi num lugar chamado Espaço Dois. É uma casa que foi readequada para teatro, lá tinha vários pequenos espaços e a gente ocupou a casa inteira. Em Uberaba foi em um Centro Cultural que estava para ser inaugurado, era um casarão antigo, todo vazio. Aqui a gente voltou para o Centro Cultural da UFMG, mas o FIT (Festival Internacional de Teatro) queria que aumentássemos o público do espetáculo para noventa pessoas. Encontramos um galpão ao lado do Centro Cultural e fizemos lá para caber mais gente. Tem que ser no máximo noventa pessoas mesmo, porque se for mais, nas partes que são próximas do público fica parecendo que você está em um estádio.

Vocês têm algum trabalho do ator específico com relação ao espaço cênico, no sentido da pesquisa mesmo?

Cláudio - Falando desse espetáculo especificamente, cada ator se preocupou em criar uma relação com o seu espaço. Normalmente não era uma relação à italiana. Na minha cena, por exemplo, o público tem que estar bem próximo, as pessoas ficam mais próximas do que vocês estão de mim nesse momento, para quando começar a cena ter essa procura da intimidade.

Vocês já ensaiavam direto no próprio espaço?

Cláudio - Exatamente. O espetáculo foi construído assim. A cena inicial, por exemplo, era dentro de um banheiro e eu tomava banho, depois teve uma pequena mudança, mas quando a gente estreou, o público quase tomava banho junto comigo. Era um desvelamento do ator na verdade, em relação à personagem.

No processo criativo a escolha do espaço está relacionada a alguma estratégia de atração do público? Vocês pensam, por exemplo, "Vamos tentar um espetáculo que dê para um público maior"?

Cláudio - Não. A gente pensa na composição artística. É o que guia o trabalho. Aos poucos a gente entende como o público se configura nesse espaço. Sabíamos que esse espetáculo, por exemplo, não ia ser para muita gente, nem queríamos isso, nós queríamos uma relação íntima. Então o que construímos foi pensando nesse público menor. No caso do *Perdoa-me*, talvez por necessidade, a gente começou em um palco de porão e terminou num grande teatro para mil e quinhentas pessoas. Agora, esse último não tem como.

Essa questão espacial, por exemplo, vocês acham que repercute na identidade do grupo? Acha que as pessoas assistem o trabalho de vocês e já pensam no estilo?

Cláudio - Acho que sim. No nosso caso é muito visível. Foi o que eu falei com relação às aulas de iniciação, sobre a questão do jogo entre os atores. Isso é muito forte, se eu tivesse que dizer uma característica do grupo, eu diria que é o jogo. Isso revela a identidade do grupo. A gente tem um site, se vocês quiserem dar uma olhada é http://cialunalunera.blogspot.com.

E a respeito do Movimento Teatro de Grupo. Ele foi formado em 1992 e hoje em dia quantos grupos são associados?

Cláudio - São vinte e dois grupos no total, se não me engano. Dezoito em Belo Horizonte e o restante no interior. Tem grupo de Uberlândia, Montes Claros, Guaxupé e de Ipatinga.

O MTG tem projetos que são coletivos para manutenção dos grupos?

Cláudio - Exatamente. Tem um projeto, o Estação em Movimento, que é uma mostra de Teatro de Grupo. Esse evento já aconteceu duas vezes e já estamos pensando no ano que vem. Mas tudo depende de verba, de projeto de lei. Tem outro projeto, que se chama Mina de Grupos, ano que vem vai ser a segunda edição. Ele é um encontro Estadual de grupos de teatro, o primeiro foi no ano passado, em outubro. Ainda tem um projeto de circulação para os grupos do movimento. Fazemos vários encontros para discutir cultura e a situação dos grupos. Apesar de a associação ser composta por vinte e dois grupos de teatro, o MTG existe para beneficiar todos os grupos, não só da cidade, como do Estado de Minas. A gente tem interlocução fora do Estado também, com outras associações. O movimento está aberto para todos.

A gente pensa em teatro de grupo e vem essa ideia de porque chamamos Teatro de Grupo e não Grupo de Teatro. Queria que você falasse um pouco dessa ideia de Teatro de Grupo hoje.

Cláudio - Acho que isso é um pouco ligado à continuidade do trabalho e da pesquisa. É um ideal que algumas pessoas têm para poder desenvolver um determinado trabalho em longo prazo. Tem também o vínculo que o grupo estabelece com a comunidade. Quase todos os grupos, principalmente os que têm espaço próprio, se envolvem com o lugar em que estão inseridos. Tem uma coisa que a gente pensa que é: "Onde o poder público não consegue chegar, os grupos com seus espaços muitas vezes conseguem".

Vocês começaram com um processo colaborativo e ministram oficinas sobre o ator criador. Queria que você falasse um pouco mais sobre essa ideia de ator criador e como ela está relacionada ao trabalho do grupo.

Cláudio - Dentro do *Não desperdice* e a partir do próprio *Perdoa-me* a gente começou a perceber que o trabalho do ator tem ganhado muita força ultimamente. No processo de *Nesta Data Querida* fomos estimulados a criar e desde esse processo percebemos, não só no nosso trabalho como no de outros grupos também, como tem sido fundamental a participação do ator nos processos de criação dos espetáculos, não fica tudo só a cargo do diretor. Não é questão de independência, mas sim de fortificação do trabalho. Isso de não depender tanto da criação do diretor ou do que está escrito no texto, no caso do dramaturgo.

Na medida em que ator dialoga com o trabalho...

Cláudio - Exatamente. O tempo inteiro você como ator propõe e propõe e propõe. A gente viveu muito isso nesses últimos dois trabalhos (*Nesta*

Data Querida e *Não Desperdice Sua Única Vida*), uma exposição intensa daquilo que você produz. Queremos começar um novo trabalho, mas não queremos um diretor que fique mandando a gente dar dois passos pra lá e dois pra cá. Foi tudo tão intenso, que a gente sente que está precisando de alguém para levar a gente. Mas como escolhemos um coreógrafo para dirigir o espetáculo, tenho certeza que, mais do que nunca, a gente vai ter que estar presente na criação. Todos acham que não vai ser um processo colaborativo, mas eu tenho certeza.

GRUPO GALPÃO
Primeira Entrevista com Chico Pelúcio

Concedida a Camila Ribeiro e Eder Sumariva.
Em julho de 2005, na sede do Grupo Galpão, Belo Horizonte MG

Primeiramente gostaríamos que você falasse da trajetória do *Grupo Galpão* e seu envolvimento com o grupo.

Chico Pelúcio - O *Galpão* nasceu em 1982, foi fruto de uma oficina de teatro de rua com dois diretores alemães que trouxeram várias técnicas de rua: perna de pau, tambor, ocupação do espaço, da arquitetura urbana. Quando eles foram embora, alguns atores que fizeram a oficina se reuniram para montar um primeiro espetáculo de rua. Não existia um projeto de ser um grupo, existia um projeto de dar continuidade a uma linguagem urbana. Estávamos saindo de um período de ditadura, tinha uma irreverência universitária na alma de todo mundo. Todos eram ligados à universidade então era quase uma provocação fazer um espetáculo. Então montamos um primeiro espetáculo, um pouco pensado, um pouco intuitivo. O grupo foi se solidificando a partir dessa experiência. A questão do teatro de rua e a do teatro popular permeia e é a única coisa sólida no grupo. Estas linguagens nos acompanham ao longo desses vinte e cinco anos de existência. Então o grupo nasce a partir do terceiro espetáculo de rua, onde percebemos que podíamos sobreviver de teatro. Foi o primeiro espetáculo de muito sucesso e era feito desde feira agropecuária até encontros literários. Então começamos a viver de teatro e o grupo foi se estruturando a partir dessa estética e foi estruturando a questão da linguagem dos objetivos, das necessidades. A gente procurou sempre uma linguagem popular, mesmo quando foi para o palco. Já mergulhamos em tragédia grega, em Nelson Rodrigues, adaptamos romance do Ítalo Calvino. A gente é muito zigue-zague, vai experimentando coisas que tem dificuldade. Houve um momento em que estivemos preocupamos em fazer muitas oficinas - a formação do grupo não é acadêmica, só o Toninho fez escola. Tivemos contato com Eugênio Barba e o *Odin Theatret*, com teatros italianos. Então sempre estivemos preocupados em fazer oficinas e também na questão do grupo no Brasil. Um raciocínio que tenho sobre os grupos que surgiram no final do período ditatorial é que o mercado que não aceitava estes grupos. Eles não tinham como concorrer com o grande teatro. Então houve a necessidade de buscar um outro espaço. Estes grupos foram inventar, reinventar ou revisitar algumas linguagens. Houve um movimento de teatro de rua muito forte no final da década de 80, começo de 90, porque os grupos tiveram que ir para rua, para conquistar outros públicos. Esta linguagem do teatro comercial, do teatro oficial, não bastava. Então cada um foi bebendo nas linguagens populares, no circo, no cordel, na *commedia dell'Arte*, nos bonecos. Como não tínhamos muito domínio de todas essas técnicas, fomos obrigados a aprendê-las e o aprendizado, uma vez dominado, fez com que nos tornássemos multiplicadores, passando a dar oficinas. Então todos os grupos que se constituíram nesta época têm como característica sempre dar oficinas para outros grupos, para outros atores, para outro tipo de público. E esta linguagem é curiosa, porque como não existia dinheiro para fazer grandes cenários, a linguagem acabou se voltando um pouco pra linguagem do ator. Fomos buscar em Eugenio Barba, no Teatro Antropológico, em Grotowski, técnicas que comunicavam na rua sem grandes aparatos. Então foi uma fase de volta ao trabalho do ator. Mais do que o trabalho diretor ou da luz ou do grande cenário, ou de grandes parafernálias, era um teatro que dependia do ator. O ator teve que se colocar por dentro de todo o sistema de organização e de produção também, foi obrigado a dominar tanto a produção, como a montar, desmontar. O cenário tinha que ter mobilidade, tinha que ter essa disponibilidade de apresentar em outros espaços. O *Galpão* sempre esteve preocupado não só em montar espetáculos e apresentar, mas também em dar muita oficina. Houve um tempo em que organizávamos um Festival Internacional de Teatro de Rua de BH (FIT-BH). Depois a gente inventou o Galpão Cine Horto, que é um centro cultural ligado a teatro e que cumpre este papel dessa outra interlocução entre sociedade e artistas. Tem estes dois lados do grupo, os espetáculos e esta interlocução com os parceiros, os artistas e a comunidade, através de projetos diversos.

Que núcleo permanece fixo desde 1982 até hoje?

Chico Pelúcio – Eduardo Moreira, Antônio Edson, Beto Franco e eu. Eu entrei no segundo ano do *Galpão*. Não estava na origem, não atuei na primeira montagem, então tem cinco pessoas do núcleo original e hoje somos treze atores. O grupo é uma cooperativa de treze atores, mas que tem hoje vários funcionários. Somando Cine Horto e o grupo são treze atores, mais trinta funcionários.

E como se dá a organização interna do *Galpão*?

Chico Pelúcio – Acho difícil explicar o funcionamento cooperativado. Nós decidimos coletivamente os principais rumos do grupo, então sentamos em uma mesa e decidimos rumos fundamentais. Feito isso, a parte funcional, administrativa, é subdividida. Cada um de nós é responsável por uma área. Cada um coordena uma área e tem uma equipe muito legal. São duas instâncias: a do *Galpão* e do Galpão Cine Horto; são dois núcleos distintos, onde há um produtor executivo e seus assistentes. Tem o responsável pelo planejamento e pelo marketing, tem os técnicos.

Poderia contar a trajetória relacionada a patrocínio, leis de incentivo e espaço?

Chico Pelúcio – Há dois momentos fundamentais na vida no grupo e hoje eu digo isso para todos os grupos: é fundamental ter o seu espaço próprio. A vida do grupo altera significativamente a partir desse momento. O espaço próprio foi um divisor de águas, tanto nas relações internas, inter-pessoais do grupo, quanto nas possibilidades de amadurecimento de uma linguagem artística. Foi a solidificação de um núcleo de produção, de uma estrutura de produção que permitiu a gente pensar em médio prazo. Conseguimos nosso espaço em 1989, portanto o grupo tinha sete anos de existência e a partir disso modificou muito. Tem outro divisor de águas que foi quando a gente conseguiu o primeiro patrocínio integral em 1992 com um banco, que já extinguiu, e que assumiu o grupo. Isso mudou muito o nosso dia-a-dia, do ponto de vista de sobrevivência, perspectiva e fundamentalmente de qualidade artística.

Como são as técnicas empregadas para a preparação do ator para o espetáculo? Como é a produção do processo de concepção do espetáculo?

Chico Pelúcio – No *Galpão* este é o lado mais caótico que temos. Não temos uma regra. Ao longo destes anos, várias formas já aconteceram na escolha de um espetáculo, na escolha de trabalhar, com quem trabalhar. O *Galpão* é um grupo de atores, não temos um diretor fixo, então a cada montagem era uma nova empreitada e nossa opção era sempre fazer uma coisa que não sabíamos e que tínhamos dificuldade de fazer. Uma vez escolhemos trabalhar com Nelson Rodrigues porque nunca tínhamos feito tragédia, drama. Às vezes queremos trabalhar com um artista específico, como por exemplo, o Cacá Carvalho. Dissemos: "Cacá, vamos trabalhar juntos?". Ele respondeu: "Vamos". E aí perguntamos: "O que vamos fazer?" Então decidimos juntos o que íamos fazer. Acontece de muitas formas diferentes. Uma coisa interessante é que, com vinte e tantos anos de grupo, todos nós somos atores bem velhos, então em função disso, desejos individuais começam aparecer no grupo, alguns querem dirigir, outros não querem música, alguns querem popular, outros não querem.

Tivemos que acomodar esses anseios no dia-a-dia criativo, buscar a nossa forma de dar vazão a estes interesses individuais, estas necessidades artísticas individuais, descobrindo como resolver isso, para não virar uma panela de pressão, descobrir uma válvula de escape. O Cine Horto veio um pouco nesta perspectiva, estávamos fazendo muito trabalho fora. Então pensamos "Por que não criar um espaço onde possamos desenvolver essas coisas?". O Cine Horto ajudou muito nesse sentido. Passei a dirigir, o Julio passou a dirigir, o Eduardo também, tudo no Cine Horto.

Hoje o *Galpão* tem respaldo nacional e internacional, conseguiu um patrocínio que é a Petrobrás. A partir desse momento o grupo descaracterizou-se por estar voltado ao mercado?

Chico Pelúcio – Nunca abrimos espaço para interferência da Petrobrás ou de qualquer outro patrocinador nestas questões. Decidimos segundo as nossas montagens e nesse sentido não montamos porque o mercado está pedindo ou porque o patrocinador quer. Não fazemos isso. Acho que inconscientemente, acabamos levando em consideração algumas coisas na hora de coordenar o desejo para um novo espetáculo de rua porque já tem dois de palco, então seria bom fazer um de rua, para viajar com um de palco e outro de rua. Tentamos preservar as necessidades artísticas.

Quais seriam as três características que permeiam o *Grupo Galpão* como Teatro de Grupo?

Chico Pelúcio – Talvez a mais nobre seria, que ao longo destes vinte e tantos anos, perseguimos a continuidade e o aperfeiçoamento das linguagens artísticas. Por exemplo, montamos *commedia dell'Arte* no palco com *Arlequim, Servidor de Dois Amos* que foi um fracasso retumbante. O espetáculo era ruim, mas não nos demos por satisfeitos e fizemos uma releitura da *commedia dell'arte* para rua, com o espetáculo *A Comédia Da Esposa Muda* que foi super bacana. Pudemos perseguir uma vontade dessa linguagem da *commedia dell'arte* e apesar de um fracasso fomos montar outros espetáculos. Esta possibilidade de estar perseguindo novos objetivos, por exemplo: chegou um ponto que queríamos estudar música, ter música no espetáculo. Começamos então a estudar cada um de nós um instrumento, e entre estudar e executar é preciso ter tempo de maturação muito grande. Segundo o Toninho, nós "como músicos somos bons atores". Tocamos música dentro dos espetáculos e virou uma marca. Tem este lado artístico e o outro lado é a questão da produção. O grupo se constituiu e se consolidou com uma estrutura de produção que tem toda essa interlocução tanto com a sociedade quanto com os patrocinadores e com a mídia. As pessoas reconhecem como a estrutura de uma organização que se pretende a médio, longo prazo, ter uma relação sadia e honesta.

Você comentou que estão ficando mais velhos. E a continuidade do *Galpão*? Vocês têm alguma preocupação?

Chico Pelúcio – Pensamos nisso, mas não temos isso muito claro. Damos conta de discutir coisas imediatas nessa correria de vida, viagens. A gente está devendo essa para nós mesmos, de uma reflexão mais aprofundada nestas questões. Mas agora devemos tomar a primeira decisão de montar dois espetáculos com dois elencos distintos. Sempre montamos com o elenco inteiro. Às vezes ficava um de fora. Alguém que estava esperando bebê, alguém que não podia. Estamos decidindo montar dois espetáculos com dois elencos menores para resolver problemas diversos lá dentro. Isto é um passo novo na existência do grupo, mas não pensamos muito nessa história. Sabemos que exercemos uma influência relativa não só em BH, mas no Brasil. Também no teatro de rua onde estivemos presentes fortemente em vários movimentos de grupo desde a criação do Movimento Nacional de Teatro de Grupo, com vários debates, encontros, discussões de políticas relativas ao governo e aos grupos. Criamos esse festival, tivemos participações importantes em outros festivais, agora temos esse centro cultural. O futuro talvez venha destes caminhos mais do que do grupo em si, acho que vem um pouco desta existência de vinte e cinco anos, desta atuação que pode deixar rastros.

Quais os grupos mais importantes 1985 para cá que se conformaram como Teatro de Grupo?

Chico Pelúcio – Tem um grupo muito importante que está estruturando um espetáculo novo que se chama *Grupo Encena em BH*, que achou uma forma de trabalhar peculiar, mas que se mantém produzindo. Tinha um grupo que acabou, e depois se transformou que é o *Sonho & Drama*. Tinha uns grupos, o *Giramundo* que é na área de teatro de bonecos, significativo, ligado a obra do Álvaro Apocalipse. Isso na década de 80, depois na década de 90 têm vários grupos legais se formando. Belo Horizonte - acredito que assim como Curitiba, Florianópolis e Porto Alegre - é uma cidade muito legal pra existência de um grupo. Não temos assédio da TV, não tem um mercado publicitário muito forte. Cinema vem aqui às vezes só para acariciar a alma, então é um lugar onde os grupos têm uma sobrevida maior. Aqui temos um habitat bom para os grupos principalmente nesta última década, nestes últimos dez anos. Tem muitos grupos: o *Andante, Armatrux, Trama, Cia. Clara*. Fico pensando assim que Belo Horizonte nos últimos anos tem produzido espetáculos significativos. Por exemplo, todos os grandes sucessos da mostra do Festival de Curitiba tiveram vínculos com Belo Horizonte, são produções daqui. Há espetáculos muito bacanas que já foram reconhecidos em vários festivais, uma produção instigante e muito em função destes novos grupos. Tem o *Grupo Espanca!* que fez muito sucesso com um espetáculo que se chama *Por Elise*. O Movimento de Teatro de Grupo tem vários grupos que fazem parte e são significativos, *Kabana, Maldita Cia*.

O *Galpão* utiliza textos na maioria dos seus espetáculos? Como é o processo do ator com o texto e a concepção?

Chico Pelúcio – Cada caso é um caso. Cada diretor com quem trabalhamos foi um caso. O trabalho do Cacá na adaptação do *Partido* de Ítalo Calvino foi uma história a parte. O texto chegou quinze dias antes da estreia e já tínhamos construído toda ação física. Com o Paulo José no *Inspetor Geral*, pegamos o texto clássico do Gogol assim mesmo; há um tempo atrás fizemos uma adaptação rasgada do *Álbum de Família*. Antes fizemos um musical que foi construído em processo colaborativo, que eu dirigi: *Um Trem Chamado Desejo*. Foi todo construído a partir de uma ideia nossa, eu queria falar sobre uma trupe e assim tivemos um espetáculo que tinha até cinema, um curta metragem dentro do espetáculo. A cada hora a única coisa que nos norteia, é aquilo que eu disse, vamos montar um novo espetáculo, estamos precisando trabalhar um pouco mais disso, este é um norteador.

A partir da década de 80 surgiram mais escolas de formação de atores, cursos profissionalizantes, universitários. Como vocês vêm isto já que a experiência de vocês não é acadêmica?

Chico Pelúcio - Eu sempre falo nas discussões aqui no Palácio das Artes[5] que a escola é importante, é uma possibilidade de cortar caminhos, de atalho de aprendizado. Não irei entrar na questão da escola como uma estrutura limitadora, que tem grade curricular, que é uma prisão, mas o

---

[5] No momento dessa entrevista o ator Chico Pelúcio era o presidente da Fundação Fundação Clóvis Salgado que administra o Palácio das Artes importante complexo cultural da cidade de Belo Horizonte.

que não impede de formar bons seres humanos, bons artistas com uma visão artística. Quando você chega ao mercado não tem espaço, não tem dinheiro, uma concorrência e tanto. A mídia não dá muita importância e você vai ter que fazer o que eles querem, e terá que superar essa dificuldade.

Em Belo Horizonte tem algo novo que é o Movimento de Teatro de Grupo. Como é que estes grupos lidam com o mercado?

Chico Pelúcio – Hoje todo mundo está lidando com o mercado através das leis, e basicamente todos sobrevivem através das leis. O próprio MTG só atua porque tem as leis de incentivo que eles aprovam e fazem novos projetos. São poucos os grupos aqui em Belo Horizonte que fogem dessa lógica - o *Kabana*, por exemplo, sobrevive praticamente sem lei nenhuma, eles tem várias atividades, trabalham muito com espetáculos encomendados, mas também montam Brecht na rua. A montagem deles de *A Exceção e a Regra* é belíssima. Eles sobrevivem de dar oficinas, fazer espetáculos com temas encomendados. Eles têm uma sede muito bacana em Sabará, que é próximo de Belo Horizonte. O mercado hoje significa lei de incentivo. Infelizmente. São Paulo tem a Lei do Fomento. Aqui em Belo Horizonte vamos fazer alguma coisa. Já lancei várias atividades ligadas ao teatro, inclusive um prêmio de montagem aqui no Palácio das Artes para abrir espaço para ensaio. É uma forma do poder público estar incentivando novos rumos.

Hoje como presidente do Palácio das Artes, uma instituição que representa o governo em Belo Horizonte, qual o desejo de você fazer algo mais pelo teatro?

Chico Pelúcio – É muito grande, não somente pelo teatro. Como presidente da Fundação, estou tendo que pensar sobre artes plásticas, cinema, ópera, área da educação, da extensão. Quero criar o máximo possível de abertura e diálogo com os artistas para sair desse lugar isolado do poder público, enclausurado e fechado. Tenho tentado isso dentro dos limites que o poder público impõe.

No Brasil, na década de 60 temos grupos como *Oficina, Opinião*. Existe algum referencial a eles?

Chico Pelúcio – Acho que hoje o que fica são as referências políticas e uma forma artística. Influência é bom ver de longe, é bom ver o distanciamento de tempo, assim até para você tentar se enxergar melhor.

Vejo isso principalmente a respeito da trajetória dos artistas que atuaram nesta época dentro destes grupos e que hoje, mais velhos, continuam atuando. Fica uma referência, fica o exemplo de pessoas que estiveram muito ligadas a uma proposta, política ou artística, e que enfim construíram uma carreira sólida. Acho que isto tudo é bom exemplo para todos nós.

Segundo seu ponto de vista qual é a necessidade do espetáculo dialogar com a sociedade?

Chico Pelúcio – Fundamental! Optar por isto ou aquilo na hora da montagem tem a ver com o que eu quero dizer para sociedade. O que é mais urgente, latente. No Oficinão do ano retrasado eu precisava entender esta história da ética. Fomos falar sobre ética, montamos o espetáculo chamado *"O Homem Que Não Dava Seta"*. O espetáculo foi construído a partir desta necessidade de abordar este tema. Também não foi a toa que eu fiz este projeto chamado Teatro Encontro Ponto Com aqui no Palácio. O Luis Alberto também fala que tem que ter encontro. Se não tiver uma comunicação no momento do espetáculo, do encontro com a plateia, com esta sociedade que vai assistir, não teríamos conseguido nossos objetivos. E então isto é uma questão artística e técnica de elaborar o que você quer dizer de tal forma que isto passa ter uma potência contundente com o espectador.

O que o *Galpão* faz para atender as periferias?

Chico Pelúcio – Fazemos espetáculos de rua, quando é na sala os ingressos são baratos já que somos patrocinados por uma empresa estatal, então todos os ingressos custam dez reais a inteira e cinco reais a meia, mesmo no Rio de Janeiro e São Paulo e estamos querendo rever isto. O espetáculo de rua é o limite que temos para atuar neste sentido.

GRUPO GALPÃO
Segunda Entrevista com Chico Pelúcio

Concedida a Daniel Olivetto e Patrícia Leandra Barrufi.
Em setembro de 2006, no Palácio das Artes na Fundação Clóvis Salgado,
em Belo Horizonte

Como é o processo criativo do *Galpão*? De onde parte o processo de criação do espetáculo? Do ator, do texto, de uma improvisação?

Chico Pelúcio - O *Grupo Galpão* não tem um processo criativo muito definido, porque a gente trabalha com vários diretores, então cada diretor chega com seu processo de trabalho e a gente embarca na proposta do diretor convidado. Então temos vários momentos em que temos que cumprir um processo de trabalho diferente. Mas, uma coisa que temos e é muito presente em todos os espetáculos, são alguns exercícios que chamamos de *workshop*, que a gente herdou de um trabalho que fizemos há muitos anos atrás, é um sistema de montar e experimentar cenas em um processo rápido. É muito comum nas montagens do grupo, mesmo com um diretor diferente, a gente ter um momento em que trabalha com esse processo de *workshop*, às vezes um dos atores propõe uma ideia, a gente monta e esboça uma cena, apresenta, e a partir disso ela serve ou não serve. Quando serve a gente lapida e fica trabalhando isso, que é o "grosso" de uma ideia. A presença do ator sempre foi determinante nos processos, mesmo em momentos em que era texto pré-estabelecido, como foi, por exemplo, a *Rua da Amargura* com Gabriel Vilela. A gente tinha pouco tempo de montagem, tinha um texto e o processo foi muito mais do diretor, do encenador, do que dos atores. No resto, quase sempre o ator está muito presente, foi assim com *Romeu e Julieta*, foi assim com o Cacá Carvalho na montagem d'*O Partido*. O material saiu todo do ator, de propostas de improvisação, de cena. Mas a gente não tem um processo estabelecido. O Galpão Cine Horto é que vem trabalhando mais nas montagens das oficinas, dos Oficinões. Aliás, vai estrear um espetáculo agora, onde trabalhamos muito com o que se chamou de processo colaborativo. Tanto texto quanto o tema, quanto a dramaturgia da cena, é uma coisa compartilhada e que o ator tem uma participação muito grande, não só na concepção da cena quanto no espetáculo.

Comparando um pouco as montagens, você acredita existe um perfil do ator do grupo?

Chico Pelúcio - Dois comentários que eu faria: primeiro, por mais diferente que seja um espetáculo do outro, do ponto de vista estético e mesmo do ponto de vista do processo, as pessoas que assistem falam "É o *Grupo Galpão*"! A gente não sabe bem por quê. Eu acho que é por uma linguagem, um estilo de atuação, uma coisa que faz parte de vinte e tantos anos de trabalho conjunto. Por mais que o diretor proponha uma forma, uma estética, uma linguagem específica, a gente leva junto uma "cara", uma coisa coletiva que acaba influenciando um pouco essa proposta. Então tem esse lado, mas certamente trabalhamos com a ideia de um ator mais ativo. Aquela ideia do ator que fica esperando o diretor fazer a marca e propor, e depois só executar, não é o perfil de ator que trabalha nos nossos processos. O ator sempre teve uma presença muito ativa, que propõe, que discute, que pensa, que está com um olhar não só no personagem que ele está fazendo, mas sim no universo todo da cena, que seja cenário, luz, encenação, dramaturgia. E eu acho que isso é muito natural do grupo, as coisas são muito coletivizadas e colaboracionistas, ou pode falar colaborativas, mas é assim: todo mundo dá "pitaco". E isso não é uma especificidade do *Galpão*, mas sim de todos os grupos que trabalham do ponto de vista coletivo.

Como é o projeto pedagógico do Galpão Cine Horto? Esta atividade é uma extensão do trabalho de vocês que é oferecida à comunidade. Gostaria que você comentasse um pouco sobre a iniciativa.

Chico Pelúcio - O Cine Horto nasce de duas necessidades básicas. Uma necessidade seria a de dar espaço para os integrantes do grupo desenvolverem outras coisas que o grupo não conseguia absorver, demandas pessoais, vontades artísticas, projetos específicos que nascem de uma vontade individual. Juntamos isso com uma necessidade do mercado de Belo Horizonte de reciclagem dos atores. Percebíamos na época que os atores que saíam de escolas profissionalizantes, e os grupos que se estabeleciam, tinham pouco espaço para reciclar, para aperfeiçoar, para continuar os trabalhos de pesquisa, de informação. O Cine Horto aparece tentando cobrir essa lacuna que existia. O primeiro projeto que a gente fez foi o Oficinão, que ainda existe lá. E o que é o Oficinão? É para atores já com experiência, se possível profissionais, que passam um ano junto com um diretor, que normalmente é alguém do *Galpão*, mas ultimamente a gente convidou alguns diretores de fora. E propõe a pesquisa de algum tema, alguma coisa de interesse. Então eles passam um ano pesquisando isso, desde a prática até a teoria e depois montam um espetáculo que fica em temporada lá. Então formalmente a coisa pedagógica é conectar o teatro com o espaço para pesquisa e informação.

Daí derivou uma série de outros projetos, que a gente leva: o 3x4; oficinas de direção; oficinas de dramaturgia; o festival de cenas curtas; o Galpão Convida. Mas isso seria a definição oficial, mas também temos como objetivo atrás disso: promover uma experiência para esses artistas, uma experiência de grupo, coletiva, onde esse ator não é apenas ator, mas também gestor do próprio sonho, gestor de sua própria vontade. Por isso é que no Oficinão, além do envolvimento nas diversas áreas da montagem, cenário, figurino, também se envolve na produção, o ator faz um curso de produção cultural, ele se envolve com assessoria de imprensa, com todo um seguimento para que ele possa ter condições de dirigir e produzir seu próprio desejo, fazer seu próprio projeto, fazer sua grana, planejar. Estes são os objetivos, pensar um pouco sobre essa sobrevivência coletiva, tirar as pessoas do isolamento, do individualismo e compartilhar experiências. Não temos o objetivo de formar grupos, isso acontece como conseqüência. Algumas turmas tiveram uma sintonia fina legal e acabaram virando grupo, ou acabaram fazendo aquele espetáculo, trabalhando mais dois anos juntos com aquilo. Atualmente tem um grupo chamado *Companhia Malarrumada* que já montou um de palco, já montou de rua, agregaram um outro espetáculo que eles fizeram com o mesmo elenco e já estão com o projeto de montar outro espetáculo. Então são esses os objetivos básicos. Junto com isso a gente tem vários cursos que são pagos, essas experiências são todas patrocinadas, portanto gratuitas, mas a gente tem outros cursos que são pagos. O ator, ou estudante, o oficineiro que entra, vai fazendo a sua grade. Ele faz esse semestre com um professor, depois ele pode optar por outro professor. É um perfil, entre aspas, de uma escola livre, do que uma escola fechada e engessada, com grades. Lá você passeia por onde quiser.

Tanto o *Galpão* quanto o Cine Horto possuem uma linha teórica específica?

Chico Pelúcio - Depende. É como eu disse, cada diretor vai por um caminho. Ele escolhe uma linha de pesquisa, um caminho, a gente não "segue" nada. Mas para falar de modo geral, falar o óbvio temos um trabalho crítico de ator que é muito levado em conta, isso ocupa uma boa parte do tempo dos atores, que é um entendimento do ator que tem que estar tecnicamente e fisicamente preparado para responder na hora do espetáculo. Mas, agora chegar e falar que a gente bebe do "Teatro Pobre" do Grotowski, ou bebe do "Teatro Antropológico" do Eugenio Barba, seria também exagerar. Porque a gente também bebe de outras fontes. E certamente isso é uma presença, não é nenhuma novidade e isso é uma obrigação.

Estivemos lá no Cine Horto visitando o centro de pesquisa e vimos que vocês têm uma preocupação com o registro do trabalho do grupo. Como são produzidas as imagens do grupo?

Chico Pelúcio - Tanto no *Grupo Galpão* quanto no Cine Horto - talvez no Cine Horto esteja mais esquematizado – se tem a preocupação de documentar tudo. A gente sabe da importância, tanto que a gente batalhou o documentário, o pessoal registrou muita coisa para esse documentário sobre o *Galpão*, batalhamos o centro de memória lá do Cine Horto. E isso foi um passo muito importante.

Você identifica que o *Galpão* tem um público específico? Vocês buscam um determinado público?

Chico Pelúcio - Poxa! A gente tem certamente muito prazer em fazer espetáculos. E isso é um compromisso do grupo, que é levar espetáculos para as praças, em busca de um público popular, em busca de um público que não está acostumado a ir ao teatro. Isso é muito forte. Mas, a gente não leva o espetáculo para atingir "um" público. Na rua é legal que você tem um público muito heterogêneo e isso é uma experiência de trabalhar com recursos técnicos diversos e que consegue atingir pessoas diferentes, com informações diferentes, enfim... que trabalhem de uma forma mais popular. Mas, a gente não tem uma busca específica.

Como se dá a seleção das imagens do grupo? Quando vocês selecionam esse material, consideram algum elemento de identidade do grupo?

Chico Pelúcio – Nossa preocupação é criar a imagem que o espetáculo pede. Claro que depende, por exemplo, o interesse em Londres, com o *Romeu e Julieta* era vender que ele era muito musical. Então as fotos escolhidas mostravam todo mundo tocando junto, mostravam violão, pandeiro e saxofone. Eram fotos que tinham um apelo que atendia a demanda dele nesse local específico. Tem fotos que precisam mostrar a dimensão do público quando é na rua, por exemplo. O espetáculo é que determina.

E com relação à bilheteria, ela é essencial na manutenção do grupo?

Chico Pelúcio - Hoje o grupo é essencialmente patrocinado. Então, nossa subsistência, nosso funcionamento e nossa manutenção vêm do patrocínio. Se a gente dependesse da bilheteria, a gente literalmente não faria nada. Mesmo assim porque o patrocínio da Petrobrás exige que o ingresso seja muito barato, então até pouco tempo o ingresso era dez e cinco reais, mesmo fazendo no Teatro Municipal em São Paulo. A gente depende mesmo é de patrocínio.

Gostaria que você falasse do espaço na criação do espetáculo. Em que medida que o espaço vai se construindo, a cenografia e a preferência de um espaço para determinado espetáculo?

Chico Pelúcio - Isso é uma coisa complicada para se dizer. A gente tem uma dificuldade muito grande de clarear o projeto no início dele. Ele vai acontecendo durante o processo. Mas a primeira pergunta que a gente se faz é: o próximo espetáculo vai ser de palco ou de rua? É uma das primeiras perguntas. E nós como bons mineiros, muitas vezes dizemos assim "Vamos montar um para palco, mas que dê pra fazer na rua!" Isso é um problema. Faz muito tempo que a gente não consegue radicalizar em uma linguagem de rua. Numa estética de rua e um aproveitamento da linguagem da rua. Então fica sempre no meio do caminho. Porque daí você fica fazendo mais de palco do que de rua, e depois você fica precisando de um palco na rua, com a formação de um palco italiano. Quase sempre é arena.

Viemos agora do Cine Horto, fomos conhecer os espaços, inclusive o *Galpão*. É engraçado como o espaço respira essa atmosfera de vocês, é teatro sendo criado o tempo inteiro, um grupo ensaiando aqui, o outro no telefone ali, cenários montados.

Chico Pelúcio - Mas é uma fundação pública. É uma forma que conhecemos. Teve uma ocasião em montamos dois espetáculos no mesmo palco, fazíamos um às seis da tarde e o outro às nove, era o *Alice* e o outro *Pessoas Invisíveis*, quarta e quinta e depois sábado e domingo *Toda Nudez*. Tem a ver com esse olhar de que as coisas têm outras utilidades, outros significados, isso se deve ao próprio processo do grupo, do *Galpão*, do Cine Horto, etc.

Uma questão recorrente nas nossas pesquisas é "o que é teatro de grupo"? Cada vez mais parece um modelo se redefine e está muito diferente daquele dos anos setenta. Como foi essa diferença da ideia de teatro de grupo desde a época da militância, até o período das diretas, e a ideia de teatro de grupo hoje? No contexto de Belo Horizonte.

Chico Pelúcio - Não sei te dizer exatamente. Tivemos um momento onde um bando de novos atores, atrizes e artistas que não conseguiam se enxergar, nem dentro do teatro oficial, comercial, nem dentro do teatro alternativo, que era um lugar de resistência política. Então eram jovens, novas pessoas que não se enquadravam nem do ponto de vista do teatro político, nem do teatro comercial, nem conseguiam se inserir numa máquina oficial, não eram reconhecidas pela mídia, não eram reconhecidas pelos espaços oficiais. Tinham que buscar um novo caminho, buscar uma nova forma de trabalhar. E primeiro, a questão do grupo era fundamental, a questão do coletivo, do colaborativo, a questão de uma proposta até meio anarquista. Então essas pessoas se juntaram para fazer... mas fazer o quê e para quem? Era claro que essa linguagem oficial que existia, do palco italiano e de uma linguagem que se estabelecia dentro dele, não era muito o caminho, as pessoas tinham que buscar um novo público. Mas como chegar nesse público? Fazer o mesmo teatro que se fazia? Com a mesma linguagem? Não. Tinha que se buscar outra coisa, outro teatro para estar dialogando com esse novo público. E é dessa geração que sai os grupos, talvez, mais radicais, o próprio *Terreira da Tribo*. O *Terreira* deve estar com vinte e oito anos, dentro do espaço deles são construídos cenários de alvenaria, madeira, pedra, tijolo, cimento, os cenários são espaços completamente ocupados de forma diferente; também tem o *Teatro da Vertigem* do Antônio Araújo. Todos esses grupos buscaram formas de criar um novo público e um novo diálogo. Depois disso tem um vazio muito grande, na década de 90, há um esvaziamento dessa proposta e eu acho que hoje está retomando, os grupos estão se rearticulando. E se rearticulando de uma forma de menor contestação política, mas muito mais "consequente", no sentido de reconhecer alguns espaços nas histórias oficiais, e tentar criar um diálogo, uma discussão e uma ação efetiva, para compartilhar, seja com o poder privado, ou seja, com o poder público, a construção de uma política de trabalho. Antigamente tinha-se uma dificuldade muito grande em criar ações coletivas. O Cine Horto há dois anos atrás, propôs e começou o Redemoinho, a nova atuação dessa rede é uma coisa complicada, a articulação de todo mundo é uma coisa complicada. Se antigamente a gente tinha um tempo maior para se dedicar a essas coisas, hoje com a internet, o celular, os blogs e a rapidez da informação, são muito mais coisas ao mesmo tempo. É tudo mais rápido do que antigamente. Tem uma necessidade que te impõe no dia a dia, você acaba ficando sufocado pela sobrevivência e deixando em um segundo plano as ações coletivas. É uma faca de dois gumes, eu não sei direito onde isso vai dar, eu desconfio que a gente precise profissionalizar essas ações coletivas. Não dá mais para ser o segundo plano. Esta coisa precisa cada vez mais ser fundamental para a sobrevivência individual, de grupo, então tem que achar um meio termo.

E o Movimento de Teatro de Grupo aqui como ele se estrutura? Ele se configurava como um movimento que vem desde os anos 70?

Chico Pelúcio - Não. O MTG começa a se estruturar a partir da experiência do Movimento Brasileiro de Teatro de Grupo, em que nós fomos fundadores. Houve dois encontros em Ribeirão Preto, talvez 88 e 89, um encontro nacional onde se criou o Movimento Brasileiro Teatro de Grupo. A partir dessa experiência a gente também se reuniu aqui em Belo Horizonte e criou o MTG, junto com outros tantos grupos. A dificuldade inicial era ser uma ação paralela à vida de todo mundo. O movimento não conseguia se profissionalizar. Teve essa crise em 94, mas o movimento continuou, depois teve outra crise em 2000. Hoje eu sinto que o MTG está mais profissionalizado, tem atuado muito através das leis de incentivo, com propostas coletivas de projetos. Talvez essas ações concretas, como vários eventos que eles fazem, oficinas no interior, isso cria a necessidade visceral da relação dos grupos com o movimento. A partir disso, de ter um envolvimento profissional, o movimento pode ganhar força e pode ocupar um espaço no dia a dia de cada um e de cada grupo, de forma mais definitiva. Mas tem um problema: até pouco tempo não se podia entrar no movimento, já estava "fechado" em doze ou treze, aí eles abriram para quem quisesse entrar no Movimento... não sei se teve muita adesão, pouca adesão, mas existe essa incoerência, essa contradição política. O *Galpão*, por exemplo, não faz parte do movimento. A gente não se sente representado nem pelo SINPARC que é a Sindicato dos Produtores de Teatro, não se sente representado pelo SATED, nem se sente representado pelo MTG. Assim como nós, vários grupos estão nessa situação, mas ao mesmo tempo a gente não tem força, não tem disponibilidade, nem fôlego para se organizar de outra forma.

GRUPO TRAMA
Entrevista com Carlos Henrique Silva

Concedida a Camila Ribeiro e Éder Sumariva.
Em julho de 2005, Belo Horizonte- MG

Gostaria que você contasse a trajetória do *Grupo Trama*, qual a sua participação, função e como o grupo está composto.

Carlos – O *Trama* na verdade é um grupo recente, tem sete anos de atividades e é composto por três pessoas: Glicério Rosário, Epaminondas Reis e eu, Carlos Henrique. Na verdade estas três pessoas faziam parte de um outro grupo que já existia aqui em Belo Horizonte há muito tempo, que se chamava *Cia Sonho & Drama*. A *Sonho & Drama* foi durante muito tempo uma companhia muito importante na região, para as pessoas ligadas ao meio cultural, ao fazer artístico de Belo Horizonte. Quando entrei, ela já tinha em torno de quinze anos de existência. Atuei com eles durante cerca de oito anos, eram oito, nove pessoas que faziam parte da companhia. Fizemos espetáculos infantis, adultos, oficinas, workshops. Esta relação durou oito anos. Depois deste período com o grupo, decidimos sair da *Sonho & Drama* e foi cada um para o seu lado. Tempos depois, eu, Glicério, e Epa, nos juntamos e começamos a pensar em fazer um grupo com os três, já que tínhamos o histórico de oito anos juntos de atividades com a filosofia da *Sonho & Drama*. Foi uma grande escola inclusive, muito bom ter participado, ter um modelo de como funciona uma companhia de teatro com uma sede, telefones, computadores e agendas de viagens. Resolvemos realmente dar uma cara ao *Grupo Trama*, não poderia ser o modelo que tínhamos vivido na *Sonho & Drama*, mas também não tínhamos muita noção de como que seríamos. Resolvemos montar um espetáculo infantil com direção coletiva. O Glicério que dirigiu, mas estávamos sempre opinando e o texto é nosso também. Apenas dois atores em cena e um dirigindo. Eu e o Epaminondas atuávamos e o Glicério dirigia e isto ficou uns dois, três anos em escolas, feiras de livro. Depois disso veio o próximo trabalho que foi *O Homem da Cabeça de Papelão*, e tivemos apoio de leis. Já tínhamos uma grana legal para poder trabalhar melhor, porque no primeiro espetáculo tínhamos que fazer com dois atores e que coubesse tudo dentro de um fusca. Não tínhamos que pagar um técnico, ou um iluminador, nem transporte que coubesse cenário. Sempre tivemos a preocupação com o trabalho do ator, não nos preocupávamos com o cenário, os figurinos. *O Homem da Cabeça de Papelão* foi um espetáculo que foi muito bem aceito, viajamos por festivais e aqui em Belo Horizonte também teve uma aceitação muito legal. O espetáculo tinha qualidade e rodamos bastante. Estamos com ele até hoje em repertório, e ano passado participamos do projeto Cena 3x4 do *Grupo Galpão* no Galpão Cine Horto, que é onde acontecem muitas atividades artísticas e culturais (oficinas, *workshops*, apresentações). O Chico Pelúcio nos convidou para participar deste projeto que era em cima do trabalho colaborativo e topamos com mais quatro grupos. Claudinho[6] foi um deles com o *Luna Lunera* com o *Nesta Data Querida*, nós fizemos o *Tabu*, o Amaury com a *Cia. Maldita*, *Sonetos de Areia*. Foi o projeto piloto deste trabalho colaborativo. Foi uma experiência muito legal porque esta história de todos terem opinião no grupo, acabar com a hierarquia do diretor, todos opinam, desde o iluminador, figurinista, cenógrafo... E no final o que vai predominar é a cena, não é o diretor que fala "Ah, eu gostei disto, isto fica. Ah, não gostei disto aí", então é um trabalho colaborativo. Assistíamos aos espetáculos dos outros companheiros que estavam no projeto e discutíamos, debatíamos, e eles também iam assistir nossos ensaios, também davam opiniões.

Dentro deste processo colaborativo como é que vocês trabalhavam em relação à direção, o texto, a criação do espetáculo?

Carlos - Já tinha uma premissa pré-estabelecida, tinha que priorizar a dramaturgia. Por exemplo, tinha que ser uma dramaturgia criada, não podia ser um texto adaptado, uma coisa já preparada, com personagens e tal. Então a dramaturgia propunha um tema, uma ideia, uma sugestão e começávamos a preparar em cima deste tema. No nosso caso, lemos o conto "A Igreja do Diabo" do Machado de Assis, tiramos a essência do texto que foi a contradição humana e começamos a trabalhar em cima deste tema. Todo trabalho foi direcionado e no final foi afunilando para poder chegar a algum lugar. No caso do *Tabu* é o conflito de um padre com as confissões muito recheadas de volúpia e num outro plano uma conversa entre Deus e o Diabo. Então o espetáculo caminha por este viés e foi muito importante porque nunca tínhamos trabalhado deste modo a direção coletiva. Acho que todo grupo opina, expõe suas ideias, existe espaço para se questionar ou não, mas este foi muito mais específico

---

[6] Integrante do *Grupo Luna Lunera* de Belo Horizonte (MG)

porque tinha um coordenador de São Paulo que era o diretor Tó Araújo e o dramaturgo Luiz Alberto de Abreu que vieram durante o processo, viam todas as cenas dos quatro grupos envolvidos e sugeriam coisas, discutiam. Os outros grupos também viam os outros grupos. Visitar o processo do outro é novidade, neste caso era às vezes meio tumultuado, às vezes tinha ator meio resistente para algumas coisas, mas, é tudo muito legal neste processo. Mas enfim, isto enriqueceu o grupo até como grupo, de saber ouvir, escutar e mesmo saber abandonar determinadas coisas que às vezes eu achava lindo, maravilhoso, mas outro chegava e dizia "Não!". Você tem que ceder também. Então deste trabalho colaborativo saiu o espetáculo *Tabu*, que também está em repertório, estamos em turnê. Atualmente, estamos montando um novo espetáculo baseado nos Três Patetas, que chama *Os Três Patéticos*, com um diretor que sempre quisemos trabalhar, o Eid Ribeiro. Nós do *Grupo Trama* consideramos uma excelente direção. Esse novo trabalho ainda está em fase de pesquisa, de leitura, estamos lendo algumas coisas. O Eid é um dos diretores do Festival Internacional (FIT), que é um evento muito importante da cidade, e é uma oportunidade que temos de estar cruzando essas culturas, tanto de outros estados do Brasil e do mundo. É um festival internacional que acontece a cada dois anos e já participamos de duas edições. Podemos ver coisas de fora que normalmente não teríamos oportunidade. O grupo ainda investe em oficinas para adolescentes, adultos e crianças. Estamos no caminho que ainda é novo, o grupo é novo, sete anos ainda, é pouco para se consolidar alguma coisa, para a gente realmente ter certeza de alguma coisa, mas estamos aí.

Quais seriam três características que definiriam o *Trama* como parte do Teatro de Grupo?

Carlos - Eu acho que já começa com o fazer em grupo, só o fazer teatral em grupo já é uma premissa. Quando eu saí da *Sonho & Drama* eu podia ter seguido uma carreira solo, trabalhar com um, trabalhar com outro, topar alguns convites, assim como os outros dois do grupo, mas não sentimos essa necessidade, voltamos a nos agrupar novamente. Tivemos essa escola com a *Sonho & Drama* que foi muito bacana e, quando saímos, pensei: "o que vou fazer?". Então eu acho que o fato de reagrupar – e estarmos juntos a sete anos, fora os oito que passamos na *Sonho & Drama* – é uma característica. Acho que não só no grupo, mas o próprio Movimento Teatro de Grupo já nos dá uma característica também, discutem o teatro em grupo. Fazer Teatro de Grupo é saber escutar muito, ouvir, porque não trabalhamos sozinhos, trabalhamos com pessoas que têm a mesma ideologia, pensam a mesma coisa, mas são indivíduos: eu penso assim, ele pensa assim, este pensa assim e temos que achar o melhor viés, o melhor caminho. Acho até saudável um grupo ser assim e o outro assado, mas no final acabamos chegando num lugar comum. Acho que isso é ser Teatro de Grupo. Eu estava lendo uma entrevista do *Grupo Lume*, que é um grupo de São Paulo que tem muito essa coisa de Teatro de Grupo, e eles falam que é uma espécie de você abrir mão de determinados conceitos e pré-conceitos em prol de um trabalho coletivo. Então temos feito isso, inclusive até o fato de não termos um diretor, por exemplo, a cada trabalho chamamos uma pessoa que vem com outra ideia, que propõe uma outra coisa. Já o *Homem da Cabeça de Papelão* foi o Marcelo Bonnes[7] que dirigiu e que também foi muito bacana. No *Tabu* foi trabalho colaborativo, foi uma zona, era todo mundo e as referências eram várias, até dos outros grupos. O Eid Ribeiro veio com outra proposta, com outra história, claro que sempre respeitando a nossa trajetória, impomos algumas coisas: "queremos falar disso, não daquilo". Queremos fazer uma coisa que nos agrada e que esteja aberta para agradar ao público, que é o principal de tudo.

Segundo seu ponto de vista quais outros grupos em Belo Horizonte podem ser considerados como pertencentes ao Teatro de Grupo?

Carlos - Aqui estamos associados ao Movimento Teatro de Grupo, mas muitos grupos que são da cidade não estão associados. Dentro do movimento procuramos ter alguns princípios do que é o fazer teatral em grupo, porque tem muitos grupos, por exemplo, que são formados por atores convidados e estão sempre trocando as pessoas, não se envolvem para poder manter uma sequência de trabalho, uma sequência de pesquisa de linguagem. Estamos sempre nos reunindo, discutindo o fazer teatral. Chamamos dia de "encontrão", lavamos a roupa suja, falamos das dificuldades com sede, falamos das dificuldades sobre a lei que não contempla todos os grupos... Se você não tem projeto aprovado, meio que está desempregado, antes você botava a pastinha embaixo do braço, ia às empresas e se virava da forma que fosse. Hoje, você tem que esperar muito essas coisas das leis. Então nos "encontrões" do movimento,

---

[7] Integrante do *Grupo Andante* de Belo Horizonte (MG)

---

pedimos que pelo menos um representante de cada grupo esteja presente, porque nem sempre estão todos presentes, é difícil arrumar uma data em comum.

Procuramos fazer com que o maior número de participantes do movimento esteja presente, para podermos saber quais são as dificuldades de cada um, como vão suas sedes, suas viagens, como eles produzem, como eles se articulam para poder conseguir verbas, etc. O *Galpão* não é do movimento, mas ele foi um dos fundadores do MTG. Eles trabalham com o grupo inteiro apesar de estar sempre renovando, mas o núcleo do *Galpão* se mantém, até por eles são conhecidos mundialmente, internacionalmente. Eu falo com orgulho, eles são bacanas e é claro para eles o que é o Teatro de Grupo, apesar de eles terem crescido muito, terem pessoas que não são do grupo, são convidados, mas eles ainda mantêm o fazer teatral.

Como é a preparação dos atores do *Grupo Trama*?

Carlos - No grupo há divisão de funções e sempre estamos trazendo pessoas de fora para poder estar aperfeiçoando o trabalho do ator. Quando vamos dar oficinas, os três membros dividem as funções: você vai dar corpo, você vai dar voz, você vai dar interpretação. Você tem que saber o que está falando, porque trabalhamos com pessoas que já são atores, que já tem mestrado ou com pessoas que estão frequentando a oficina pela primeira vez. Temos uma prática de se encontrar e discutir, por exemplo: o Glicério tem uma coisa muito da criação, de estar inventando jogos, transformando os que já existem, adaptando e experimentando. Já o Epa, tem uma coisa mais de voz, estuda a parte vocal e eu uma coisa um pouco mais corporal. Nas oficinas nunca pegamos o corpo como a função principal, isto está na interpretação e a interpretação de cada um. As pessoas às vezes falam: "vocês têm um trabalho de corpo legal, como é que vocês fazem isso?". Primeiro porque trazemos pessoas de fora e também porque você tem que fazer a preparação para o espetáculo. Você precisa sempre ter uma equipe: chama-se o diretor, figurinista, iluminador, preparador corporal e disso também vamos aprendendo, vai se inspirando em certos *workshops* que você faça, de festivais que você participa. É meio uma malinha de coisas que você vai juntando, e depois você joga fora aquilo que não é interessante ou acrescenta outras coisas. Acho que é mais ou menos isso.

Todos os grupos com os quais conversamos aqui em Belo Horizonte sobrevivem de lei de incentivo. O movimento poderia sobreviver sem as leis de incentivo, o seu grupo poderia sobreviver?

Carlos - Vou voltar um pouco atrás, na época que não existiam leis, era a política do "QI" (quem indica): eu conheço o gerente da empresa tal, então vou com a pastinha embaixo do braço, um lhe dava dez mil, outro lhe dava cinco, outro te dava só o papel para você rodar, outro panos para fazer figurinos e assim sobrevivíamos.

Mas, financeiramente se sobrevivia ou esses recursos só serviam para construir o espetáculo?

Carlos - Para construir o espetáculo. Se sobrevivia de bilheteria, venda do espetáculo antecipado. Não era impossível e o teatro nunca morreu por causo disso. Pelo contrário, acho que isso dava mais gás para as pessoas se manterem, o cara fazia teatro, mas era mecânico também, tinha uma outra profissão. Às vezes o que sustentava mesmo o teatro era o amor, a dedicação, e não chegava a ser uma profissão. Com a entrada das leis acho que acomodou as pessoas nesta história, também porque cai no ser aprovado ou não. Quando você vai às empresas vão te perguntar "Você está aprovado em que lei?", "Não estou aprovado na lei", "Apenas vamos dar verba para quem vai abater no imposto de renda ou vai abater não sei que lá". Por exemplo: o *Tabu* montamos sem lei, topamos entrar no projeto sem lei nenhuma: "vamos fazer?", "vamos!". Tinha uma logística de apoio: uma sala para ensaiar que o *Galpão* ofereceu, além de bancar este povo que veio de fora, o Tó e o Abreu. Mas, grana mesmo não tinha, então foram oito, nove meses de ensaio, pesquisa, encontros, sem nenhum centavo, tínhamos que bancar para poder fazer isso. Então, respondendo a sua pergunta, se a lei acabasse hoje... Primeiro acho que não vai acabar porque é uma conquista, acho que ela tem que ser melhorada, tem que ser revista em alguns pontos, tem que ser mais bem distribuída talvez. O movimento está elaborando vários eventos, algumas coisas para sugerir, para poder mudar, não só o movimento como o SINPARC, que é uma associação dos produtores de artes cênicas (MG). O *Galpão* interfere, porque eles têm peso, tem um nome, uma coisa assim, então acabar, acabar eu acho que não acaba não e mesmo que acabasse...

No MTG vocês discutem uma saída que não seja a lei de incentivo?

Carlos - Tentamos discutir, mas ainda não aconteceu na verdade porque acho que tornou-se um vício. Estamos certos que vamos ter a lei no ano que vem e as próprias empresas procuram projeto aqui no MTG, o Estação em Movimento e a circulação dos grupos. Sempre pensamos: se a lei acabar, como fazer? Como buscar mecanismos para não depender da lei? Isso é meio difícil até de pensar porque é meio que nadar e remar contra a maré. A atual circunstância hoje é a lei, ela precisa ser melhorada, precisa de ser mais bem distribuída. Como melhorar isso? Defender não só os grupos do movimento, mas defender a classe em geral, tem que melhorar para atender mais, por exemplo, dar verba do estado para a lei aumentar a porcentagem, tanto do estado como da Prefeitura, tem que aumentar essa quantidade de investimento nos meios culturais. Então buscamos meios de melhorar, como ela está não é justo! Estamos sempre buscando, a lei é zero vírgula zero um por cento, queremos dois ou três por cento. Agora estamos negociando quem vai ser o presidente, o vice, como é que vai ser a política, então estamos sempre nos adaptando às necessidades. Se a lei acabar amanhã vamos fazer o quê? Buscar alguma coisa, mas por enquanto estamos acomodados sobre o aspecto da lei mesmo.

GRUPO TRAMA
Entrevista com Epaminondas [Epa] Reis

Concedida a Daniel Olivetto e Patrícia Leandra Barrufi
Em setembro de 2006, na sede do Movimento Teatro de Grupo, em Belo
Horizonte.

A partir de que elemento o grupo começa a criação dos seus espetáculos? De um texto? De um tema improvisado?

Epa - Na verdade, a gente não gosta de definir muito as coisas. Partimos do que queremos falar aqui e agora. Coincidentemente, dois espetáculos do grupo vieram de adaptações de contos: *O Homem da Cabeça de Papelão* foi uma adaptação de um conto do João do Rio, adaptado pelo João das Neves do *Grupo Opinião*, grande João das Neves! E o *Tabu* também, que nasceu da inspiração do conto "Igreja do Diabo" do Machado de Assis. Mas a gente partiu mesmo do que queria falar, e depois a gente encontrava a obra e ia encaixando as coisas.

Então há um diálogo com os atores na criação dos textos?

Epa - Sempre, sempre. O grupo sempre trabalhou num processo colaborativo, às vezes mais, às vezes menos, mas sempre num processo de "todo mundo cria, todo mundo tem participação no processo".

Vocês acreditam que exista uma característica específica ou um perfil central de ator do grupo?

Epa – Engraçado como a gente não consegue falar do trabalho, não queremos rotular em nada. Temos medo de "métodos", de virar uma camisa de força. Ao mesmo tempo a gente nega e absorve todos os métodos. Estamos abertos para o trabalho, a gente investiga sempre. "Aqui, agora é isso!", meio uma escola livre. A gente gosta muito do trabalho do *Galpão* porque eles são assim, não se prendem a nada, estão sempre em busca, ou parte do diretor, de pessoas que vêm trabalhar com o grupo, estão sempre se adequando, aprendendo, deixando que a "coisa nova" aconteça. A gente prefere não se amarrar a nada, deixar a coisa bem livre. O que vier vamos trabalhar, vamos investigar. Não temos uma coisa definida. A não ser isso. O despojamento é uma questão nossa, a simplicidade é algo a gente persegue muito. E com coisas brasileiras, dramaturgia brasileira, tanto de uma encenação mesmo, quanto do corpo brasileiro, da voz brasileira, do jeito brasileiro de ser. Todas as questões brasileiras são inseridas no nosso trabalho. Por mais que seja um poema a gente pensa "Vamos enxertar um pouquinho disso", é a necessidade do grupo, de estar tocando nessas questões brasileiras.

Vocês ministram oficinas também?

Epa - Muito pouco. Mas quando sim, procuramos absorver o que os alunos trazem para nós, é sempre uma troca, é bem mais uma troca do que "Olha, nós chegamos aqui para falar disso!". É uma oficina bem aberta também, por isso que a gente ainda tem dificuldade com oficinas.

Mesmo sendo muito "abertos", vocês têm uma referência central, falando em teoria teatral ou algum aspecto teórico que seja importante para o trabalho?

Epa – Sabemos o que não queremos. Quando vem com estereótipos a gente não gosta, a gente sempre tenta evitar essas coisas. Mas gostamos muito de Grotowski, a gente lê muito e pensa muito nessa coisa que ele fala. Que é essa coisa mesmo do ator, não precisa colocar uma maquiagem, a coisa tem que vir interna, um trabalho visceral do ator e é isso que buscamos. É a única coisa que a gente busca, fugir do estereótipo e da banalidade. É o trabalho que vai conduzir.

E o registro fotográfico desses trabalhos que vocês têm feito? Vocês utilizam a ajuda de um fotógrafo profissional ou o grupo produz as fotografias?

Epa - Tem um registro amador que a gente faz nas apresentações, mas trabalhamos muito também com o Guto Muniz, porque o Guto sabe traduzir essa questão do grupo. E também tem um rapaz mais novo que está acompanhando o grupo nessa coisa da imagem. E é isso mesmo, não queremos ser vendidos como uma garrafa de Coca Cola. Por mais que seja um produto que tem que ser vendido, não pode ser como uma garrafinha de Coca Cola, tem que ser uma pessoa que vai entender, que seja sensível ao trabalho do grupo e que possa vender essa imagem como a gente quer que seja vendida. O Guto, por exemplo, que é um dos fotógrafos mais requisitados, ele é um cara bacana, que vai, acompanha, procura entender a história do grupo. Pretendemos caminhar com esse menino novo que está nos acompanhando agora, porque que está disponível e aberto para trocar com a gente.

Vocês estão produzindo um arquivo fotográfico, um arquivo de mídia?

Epa - Temos, temos bastantes fotos e materiais do Guto. E vídeos amadores que a gente mesmo faz e amigos fazem, filmam e tal.

Vocês registram os ensaios também?

Epa - Os ensaios também. Por exemplo, *O Homem da Cabeça de Papelão* gerou várias coisas, monografias de estudantes que foram ver esse tipo de coisas. Então tudo isso temos guardado. Como o trabalho do grupo é muito preocupado com as questões brasileiras, sempre surgem pessoas interessadas em continuar de alguma maneira, a gente teve sorte. Os dois trabalhos, tanto o *Tabu* quanto *O Homem da Cabeça de Papelão* têm registro de estudantes que desenvolveram material sobre o trabalho. Isso para nós é ótimo! De ensaios nós também temos fotos, coisas filmadas, elaborações de textos, porque sempre partimos do nada, então tem construções de textos, coisas que estão acontecendo. Arquivamos tudo isso, porque é material de pesquisa para a gente mesmo.

Dos trabalhos que vocês fizeram, como é a relação com o espaço? Já sabem o espaço quando começam a criar o espetáculo, ou também vai surgindo de acordo com a proposta.

Epa - Vai surgindo também. Não temos muito trabalho de rua, apesar de acharmos que a rua é bacana, levar o teatro para as pessoas é sempre importante. Inclusive a gente tem que revigorar essa coisa da rua. Tem uma safra baixa de teatro de rua, pelo menos aqui em Belo Horizonte têm poucos. Inclusive para o FIT foi difícil a seleção de espetáculos de rua, o *Deu Palla* faz bastante, mas são poucos os espetáculos de rua aqui em Belo Horizonte. Mas, a gente não tem essa vivência da rua. Tem até um programa nacional agora pensando na revitalização do Teatro de Rua e isso é muito importante. Fizemos um espetáculo que foi *O Pastelão e a Torta*, mas ainda estávamos no *Sonho & Drama*. Mas, também não parte disso, "Ah, vamos fazer um espetáculo para quebrar essa coisa de palco italiano, vamos rediscutir essa coisa da plateia", não parte por aí também, não. Eu volto a insistir que é sempre à partir do trabalho, para onde ele está caminhando. *O Homem da Cabeça de Papelão* é um espetáculo de palco, mas já o *Tabu* é um espetáculo alternativo, são duas arquibancadas e a gente se apresenta no meio em uma passarela, mas aí a proposta caminhou para isso. É meio ritualístico o espetáculo. Não temos preferências de espaço. Queremos que o espetáculo chegue até as pessoas. Uma vez eu vi o Amir Haddad falando "Não adianta você pensar 'vamos fazer um espetáculo num espaço alternativo cara a cara com a pessoa', se o espetáculo for fechado, não vai chegar". Você pode estar lá a trezentos quilômetros, mas se ele chega... isso é o importante! O trabalho é que diz tudo, não temos uma fórmula para as coisas. Eu já estive cara a cara com ator, mas o cara não me dizia nada e achava que tinha que estar próximo. Em compensação, eu já fui ver espetáculo no Palácio das Artes que me absorveu totalmente. O espetáculo é que tem que chegar.

Você disse que o espaço surge aos poucos durante o processo. Em que medida isso interfere na criação da cenografia?

Epa - Partimos de um despojamento mesmo. Mas, é fundamental que as todas as coisas sejam importantes. A gente sempre trabalha com isso: nada é gratuito. No *Tabu*, teve uma cenógrafa que acompanhou o processo colaborativo, que foi feito no Galpão Cine Horto com coordenação do Tó e do Luís Alberto de Abreu. Então todos os criadores estavam na sala o tempo todo e isso é ideal, isso é o que o grupo acha ideal. Para que não venha um cara lá, cole um cenário e diga "Olha, isso vai ser o cenário, essa que vai ser a luz". E muitas vezes não serve ou não encaixa dentro do espetáculo. Os cenários do *Trama* sempre vêm com essa preocupação de estar ali porque ele precisa estar ali, e nesse momento ele realmente faz parte da cena. No *Tabu* trabalhamos essa coisa da contradição humana, então o cenário é uma superfície móvel e ela desequilibra os atores o tempo todo. Ela faz parte dessa questão da contradição que a gente vem trabalhando. E a Inês Linke foi colocando, colocou uma tala, depois colocou umas bolas para as pessoas usarem e se desequilibrarem, até que virou uma espécie de barca em que eles trabalham o tempo todo em cima disso. O cenário vem da necessidade mesmo, vem do processo, assim como a luz, assim como o som. E a gente sempre tenta trabalhar com profissionais que possam acompanhar o trabalho, pelo maior tempo possível. Na verdade a gente quer é que tenha um conselho, um grupo de pessoas pensando o tempo todo nisso, que possam acompanhar o grupo. Mas é difícil. Você teria que bancar essas pessoas, ou elas entram para o grupo.

O grupo tem uma preocupação em alcançar um público específico?

Epa - Temos preocupação de alcançar um número maior de pessoas. A gente acha que isso é possível. Falar para todo mundo, com qualidade, com força, com vigor, sem cair na bobagem. Nossa preocupação é com a comunicação.

Isso orienta o processo de busca de um espaço maior?

Epa - Não. Eu não estou dizendo de quantidade, mas sim de entendimento. Eu posso apresentar para alguém que não saiba ler, ou para algum intelectual chato que vai para lá criticar o trabalho da gente.

Não há um público alvo, então?

Epa - Não, não temos. De quantidade não. O *Tabu*, por exemplo, ele tem que ser limitado, porque é bem ritualístico. O interesse é o alcance, o entendimento. Eu quero fazer teatro para todo mundo, mas tem gente que quer um público alvo. Eu já vi espetáculos em que eu era o público alvo, mas aquilo não era para mim. Mas, é também válido, cada um tem que fazer o teatro que quiser.

Mas vocês percebem que criaram um público de vocês, que sempre retorna aos espetáculos?

Epa - Muito pouco. O grupo é muito recente também. No fim da apresentação, distribui uns papeizinhos para as pessoas colocarem opinião sobre o espetáculo, e aí percebemos que têm umas pessoas que já acompanham o grupo, mas ainda é pouco.

E a bilheteria? Ela é essencial para o grupo?

Epa - Não, de jeito nenhum! Quem dera...

De onde o grupo tira seu sustento? Quais mecanismos vocês utilizam?

Epa - Basicamente através de projetos de leis de incentivo, que a gente questiona muito, mas infelizmente não tem como abrir mão nesse momento. Leis, basicamente leis. Bilheteria é complicadíssimo, ainda mais pelo tipo de trabalho que a gente faz, que apesar de ser um trabalho que quer chegar às pessoas são trabalhos sem um apelo popular muito grande, digamos assim. Basicamente leis e festivais que a gente participa, vende para a Prefeitura um espetáculo ou outro. Mas o que está garantindo por enquanto são as benditas leis de incentivo. Tão discutidas, mas ainda necessárias.

GRUPO ZAP 18
Entrevista com Cida Falabella e Gustavo Falabella

Concedida a Daniel Olivetto e Patrícia Leandra Barrufi.
Em setembro de 2006, na sede do grupo, localizada no Bairro Serrano, em Belo Horizonte.

Gostaríamos que você comentasse um pouco sobre a trajetória do grupo.

Cida - Na verdade o grupo nasceu na década de 80, sendo contemporâneo do *Grupo Galpão*, do *Oficina Multimédia*. O *Giramundo* é um pouco mais antigo. Em 1980 ele foi fundado, mas só começou a produzir em 1981. O nome anterior do grupo era *Companhia Sonho & Drama*. Era um grupo formado por atores, a maioria sem formação específica na área. Em Belo Horizonte demorou muito para ter um curso superior, só tinha mesmo o TU (Teatro Universitário), e quem não queria um teatro muito tradicional, muito careta - com todo respeito ao TU, mas que é um teatro muito nos moldes acadêmicos – então, começava a formar outros grupos. Em 1981 o grupo fez seu primeiro trabalho, *O Processo* do Kafka. Era um grupo que se caracterizava por montar textos não dramáticos, basicamente literatura adaptada. A gente fez *O Processo*, *A Metamorfose*, foi o primeiro grupo que montou *Grande Sertão Veredas* para o teatro, e fez uma temporada bacana fora de Belo Horizonte, no Rio, São Paulo, Brasília. Teve uma repercussão muito grande. E esse grupo teve sucessivas rupturas, como é comum em grupos de teatro. Eu sou dessa primeira formação e a menina que é minha parceira aqui, a Elisa Santana, também entrou logo nessa primeira fase, de 1985 para 1986. Depois do *Grande Sertão*, fizemos *Antígona*, a versão do Brecht. Em 1989 o grupo sofreu uma ruptura mais profunda, quando um dos criadores do grupo, Carlos Rocha, que hoje é o diretor geral do FIT, saiu do grupo. Foi uma cisão muito funda porque o Carlos era o mentor do trabalho, um cara que tinha uma pesquisa de linguagem e era quem fazia as adaptações também. Éramos um dos primeiros grupos de teatro que, na década de oitenta, já tinha uma preocupação com preparação corporal, vocal, trabalhava com uma pessoa específica pra isso. Trabalhamos com espaços não convencionais, nosso primeiro espetáculo foi num espaço muito legal aqui, que agora se transformou em palco italiano, um espaço ligado à biblioteca pública na Praça da Liberdade. A biblioteca é do Niemeyer e lá dentro tinha um espaço muito interessante de multimeios, cheio de espaços alternativos. Com essa cisão mais profunda eu, que estava desde o início e tinha um pouco mais de experiência, passei a dirigir o grupo, que estava se reestruturando a partir de um espetáculo infantil que se chamava *Vida de Cachorro*. Claro que dentro do grupo sempre tinha aquela coisa, todo mundo fazia um pouco de tudo. Então eu comecei a dirigir, mantendo um pouco dessa característica de trabalhar sobre literatura não dramática, focando mais na literatura mineira e brasileira. Essa foi uma das mudanças mais fortes. Fizemos *A Casa do Girassol* do Murilo Rubião, que é um escritor do realismo fantástico. Depois a gente trabalhou com a cultura popular mineira, do Vale do Jequitinhonha, que se chamava *Caminho da Roça*, era uma pesquisa sobre o narrador, sobre o contador de histórias. E isso começou a virar uma característica muito forte do trabalho, que é a questão das narrativas dentro do espetáculo. Então tinha essa relação com a narração, com o contador de histórias, desse ator que também é um contador de histórias. Depois do *Caminho da Roça*, fizemos um espetáculo sobre a obra do Aníbal Machado, que é um escritor pouco conhecido, ele era um agitador cultural no Rio de Janeiro. Fizemos então um espetáculo no centenário dele chamado *Aníbal Machado 487*. Depois veio um infantil, *A Bonequinha Preta*, que é um clássico da literatura daqui, da Dona Alaíde Lisboa, uma autora que tem mais de cem anos. Atualmente alternamos o trabalho. Em geral, na direção sou sempre eu. Tem um trabalho de rua que é outra atriz dirige, a Simone Ordones, que hoje está no *Galpão*. É uma das versões do *O Pastelão e a Torta*. Junto com a mudança de direção, e essa crise do grupo, veio um movimento muito forte que já estava sendo gestado há uns quatro anos, mas que não acontecia, que era a questão dos grupos se unirem. A gente vivia uma discriminação muito grande, o teatro comercial meio que dominando. Nós tínhamos que ocupar as piores datas nos piores lugares, no porão dos teatros, aquela clássica história. E os grupos iam sofrendo aqueles ataques e sempre trabalhando isoladamente. Já existiam algumas conversas sobre se juntar, com a criação da Secretaria Municipal, e com a vinda do Eugenio Barba, bastante coisa estava sendo discutida na época. O Barba veio para lançar o *Além das Ilhas Flutuantes* com o Burnier e foi um encontro bem bacana. Eu lembro que logo depois da vinda do Barba, aconteceram umas reuniões e o movimento surgiu. Tem umas revistas bacanas, tem o manifesto que se chamava *Em busca do tempo perdido*. A Rosyane Trotta foi uma pessoa muita bacana que veio colaborar com a ideia do movimento. Alguns grupos já participavam do movimento brasileiro, que eu acho que tem algum parentesco, mesmo que distante, com essa retomada que é o Redemoinho[8], que está acontecendo

---

[8] Rede Brasileira de Espaços de Criação, Compartilhamento e Pesquisa Teatral

nacionalmente. Já tínhamos ido a um encontro em Ribeirão Preto, organizado pelo *Grupo Fora do Sério*. Os grupos se reuniam, discutiam espetáculos, oficinas, tentavam estabelecer políticas públicas para o teatro, toda essa discussão que foi eclodir um pouco depois, nessa época, 1990 a 1992. Para a gente isso foi maravilhoso porque precisávamos nos estruturar enquanto grupo, um grupo que já tinha sofrido alguns baques e tinha sempre aquele problema de falta de sede, falta de continuidade do trabalho. Quando o movimento surgiu, os grupos que nasceram nessa época, mais jovens do que o nosso, já encontraram uma situação estrutural bem mais favorável. Porque eles encontraram já alguma representatividade nos órgãos públicos, uma luta um pouco mais estruturada. Então, o movimento surgiu para fazer esse apoio. É uma pena que depois a coisa foi se deteriorando um pouco, mas o primeiro governo, que foi do Patrus Ananias, foi fundamental. A Secretaria existia para apoiar a arte. Porque antes era tudo meio misturado, os espetáculos mais comerciais - mais caça níqueis - mais a classe artística era um fuzuê só! Mas daí a gente começou a falar "Ó, o tipo de trabalho que a gente faz não visa necessariamente o lucro, o objetivo dele antes de tudo é uma relação com a questão artística, cultural, para a formação do cidadão, é para possibilitar às pessoas uma nova leitura da realidade, é poesia, é arte, o espaço para reflexão". E isso tudo teve muita força, o nosso grupo se beneficiou muito nesse período. Apesar de todas as dificuldades, conseguimos inclusive fazer viagens internacionais, participando de dois festivais fora, ambos na Venezuela, com *A Casa do Girassol* e com o infantil. Muitas viagens, muitos eventos, os grupos se reuniam, trocavam experiências. Nessa época também, com a Secretaria implantada, começou um trabalho de descentralização cultural. Como em toda grande cidade, a gente tem aquele centro bonitinho ali de Belo Horizonte, mas, como vocês estão vendo aqui, Belo Horizonte é imensa, aqui a gente está na Regional Pampulha. A Pampulha é imensa e, além do mais, ela tem o zoológico e a Lagoa da Pampulha. Embora todo mundo identifique a Pampulha como um lugar muito rico, por causa do complexo arquitetônico, é uma região bastante problemática, inclusive com muitos bairros pobres, com muita violência, muita degradação, inclusive ambiental, os rios que deságuam na Lagoa da Pampulha são poluídos. Então, a gente está nessa regional, e a Prefeitura implanta nessas regionais muitos projetos, oficinas para professores, para grupos teatrais, e a gente também participa disso. Quando a Secretaria foi implantada precisava de alguém para realizar seu trabalho, pois, não era o teatro comercial que ia fazer oficina na periferia para formar pessoas...

Como funcionam as oficinas de vocês?

Cida – *A Casa do Girassol* percorreu oito regionais se apresentando. A gente deu oficinas na periferia para grupos, e aí começou a fortalecer na gente essa questão da formação. E foi aqui na sede que consolidamos isso. Sempre teve aquele problema da sede, de não ter um lugar, de estar ali e aqui. De 1996 a 1998, nos mudamos para uma cidadezinha próxima, chamada Santa Luzia. Ocupamos uma antiga estação de trem lá, foi um projeto muito bacana. Lá, então, foi que se fortaleceu essa questão de colocar o teatro a serviço de uma questão maior, no sentido educacional, social, mas, sem deixar de ser artista. Sempre falamos assim: "a gente não mudou o que a gente faz, a gente só focou e dirigiu mais". Então lá isso foi muito bacana, ficamos dois anos trabalhando, e fazendo de tudo, festivais, mostras. Não tinha cinema na cidade, então, fizemos mostra de vídeo, cinema na praça, ampliando, inclusive, a oferta para além do teatro. Depois, com a mudança da Prefeitura, nós fomos expulsos. De lá o grupo sofreu uma nova cisão, que foi dos meninos que hoje estão no *Grupo Trama*. Então, os três rapazes do Trama saíram e a gente passou por um "limbo". Daí pensamos: "Não, não dá mais, agora só quando a gente tiver um lugar nosso. Não dá mais para ficar nessa insegurança!". Junto com isso começamos a produzir um espetáculo em parceria com a *Companhia Acaso*, que é um grupo que não existe mais. A gente fez *Sonho de uma Noite de Verão*, dirigido a um público jovem. Conseguimos apoio da lei municipal, montamos através do Fundo e começamos umas campanhas meio malucas, "toda quinta com ingressos à 1,99 reais". Foi um sucesso, mas o povo do outro lado quase quis matar a gente. Falavam que isso era um absurdo, que não era arte, e tal. Então, enquanto a gente estava gestando o *Sonho de Uma Noite de Verão*, a gente começou essa obra aqui. Esse lote pertence à minha família, era um lote problemático, vivia abandonado e tal, e sendo invadido. A gente tinha em Santa Luzia um carro, utilitário, que conseguimos comprar através de um patrocínio e era maravilhoso, uma Besta. Então o vendemos, e com o dinheiro conseguimos comprar a estrutura metálica e depois começamos a colocar tijolo. Foram dois anos construindo, nem sei como, porque não tinha dinheiro direto para fazer, e como o lote não era da gente, era da família, era um comodato não oficial, meio um empréstimo. E fomos fazendo. Nesse período a gente começou a captar dinheiro em leis, conseguiu alguma coisa com isso. Os grupos começaram a ter um índice de aprovação maior nas leis, inclusive maior do que outras produções mais comerciais, então as empresas, querendo ou não, começam a voltar o seu olhar para os grupos, e começam a patrocinar. E aí, prende aqui, aperta dali, faz um espetáculo e economiza cinco reais aqui, mil reais ali, camiseta, rifa, pessoas, artistas que doaram, bilheterias, espetáculos feitos.

E assim fomos construindo, fazendo um sonho junto. Em 2001 resolvemos que *Sonho & Drama* não era mais o nome do grupo. Por tudo que tínhamos passado, não dava mais para carregar aquele nome que não estava mais produzindo o que a gente estava querendo. Resolvemos rebatizar o grupo, criar uma outra entidade. Mas sempre contamos a história assim, porque é uma história meio em comum. Esse ano, por exemplo, está fazendo vinte e cinco anos do *Sonho & Drama / Zap 18*. Da fundação da *Sonho & Drama* até hoje já tem vinte e cinco anos, mas a *Zap* tem quatro anos. Ela nasceu em 2001 no papel. O nome *Zap* tiramos da guia de IPTU, depois virou *Zona de Arte da Periferia*, a gente queria um nome que falasse um pouco do fato de estar na periferia e o 18 é o número da casa. Inauguramos aqui em 2002 e com um projeto aprovado na Lei e no Fundo também, que fazemos até hoje e que se chama Zap Teatro Escola & Afins. É um projeto que engloba as atividades daqui. As oficinas estão concentradas nas terças e quintas-feiras de manhã e à tarde, para crianças e adolescentes. Nos finais de semana são para adultos, uma oficina de capacitação para jovens atores da periferia, gente que não se encaixa em outros cursos do gênero. Essas eu coordeno e a Elisa coordena as oficinas das crianças.

Qual a duração dessas oficinas?

Cida - Normalmente é um ano, mas têm os meninos que nunca vão embora, então a gente inventou um grupo, que a Ludmila e o Gustavo coordenam, chamado Zap Conta, que funciona nos finais de semana também, e é formado por ex-alunos. Eles fazem pequenas apresentações, não é para fazer em teatro, não é para explorar os meninos (risos), mas para apresentar em lugares, espaços educativos, espaços culturais. A oficina do final de semana também é de um ano, mas são módulos, em cada ano varia muito a oferta de módulos, às vezes depende da demanda dos alunos, que trazem questões pessoais ao trabalho. Nós temos uma influência muito grande dos princípios que o Brecht propõe acerca do teatro épico, que é uma coisa que começamos a pesquisar, e eu pesquisei mais a fundo para a minha dissertação. Eu dei aula um tempo na UFMG, e depois eu resolvi fazer um mestrado. Então tem um pouco essa ponte com a questão da realidade, com a questão de ler uma realidade através de um olhar mais crítico, e o Brecht tem isso bem presente, tanto que a gente está fazendo agora *Uma Mãe Coragem*, não é a *Mãe Coragem* oficial. Estamos produzindo através do prêmio Myriam Muniz, e estrearemos em novembro. Há dois professores da Federal envolvidos, quatro alunos bolsistas que são ao mesmo tempo pesquisadores e também estão atuando. É um "elencão", tem o elenco da Zap, o elenco da Federal e três pessoas tiradas das oficinas que a gente dá, inclusive um adolescente de treze anos. A ideia é fazer uma ponte entre a *Mãe Coragem* e a realidade brasileira, um espelhamento. A *Mãe Coragem* da peça, a *Mãe Coragem* da periferia, que também não vê que está perdendo seus filhos para essa guerra, porque ela também está comercializando na guerra. Uma "piração", eu estou no meio de um processo, tudo assim nessa bagunça que vocês estão vendo. Vamos usar ali em cima, aqui vai ser o bar, a peça termina com um bar que funciona durante a apresentação. Normalmente, quando tem atividade aqui, o bar funciona como um bar mesmo. A gente faz esse projeto desde 2002. Temos um infantil também que se chama *Super Zerói*, que o Carlos Rocha dirigiu, e tem um elenco bem pequeno: são os quatro aqui, a Ludmila, o Gustavo, o Wesley e um outro rapaz que se chama Renato. Eles têm se apresentado bastante em projetos educacionais com este espetáculo. A gente vem trabalhando com uma produtora que capta através da lei estadual. Tem um projeto no interior que se chama *Trilhas da Cultura* e uma das suas linhas chama *Cultura na Escola*, eles levam espetáculos infantis onde tem usinas da Belgo, no interior, não só em Minas, mas também Cariacica, Piracicaba e várias cidades do interior, Juiz de Fora, Santos Dumont, Sabará, e outras.

Como têm sido os processos de criação de vocês? De onde costumam partir os processos criativos, e que tipo de diálogo tem com o ator nesse sentido. Se vocês costumam partir de texto, ou de outro mote.

Cida - O grupo já passou por tantas fases, que seria até difícil falar de um caminho só. O trabalho tem uma característica bem forte de trabalhar a partir do ator. Não são trabalhos que buscam uma grande espetacularidade, nos cenários, figurinos, nenhuma riqueza nesse sentido. São processos bem centrados no ator. É focado nessas possibilidades expressivas do ator, do corpo, da voz. É um trabalho bastante lúdico. Essa questão das brincadeiras, dos jogos que vira e mexe estão sendo reapropriados nas improvisações. Normalmente, como a gente não trabalha muito com o texto fechado, a não ser no *Sonho de Uma Noite de Verão* e no *A Menina e o Vento*, que foram exceções, e que correspondem a esse período de transição aqui para a sede da *Zap*. Eu até conto um pouco disto na minha dissertação. A gente estava num período de mudança acho, ficamos inseguros de partir de um texto mais aberto, então usamos dois clássicos. Um da dramaturgia universal e outro brasileiro. Mas também foram bastante modificados no sentido de recortar, enxugar e tal. Eu acho que isso tem muito a ver com o trabalho do ator. O ator, digamos assim, se a gente quiser ser contemporâneo na fala, acho que está muito ligado nessa questão do ator criador mesmo, e principalmente, trabalhando muito com essa fronteira entre ator e personagem, não estabelecendo o personagem como uma referência muito fechada, e sim trabalhando um pouco nessa fronteira: o ator se colocando enquanto ator no espetáculo. A gente trabalha muito com relatos pessoais, com o ator buscando conectar aquilo que ele está fazendo com a realidade dele, como é que ele vê o contexto. Tem sempre um pouco dessa brincadeira com a fronteira entre ator e personagem, e do "grupo que está atuando". Eu acho que, basicamente, isso é muito forte. Isso está no aquecimento, na forma como se estrutura o trabalho. A gente tem uma brincadeira coletiva, que a gente batizou - desde o *Sonho...* - de Mandala. São vários jogos que a gente articula, e que funcionam como um aquecimento diário, não só para as apresentações, mas para o aquecimento dos ensaios mesmo. Já trabalhamos com técnicas e com influências das mais diversas. Uma época fizemos Tai Chi, buscando um uma maior concentração e flexibilidade. Trabalhamos às vezes com bailarinos que fazem essa ponte com o teatro. Atualmente, estamos trabalhando com uma menina que vem da dança, mas passou pelo teatro. Essa mandala, como chamamos, é uma articulação de várias brincadeiras, vários jogos que os atores jogam sozinhos, sem uma orientação do diretor, para se aquecer, mas não só se aquecer fisicamente, mas se aquecer também no sentido da vontade de estar em cena, de se colocar em cena. Isso é uma coisa que temos pesquisado: como fazer um aquecimento que una todos esses elementos, corpo, voz e essa relação personagem-ator. Isso é uma coisa que está em construção ainda, mas eu acho que não tem nada de novo nele, mas na forma como se articula. tentamos trabalhar com uma certa originalidade, se apropriando e configurando um exercício que cada grupo vai fazer de uma forma diferente. Eu já trabalhei muito fora, com outros grupos, com o *Luna Lunera*, com a *Companhia Acaso*, trabalhei também muito no centro de formação do TU, no Palácio das Artes, na própria UFMG, e tem uma coisa minha que acaba se refletindo bastante no grupo: eu tenho medo de ator muito talentoso e atores que são só assim. Eu gosto muito dessa ideia de elencos misturados, pessoas com mais experiência, pessoas com menos experiência, de gente até que não vai ser ator. Eu acho que isso é muito rico. Então, eu gosto muito de trabalhar nessa fronteira, com o que o cinema chama trabalhar com não-atores. Eu acho que todo mundo que está atuando é ator. Pode não ser ator de formação, mas aqui na *Zap* a gente tem um espaço meio misturado nesse ponto. A própria oficina de capacitação, era em princípio dirigida a pessoas que não tinham acesso a outros cursos do gênero e, no entanto, tem muitas pessoas da UFMG que vem fazer a oficina aqui, que querem uma outra experiência - essa experiência na periferia - um interesse pela questão também do teatro épico, de um teatro mais engajado. Porque de certo modo, quando a gente vem para a periferia, o discurso sofre uma nova politização. Você começa a se perguntar de novo "mas o que eu estou falando?", "para quem estou falando?", "o que eu quero dizer?", você fica menos livre, em um certo sentido, de falar assim: "Ai, eu quero fazer um espetáculo porque eu estou afim" ou "porque eu estou afim de falar disso". Fica tudo um pouco mais claro. A questão da realidade invade muito o espaço da cena, seja vindo através dos atores, ou das próprias coisas que acontecem. E também tem o fato de você não estar num teatro comercial, que é de palco italiano, que cobra bilheteria, porque muitos dos eventos fazemos aqui são gratuitos ou você tem que cobrar um preço totalmente diferenciado em relação ao mercado. Isso tudo faz você mudar o seu ponto de vista, faz mudar o seu fazer. E eu acho que é por isso que é possível. Não trabalhamos com essa ideia de oficina para a terceira idade, não! Se for da terceira idade ou se tiver uma atriz da terceira idade, ela entra na oficina! Ela vai fazer junto com o menino que tem dezoito. Claro que isso depende de outras coisas. A gente já teve módulos aqui baseados em Grotowski, em teatro físico, que para uma pessoa de sessenta e cinco anos às vezes é mais pesado, mas em geral o professor tendo um pouco de sensibilidade ele faz um ajuste aqui, outro ali e a coisa funciona. E, cada vez mais, o nosso processo criativo está saindo menos de um texto, seja dramático, que já não era, ou não dramático, agora ele está partindo da própria experiência. A ideia é que seja um texto mais aberto mesmo, e que as pessoas venham trazendo suas reflexões. Nesse ponto ele se assemelha um pouco à ideia do processo colaborativo. Na verdade, eu penso que os grupos todos trabalham muito com essa ideia de uma criação que é mais horizontal mesmo.

Como é o público de vocês? A criação dos espetáculos é voltada para um público específico?

Cida - Pois é, este é um grande mistério mesmo. Estamos na cidade, mas não temos a menor ideia sobre quem é o nosso público. Até porque como o grupo passou por várias fases. Às vezes, eu escuto as pessoas falando assim: "nossa, eu acompanho vocês desde o tempo tal... eu vi isso... eu vi aquilo". Aí você pensa: "que legal, alguns espetáculos ficaram como uma referência, não é?". Então, é engraçado isso! Nunca fizemos um espetáculo pensando num público, mas a gente sempre teve uma preocupação curiosa, que é de experimentar. Às vezes fazemos umas maluquices, uns horários completamente inusitados, tentando que o acesso fosse facilitado, buscando as pessoas. Na época do *Sonho*..., a gente teve a ideia do ingresso a 1,99 reais, o que foi um caos para o povo. Toda quinta-feira voltava gente, cabiam seiscentas pessoas no teatro, mas acabava empurrando público dos outros dias também, e de fato foi gente lá que não tinha dinheiro para pagar nem ingresso da Campanha de Popularização do Teatro[9], tinha gente que ia lá e não tinha dinheiro nem para pagar os cinco reais da campanha, de fato. Foi uma coisa inacreditável, iam famílias inteiras. Gente que levava bebê de colo, até o gato, cachorro... era muito engraçado isso. Então sempre tivemos essa preocupação. Quando fazíamos *O Caminho da Roça*, começamos a fazer em outros horários, porque teatro tem esse negócio de ser às nove horas da noite e ninguém merece, não é? Fazíamos *Caminho da Roça*, às seis e meia da tarde. E falavam assim: "vocês estão loucos, isso não existe, esse horário é maluco!" E foi o horário que mais deu certo. Começamos a atrair os meninos mais novos, adolescentes, as famílias. Temos um pouco essa preocupação de realmente buscar público, fazer distribuição de ingresso. Por exemplo, na estreia do *Sonho...*, que normalmente você faz para convidados e a classe artística, metade do povo era o pessoal daqui. Então a classe dizia: "que público é esse na estreia? Nunca vi esse povo em lugar nenhum!". E eu digo: "Graças a Deus!". Fazer espetáculo só para a classe artística? Pelo amor de Deus! O povo vai lá só para meter o pau! Não! Eu estou querendo é gente que nunca foi ao teatro, mesmo. Essa preocupação com o acesso, cada vez mais, é muito forte. Aqui, curiosamente, as coisas que fazemos têm muito público. Cabem oitenta pessoas, e vamos fazer agora umas arquibancadas, vamos usar o espaço em forma de L, A gente recebe grupos aqui também, mas tudo numa condição muito simples.

E o papel da bilheteria?

Cida - Normalmente a gente cobra em torno de três reais. Agora com o Prêmio Myriam Muniz talvez seja um pouco mais. Mas aí a ideia é fazer algum tipo de acesso para o pessoal do bairro, teria um bônus, por exemplo, o pessoal do *Folias d'Arte* de São Paulo, usa aquela ideia: se o

cara traz uma conta de luz ou de água, tem facilidades e tal. Eu e a Ludmila temos que sentar e pensar nessas estratégias. Mas aqui, por causa das oficinas de criança e adolescente, e as de finais de semana, ficam muitas atividades ao mesmo tempo. Normalmente temos dois eventos

---

[9] Evento que acontece no mês de janeiro de todos os anos e que reúne as produções da cidade com ingressos a preços populares.

no calendário, um que é o fechamento do primeiro semestre, com o encerramento das oficinas e que coincide com o aniversário da *Zap* em Julho, e o outro que é no final do ano quando fazemos uma bazar que chamamos de BaZArP. É um bazar cultural, tem comida, bebida, livro, apresentação. Tem sempre um convidado. E todos são assim, muito cheios, bem cheios mesmo. Têm outros eventos que fazemos, por exemplo, no *Mãe Coragem*, fizemos uma palestra com o Antonio Hildebrando, que é professor da UFMG, com uma leitura de trechos da *Mãe Coragem*. Tem um público bacana, oitenta, às vezes cem pessoas, que vão passando ao longo do dia. A gente já teve espetáculo da própria Universidade Federal, teve um ano que eles fizeram o encerramento do sétimo período aqui, foi bem legal, foi gratuito e ficou lotado todos os dias. A gente tem expectativa de que o *Mãe Coragem* vai fechar um ciclo e iniciar outro, ele vai fechar um pouco essa pesquisa sobre o Brecht. Talvez pelo fato de ser o primeiro espetáculo profissional que apresentamos aqui. Outro trabalho muito legal foi nessas oficinas de capacitação, a primeira na verdade, que não conseguimos repetir porque depende de patrocínio e tal, mas foi bem legal. Um grupo que fez oficina quis continuar o trabalho e então chamamos Carlos Rocha para dirigir e ele fez a montagem *Uma balada... Uma parábola*, com características bem experimentais, de escola mesmo. Apresentaram aqui e em mais três espaços na periferia da cidade e estava muito cheio. Então eu fico pensando sobre essa questão do público, que as pessoas entram em cartaz, em temporada no centro da cidade, naquele mesmo esquema - às nove horas da noite - concorrendo com a novela, com isso, com aquilo, com show de não sei quem, com a violência urbana, com a falta de ônibus. E não tem público, e aí fica reclamando que o público não vem. Aí você vê que não é exatamente um problema do público, você tem que ter estratégia, um meio de chegar neste público. Aqui, em relação ao público, não temos problema. Tem gente que vêm e atravessa a cidade porque quer conhecer o trabalho da Zap, tem muito isso. Nas oficinas também, tem muita gente da cidade inteira. Tem gente que sai de outra regional da cidade para vir fazer oficina aqui. Porque tem uma afinidade com a proposta, com a ideia, com o lugar. Tem muito essa coisa do lugar. Tem gente que acha bacana existir um grupo na periferia, que tem um espaço que construiu, que já tem uma trajetória. Vamos ver com *Mãe Coragem*, mas eu acho que vai ser bem legal, vamos fazer dez dias direto, de quarta a domingo. A ideia de domingo é fazer bem cedo, vespertino, seis horas da tarde, uma coisa meio matinê, para aquele pessoal mais velho, que não pode vir, que não gosta de sair de casa, não vai ao teatro, enfim, até porque a proposta é terminar o espetáculo e prolongar com essa ideia do bar, ter um prato todo dia, o bar vai fazer mesmo, cada dia vai ter um cardápio, e a pessoa escolhe o dia que quer vir.

Vocês têm um espaço que permite diversas configurações espaciais. O grupo busca alguma característica específica de espaço para seus espetáculos?

Cida – Começamos com espaço alternativo, totalmente alternativo. Fizemos vários espetáculos que eram de palco italiano também, mas que tinham muito o rompimento da quarta parede. O *Aníbal Machado 187* era numa casa, que era uma academia de letras, um casarão antigo lá no centro, era bem legal. A primeira parte era uma coisa mais poética e na segunda a gente tentava reproduzir um pouco o clima do que chamavam "domingada", que eram os encontros que ele fazia todo domingo na casa dele, vinham intelectuais, vários músicos, Villa-Lobos, enfim, todos iam pra lá e cantavam, tocavam. Tinha um sarau mesmo. Na segunda parte, então, o público se envolvia no sarau. No *Sonho de uma noite de verão* trabalhamos com palco italiano, mas com poucos elementos. No *Caminho da Roça* era palco italiano, mas tinha muito essa relação de estar invadindo a plateia o tempo inteiro, as procissões, o narrador estava sempre no proscênio, tinha uma brincadeira com o lado de fora e o lado de dentro. O narrador fazia essa ponte entre o público e um espaço da imaginação que ele ia recriando lá atrás. Mas o grupo não tem uma característica neste sentido. Tem espetáculo de rua. O grupo, inclusive, nasceu com algumas experiências na rua, de intervenções e de espetáculos de rua mesmo. Tem *O Pastelão e a Torta* que é de rua, e a Simone Ordones que dirigiu. *O Super Zerói*, que é esse mais novo, é para qualquer lugar, mas bem alternativo mesmo, não precisa de grandes aparatos, dá para fazer em rua, galpão, praça. E o *Mãe Coragem*, que vai ser uma coisa mais radical neste sentido. Aliás, isso é um problema! Você constrói um quartinho novo ali em cima, e o povo já está querendo usar o quartinho. "Pode parar! Agora chega!" (risos). A gente faz um quartinho para botar as tralhas, mas aí pensa: "Mas naquela cena, podia levar o público ali", então assim, o elenco vai invadindo o espaço! Essa ideia de se apropriar mesmo. Tem a ideia de ter cena do lado de fora quando o público entra. Vamos trabalhar com uma ideia meio de camelô, do povo vendendo churrasquinho e outras coisas no lado de fora. Tem cena lá em cima, na escadaria, no bar, nos banheiros, talvez essa seja uma experiência que, com certeza, depois da gente usar o galpão dessa forma, utilizando todos os recantos dele, acho que vai ser bem bacana. É curioso, não é? Essa coisa da relação italiana, ela é muito cômoda, ela é muito confortável, então, mesmo quando a gente veio para esse lugar nos encerramentos de oficina, a tendência era colocar uma rotundazinha lá, usar a plateia aqui e a cena lá, era um jeito um pouco mais acolhido. Mas, agora a gente fala um pouco disso, até para os meninos nas oficinas, que teatro se pode fazer em qualquer lugar, não depende do espaço, não precisa de palco todo bonitinho. E com os meninos isso é bem despojado, bem legal. Com os meninos do Zap Conta mesmo, que mostram mais esse resumo do trabalho, é muito legal. Eles trabalham com a ideia de "eu estou em cena / eu não estou em cena" o tempo inteiro.

Quando vocês vão criar um espetáculo, vocês já pensam no local de apresentação, nos espaços que vão utilizar, e pensam como isso pode atrair o público?

Cida - Com certeza, e cada vez mais a gente está saindo dos espaços convencionais e do centro da cidade. Inclusive, é até interessante, com o *Super Zerói*, a gente participou de três concorrências seguidas e tomamos pau nas três. A gente pensou "Ué gente, isso deve querer dizer alguma coisa". Sei lá, pode ter "*N*" motivos, o pessoal não gostou do texto. Mas, no fundo, a gente achou que exatamente por ter um despojamento, não ter nenhum grande apelo visual, ter uma relação mais direta com as crianças, uma certa interatividade, uma coisa de brincar, chamar os meninos para brincar, de envolver essa plateia, de brincar com o próprio teatro, pensamos que provavelmente não estamos agradando. Isso significa: "Achamos melhor a gente parar de entrar nessa concorrência". No *Mãe Coragem*, a ideia é circular por espaços fora desse centro, porque é isso mesmo, você fica lá no centro, esperando o público sair de casa para ir te ver, e em muitos bairros da cidade, as pessoas estão a fim de ver alguma coisa e as coisas não chegam nelas. Acho que essa inversão é muito importante, não como uma verdade absoluta, sabe? Algo como: "Ah, agora só se vai fazer na periferia!", acho que o contrário também é legal, trazer as pessoas de lá pra conhecer um teatro bacana. Ir a lugares de grupos que tem um trabalho forte, que pensem em algo a mais do que simplesmente fazer um espetáculo, que já é muito, eu sei! Claro que já é muito complicado a gente viver para fazer espetáculo, mas há grupos que já tem uma outra inserção no mercado e não se contentam apenas com a coisa mercadológica de fazer um espetáculo e as pessoas comprarem um ingresso. No *Mãe Coragem* estamos querendo conseguir apoio, patrocínios, para ver se conseguimos circular por cinco lugares na periferia de Belo Horizonte, de grupos correlatos, buscar dentro do Movimento Teatro de Grupo espaços que acolham o espetáculo e que tenham trabalhos próximos ao nosso, que também questionam determinadas coisas, depois no interior de Minas fazer a mesma coisa, sempre em espaços alternativos.

A ideia é fazer em quatro ou cinco cidades brasileiras. Em São Paulo a gente pensou em fazer no galpão do *Folias D'Arte*, e talvez - isso são negociações que ainda estão rolando - no *Ói Nóis Aqui Traveiz – Terreira da Tribo* em Porto Alegre. Quem sabe não vamos a Florianópolis, não é? (risos) Então a ideia é ir, levar uma oficina, discutir um pouco. Tem um cara que está fazendo a criação de música, então tem uma oficina que é *A música na cena épica*, em que ele faz um pouco essa ponte entre a música do Brecht e a música brasileira, como encontrar correspondentes na música que o Brecht propõe na música brasileira. Ele está pesquisando, então, a coisa da Embolada, do Rap que tem tudo a ver com essa coisa da narrativa. Então a ideia é ter também uma palestra que discuta questões do mercado cultural, qual a relação desses grupos com a produção cultural. Outra ideia é levar uma atividade que tenha outros desdobramentos, tanto em relação ao pessoal da classe artística, dos grupos, quanto à comunidade como um todo, acho que é um pouco isso que estamos buscando, esse diferencial. Eu acho que o que os grupos trazem de novo é essa coisa do espetáculo ser a ponta de um iceberg.

E a Campanha de Popularização de Teatro? Como ela tem funcionado para vocês?

Cida – Quando a Campanha era patrocinada, há muito tempo atrás, quando eu comecei a fazer teatro, havia uma espécie de ingresso subsidiado. Por exemplo: se um ingresso custava cinco para você, o poder público complementava o valor. E o teu rendimento dependia da quantidade de ingressos vendidos. Tinha um montante de dinheiro que vinha, e quanto mais ingressos vendidos, menor era o valor que o poder público colocava em cada ingresso, mas vamos supor: se você pagasse cinco, eu recebia três do poder público, então o total seria de oito. Depois, essas campanhas acabaram quase no Brasil inteiro. As daqui foram retomadas com muita força, um mérito inclusive da AMPARC, que virou SINPARC, que conseguiu captar através de leis, fazendo uma boa divulgação na Rede Globo. A Globo Minas apóia, tudo com um material de gosto duvidoso, mas tem melhorado. Mas o que acontece, é que os clássicos dos clássicos, que aqui seriam espetáculos como *Um Espírito Baixou em Mim*, os besteiróis bravos mesmo, vão mudando as regras e ficam anos seguidos se repetindo, acumulando uma bilheteria imoral. Mas o que acontece? Todo mundo entra na campanha, e a medida que a gente entra e assina embaixo, dizem que estão popularizando o teatro, mas estão popularizando só um gênero de teatro. Os grupos que entram, acabam se beneficiando com a campanha, em geral alguns até recebem uma bilheteria melhorzinha, aqui e ali, mas no geral você está passando o recibo de uma coisa que é a popularização de um gênero só. Eu sei porque dou aula na universidade particular, e os alunos vão ver cinco espetáculos do mesmo gênero. Eles perguntam: "professora, já vi todas essas aqui, qual você me indica?". Eu digo: "Para começar, alguma que seja diferente dessa". Eu os levei recentemente para verem o *Grupo Reviu a Volta*, que é um grupo bem bacana, que foi criado a partir de um projeto na periferia, na Lagoa do Nado, que estão com esse espetáculo construído num processo super denso, trabalhado num processo colaborativo. Os meninos disseram: "Professora, eu nunca pensei que pudesse existir um espetáculo desse jeito". E são universitários, viram pouco teatro na vida, mas aqui na cidade com certeza devem ter visto muita comédia besteirol. E aí você começa um discurso para desconstruir algo. "Ah, professora, mas por que a gente não pode ver comédia besteirol?", eu digo: "Vocês podem ir, mas isso vocês vão ver de qualquer jeito", é a mesma coisa que a professora que vai dar musicalização infantil botar Xuxa para os meninos escutarem, ou Sandy & Júnior. E isso não precisa! Porque o menino já vai ter acesso a isso massivamente, não é verdade? A obrigação da gente enquanto professor, formador, é oferecer outra opção, para ver se ele toma gosto por outra coisa. Aí então, na campanha de um tempo pra cá, surge a ideia do Movimento Circuito Off. O Gustavo é que podia falar melhor, ele é o nosso representante no Circuito Off. Então, no Circuito Off a campanha é para sair um pouco dessa ditadura do produto único. E a ideia do movimento também é fazer uma campanha de popularização diferenciada, que é realmente para facilitar o acesso para as pessoas. Esses grupos não estão no Movimento de Teatro de Grupo, é um outro tipo de movimento, a gente está nos dois. A gente parece meio, "servidor de dois amos", mas todos os dois sabem um do outro (risos).

Gustavo – O Circuito Off é na verdade uma rede de artistas. E por Belo Horizonte ter um perfil muito definido por grupos de teatro, acaba sendo um espaço onde os coletivos se encontram para pensar alternativas que sejam viáveis para o Teatro de Grupo. A gente está participando pela primeira vez do circuito, e ele já existe há três anos. No começo ele se chamava, se não me engano, Off Campanha, se usava a Campanha como referência para propor uma coisa paralela. Depois criou um estigma ruim. Entramos agora. Eu acho que esse discurso de hoje está mais maduro, que ele consegue pensar assim: "tem a campanha, a campanha não nos serve, e o que nos serve?". Se não tem o que nos serve, vamos criar, vamos pensar numa via alternativa que surja dessas necessidades dos grupos, dos coletivos. Então, além de ser um circuito de debates e encontros artísticos, ele tem essa característica de tentar viabilizar uma produção de grupo, que fica mais complicada se você usar o molde tradicional do mercado, essa coisa de arte como produto. Agora nesse ano o Circuito conseguiu aprovar um projeto pelo fundo municipal de cultura, que, se não me engano, é de cinquenta mil reais, que vai viabilizar justamente as ações do circuito, que são oficinas. Vamos começar uma oficina aqui na *Zap,* isto é, oficinas, também uma mostra de espetáculos e os debates, tudo de acordo com as necessidades dos grupos. A ideia é de uma ação que vai se prolongando no tempo e não exatamente como uma campanha fechada. Você tem muito público, depois nunca mais tem, aí espera sair o dinheiro e "Vamos ao teatro!"...

Gustavo – Também esse formato da oficina, mostra e debate, é para ver se uma coisa vai ecoando na outra.

Cida - Então agora estamos no Circuito, no Movimento, e tem um outro negócio muito legal. Ontem eu participei de uma reunião, com a Ione Medeiros, e ela inventou o MARP - Movimento de Arte e Reflexão Política. E a ideia é exatamente assim: não ficar discutindo teatro, mas sim essas intersecções. Os eventos não são só feitos por pessoas de teatro e nem para pessoas de teatro. Eles vão fazer um evento agora dia vinte e quatro que vai ser sobre moradores de rua. O evento vai se chamar A Cidade é uma Estranha Senhora que Hoje Sorri, Amanhã Te Devora[10]. Vamos falar um pouco do processo sobre o Brecht, que é sobre a realidade, a periferia. E vai passar uma coisa maravilhosa, que é o filme de um paulistano, que se chama Marcos Prado. O filme se chama *Estamira,* e é sobre uma ex-moradora de rua, interna dessas instituições para doentes mentais, e mostra essa mulher, mostra o ser humano no seu potencial, e como é que a sociedade vai fazendo isso de "você é bom", "você é mau", "você presta", "você não presta", "você pode", "você não pode". E essa mulher, que não tem nada para poder, pode! Por algum motivo ela consegue subverter tudo e ela fala com muita propriedade, propriedade que está ligada à loucura, é claro. Não veio o filme inteiro, porque ele ainda não foi lançado. Esse evento vai ser maravilhoso, a gente ficou muito feliz. É um pouco essa ideia de fazer esse cruzamento arte, política, outros movimentos.

Como é o registro do trabalho de vocês? Como vocês costumam lidar com o registro de imagens?

---

[10] Verso de uma das canções da peça *Os Saltimbancos,* versão de Chico Buarque de Holanda.

Cida – Precariamente. Quer dizer, esses dias eu até falei com a Elisa que não estava tão ruim. Eu até acho que a gente consegue produzir, registrar, tem foto, tem máquina, tem material gráfico. Mas, a conservação é complicada. E na mudança de espaço aqui para a *Zap*, perdeu-se muita coisa, estragou muita coisa. Temos um projeto com uma moça, que se chama Valmira, que é especialista em registro em papel. E a ideia é fazer um projeto para conseguir fazer esse acervo, disponibilizar também na internet, porque estamos fazendo um site agora. Esse é um calcanhar de Aquiles, não só da gente, mas dos grupos em geral. É terrível isso. Isso custa caro. Em um grupo você sempre acaba tendo que sacrificar alguma coisa. E a gente acaba sacrificando essa parte do trabalho. O *Galpão* mesmo, que é um grupo com uma estrutura e tal, de um tempo pra cá é que eles estão conseguindo dar jeito nisso. É terrível, porque se você não tem condições de guardar, estraga, perde mesmo. Não tem jeito. É muito complicado. A gente ainda tem uma relação bacana com a universidade, e ela poderia ajudar nessa parte, porque os grupos são centros culturais vivos, com muito material, muita pesquisa, muita coisa bacana. Minas Gerais ainda não se abriu para essa memória do teatro, isso é muito falho. Tem uma ou outra coisa, mas a gente ainda não tem uma publicação regular, essa parte de registro, de memória. O *Galpão* é que saiu na frente mesmo com isso, eles tem um centro de referência agora. E se eles ainda possuem dificuldade, imaginem os outros. Porque eles têm uma estrutura que eles conquistaram, por mérito deles mesmo e que é muito forte. Vocês imaginem então os outros grupos! A gente tem muito material, e ele não está bem acondicionado e se não for feito alguma coisa rapidamente a gente vai ter perdas graves e isso é real. A gente produziu muito material, tem muita coisa em vídeo, inclusive tem um cara que estava fazendo um documentário dos vinte e cinco anos da *Sonho & Drama*, mas ele sumiu. Estava fazendo com recursos próprios, sem grana. A ideia era um pouco isso, digitalizar todo o acervo fotográfico, trilhas sonoras. A gente tem gravado trilhas sonoras originais de quase todos os espetáculos, tem vídeos de média qualidade, de boa qualidade, de praticamente todos os espetáculos. Mas precisa passar por um suporte melhor, precisa catalogar, precisa organizar, precisa ter um acervo. Porque se alguém chegar e pedir "Cida, eu quero ver a fita de tal negócio", eu vou dizer: "Ah, meu filho, eu vou ter que revirar meio mundo nesse galpão para encontrar tal coisa", e isso é terrível. Corta o coração quando você pega o negócio e ele está estragando. Mas a gente tem muita coisa, muita foto, muito material. Não é por falta de produção desse material, mas o acondicionamento e a organização do arquivo está para lá de bagunçado.

Quem costuma produzir as imagens de vocês? Alguém de fora do grupo?

Cida - Tem um fotógrafo que sempre fez isso pra gente, que é o Guto Muniz. Ele começou fotografando a gente, já há vinte anos. A maior parte do nosso material é do Guto, mas a gente gosta de variar também. Tem outros fotógrafos. Tem alguma coisa em vídeo que era do Rodolfo Magalhães, que não sei se está na ativa ainda. Mas basicamente fotografia é o Guto, ele é um cara bem bacana e o material dele é bem legal.

E registro de processo e de ensaio? Vocês costumam produzir este tipo de material?

Cida - Pouco também, mas, temos alguma coisa. Desde que a gente veio aqui para a *Zap*, temos feito. Tem vídeo das oficinas que a gente produziu há um ano e meio atrás. Tem muito essa coisa de fotografar ensaios, mas também poderia ser melhor.

E como é a relação dessas imagens com a produção. De uma imagem ter que mostrar o espetáculo verdadeiramente e, ao mesmo tempo, ter um apelo de público.

Cida - É sempre difícil. Mas eu acho que buscamos sempre uma coisa mais artística, mais artesanal, mesmo no material gráfico. A gente não gosta de apelar para chamar o público. Preferimos ser fiéis ao que está fazendo. A gente sempre gostou de trabalhar com ilustradores, com artistas plásticos, tem uma moça, a Ana Márcia, que há dez anos faz a criação visual e vai tentando manter uma certa linha. Aqui mesmo na *Zap*, o primeiro material que fizemos era mais colorido, mais brilhante, e depois pensamos em fazer uma coisa mais alternativa, então estamos trabalhando com papel reciclado, porque achamos que tem mais a ver com o trabalho. Trabalhamos sempre com uma coisa menos ostensiva até porque tem que economizar. Tentar criar uma identidade que passe por aí também, com uma certa preocupação. A identidade visual de um grupo está sempre sendo construída. A gente também saiu de um grupo que tinha um nome e que tinha uma característica. Então vai mudando muito. O material da *Zap* sempre é bem alternativo, mas de bom gosto, bem feito e que procura atender os objetivos sem ostentação. E sempre trabalhando com um material que brinque com essa coisa alternativa, com um material que pareça um fanzine, que não seja nem muito contemporâneo a ponto das pessoas não entenderem o que é. A gente se preocupa em fazer a informação chegar nas pessoas. É uma dificuldade fazer a informação chegar. No FIT mesmo, o pessoal acha que vai ter um espetáculo que tem uns palhacinhos, e não sabe que aquilo é um festival de teatro. Já passamos por várias fases.

Sobre a produção, você estava falando sobre os editais, sobre as leis...

Cida - As leis são uma realidade. Fazemos um monte de projetos todo ano para ver o que vai vingar, o que vai ser aprovado, o que vai conseguir captar e o que vai conseguir realizar. Rouanet, a gente usou há muitos anos atrás e agora estamos em um processo de conseguir documentação que está atrasado também, mas ela é mais difícil para Minas. Trabalhamos basicamente com lei estadual e municipal, sendo que na municipal tem Fundo. A gente tem usado o Fundo, e já fomos beneficiados várias vezes. Grande parte do trabalho que foi feito aqui só pode ser feita gratuitamente e com qualidade por causa do Fundo. Mas o processo do Fundo demora, atrasa, você não pode contar com ele. É complicado. E a lei estadual, a gente tem tentado ser meio Robin Hood, você sabe que podia ser melhor a negociação que está fazendo com as empresas, mas você precisa continuar fazendo ela para poder manter o seu trabalho. Então não é o ideal ainda, saímos da mão de um produtor que era muito explorador, passamos para um médio agora e esperamos no ano que vem não renovar com esse. Porque eles pegam o seu dinheiro e ficam fazendo continhas, dividem aquilo em tantas ações, em tantos espetáculos. E aquele dinheiro tem que render para milhões de coisas. Então o que você faz? Os caras exploram, mas com o que você tem, você faz render. É um pouco *Mãe Coragem*.

E a bilheteria como repercute na sobrevivência do grupo?

Cida - A bilheteria é um grande problema. Como se começou a patrocinar, e a bilheteria é uma questão tão complexa – porque o negócio se descaracterizou de um jeito que realmente a coisa já chega parcialmente paga para o espectador – então, não se espera, por exemplo, que a bilheteria cumpra nenhum papel. Então, a gente não corre atrás dela. Por outro lado, quem mais se beneficia com isso é quem tem bilheteria, concorda? O cara que se beneficia de todas as leis de patrocínio de espetáculo é um cara que tem menos tempo, é um cara que não vai investir numa pesquisa muito complexa, nem em cenário, nem em figurino, nem em texto, nem em nada. Ele vai fazer num tempo menor, ele vai economizar dinheiro. Ele vai colocar aquilo como um apelo comercial muito forte e ainda vai ter uma boa bilheteria. Então, isso é uma coisa meio louca, porque o negócio está totalmente descaracterizado, porque esse cara que tem uma boa bilheteria deveria ter o que? Um adiantamento financeiro, parcialmente ser financiado e a outra parte, se ele tem uma boa bilheteria, é um empréstimo que ele faz, deveria ser esse tipo de coisa. As pessoas que conseguem equilibrar essas duas coisas poderiam ter um patrocínio indireto. As leis são complicadas e aqui em Minas é mais complicado pelo seguinte: a lei é um mercado, mas como só existe a lei, a secretaria quer regular o mercado, mas ela quer regular através da gente, e não através de ir no cara que bota a grana e falar para ele: "Ó, você está fazendo errado". Ela quer que o artista – além de tudo mais que já temos para fazer – vá lá falar para o cara que ele está fazendo errado. Isso é péssimo! Eles fazem um edital cheio de regras – parece que você vai ganhar o dinheiro diretamente – e, quando vê, você fica que nem uma pata correndo atrás do dinheiro. Então trabalhamos com leis sabendo dessas limitações. Agora, nesse projeto novo, nós conseguimos o Fundo e o resultado saiu em maio, e até hoje não foi depositado nenhuma parcela É um dinheiro que você não pode contar. Ele vai chegar um dia. E no dia que ele chegar você dá uma festa, paga as dívidas, como diz o outro.

MOVIMENTO DE TEATRO DE GRUPO – BH
Entrevista com Cláudio Dias da Cia Luna Lunera e
Carluty Ferreira da Cia Deu Palla

Concedida a Camila Ribeiro e Éder Sumariva.
Em Belo Horizonte MG

Você pode comentar o que é MTG?

Cláudio – O Movimento de Teatro de Grupo de Minas Gerais é uma associação que começou faz treze anos. Inicialmente um dos fundadores foi o *Grupo Galpão* com outras companhias de teatro como o *Armatrux, Cia. Andante*. Durante o processo o *Grupo Galpão* se desligou do movimento. Hoje as dezesseis companhias que fazem parte da associação são grupos que não fizeram parte do início. A função básica é dar suporte político, de defesa de ideais como, por exemplo, a conquista do espaço para cada grupo, representação nas comissões de edital para ocupação de teatro. O movimento sempre tem um acento nestas comissões. Além disto, o movimento tem alguns projetos como o *Estação em Movimento* que é uma mostra de Teatro de Grupo. Vamos realizar agora o 3° Estação em Movimento, que é o projeto de circulação dos grupos do movimento pelo interior do estado. Estamos organizando o 1° Encontro Estadual de Grupos provavelmente para setembro deste ano com grupos mineiros. Estamos também na 6° edição da revista Ensaio Aberto que é uma revista que propõe uma reflexão sobre o trabalho de grupo do ponto de vista dos próprios grupos.

Existe algum critério para que um grupo seja incorporado ao movimento?

Cláudio - Até agora os grupos são convidados a participar do movimento, grupos que estão mais próximos. Com esta história do 1° Encontro Estadual queremos abranger uma quantidade maior de grupos dentro do Estado, porque temos muitos grupos. Estamos fazendo um cadastro com todos os grupos de todas as cidades para o movimento representar de forma maior os grupos do interior. Dos dezesseis grupos que fazem parte hoje, treze são da capital e três são do interior. Estes contatos com os grupos do interior aconteceram através do 2° Estação em Movimento que foi uma tentativa de dialogar com os grupos do interior.

Como é a hierarquia do movimento? Vocês têm presidente? Como ele é eleito?

Cláudio - A diretoria é composta por presidente e vice, tesoureiro e de três integrantes de uma comissão fiscal. Essa eleição é feita de dois em dois anos. A gestão está vencendo agora em junho, vamos começar o processo de eleição e adotamos um processo que é de equipe gestora, independente do presidente e do diretor financeiro, existe uma equipe gestora que desenvolve todos os projetos como, por exemplo, para a lei de incentivo. Vamos começar a discutir sobre a revista, uma comissão formada por várias pessoas de grupos vêm para o movimento para começar a desenvolver o projeto da revista do próprio Estação em Movimento. A partir do momento em que entra dinheiro, no caso, da lei do Estação em Movimento, as pessoas começam a assumir funções remuneradas para trabalhar, mesmo no festival.

O Movimento sobrevive de lei de incentivo?

Cláudio - Sim. Basicamente os grupos pagam uma anuidade para o movimento e através dos projetos de Lei de Incentivo, de circulação e do Estação em Movimento que acontece de dois em dois anos.

E o MTG tem algum vínculo com o FIT?

Cláudio- Inicialmente o FIT foi realizado através de uma parceria entre a prefeitura de Belo Horizonte com o *Grupo Galpão*. Em um segundo momento foi o MTG que assumiu a parceria com o FIT. E em 2002 o movimento deixou de participar da organização do FIT. Existe um 1º FIT que é antes do movimento, depois o MTG assume e o *Grupo Galpão* sai do movimento.

O 3º *Estação em Movimento* tem algum diferencial?

Cláudio - Queremos que o Estação em Movimento seja a representação de grupos principalmente do Estado, já pensando numa política de interiorização porque a política dentro das leis de incentivo beneficia muito mais quem está na capital do que quem está no interior. Então esperamos que ele dê condições de acesso aos grupos a participar e a mostrar seus trabalhos aqui e obter as informações que estão centralizadas em Belo Horizonte. É esta tentativa de abertura que vai primeiro acontecer neste 1° Encontro Estadual de Grupos em setembro.

Para o Movimento Teatro de Grupo o que significa Teatro de Grupo?

Cláudio - Esta diferença de criação e de pesquisa diferenciada das produções comerciais onde um produtor contrata um diretor, atores, cenógrafo e paga por eles. No caso o nosso trabalho é o grupo enquanto uma entidade mais forte que vai gerir todo o processo de criação, que vai investigar as pesquisas. Cada um tem uma linha de pesquisa e então vai por este caminho.

Carluti - Acho que o grupo tem uma participação do todo, é o coletivo. Participação e discussão em todos os sentidos: político, artístico, não tem líder, é uma relação coletiva, participação do todo mesmo.

Cláudio - Na tentativa de continuidade dos projetos, no trabalho baseado na pesquisa, a questão do espaço também, onde os grupos possam desenvolver oficinas para a comunidade. Isto está acontecendo agora porque a maioria dos grupos está conseguindo suas sedes através de aluguel ou de compra mesmo de espaço e tentando sempre se relacionar não somente com o centro da cidade, que é o lado onde tem a maioria dos teatros, mas com a comunidade na periferia.

O espaço do MTG é próprio?

Cláudio - É alugado. Isso é uma tentativa do movimento ter um espaço maior que não seja só um escritório de produção, mas que possa abrigar o acervo do movimento. Nós temos à disposição figurinos, espaço para ensaiar, porque nem todos os grupos têm espaço.

Nesta trajetória de treze anos, qual foi a maior conquista do MTG?

Cláudio – Acho que é esta tentativa do trabalho em grupo com os coletivos, no sentido de agrupar para lutar politicamente pelas coisas que estão acontecendo em BH. Por exemplo, a Prefeitura transformou a Secretaria Municipal de Cultura em fundação. Não ganhamos a luta, mas só o fato de estarmos todos os grupos na Câmara Municipal reivindicando e gritando que a fundação era necessária, mas, era preciso também a secretaria foi importante. O fato de estarmos lutando juntos é uma grande conquista. A tentativa do movimento é sempre em reunir as pessoas para poder desenvolver e alcançar objetivos.

Quais são as perspectivas?

Cláudio - Conquistar de alguma forma os grupos do interior, porque também existe uma resistência. E como nós em relação à Rio de Janeiro e São Paulo, a gente acha que sempre tudo vai pra lá. Essa tentativa de ganhar uma fatia deste lado. E com relação ao Interior e a Capital acontece a mesma coisa, eles acham que tudo acontece aqui, tudo vem para a Capital, e realmente acontece. Então esta tentativa de atrair estas pessoas, a princípio com os mesmos ideais que os grupos daqui. Porque eu acho que no interior tem outras especificidades que a gente não conhece. A tentativa é trazer as outras pessoas para a entidade até ficarem mais fortes e mostrar que é possível lutar pelos seus interesses.

Como o MTG interage com as leis municipais?

Cláudio: Dentro da lei estadual o movimento tem um assento na comissão que vai escolher os projetos. Então quando a comissão recebe os projetos temos um representante que vai lutar pelos interesses dos grupos, independentemente deles serem do movimento. Assim, muitos dos grupos que foram aprovados na última lei, com certeza foram aprovados através da nossa batalha lá dentro, porque dentro da própria comissão o Estado tenta beneficiar seus próprios projetos. Na lei estadual é desta forma, na lei municipal o teatro como um todo indica um nome e a comunidade vai votar neste representante da comissão. Geralmente colocamos um candidato que representa o MTG. Não necessariamente ele vai ser eleito porque tem outros segmentos como o Sindicato Municipal de Produtores de Artes Cênicas. Então estamos com dois projetos. Tem um projeto de circulação do movimento que se chama TEIA e é realizado em parceria com a Associação dos Produtores de Artes Cênicas de Ipatinga, que é no Vale do Aço. Através deste projeto e do próximo que vai ser realizado em parceria com a Fundação Clóvis Salgado do Palácio das Artes, pretende-se levar os trabalhos do movimento para o interior de Minas Gerais e dialogar com a comunidade artística. Este está acontecendo agora e está terminando em Ipatinga. Apresentamos espetáculos, oficinas e sempre após os espetáculos existe um debate com a comunidade e com pessoas ligadas a área de Artes Cênicas e outras áreas Então a ideia é tentar fazer a ponte com o interior e a partir disto começarmos a conhecer os grupos da cidade e as demandas.

Já existe algum levantamento dos grupos do interior?

Cláudio - Está em fase inicial do levantamento. Estamos mandando e-mail às prefeituras retornando os contatos. Só que pela internet é complicado. Através dos festivais, existem vários festivais no interior, estamos tendo contato e assim torna-se mais fácil.

GRUPO GIRAMUNDO
Entrevista com Marcos Mallafaia

Concedida a Camila Ribeiro e Éder Sumariva
Em julho de 2005 em Belo Horizonte MG

Como é que foi fundado o *Giramundo*?

Marcos: O *Giramundo* foi fundado por três professores da Escola de Belas Artes (EBA): o Álvaro Apocalypse, a esposa dele, Terezinha Veloso e a Madú. Eles decidiram fazer bonecos por motivos diferentes. No caso do Álvaro foi por uma impossibilidade, na época, no início dos anos setenta, de fazer animação em película. No caso da Tereza e da Madú foi principalmente para acompanhar o Álvaro, que foi professor delas, e para exercitarem um pouco esta linguagem. A princípio começou como uma brincadeira de fundo de quintal, onde tinha mais utilidade ou propósito um divertimento para a família. Essa fase durou praticamente seis anos, de 1970 a 1976, quando, pela qualidade de coisas que vinham brotando intuitivamente, de modo espontâneo, a Universidade Federal de Minas Gerais (UFMG) convidou o *Giramundo* para instalar oficinas em Lagoa Santa (uma cidade perto de Belo Horizonte, onde o Álvaro tinha uma casa de campo), mas nos próprios domínios da EBA da UFMG. E aí começou o período mais longo do *Giramundo*, que vai de 1976 a 1999, onde ele se firmou como uma espécie de grupo universitário, um grupo de pesquisa e tinha a maioria dos projetos viabilizados pela participação nos Festivais de Inverno de Ouro Preto, que nos anos setenta e oitenta principalmente, assumiram um lugar muito importante como um centro "dinamizador" de ideias. E não como o formato que tem hoje em dia, um formato um pouco mais adolescente. Os espetáculos eram produzidos na sua maioria dentro deste contexto efervescente do Festival de Inverno. A partir de 1999 até 2003, 2004 o *Giramundo* se organizou fora da UFMG tentando colocar em prática todos os caminhos que o teatro de bonecos sugeria como modo de resistência e de sobrevivência. Formamos o nosso triângulo de atuação que é o Museu, Teatro e Escola Giramundo, e hoje, nós enfrentamos a necessidade de fazer um salto do *Giramundo* no sentido de torná-lo um grupo realmente com uma interface pública. Ou seja, que ele se torne permeável a outras pessoas, permitindo que estas pessoas usufruam, aprendam, contribuam com o grupo e que essa interface possa também agir na formação delas próprias.

Quais são os projetos que se relacionam com o objetivo de estabelecer esta comunicação entre o *Giramundo* e as pessoas?

Marcos: São projetos de natureza institucional. O *Giramundo* priorizou a consolidação institucional em relação a projetos efêmeros de montagem ou projetos artísticos localizados. Foi mais importante pensarmos nas questões do espaço e da regularidade da atividade do que especificamente em produções localizadas de espetáculos e alguma coisa neste sentido. Por outro lado, o *Giramundo* curiosamente, aproveitando até o modo do próprio nome, optou fortemente por projetos móveis, a ponto de dizermos hoje que todas as seções do *Giramundo*, todas as partes do *Giramundo*, são móveis, possuem vertentes itinerantes. Isso acontece com o Museu, acontece com a Escola e com o Teatro. Isso se cristalizou em projetos muito específicos que deram suporte para o *Giramundo*. Normalmente estes projetos estão ligados às Leis de Incentivo à Cultura, nos três âmbitos, municipal, estadual e federal.

O *Giramundo* hoje tem um grande reconhecimento nacional. Que mecanismos de financiamento o Grupo busca além das Leis de Incentivo?

Marcos: Nós temos uma atividade comercial profissional ligada ao Teatro, ou seja, as apresentações. Seguimos o caminho comercial tradicional: venda dos espetáculos, bilheteria e circulação dos mesmos. Além disso, nós estamos investindo muito na criação de um setor de produtos. Pela natureza da produção do *Giramundo* condicionada por espetáculo de teatro de bonecos, que requer a criação de personagens não humanos, de objetos animados, e isto desemboca em duas características: primeiro que o *Giramundo* é um grupo de imagens, ou seja, a imagem é muito forte e ela tem um potencial de mercado forte. Além disso, é um grupo criador de protótipos, de brinquedos, de camisetas, uniformes, livros, vídeos, paralelamente ao desdobramento institucional. A gente percebeu um desdobramento institucional, um desdobramento de mídias. Hoje o *Giramundo* entra para uma produção, guardadas devidas proporções, influenciado pelo sistema de produção do cinema, que entra em cartaz já pensando em todos os produtos derivados daquele evento, que é o filme exibido. Isso nós ainda estamos começando, mas acreditamos que há um potencial grande para conseguirmos diminuir a dependência das Leis de Incentivo, tornando o grupo mais auto suficiente. Até mesmo vislumbrando a situação de não mais precisar das Leis de Incentivo, cedendo espaço a novos grupos.

O *Giramundo* teve agora uma participação com os bonecos na minissérie *Hoje é Dia de Maria.* Como é que se estabelece esta relação do Teatro com a Televisão, considerando que você buscam algo mais enraizado nas tradições populares e a televisão é uma estrutura industrial?

Marcos: Esta pergunta é complicada, porque são muitos componentes na pergunta, e sobre alguns nós não temos tanta certeza. Por exemplo: a TV também tem um componente popular muito forte. Ela é mercado, mas nem sempre. Às vezes algumas coisas que não são previstas para serem mercado, se tornam. E outras, que são projetadas para ser mercado, não vendem. O que eu acho interessante é que como mídia, a TV pode se fazer, ou fazer às vezes do teatro também. Em *Hoje é Dia de Maria* esta situação ficou clara e este foi um ponto bastante polêmico no início da minissérie: alguns setores da Rede Globo acreditavam que aquela linguagem estava deslocada do gosto do público, e o que foi de certo modo mostrado pela minissérie, é que a população em geral se interessa pelo precário que existe na linguagem do teatro. Isto aproxima as pessoas da vida corriqueira e o mais importante, acho, é que há uma distância tremenda entre a minissérie e o cinema de natureza ou linha norte-americana. A diferença entre a minissérie e o cinema abordando as mesmas situações - infantil ou tratando de temas fantásticos - é que na primeira, por uma escolha estética, toda a vulnerabilidade dos sistemas de manipulação, da situação do cenário, da interpretação dos atores, todos estes aspectos, diríamos assim rudimentares, foram conservados propositalmente. Isso fez com que o resultado ganhasse um sentido poético por se distanciar de um desejo de ser realista, de ser convincente do ponto de vista de parâmetros reais. Sendo essa uma busca incessante do sistema americano de produção do cinema nessa área. Essa busca pelo realismo técnico nas animações das imagens, nos vários contextos gráficos da imagem, é ingrata porque gera no público uma situação insaciável. O público quer sempre mais e não se contenta com a versão recente do último filme. Isso gera uma corrida infinita por esse hiper-realismo, que por natureza não terá fim, pois o cinema nunca vai ser realidade, então ele nunca vai conseguir alcançar o ponto final que satisfaria essa corrente. Por isso o caminho inverso, talvez, seja também interessante. Eles não são excludentes, eles são complementares. O público não se contenta, e talvez a poesia, este aspecto do precário de encontrar soluções que representem uma coisa sem tentar ser a coisa exatamente, sejam mais ricas e promissoras, capazes de realmente transformar as pessoas, a percepção das pessoas. Por isso, acredito que as relações entre o teatro e a TV ainda podem ser muito exploradas e o teatro de bonecos especialmente.

Acredito que ele tem um papel importante nesse caso porque ele tem uma conexão com o tempo muito interessante. Ele tanto carrega representações e construções milenares, ancestrais, quanto tem representantes completamente contemporâneos na animação digital ou mesmo na animação clássica quadro a quadro. Este intercâmbio do teatro de bonecos com esses tempos diferentes faz com que ele possa ser utilizado de modo muito interessante na Televisão.

Quais as perspectivas atuais do *Giramundo*?

Marcos: Bom, a perspectiva para curtíssimo prazo é sairmos do aluguel. Então estamos trabalhando aqui na obra, aqui ao lado, construindo a oficina nova e vamos mover a oficina antiga de um local alugado para essa oficina nova que é nossa. Essa mudança faz parte de um plano bem mais amplo de unificação de todas as áreas do *Giramundo*. Hoje temos o Museu, Teatro e Escola juntos, o que é muito bom para nós, e acredito que para o público também. A pessoa pode visitar o Museu, ver a oficina, construção e assistir um ensaio. E é bom também para o grupo não se sedimentar, tendência estranha do nosso tempo essa de engavetar as coisas rotuladas em compartimentos estanques, deixando de perceber que as coisas na vida real não são estanques, elas se misturam totalmente, e isso de sedimentar foi uma invenção. Uma invenção que serviu para gerar uma eficiência enorme que criou desenvolvimentos inquestionáveis, mas que hoje começa a se tornar inoperante. Vemos na arte, que tem essa característica histórica de estar sempre antecipando um pouco as situações do futuro, que essas fronteiras estão se tornando cada vez mais impróprias e questionáveis e estão sendo abandonadas na arte contemporânea. Por exemplo, nós vemos uma total flutuação das mídias, vemos todas as mídias se misturando, linguagens cruzando umas com as outras e percebemos que talvez este não seja só um movimento das artes plásticas, talvez seja um movimento mais geral da nossa civilização em direção a conhecimentos mais compartilháveis a conhecimentos de caráter mais gerais e menos específicos. Mas, é já um movimento paradoxal. O que vemos hoje é o predomínio, a forte tendência a uma hiper especialização. Mas talvez esses dois movimentos convivam. Então o *Giramundo* é isso. Esperamos do futuro que ele consolide estas três áreas e que ele se firme como alguma coisa que não dependa exatamente das pessoas. Que ele se firme como um espaço com regras próprias de funcionamento e que as pessoas que passam por ele vivam, consumam suas vidas, produzindo, criando, dialogando. E ainda, que outras pessoas venham e que ele siga como um espaço humano de criação.

GRUPO GIRAMUNDO
Entrevista com Ulisses da Cunha Tavares

Concedida a Camila Ribeiro e Éder Sumariva Rodrigues.
Em julho de 2005 em Belo Horizonte MG

Dentro do *Giramundo* existe um núcleo de atores fixos?

Ulisses - Não. O elenco do *Giramundo* já mudou muito, mesmo porque, o *Giramundo* não foi um grupo profissional desde o seu início. Ele partia muito da pesquisa do Álvaro e de artistas que chegavam para experimentar, e posteriormente seguiam seus caminhos. Depois na década de noventa, acho que começamos a formar um corpo um pouco mais estável, mas mesmo assim continuou e continua recebendo estagiários todos os anos. Agora estamos conseguindo até fazer um programa de estágio de três meses onde o estagiário passa pela experiência. Sendo aprovado dentro das funções do grupo ele permanece por mais algum tempo e posteriormente é incorporado. Agora estamos nos profissionalizando. Inclusive este ano temos uma conquista, um motivo de orgulho muito grande, que é realmente profissionalizar-nos, com carteira assinada, com os impostos, e todos os encargos.

O *Giramundo* depende das Leis de Incentivo, ou ele tem um mecanismo próprio de financiamento?

Ulisses - Não. Dependemos das Leis de Incentivo ainda. Estamos tentando viabilizar com os trabalhos do grupo outros meios para nos mantermos fora das Leis de Incentivo. Por exemplo, estamos com outro, (vamos chamar de departamento) dentro do grupo, que é um departamento que cuida da parte de produção dos produtos para comercializar. Isto é novo, está no começo, mas ainda depende das leis para executar os projetos que *se* tornam produtos automaticamente.

Como é o processo de formação do ator-bonequeiro no grupo? Que técnicas e que experimentações são feitas?

Ulisses - Basicamente as pessoas que chegam ao grupo vêm de duas áreas: quem tem uma ligação com as artes plásticas, e geralmente parte primeiro para a confecção dos bonecos, e depois para a parte da manipulação. Ele começa a tomar conhecimento de como fazer e manusear o boneco. O outro perfil seria então o de quem trabalha realmente com teatro. Acho que o processo do *Giramundo* nunca foi igual, não é uma coisa rígida. Estamos tentando trazer para o grupo novas experiências, inclusive do teatro que a gente chama de Teatro de Pessoas, para incorporar a maneira de se montar, de fazer uma montagem, de pensar um ensaio, de conceber um espetáculo, porque o *Giramundo* há pouco tempo atrás trabalhava muito com um roteiro que não privilegiava a ação do boneco, tinha algumas ações que nós considerávamos que o boneco não poderia fazer. Ações que um ator no palco normalmente pode fazer, como pegar alguma coisa, então, têm elementos dentro do teatro que nós não tínhamos um alcance suficiente. Acho que nós esgotamos um tipo de pesquisa do *Giramundo* que era sobre a dramaturgia para bonecos. Eu e o Eduardo fizemos um espelho tentando experimentar o que é feito para o ator e que o boneco possa executar. Nisso vem à questão da dramaturgia, interpretação, direção. Isso ainda está um pouco novo, são linguagens que estamos experimentando. Começamos a fazer um pouco disso agora no *Pinócchio*[2] e muitas vezes criamos coisas novas, utilizando outras linguagens como a televisão, vídeo, cinema, ou do próprio teatro, incorporando isto dentro da linguagem do *Giramundo*.

Esta tríade: dramaturgia, direção e interpretação parte de uma concepção única, já pré-estabelecida, ou parte de um processo colaborativo?

Ulisses - Acredito que existem os dois casos. Eu posso citar aqui os dois projetos atuais do grupo: um é um Teatro Ecológico que são peças voltadas para o público infantil onde já temos mais ou menos uma linha pré-estabelecida de conduta, tanto da dramaturgia quanto da direção e interpretação. E uma outra, aposta esta que foi o *Pinócchio*, que foi um processo colaborativo de criação da concepção do espetáculo por três pessoas: por mim, pelo Marcos e pela Beatriz. Cada um foi para uma área distinta e desenvolveu um trabalho que só foi reunido mais tarde. Foi um trabalho que consideramos ter dado muito certo. A Beatriz trabalhou muito com área de cena, eu fiquei com a área de vídeo, de produção de vídeo que tem no espetáculo, e o Marcos trabalhou muito na parte de arte, de arte final e de produção artística da peça. Foi uma experiência que deu certo e que acredito que será levada adiante.

Existe algum espetáculo no qual vocês utilizaram um texto teatral escrito previamente?

Ulisses - Tem. O *Giramundo* já montou textos de vários autores, por exemplo: o *Cobra Norato* partiu de um poema, e o espetáculo é uma adaptação integral do texto. Tem uma adaptação do Gogol: o *Diário de Um Louco*, e também o *Guarani*.

Desde a formação do *Giramundo*, quem são as pessoas que permanecem até hoje?

Ulisses - Hoje em dia não tem mais nenhum dos fundadores em atividade. O Álvaro e a Terezinha infelizmente já faleceram, em 2003, e a Madu se retirou do grupo e mora hoje em Lagoa Santa, onde o grupo começou, e lá desenvolve um trabalho próprio de artista plástica.

Quais são as pessoas mais velhas do *Giramundo* nesta trajetória?

Ulisses - Hoje em dia os quatro que estão à frente da direção do grupo são as pessoas que trabalham aqui há mais tempo. São elas, a Adriana e a Beatriz Apocalypse, filhas do Álvaro e da Tereza, o Marcos Malafaia e eu.

Como é que é organizado internamente o *Giramundo*, existe uma hierarquia, funções definidas e diferenciadas?

Ulisses - Sim, aqui a gente tem um corpo de quatro diretores, que se dividem no estatuto. Um diretor administrativo, um diretor de planejamento, e dois diretores artísticos. O que na realidade não é exatamente o que acontece. Todos influenciam em todas as áreas, mas são responsabilizados pelas suas respectivas áreas. O *Giramundo* tem um elenco que a gente chama de equipe 1, até mesmo pelo maior tempo de casa que as equipes têm. São diferentes. Temos mais de uma equipe, mais de um elenco, porque cresceu o número de projetos que o grupo tinha a experimentar, então criamos uma equipe chamada de equipe 1, depois vem a equipe 2, e agora temos a equipe 3. Hierarquicamente o que define isso no grupo atualmente é o tempo de casa, e isso está mudando também, em cima do que consideramos mais especial no artista, que é o talento que ele traz consigo. Então isso vem sofrendo alterações também. O grupo é mutante o tempo inteiro, ele não tem uma forma fechada.

Quantas pessoas estão envolvidas no *Giramundo*?

Ulisses - O *Giramundo* tem hoje quarenta e duas pessoas na folha de pagamento.

LABAPI TEATRO
Entrevista com Laura Bastos

Concedida a Daniel Olivetto e Patrícia Leandra Barrufi
Em Setembro de 2006, na sede do Galpão Cine Horto, onde a
entrevistada atuava como Coordenadora de Projetos e Programação.

Gostaríamos perguntar sobre a criação dos espetáculos do grupo. Vocês partem de um texto, do trabalho do ator, de improvisações, ou de alguma ideia de espaço? Que tipo de interferência o ator exerce na criação dos espetáculos?

Laura – O último trabalho que fizemos, que foi *Sonetos de Areia*, feito inclusive dentro do projeto do Galpão Cine-Horto, que é o Cena 3x4, como um *processo colaborativo*. Então, partimos de um tema, que era o tempo, o espaço e o sonho, e também de um livro, que era um livro sobre três velhinhas. Mas, eu acho que foi o tipo desse trabalho específico. Em outros momentos partimos de um texto. E hoje a gente busca desenvolver uma pesquisa, a partir desse trabalho do *Soneto*, uma pesquisa também de caráter plástico, estético, que é calcada no teatro de sombras, projeção de imagem e atores. Então, é nessas possibilidades que nos concentramos nessa pesquisa.

Vocês têm alguma ideia ou modelo ao ator no grupo? Há uma busca comum, em relação à atuação, ou em cada processo vai aparecendo outra ideia?

Laura. – Não. Eu acho que a questão da atuação está muito voltada para estímulos individuais que depois serão trabalhados coletivamente. É muito autoral a questão da criação dos personagens, mas isso, sempre com essa visão não realista, mesmo. Não vou poder explicar o que é, mas é não realista do ponto de vista da criação do personagem.

Dentro desse grupo vocês costumam ministrar oficinas também?

Laura - Não. Atualmente não. O grupo já tem três professoras de teatro. Mas nós não temos oficinas juntas. Trabalhamos os elementos que cada uma traz, exercitamos em sala de aula com outros alunos, mas, não ministramos uma oficina juntas. Isso é um projeto para mais adiante.

E sobre o registro das atividades do grupo, as imagens? Quando vocês produzem imagens dos espetáculos? Isso é feito por vocês, por um profissional ou por alguém fora do grupo?

Laura - Por um profissional. Tanto o registro fotográfico quanto o em registro em vídeo

Vocês têm um arquivo grupal?

Laura - Temos um arquivo. De imagens em vídeo e fotos.

Como vocês selecionam as imagens do grupo?

Laura - O registro tem a função de ser um histórico para a gente, mas, também é um material que a gente edita e trabalha para divulgação ou venda. Vamos fazendo uma seleção.

A criação de espetáculos do grupo está orientada pela busca de um público específico? Qual é a opção de vocês pelo público quando criam um espetáculo?

Laura - Não temos essa busca do público específico, não. Na verdade, a intenção é que seja para todos. Sempre procuramos fazer algo o mais abrangente possível em termos de público. A gente foi fazer o último espetáculo, *O Soneto*, e percebeu que o público da terceira idade "gosta" de ver, mas não foi direcionado não. A última cena *Cada Qual*, era mais para adultos, jovens, porque tinha uma linguagem mais difícil. Mas todo mundo vê. A gente não busca. Esse não é o ponto de partida do trabalho.

Como vocês vêm a questão da bilheteria nos espetáculos? O quanto é importante para a manutenção do trabalho, e como isso repercute no trabalho do grupo?

Laura - A bilheteria é importantíssima para o nosso trabalho. Só que somos um grupo onde as pessoas têm outras atividades e sobrevivem de outras formas. Não dialogamos muito bem com as leis de incentivo. A gente trabalha muito com projetos a médio e longo prazo, onde a gente resolva as coisas de outra forma. Então a bilheteria é sempre bem vinda, não é? Mas, é um pouco marginal esse nosso caminho na produção.

Sobre o uso das leis de incentivo. Muitos grupos que conseguem trabalhar com as leis de incentivo. Esse é o contexto de Minas Gerais segundo vocês?

Laura - A maioria hoje trabalha, buscando aprovar projetos de lei para poder captar. Para poder fazer parte de um edital. Quanto a esses projetos de circulação, muitas vezes tem que ter a lei. Aqui tem o Fundo, que foi aberto recentemente. Tem o Fundo Municipal e tem o Fundo Estadual. Mas, aí é para projetos cheios de especificidades. Nem sei se produção de espetáculo está entrando nos fundos agora. Às vezes é mais circulação, viagem. Os grupos de Minas estão muito voltados para viagens, pelo interior. Circulação de espetáculos e viagens para o interior em algumas regiões específicas.

Vocês têm alguma preferência em relação ao espaço, na construção destes trabalhos que vocês fizeram?

Laura - É, eu acho que sim. Nós trabalhamos muito com objetos de cena. A questão do espaço. Acho que é a história de se adaptar, geralmente é palco italiano mesmo. Mas, a cena assim, a gente trabalha um pouco sem cenografia, muito com objetos, um banco, uma mesa, uma cadeira, uma janela, mas não tem um cenário. Tem muitas coisas flutuantes, é uma característica do trabalho.

Os trabalhos foram criados para espaços fechados?

Laura - Para espaços fechados sim. Não fizemos nenhum na rua. É um desejo nosso.

E no processo criativo de vocês, a escolha do espaço cênico, tem a estratégia de atrair o público? Por que a escolha do espaço italiano?

Laura - Não, a opção não é o espaço italiano, a opção é o espaço fechado. Porque exatamente tem esse trabalho minucioso de teatro de sombras, projeção, isso só se faz em lugar fechado.

Para vocês quais seriam as características centrais do teatro de grupo?

Laura - Uma coisa que aparece muito forte hoje, quando se fala em teatro de grupo é a questão do espaço, de o grupo ter um espaço de trabalho, ter uma sede. Onde ele desenvolve seus próprios trabalhos e onde ele possa também oferecer para a cidade uma troca, um diálogo através daquele espaço próprio, seja uma salinha, seja uma casinha. Acho que isso é muito característico. Ao mesmo tempo eu acho tem muitos grupos que não tem um espaço e são grupos. Isso não diminui a categoria em que eles se encontram. Mas, quando existe uma atividade de grupo, quando um grupo ocupa um espaço, faz oficinas, existe ali um potencial de diálogo com a cidade. Eu enxergo nesses lugares espaços culturais vivos, porque eles lidam com uma demanda não individual, a ideia de grupo de teatro é muito forte como gestor de espaços culturais, e sempre existe esse diálogo de pessoas, e não de uma única pessoa, no exemplo do artista plástico, de um músico. O teatro potencializa muito um espaço cultural, em função de ser sempre uma arte coletiva, na maioria das vezes, noventa e cinco por cento das vezes. Eu enxergo assim um grupo de teatro. É importante dizer que não é só através do espetáculo que a gente chega até as pessoas, cada grupo vai estar em um bairro, vai estar em uma rua, e isso cria perfil, cria demandas diferentes.

E isso criaria um diálogo maior com a comunidade?

Laura - Isso! É tudo muito mais próximo. Você sabe quem é seu vizinho. Você sabe que ele está na rua, mais acessível. Então tem esse diálogo próximo mesmo, com o entorno. Eu vejo essa coisa muito diferente, é uma perspectiva completamente diferente do que tem sido feito pelos governos. É diferente, não é? Parece coisa montada, arranjada, "casamento arranjado". Então o espaço cultural vindo de um grupo de teatro não é um "casamento arranjado".

Um dos atores do *Folias D'Arte* de São Paulo, o Reinaldo Maia, contou que como o galpão deles fica em uma zona meio abandonada da cidade, então eles criaram um cadastro para os vizinhos. Então quem leva uma conta de água para comprovar que mora ali e faz uma inscrição, sempre entra nos espetáculos por um preço menor...

Laura – Ah, aqui a gente tem isso também! Um desconto para os vizinhos! Você faz curso mais barato, entra mais barato, tudo isso. A gente faz muito evento gratuito aqui. Uma divulgação que adoramos fazer é carro de som. Botamos carro de som e daí enche. Põe um carro de som, é mais barato, resolve tudo e enche. E aqui é um antigo cinema, então, tem uma história anterior. E não tem outro centro cultural por aqui. Tinha um outro, mas virou igreja! Mas, eu acho isso, acho que o trabalho do grupo, ele requer isso: confiança no espaço. Porque o teatro também é isso, é como se você criasse uma atmosfera, como se você criasse um espaço. Acho que é legal você poder ter um lugar para estabelecer diálogos mesmo, com seus colegas, com os integrantes e a cidade. É também um exercício teatral.

Quando a gente pesquisa sobre teatro de grupo, a questão do espaço e de uma sede, é um dos pontos mais citados, além da ideia do núcleo comum. Aqui em Belo Horizonte, quais grupos, na sua opinião, possuem essas características?

Laura - Esse é o nosso assunto preferido aqui. Aqui é um espaço que é de um grupo, o *Grupo Galpão*, e por isso, a maioria dos projetos que desenvolvemos aqui é voltada para formação de grupos, tanto de atores que se formaram e encontraram afinidades, quanto de projetos mesmos, com contatos diretos com grupos. Nós chamamos de Primeiro Encontro Brasileiro de Espaços de Criação para Compartilhamento e Pesquisa Teatral. O Redemoinho surgiu desta necessidade de encontrar "irmãos", com perfis parecidos com o do espaço do Cine Horto. A gente encontrou muitos grupos, e hoje, o Redemoinho, que era um encontro, virou uma rede nacional, Redemoinho. Temos um site e um encontro presencial que ocorre uma vez por ano. No primeiro e no segundo ano, o encontro aconteceu aqui. Nesse ano é a primeira vez que o encontro não acontece aqui, portanto, a ideia da rede, que começou aqui, agora é de todo mundo, virou uma rede mesmo, ninguém é o responsável pelo projeto, todos nós somos. Esse ano é lá no *Barracão Teatro*, em Barão Geraldo. E provavelmente no ano que vem será em Porto Alegre. Então, quando aconteceu o Redemoinho, os grupos daqui, que estavam no meio do caminho, se reuniram, outros grupos que já estavam encaminhados viraram referências para novos grupos. Então, tem muitos grupos aqui! E cada vez tem mais. Tem os grupos mais antigos, tem o próprio *Galpão*, que também tem uma sede, é aqui no quarteirão de cima, tem o *Grupo Kabana*, que é um grupo que tem um espaço muito legal. Tem o *Zap 18*, que era o *Sonho & Drama*, e que hoje tem um espaço na periferia. Tem o *Armatrux*, que está fazendo quinze anos. E o pessoal do *Trampolim*. O *Trampolim* e o *Armatrux*, apesar de ter integrantes jovens, é um pessoal que está junto há muito tempo e que também tem espaços próprios, e são grupos meio irmãos. Temos também um grupo que é mais novo, o *Luna Lunera*, que tem um espaço também há bastante tempo. O *Grupo Trama* é antigo, mas nunca teve um espaço, eles trabalharam há muitos anos aqui. Tem o *Odeon Companhia de Teatro*, que é uma companhia que até teve trocas de atores, mas tem um núcleo fixo, e eles têm um espaço agora no Barro Preto, um espaço legal, eles dão oficina, tem cabaré, um monte de coisas. Aí tem a *Companhia Maldita* que alugou a gruta, que é um corredor aqui do lado do Cine Horto, e que é um grupo recente. Tem a *Companhia Ponte*, que é um grupo antigo também, fez dez anos esse ano. A *Cia Acômica*, tem núcleo fixo, não tem espaço, mas acho que eles têm uma salinha em algum lugar. Tem a *Cia Caixa Clara*, que tem um espaço. Eles estão com projetos para grupos, oficinas, cursos, e estão fazendo um espaço cultural mesmo. Tem o grupo *Teatro Invertido*, que estava na Casa do Conde, foram expulsos junto com o *Andante*. É da FUNARTE agora a Casa do Conde, e eles não liberaram para o grupo. Tem a *Companhia Malarrumada* que saiu daqui com um espetáculo de rua. Temos um projeto que é o Pé na Rua, para a montagem de um espetáculo de rua. Eles estrearam há um ano com o espetáculo *Papo de Anjo* com direção do Chico Pelúcio e da Lydia Del Picchia. Eles são super organizados como grupo, e agora estão procurando um espaço. Tem o *4compalito* que é um grupo que saiu do Oficinão daqui, todos eles perceberam afinidades durante o Oficinão e já montaram dois espetáculos. Belo Horizonte tem um perfil de importação. Tem muita produtora de teatro que traz desses espetáculos mais famosos, tem esses lugares que tem o perfil de trazer espetáculo que só vende no Rio de Janeiro. Tem o pessoal do sindicato de artes cênicas, que tem uma produção, e acho que é meio a meio, a metade é produção de elenco, produtor, principalmente de espetáculos infantis, muito nessa área de contratar elenco e fazer um espetáculo (porque é difícil a gente encontrar um espetáculo infantil que seja de grupo). Mas têm muitos espetáculos de grupos em cartaz. Pode parecer que eu estou mentindo, porque agora não tem muita coisa em cartaz, mas, Belo Horizonte é "muito mineiro", não é? Os projetos são pouco audaciosos, acho que tem poucos projetos que tentam alcançar um outro tipo de perfil de apresentação na cidade, sabe? E tem aqui no Cine Horto, o "Galpão Convida", que é um projeto que convida grupos que dificilmente viriam a Belo Horizonte, ou que viriam no máximo por uma Caravana Funarte. Como introduzir um grupo em uma cidade? Acho que o "Galpão Convida" tem esse papel. Porque ele tem o aval do *Galpão* e, enfim, é um projeto que tem público cativo, fiel. Já veio a *Companhia do Latão* com três espetáculos, o próprio *Barracão Teatro* veio e mostrou dois espetáculos. Já veio gente de São Paulo. A gente tenta diversificar bastante os espetáculos, mas, a verba de projeto é muito pequena. Então, começa a ter umas passagens impossíveis de viabilizar, o Galpão Convida tem essa característica. A gente já trouxe, por exemplo, o pessoal do Armazém (RJ), com o *Alice*, depois eles vieram por conta própria com *Pessoas Invisíveis*, depois com *Casca de Noz*, então, para você ver, é um grupo que está se introduzindo na cidade. Agora a gente vai fazer um com o *ACT - Ateliê de Criação Teatral*, do Luís Melo, com o *Daqui a duzentos anos*. Esse ano foi a *Casa Laboratório*, com o Cacá Carvalho, que é parceiro há muito tempo do *Galpão*. Ele fez o projeto da *Casa Laboratório* lá em São Paulo, montou *Quixote*, e a gente trouxe. Já veio o Gero Camilo com *Aldeotas*, já veio *Parlapatões*, já veio tantos. Esta próxima vai ser a 12ª edição. Fazemos dois por ano. Então, acho que a tentativa do cenário de teatro de Belo Horizonte é crescer um pouco com estes espetáculos. De Belo Horizonte, para ser sincera, eu não sei muito sobre o teatro de elenco, porque eu não vou. Às vezes tem espetáculo de algum artista-solo que a gente conhece, que não é de grupo, mas que também é legal. Tem artista-solo que dialoga com grupos, mas é muito devagar comparado com Rio e São Paulo. Eu já morei no Rio, então eu sinto falta mesmo da efervescência cultural, se bem que no Rio essa coisa de ator "global", é sempre inconveniente. São Paulo é mais interessante, os grupos são super articulados. Recentemente a gente criou aqui um centro de pesquisa. É uma salinha que abrimos no ano passado, tinha milhões de livros, tinha vídeo, tinha tudo e não tinha uma organização, e era difícil deixar este material disponível para a comunidade. E estava tudo parado, trancado e mofando. Então fizemos esse projeto, e criamos o Centro de Pesquisa e Memória do Teatro, que é uma sala onde você encontra muito material sobre grupos. Estamos produzindo também uma revista que se chama "Subtexto". É uma revista de teatro, que o tempo todo fala de grupos, de trabalhos de grupos – com alguns recortes – mas, em geral é esse o tema. Quem escreve para revista é sempre algum parceiro nosso. Uma referência do Galpão Cine é a própria escola de Santo André, que é referência de criação desse espaço aqui. A experiência que o *Galpão* também teve há muitos anos atrás, com o Centro de Construção e Idealização de Espetáculos, que foi uma coisa que aconteceu no Rio durante um tempo, com o Aderbal Freire Filho, também foi uma referência de criação do espaço do Galpão Cine Horto. O primeiro projeto do Cine Horto foi o "Oficinão", com esses meninos que vocês podem ver trabalhando aí[11]. Nos perguntávamos sobre que tipo de projeto a gente poderia oferecer para a cidade, que fosse de formação de atores. Aqui tem o Palácio das Artes, que tem um curso técnico de ator, e que depois parte para a criação de cenas. Mas, o ator se formava ali e demorava para se tornar profissional e conseguir ser inserir no mercado.

---

[11] Enquanto realizávamos a entrevista, alguns grupos ensaiavam em espaços diversos do Galpão Cine Horto.

Então, a gente criou o "Oficinão", que é um projeto de reciclagem para atores com experiência, não profissionais, mas com experiência. Criou-se esse lugar - esse curso que dura um ano – onde é sempre alguém do *Galpão* que coordenava ou dirige um trabalho no final. No final das contas, o que se tornou mais forte aqui foi a formação de grupos. Aconteceu então, a partir daí, o Galpão Cine Horto. Começou com oficinas, mas hoje tem tanto projeto que essa espinha dorsal ficou enorme. E hoje está cheio de grupos por aí.

TEATRO ANDANTE
Entrevista com Marcelo Bonnes

Concedida a Camila Ribeiro e Eder Sumariva.

Em Julho de 2005 em Belo Horizonte MG

Você poderia falar sobre trajetória do grupo e sua função dentro do mesmo?

Marcelo - O grupo *Teatro Andante* tem quinze anos de história. Anteriormente à existência dele eu já fazia teatro, já tinha participado e fundado outro grupo. A partir de uma parceria afetivo-profissional, eu e Ângela montamos e fundamos o *Teatro Andante*. O grupo começou a partir de um espetáculo baseado na história da princesa e do dragão. A partir disso começamos a montar uma série de espetáculos: *Musiclown*, *Olympia*, que é o nosso último espetáculo. Sempre pesquisando uma linguagem com um aprofundamento técnico, mas com espetáculos de fácil comunicação com o público. Essa é um pouco a linha mestra do Andante, buscar uma técnica sofisticada, uma técnica embasada em várias práticas do teatro contemporâneo, conhecidas, reconhecidas e ao mesmo tempo fazer isso virar um produto que tenha uma comunicação muito direta com o público. Outra característica do *Andante* é sempre buscar, tanto nos espetáculos de rua como espetáculos de palco, uma difusão grande do teatro. Então temos um especial interesse e apreço em sempre levar o teatro a um público que nunca viu teatro. Cultivamos isso com muita dinâmica, porque achamos que é fundamental que o teatro se torne necessário para a vida das pessoas. Não só o teatro, mas todas as artes, todas as culturas.

Na trajetória destes quinze anos do *Teatro Andante* qual o núcleo fixo desde a formação dele?

Marcelo - O núcleo fixo sou eu e Ângela, e durante estes quinze anos já passaram algumas pessoas, não muitas, mas algumas pessoas no *Andante*. Essas pessoas ficam cinco ou seis anos e depois saem. Hoje o grupo está constituído de cinco pessoas, mas já esteve constituído por quatro, tem uma variação de quatro ou cinco pessoas. O *Andante* nunca quis ser um grupo grande, um grupo com muitas pessoas, com uma estrutura muito grande, mas por outro lado à gente sempre tentou agregar muitas pessoas, então dentro do ambiente tivemos experiências de outros grupos que se agregaram ao *Andante*. Temos dois grupos, por exemplo, que se formaram no que chamamos de núcleo, integrado por jovens atores recém-formados que saem das escolas de teatro e formam os núcleos. O primeiro foi o *Grupo Vereda* que surgiu do espetáculo do *Andante* chamado *Vereda da Salvação*. Esse espetáculo foi montado e dirigido por mim no Palácio das Artes no curso de formação de atores. Depois que os atores terminaram o curso, agregamos este núcleo ao *Andante*. Outro núcleo é o *Máscara*, que é uma pesquisa que a Ângela desenvolve há muitos anos, sobre a máscara do ator. Ela montou um espetáculo chamado *Barrigada*, que trabalhava com uma releitura da *comédia dell'arte* e este grupo é um núcleo do *Andante* até hoje. Este núcleo começou com dez e hoje ele tem seis atores trabalhando que usam o nosso espaço de trabalho, e tem a orientação, no caso da máscara, com a Ângela e no caso do *Grupo Vereda* a minha.

Como é a divisão das tarefas dentro do *Teatro Andante*?

Marcelo - Normalmente isto não é uma regra fixa. Eu dirijo os espetáculos, mas isso não quer dizer que eu sou o diretor artístico do Andante. A Ângela, por exemplo, dirige alguns espetáculos. Eu dirijo a maioria deles e não existe nenhum tipo de funções, de tarefas a serem feitas, vamos dividindo, quer dizer, não tem uma estruturação de funções definidas.

Que três características definiriam o *Andante* como parte do movimento de Teatro de Grupo?

Marcelo - Eu acho esse conceito, essa ideia de Teatro de Grupo é muito difícil de ser apreendida. Durante muitos anos eu fiz parte desta história, discutimos e aprofundamos muito a função de Teatro de Grupo. Tanto aqui em Minas Gerais como no Brasil, o Andante fez parte do Movimento Brasileiro de Teatro de Grupo e foi um dos fundadores, foi também um dos fundadores do MTG aqui de Belo Horizonte. Tenho uma posição pessoal: acho que hoje não dá para você ter clareza sobre o que é um Teatro de Grupo. Eu vejo pessoas que montam um espetáculo e a partir desse espetáculo se chamam de grupo e viram um grupo de teatro. Vejo um monte de outros agrupamentos de atores em função de um diretor e ele é o dono do grupo e vai trocando esses atores ao longo do tempo. Tem grupos que são de dois atores e eu não sei se a ideia de grupo é ter pelo menos três, quatro pessoas, mas para mim dois atores se chamando de grupo é uma dupla. Então eu acho que essa definição não tem muito sentido, ela não espelha o que a gente vive hoje em Minas Gerais, no Brasil em relação à forma de se produzir teatro que é outra discussão. A essa característica de Teatro de Grupo, acho que caberia dizer que no *Andante* todas as pessoas têm o mesmo peso. Vamos falar assim: todo o dinheiro que entra é dividido igualmente entre ator, diretor. Mas eu acho isto muito pequeno em relação a uma ideia maior do Teatro de Grupo. Mas eu não sei se ela existe desta forma.

O Andante faz parte hoje do MTG de Minas Gerais?

Marcelo - Não, não faz parte. O MTG surgiu, inclusive, na sala da minha casa. Foram proposições de alguns grupos históricos da cidade: *Andante, Galpão, Armatrux, Em Cena, Cia Zap18*. Estes grupos se reuniram e viram que era importante fundamentar uma atuação política num determinado momento histórico conjuntural. Depois disso teve um racha em Belo Horizonte, alguns desses grupos saíram como o *Galpão, Andante, Armatrux, Em Cena*. São grupos que saíram do MTG por uma briga interna enorme.

De 1985 para cá quais foram os principais grupos que atuaram em Belo Horizonte e que tiveram uma trajetória significativa?

Marcelo - Eu teria que ver isso um pouco, para poder responder. Esses grupos que eu citei, continuaram com uma atuação muito forte e presente na cidade. O *Galpão* continua com sua carreira, na sua história, o Andante continua também seu trabalho, o *Em Cena*, eu não caracterizaria como um grupo, hoje ele é um Diretor que quando quer montar um espetáculo agrega algumas pessoas. A *Sonho & Drama* se transformou em *Zap18* e continua atuando também, isso teria que fazer um levantamento, pensar um pouco, para estruturar um pouco de 85 para cá. Ao contrário dos grupos que se mantiveram e se estruturaram, teve também uma enormidade de grupos que surgiram e acabaram rapidamente. É muito maior o número de grupos que se acabaram do que o número de grupos que mantiveram este trabalho permanente durante estes anos.

O *Andante* mantém práticas de formação do ator?

Marcelo - A gente não faz formação de ator. Somos um grupo de atores formados, a não ser quando estamos trabalhando com aqueles núcleos, aí sim existe uma característica de pedagogia. O *Andante* ao longo dos anos foi desenvolvendo algumas práticas de treinamento. Temos uma influência inicial muito forte do terceiro teatro. Trabalhamos e tivemos experiências muito grandes com o terceiro teatro, com o teatro antropológico, quando isso não tinha nem chegado no Brasil direito. Fomos para Europa para acompanhar esse movimento e a partir daí constituímos uma prática de treinamento, algumas bases da conceituação do teatro, técnicas. Isto vem do teatro antropológico. Desenvolvemos algumas linhas de trabalho como a máscara, que a Ângela desenvolve, ela tem uma formação de bailarina, então tem um trabalho corporal muito desenvolvido. Eu tenho um trabalho que desenvolvi ao longo de muitos anos de jogos e trabalhos técnicos com bastões e bambus, é uma coisa que eu trabalho profundamente, mas isso tudo não é de formação de atores, tudo é de treinamento.

Podemos relacionar o projeto do *Andante* com a ideia proposta por Eugenio Barba do Terceiro Teatro como algo relacionado com o Teatro de Grupo?

Marcos - Quando Barba fala de Terceiro Teatro ele não fala de Teatro de Grupo. Eugenio Barba caracteriza esse tipo de teatro que estava sendo feito na Europa no início da década de 70 quando ele começou a trabalhar essas redes de intercâmbio. Ele tinha como modelo alguns grupos europeus, principalmente italianos que nesse momento tinham subsídio estatal. Temos que lembrar que, nesse momento, a Europa estava quase praticamente toda dominada politicamente pelos socialistas, então os grupos tinham um subsídio estatal muito grande. Hoje com um olhar mais distanciado é possível ver que estes grupos tinham características muito particulares, geralmente giravam em torno de alguns diretores e se espelhavam. Em uma viagem para a América Latina, Barba encontrou uma série de grupos históricos e esses sim, com características de Teatro de Grupo, como agrupamentos teatrais, como *La Candelaria, Cuatro Tablas.* Acho que ele começa a partir daí. Ele não pensa simplesmente na ideia de Teatro de Grupo, mas sim na ideia de uma rede, de uma cadeia de relações que se estabelece a partir do teatro, não propriamente com grupos de teatro, mas a partir de alguns pensamentos. Então, acho que tem que relativizar e pensar um pouco mais sobre o que é isso hoje dentro do Teatro Antropológico. Eu acho que a proposta deste teatro teve uma função fundamental, que foi de apontar para algumas bases num certo fazer teatral. Essas bases são colocadas principalmente em dois pilares fundamentais, que é o pilar ético, baseado nas relações esse pilar não passa simplesmente pela relação de produção, ser grupo ou não ser grupo. E num pelar técnico que é a tentativa de se formatar uma ideia do significado do Teatro de Grupo para nós.

Como é o processo de construção do espetáculo para o *Andante*?

Marcelo – Isso se dá de várias maneiras. Nosso último espetáculo chama-se *Olímpia*, é um espetáculo solo da Ângela que eu dirigi. Esse espetáculo tem um processo de construção muito particular. Ele começa como um projeto da própria Ângela de conceber o espetáculo e é um trabalho onde fica muito clara essa construção autoral do ator. É um projeto dela que eu de alguma maneira participo como diretor, não como coordenador de um processo, mas como artista, que começa colocar uma visão em cima do trabalho que ela vai desenvolvendo. E tem outro tripé que é da dramaturgia, que também foi se compondo através de um diálogo permanente. Deixando claro que isso não é teatro colaborativo. Cada processo que desenvolvemos tem uma característica, uma peculiaridade muito grande, que está baseada nessa característica autoral.

Como o *Grupo Andante* está inserido no mercado e como ele atua com as leis de incentivo cultural?

Marcelo - Temos subsídios da Lei Estadual principalmente. Faz alguns anos que sobrevivemos quase que basicamente da Lei Estadual. Na Lei Municipal nunca conseguimos aprovação apesar de entrarmos todo ano. Temos uma característica de usar este dinheiro da lei para cumprir um dos objetivos do nosso grupo que é essa ideia de levar o teatro aonde as pessoas normalmente não têm acesso. Isso possibilitou durante alguns anos termos um espaço grande de trabalho no galpão que alugamos e esse galpão tinha um teatrinho, nossa sala de ensaio e nosso escritório. Foi difícil segurar a onda desse galpão alugado, e saímos de lá. Hoje, estamos albergados em um espaço público meio confuso que nos abrigou, e também lá construímos um teatrinho. Não sabemos até quando ficamos, estamos puxando algumas ações para trazer pessoas para conversar e desenvolver projetos juntos. O Circuito Off foi desenvolvido lá. Ele é uma reunião de seis grupos que apresentam seus espetáculos e a partir daí se cria uma relação de debates constantes, formal e informal. Dentro do cenário de Belo Horizonte é a coisa mais interessante que você tem hoje, que foi criada em termos de reflexão e pensamento para construção de uma possibilidade de um teatro transformador. Temos essa característica de sempre juntar pessoas, construir ao nosso redor um ambiente de reflexão, de pensamento. Temos esse escritório com pessoas que trabalham, são poucas e ganham muito mal, mas mantemos isto com dinheiro da lei e vamos tocando.

Qual sua relação com Festival Internacional Teatro? Desde quando você está participando e qual a importância disso para os grupos da cidade?

Marcelo - Eu acho que o FIT tem um papel importantíssimo na formação de um olhar mais crítico do teatro nestes dez anos. O FIT nasceu em 1994, e foi criado com uma proposição do *Grupo Galpão* principalmente do Chico Pelúcio para Prefeitura de Belo Horizonte, que naquele momento era assumida pelo Partido do Trabalhadores (PT). Foi a primeira administração do PT que apoiou essa proposta e desenvolveram e criaram o primeiro FIT. Já existia anteriormente ao FIT duas edições de um outro festival que se chamava FESTIM que era realizado pelo *Galpão*. A partir desse grande sucesso do primeiro FIT, foi um certo choque para cidade não só para o meio teatral mas para a cidade. O FIT cumpriu esse papel ao longo dessas seis edições - fui coordenador da sétima edição que foi o ano passado. Fui convidado a coordenar o FIT com algumas premissas de radicalizar um pouco a questão da descentralização e de trazer um oxigênio para algumas possibilidades do teatro que nunca tinha esse espaço no FIT. Tivemos um foco que é a questão dos espaços, quer dizer, essa ideia do teatro ocupar espaços diferenciados. Então a *Trilogia Bíblica* do *Teatro da Vertigem* saiu de São Paulo com a trilogia completa pela primeira vez e se apresentou aqui, e vários outros espetáculos que estavam dentro desse âmbito, desse conceito da ocupação de espaço. Foi uma experiência interessante, quer dizer, às vezes um bocado sofrida porque essas histórias agregaram uma série de interesses. Agora, o FIT foi interessante no seu resultado para a cidade. Então eu acho que isso era o objetivo que tínhamos que cumprir. O que aconteceu depois foi a eleição, que apontou outros caminhos para a cidade de maneira geral e para cultura. O prefeito eleito achou que era importante ter uma outra visão da cultura e para isso criou uma Fundação Municipal de Cultura no lugar da Secretaria Municipal de Cultura. Objetivamente você tem duas transformações: primeiro, um aumento do status da Fundação Municipal de Cultura em relação à Secretaria Municipal de Cultura. A SMC era ligada a uma grande secretaria de políticas públicas sociais, junto com as secretarias de Esportes, de Turismo. Hoje a FMC é diretamente ligada ao gabinete do prefeito e isso traz um status maior. A segunda transformação é que a fundação assumiu uma questão gerencial com uma agilidade muito maior do que uma SMC, porque ela pode captar recurso no mercado. Ela pode apresentar projetos de lei, gerenciar e ter patrimônio. A SMC não pode, ela pode ter receita. Para dar um exemplo: quando você tinha um ingresso comprado no Teatro Francisco Nunes ele ia para o tesouro único da Prefeitura, hoje não, vai para receita da FMC, e é aplicado em cultura. Toda a receita que FMC tem, é aplicada dentro da cultura. O que aconteceu foi um momento político muito complicado, aonde essa reforma colocada não foi discutida, como deveria ter sido.

Neste contexto muitas pessoas são contra a FMC pela extinção da SMC?

Marcelo - Sim, muitas pessoas. Mas, isso ai é uma visão extremante pequena dentro do significado disso, em minha opinião é claro. Eu acho que teve um erro estratégico que foi de não conseguir discutir, um posicionamento político que tinha que ser tomado e foi tomado. Agora, o que aconteceu foi que, na verdade, hoje a FMC estruturalmente é muito mais vantajosa do que a SMC, porque cabe a ela a formação da política pública de cultura, cabe a ela a puxar todos os mecanismos de discussão, como a Conferência Municipal de Cultura, que estava sendo apontada agora para ser realizada como Conselho Municipal de Cultura. Ao mesmo tempo ela tem uma agilidade maior e tem uma série de coisas que são vantajosas do meu ponto de vista em relação à SMC principalmente, por causa desse status maior que ela tem dentro do organograma da prefeitura em Belo Horizonte. Claro que existiram muitos atropelos e erros na condução desse processo.

Qual é a sua participação na FMC?

Marcelo - Eu fui convidado para continuar organizando o FIT. Não sei se serei o coordenador do próximo ano, mas estou de alguma maneira mantendo o festival e isso é fundamental para não perder a continuidade. Estou também estruturando e dando uma assessoria em alguns projetos maiores da FMC, como o FAN, que é o Festival de Arte Negra, alguns projetos nesse sentido.

GRUPO ESPANCA!
Entrevista com Gustavo Bones e Grace Passô

Concedida a Camila Ribeiro e Eder Sumariva.
Em 2005, Belo Horizonte MG

Primeiramente gostaria que vocês falassem sobre a trajetória do grupo.

Gustavo – Eu acho que Belo Horizonte tem um movimento de Teatro de Grupo muito forte. Todo mundo passou por muitos grupos antes de formar o *Espanca!* Os meninos passaram por um grupo ligado à UFMG, que faz espetáculos profissionais com alunos do curso de jornalismo, comunicação social. A Grace e o Marcelo estiveram no *Armatrux*, um grupo mais antigos daqui. Os grupos dos quais participamos anteriormente trouxeram os princípios que hoje regem a atuação contemporânea no *Espanca!* Fiquei três anos em outra companhia, onde conheci o Gustavo e o Marcelo, quando saímos de lá resolvemos formar o *Espanca!*

Como é a relação dos grupos de teatro com os quais vocês convivem e o ambiente comercial do teatro?

Gustavo e Grace – Todo mundo tem algum objetivo comercial. Uns mais que os outros. Mas, grupos com o *Galpão, Zap 18, Trama, Armatrux, Andante* e *Batucada* não são comerciais, nesse sentido meio pejorativo que a gente costuma usar quando se refere à teatro comercial. Porque antes de fazer o espetáculo eles têm a busca por a linguagem própria, antes de pensar em dinheiro. Agora essa discussão é bem profunda. Porque às vezes o grupo faz uma peça comercial sem nem ter consciência disso. Veste-se de uma forma achando que está sendo original, mas na verdade só está reproduzindo uma arte mais comercial.

Quais seriam as três características principais que definem o Teatro de Grupo?

Grace – Acho que em primeiro lugar é o agrupamento mesmo. Mesmo que você seja um artista solo precisa ter alguma relação com outras pessoas que desempenham diferentes funções. Então, acho que o primeiro passo é agrupar pessoas independentes com diferentes funções: ator, diretor, dramaturgo etc. Outra característica é objetivo comum em direção a construção de uma linguagem.

Gustavo – Identificação.

Grace – O que está em jogo é a criação de uma linguagem e de uma identidade coletiva.

Em um grupo jovem como o *Espanca!*, como é realizado o processo de formação do ator? Quais são as práticas técnicas?

Gustavo - Ainda estamos construindo isto. O que temos são propósitos de estudo e que ainda não são compartilhados de forma explícita. Temos alguns objetivos que gostaríamos de seguir, mas ainda não temos um estudo em torno de um tipo específico de interpretação. Mas de qualquer forma investigamos muito o processo da encenação em si, o que acaba incluindo a interpretação.

Grace – Nós temos uma proposta para a atuação, mas, ela é mais filosófica do que técnica. Acho que essa é uma tendência contemporânea. Você até vê grupos que se unem para desenvolver ou pesquisar uma técnica específica, por exemplo, a partir de Grotowski, porque encontraram nessa técnica uma razão forte para fazer teatro. No *Espanca!* antes da questão técnica o que nos une é o fazer artístico. O Peter Brook fala um pouco sobre isso, da atuação ser antes de tudo uma questão filosófica, antes deles pesquisarem a atuação como técnica, como "andar bem" em cena, eles se perguntam porque eles andam, o que os move.

Gustavo – A gente até brinca que o grupo não precisa ser um grupo de teatro, pode fazer outras coisas: vídeo, instalação, desfile de moda.

Grace – Antes de qualquer coisa a gente pensa o que quer falar. Talvez por isso os nossos aquecimentos e treinamentos físicos ainda sejam tão variados. Fazemos várias coisas diferentes, porque cada ator dentro do grupo vem de uma formação diferente. Ainda que muitos exercícios sejam parecidos porque todo mundo estudou aqui em Belo Horizonte, onde existem poucas escolas. Reunimos essas coisas, tentando perceber a experiência que cada um já tinha e que poderia contribuir para o grupo. Não temos uma metodologia fixa. Primeiro porque só estamos juntos há um ano e segundo porque o que nos une não é uma técnica de atuação, mas sim, o que desejamos falar, uma ideia, uma filosofia, tentando fazer um teatro mais simples. Foi como foi concebido o *Por Elise*, o trabalho que nos uniu.

O que caracterizaria o ator do teatro de grupo?

Gustavo – Nós somos artistas interessados em ter consciência do trabalho que estamos fazendo, é meio esquisito falar isso, mas é algo maior. Uma maneira de pensar que influência muito o nosso trabalho. A gente não critica pessoas que trabalhem de outra forma, por exemplo, no processo colaborativo. A gente trabalha mais em um processo de construção coletiva.

Grace – É uma construção coletiva. As funções existem, mas, todos criam.

Gustavo – É isso que eu quis dizer. É que a nossa função como ator dentro do grupo vai além da atuação, da criação da luz, do "pitaco", do figurino. No *Por Elise* trabalhamos com atores que além de criadores, são também dramaturgos, não que a gente tenha escrito o texto, mas teve uma influência direta na dramaturgia final do espetáculo. A gente tinha influência direta na construção dos figurinos, na cena do outro, todos nós fomos tudo, na verdade. Mas é claro que algumas pessoas respondem pela autoria de determinadas coisas.

Grace – Na verdade é uma questão de concepção. Não é que somos tudo, nós somos atores e esse *tudo* faz parte do que é ser ator. Não é porque eu fiz a luz de um espetáculo que virei iluminadora, para a gente ser ator é fazer teatro.

Gustavo – Tanto é, que hoje todo mundo tem pleno poder de defesa em relação ao trabalho. Sabemos quais são os erros e os acertos. Os cinco podem falar com muita consciência sobre o que é o trabalho. Se alguém perguntar, por exemplo, sobre a trilha sonora do *Por Elise*, mesmo não a tenhamos criado, nem composto, saberíamos responder com a mesma fruição de quem foi o responsável, porque sabemos quais eram os objetivos da trilha sonora em relação à totalidade do espetáculo. Tudo o que entrou a gente sabia o porquê.

Como vocês se relacionam com as leis de incentivo e com patrocínio?

Gustavo – Você sabe mais ou menos como funciona em Belo Horizonte? Os projetos têm que ser aprovados em todas as instâncias de incentivo fiscal daqui. O *Por Elise* estreou sem a lei, depois foi aprovado e agora estamos fazendo a captação para tentar pagar os ensaios que já fizemos. Temos um projeto de circulação pelo estado de Minas Gerais aprovado na lei estadual, turnê pelo Nordeste aprovada na Lei Rouanet, mas nada disso foi captado ainda. Porque tudo foi aprovado no início deste ano, a captação está em processo. Mas essa história da lei de incentivo é muito complicada. A gente sabe que não é bom ter tanta dependência, mas não vimos alternativas.

Grace – Para ter alternativa a gente teria que criar. Sabemos que o dinheiro primeiro vai ter que vir da gente. Foi atípico o fato de o grupo ter sido aprovado numa lei no primeiro ano de funcionamento. Mas, agora, mesmo o projeto aprovado, tem esse problema de captação. Porque vira uma obrigação do artista, enquanto deveria ser uma obrigação do governo. Buscar dinheiro na iniciativa privada é muito difícil, a gente estava conversando este dia: "Se eu fosse um empresário, será que eu patrocinaria um grupo de teatro?" Porque essa consciência tem que vir do governo. O que existe na iniciativa privada é apoio, como uma troca de serviço. Então a nossa alternativa é a lei de incentivo.

Gustavo – Essa história da lei é bem complicada mesmo. O mais complicado para mim é o incentivo fiscal por meio de empresa privada, supostamente para conscientizar os empresários. Bom, agora eles teoricamente já deveriam estar conscientizados. A gente fica em um verdadeiro "mato sem cachorro", porque primeiro o seu projeto tem que ter o aval do governo do Estado. Depois que o Estado aprova ainda tem que ser aprovado por uma empresa. A gente vive um sistema ainda desconhecido, porque estatiza e privatiza a cultura simultaneamente. O pior é que parece que o Estado usa um critério e o privado outro.

. Como foi o processo de montagem do espetáculo *Por Elise*?

Gustavo – Nós cinco fizemos uma cena curta no Festival de Cenas Curtas do Galpão Cine Horto, que acontece uma vez no ano e é um espaço de reciclagem criativa para os artistas da cidade. É um espaço para você jogar com uma ideia durante quatro dias e são quatro cenas por dia. O publico elege uma por dia e essa cena fica em cartaz por um tempo. A gente fez uma cena curta chamada *Por Elise*, que durava vinte minutos e o publico elegeu essa cena para continuar no Festival. Quando estreamos, ainda nessa versão reduzida, percebemos que tínhamos um envolvimento com o trabalho maior do que as outras pessoas que estavam participando do festival. A ideia era fazer a cena curta e depois cada um voltar a fazer suas coisas, mas nós começamos a nos envolver artisticamente. Nos demos conta de que nosso envolvimento era o de um grupo. Quando a cena estreou as pessoas vieram falar com a gente: "Vocês já tem este espetáculo encaminhado?", não esperávamos essa reação, mas resolvemos fazer o espetáculo. A ideia continuou sendo, fazemos o espetáculo e depois cada um volta para as suas coisas. Mas, o espetáculo foi exigindo cada vez mais da gente e nós tínhamos muita vontade de continuar com a pesquisa. O envolvimento foi crescendo e rapidamente resolvemos formar o grupo para lançar o *Por Elise*.

Grace – Escrevi uma cena curta e apresentei para os outros quatro atores, só que durante o processo de construção da cena, por eu ter feito a dramaturgia, tomei a liberdade de ir se modificando o texto, deixando ele amadurecer e dialogar com as coisas que eram criadas pelos atores. Não chegou a ser um processo colaborativo, porque o texto final não é um registro do que foi feito em cena. Mas, eu transitei estes dois lugares: cena e texto, um ia completando o outro.

Gustavo – O que eu acho mais legal dessa história da dramaturgia é que a Grace escreveu as palavras do texto com a mesma proposta de encenação. Dá para dizer que nós cinco construímos a dramaturgia do espetáculo. Decidimos a ordem das cenas, o que o personagem diz, o que diz depois, o que vai para o final, o que revelar agora, o que deixar para revelar depois, isto foi uma construção basicamente de nós cinco, em conjunto.

Grace – Como diretora eu propus uma criação coletiva, onde eu tivesse um olhar mais panorâmico sobre a construção do espetáculo. A liberdade do grupo era muito grande. Na verdade quando apresentei o texto, já existia uma proposta de direção dentro dele, então acho que, no fim, minha direção foi muito mais como dramaturga do que como diretora.

Blumenau – SC

CIA CARONA
Entrevista com Pepe Sedrez

Concedida a Samantha Agustin Cohen.
Em 20/12/2007, na sede do grupo, em Blumenau.

Como surgiu a *Cia Carona*?

Pepe – A *Carona* surgiu quando se extinguiu o grupo anterior. Nós tínhamos o grupo *Meu Grupo* que foi formado como grupo de teatro de escola. Eu, que era professor na escola, e os alunos que se formaram começamos a trabalhar juntos dentro da escola mesmo. Você conhece o Marcelo de Souza, que está na *Cia. Experimentus* hoje, a Léo Almeida e o Roberto Morauer? Era um grupo com umas nove, dez pessoas, que montou alguns espetáculos. A gente acabou o grupo porque as montagens já não eram mais as mesmas. Ali muita gente parou de fazer teatro, infelizmente. Outros continuaram. E uma grande queixa que nós tínhamos naquele grupo, e isso era uma opinião unânime, era que a gente até então em Blumenau, levava um ano, por exemplo, pesquisando e produzindo um espetáculo para apresentar no máximo dez vezes, o que nos desestimulava muito. *Negro Olhar* foi um espetáculo que a gente pesquisou muito, ensaiou muito para apresentar. Éramos o grupo que mais se apresentava em Blumenau, e não chegávamos à vigésima apresentação. E isso nos doía muito. Quando o grupo acabou, a Léo Almeida, o Roberto Morauer e eu resolvemos continuar fazendo teatro juntos e criamos a *Cia Carona*. O primeiro objetivo era fazer um espetáculo para apresentar muitas vezes. Não queríamos mais essa história de apresentar pouco. Então pensamos montar um espetáculo infantil e levar às escolas. Era uma tendência, alguns grupos em Itajaí faziam isso, acho que na mesma época que a *Téspis*, ou talvez eles sejam um pouco anterior, a *Cia Experimentus* acho que vem um pouco depois, mas alguns grupos que nós conhecíamos de Santa Catarina trabalhavam assim. Não tantos como hoje. Talvez hoje exista até mais produção de teatro nas escolas. O que a gente vê é um público que está ali, esperando, ávido por ver teatro, um público garantido. E a gente consegue se manter cobrando um valor barato na escola apresentando muito, e dá para fazer um trabalho bacana, que não precisa ser meramente comercial. Então pensar no que a gente vai levar para as crianças. O Roberto vem de uma experiência de educação também, ele lecionou durante muito tempo, e eu tinha uma vontade de falar sobre a importância da leitura e criamos o espetáculo *Lendo e Aprendendo* que era um prato cheio para o pessoal da educação (professores e diretores) porque incentivava a leitura para crianças na escola usando o teatro, de uma forma gostosa e lúdica. Então, nós vendíamos com facilidade o espetáculo. Além do que, nós acreditávamos mesmo no que estávamos dizendo, não era meramente comercial. Todos nós tínhamos em comum a paixão pela leitura e queríamos dizer isso para as crianças: leiam, leiam que os horizontes vão se abrir e os seus conhecimentos vão se expandir.

Nesse momento, o grupo já era a *Cia Carona*?

Pepe - Já éramos a *Cia. Carona*. Foi em agosto de 1995. Éramos o Roberto Morauer, Léo Almeida e eu. Decidimos criar esse grupo e aí começamos a ter essas discussões, eu escrevi o texto, começamos a produzir e estreamos o espetáculo no começo do ano seguinte, 1996. Daí para frente o espetáculo não parou. Apresentamos durante quatro anos, passamos em trinta municípios de Santa Catarina, mais uns dez do Rio Grande do Sul, muitos festivais... Bom, aí quando nós já tínhamos apresentado bastante o espetáculo, antes de parar de vez com ele, a gente continuou com o espetáculo em repertório e criamos um *Romeu e Julieta* que eu havia adaptado para adolescentes, visando o público de escola, mas de outra faixa etária. Só que o espetáculo *Romeu e Julieta* ficou tão grande, nós viajávamos com um monte de cenário! Que não dava para levar os dois espetáculos juntos. Começou a ficar inviável o *Lendo*. O *Lendo* tinha muitas apresentações e em escola é assim, se eles gostam... Uma professora não dá aula em uma única escola, então ela assistia ao espetáculo em uma escola e já indicava para a outra. Então, como o *Lendo* já tinha uma carreira própria, começamos a investir no *Romeu e Julieta*. E quando estávamos no segundo ano de apresentações do *Romeu e Julieta* um ator, o Nelson, precisou sair (nós já tínhamos na época mais dois integrantes no grupo o Nelson e a Luciana). Foi quando entrou o Arno Alcântara Júnior que foi muito importante na história do grupo. O Arno entrou com sangue novo, uma vontade de pesquisar sobre o trabalho do ator. A gente até tinha essa pesquisa no grupo anterior, no *Lendo e Aprendendo*, mas depois apresentando tanto e todo dia em escolas, quando não estávamos apresentando fazíamos divulgação ou viajávamos para marcar apresentações. Era muita produção. Nós conseguimos nos manter, mas dava muito trabalho! E então, o Arno entrou falando de pesquisa sobre o trabalho do ator e aí nós paramos para pensar. Bom, o primeiro objetivo era apresentar bastante, a gente já cumpriu. Agora então o que nós queremos? Queremos pensar sobre o trabalho do ator. Então vamos estudar com outras pessoas, vamos ler, nós pesquisávamos e cada um trazia as pesquisas que realizavam em outros trabalhos. E pensamos em procurar o que seria legal estarmos estudando. Foi nesse momento que, não me lembro como, algum de nós disse: "Ah, o pessoal de Santa Catarina já teve contato com a *Périplo*[12], eles ministram oficinas em janeiro/fevereiro". Parece que alguém daqui de Blumenau já tinha feito o curso e tinha falado muito bem do trabalho deles e eu, enquanto presidente da FECATE na época, já tinha trazido o Diego[13] para dar uma oficina no Festival Catarinense da Fecate. Então fomos para Buenos Aires, em 2000. E foi um marco para o grupo. Nem todos os integrantes do grupo foram. A Léo não quis ir. E quando nós voltamos, ela saiu do grupo. Ela disse: "Adorei o que vocês estão dizendo, é maravilhoso, mas eu não tenho pique para isso". Porque aquele seminário mudou a nossa vida! Voltamos totalmente tomados daquela vontade de pesquisar sobre o trabalho do ator, de fazer treinamento de ator.

A partir desse momento então mudou o viés da companhia...

Pepe - Sim. A mudança veio através de uma vontade do Arno que estava entrando no grupo e do encontro com a *Périplo*. Foi um marco, um divisor de águas na história desse grupo, na *Carona*.

Nesse momento já faziam parte do grupo o James, o Fábio...?

Pepe - Não. Eles entram logo em seguida. O Fábio e a Gica entraram antes, quando decidimos montar um espetáculo novo e tivemos um projeto aprovado na lei municipal de Blumenau. Nós montamos *O Homem Ajuda o Homem*, a partir de uma peça didática do Brecht. E toda a criação, o trabalho dos atores foi desenvolvido em cima do que havíamos pesquisado lá com a *Periplo*. Sobretudo pesquisamos a ação, o trabalho do ator... Quando eu falo em ação e sentido, eu falo da *Periplo*. Mas o Roberto Mallet também foi uma influência muito grande para nós. Nós já havíamos feito algumas oficinas com ele. E Mallet também tocava muito nesse ponto, o sentido da ação. Então construímos o espetáculo todo

*

[12] Companhia teatral de Buenos Aires que possui uma sede o *Astrolábio*, onde frequentemente realiza cursos de formação para atores e diretores, normalmente membros de grupos teatrais. Sendo que sempre no início do ano acontece um seminário intensivo prático-teórico.

[13] Diego Cazabat diretor da *Companhia Périplo*.

sobre essas bases. Um tanto hermético também. O resultado era tão bom para nós, mas era ruim para o público. Só que o desafio era levar para a periferia, para dez comunidades, algo que não fosse "mastigado". Quero levar um Brecht com uma montagem bastante hermética. Hermética, querer ser hermética é uma história, não quer dizer ser incomunicável. Era um espetáculo com toda uma produção. Não é num espaço teatral, mas também não é teatro de rua, é teatro na rua. Então tinha tablado. Um tabladão de oito metros por oito metros. Tinha iluminação, tinha microfone de captação de som a longo alcance, arquibancadas para acomodar os espectadores no modelo "sanduíche". O projeto também incluía uma divulgação forte. A Prefeitura destacou dois ou três funcionários para trabalhar na divulgação do espetáculo, nas comunidades. Eles iam uma semana antes da apresentação, de porta em porta divulgar. Tinham pessoas, por exemplo, que não sabiam o que era teatro. A referência que muitas pessoas tinham de teatro era o circo, ou o programa de televisão *Sai de baixo*! Depois do espetáculo fazíamos um questionário com o público e tivemos um retorno interessante.O tablado era um tabuleiro onde iam traçando-se estratégias. O espetáculo participou de festivais também. Acho que foi a primeira vez que nós fomos para o Festival Internacional de Rio Preto. E teve um retorno muito bom para nós, aprendemos muito nesse festival. Aí tem um fato engraçado. A gente fez o primeiro festival internacional, falaram bem do nosso trabalho lá. Quando voltamos para Blumenau recebemos a notícia de que a salinha que nós tínhamos na Fundação Cultural não seria mais nossa porque tinha aberto um curso de crochê e bordado... Bom, nós nem reagimos porque também o espaço é público e não tem obrigação de abrigar grupos de teatro. Nós fomos pedir um espaço emprestado, porque nós não tínhamos. Ganhamos uma sala caindo aos pedaços que nós reformamos, pintamos, colocamos cortina colorida, fizemos toda uma gracinha. Quando eles viram que dava para aproveitar o espaço, que ele tinha vida, nos tomaram o espaço. Mas, não foi ruim. Acho que sempre uma coisa leva para outra. Nós ficamos dois ou três meses reunindo-se e até ensaiando em casa, mas procurando algum espaço. Nessa procura a gente falou com uma amiga que trabalhava na área de eventos daqui do Teatro Carlos Gomes. E ela disse: "Ah, tem uma sala da escola de música sobrando que a diretora empresta, às vezes. Vou conversar com ela para ver se ela não empresta para vocês." Com o intermédio dessa amiga conseguimos o empréstimo da sala. Era uma salinha pequena, mas muito boa e adequada para nós, com piso de madeira... E estávamos ensaiando no Teatro Carlos Gomes. Para nós foi maravilhoso! Nessa época, estávamos começando a produzir *Os Camaradas*. Então, trabalhamos muito naquela sala. Havia muito suor naquela sala. Aí tem um fato engraçado também... Um dia nós passamos pela recepção a caminho da sala de ensaio...

A sala era dentro do Teatro?

Pepe - Era dentro do Teatro Carlos Gomes. Aí o porteiro nos perguntou: "quem são vocês? Vocês são do teatro, não é?" Nós nos apresentamos e quando chegamos à sala dissemos: "opa, nós precisamos nos apresentar para o pessoal do teatro. Estamos parecendo clandestinos!" Então preparamos todo um material nosso. Um material bonito e entregamos para a gerente do teatro e nos apresentamos. Ela já nos conhecia, é claro. Mas, estávamos usando uma sala da Escola de Música. Ela disse: "como assim? Vocês estão usando uma sala? Mas, isso não pode! A diretora da escola de música não podia autorizar este empréstimo sem passar por nós, pela diretoria do Teatro." (risos) Ai, ai, ai, agora nós não vamos mais conseguir a sala! Pensamos. Depois disso acho que passou mais um mês. Nós continuávamos usando a sala, mas com um tremendo medo de que a gente iria perder a sala. Aí, o vice-presidente do Teatro na época nos ligou. Tinha um recado na secretária eletrônica dizendo: "Puxa, vi o material de vocês. Vocês são muito bons! Nós temos uma dívida com o teatro de Blumenau. Vamos construir junto esse trabalho. Nós queremos que vocês venham para cá..." Então, fomos conversar com ele e foi maravilhoso. Ele disse que estava construindo um espaço aqui[14]. Porque essa sala existia, mas outra parte do prédio foi cavada. Não havia o corredor que hoje liga a escola ao Teatro. Ele dizia: "É um espaço pequeno, mas queremos aproveitar para abrir uma escola de teatro. Nós temos escola de música e dança e não de teatro." E já havia outras pessoas que ele tinha convidado a participar, outros grupos. Nós conversamos...

Outros grupos de teatro?

Pepe - É. Um diretor, o Roberto Murphy (não sei se tinham tratado com o grupo dele), com a equipe *Vira-lata* e com o Alexandre Venera que era diretor do NUTE e tinha um espaço de teatro, mas que estava fechado já há uns dois anos. Estávamos os três em negociação. Sentamos para conversar com o Murphy que era quem encabeçava isso. E o Murphy disse: "Eu já tenho o meu projeto pronto, apresentem o projeto de vocês.

---

[14] Pepe se referiu a própria sede e Escola de Teatro da *Cia Carona* localizada no prédio aos fundos do Teatro Carlos Gomes.

Sem nenhum problema. Acho que é melhor do que fazermos um projeto em conjunto. Porque eu já tenho um projeto todo pronto, inclusive acertado com os profissionais que trabalharão, caso o projeto seja aprovado." Então, nós fizemos a nossa proposta e o Teatro escolheu a nossa.

Daí surgiu a escola?

Pepe – Daí surgiu a Escola Carona em 2004.

A companhia surgiu já com uma administração organizada, com registro no CNPJ e tudo?

Pepe – Quando criamos o grupo anterior, não tínhamos essa organização burocrática, administrativa. Quando criamos a *Cia Carona* sim. A gente queria criar uma empresa.

E de lá para cá, como vocês dividem as funções voltadas para a empresa, a parte mais administrativa? Vocês se envolvem, contratam alguém?

Pepe – A primeira coisa, o primeiro elemento externo que nós contratamos foi um contador. Até para abrir a empresa, a gente abriu com um contador. E nós sempre administramos tudo. Hoje na companhia nós temos funções específicas – além de atuar, dirigir – temos um responsável por finanças, um para administração, embora todo mundo pegue junto em todas as áreas. Nós distribuímos algumas funções relacionadas à empresa.

Todos do grupo têm alguma função administrativa?

Pepe – Sim. Hoje nós temos, além da contabilidade, um advogado e uma secretária. Não são cargos administrativos na verdade. Eles são contratados por nós e não integrantes do grupo.

E entre o grupo como vocês dividem as funções? Por exemplo, você é o diretor do grupo e os demais são atores? Como é na parte criativa?

Pepe – Até hoje eu dirigi. Mas, nós temos acordado entre nós que eu não sou o diretor exclusivo. Daqui a pouco pode outro ator dirigir e eu atuar também. Isso é bem tranquilo entre nós. Hoje eu sou o que tem mais experiência com direção, mas o fato de estarmos dando aula na escola, a gente monta espetáculos com alunos a cada semestre, tem feito com que os que são professores (nem todos são professores, os mais antigos são) passem por essa experiência de direção também. Por exemplo, o Fábio já está dirigindo bastante e tem feito bons trabalhos. E ele tem vontade de em breve de dirigir um espetáculo da *Cia Carona*. Eu acho bárbaro, prefiro também. Quando falamos de grupo, e estamos falando de teatro em grupo o tempo de trabalho junto, tempo de convivência, é fundamental. Eu não sei trabalhar de outra maneira. Sempre trabalhei com grupo de teatro. Perceber os avanços de uma montagem para a outra, perceber como o ator passa de um trabalho a outro, como as fichas vão caindo e ampliando os horizontes, como o ator vai se tornando mais responsável pelo seu trabalho, a sua relação com o espectador... A relação com o espectador é algo que para mim está intrinsecamente ligada ao tempo de trabalho. Acho muito difícil um ator iniciante que tenha já de cara uma boa relação com o espectador. Ele pode ter uma relação simpática, mas de percepção, de troca, de comunhão – como Grotowski fala e almeja, não sei se consegue – só o tempo vai trazendo.

Por que trabalhar em grupo? No que se refere à produção, o que é fundamental?

Pepe – Na nossa realidade, no nosso contexto eu não vejo outra possibilidade. Em Santa Catarina não há outras possibilidades. Nós não temos temporadas longas, produções que contratam atores de elenco, isso não é uma prática nossa. Nossa estrada é a única saída. Ou você faz teatro em grupo ou não faz. Ou faz na escola, faculdade. Mas trabalho profissional só se faz dentro de grupo, no Estado. Além disso, para mim é a possibilidade de estar desenvolvendo pesquisa. Estar experimentando coisas com pessoas que estão experimentando já há algum tempo juntas.

O tempo de trabalho juntos ajuda a acelerar alguma parte do processo? Por exemplo, na montagem de um espetáculo, ou as pesquisas são muito diferentes?

Pepe – É... são sempre diferentes. Cada processo é um processo específico. Claro que eu acho que ajuda porque não preciso mais estar ensinando o "be-a-bá". Eu não estou trabalhando mais com alunos e sim com atores que eu já trabalho por um bom tempo. Algumas coisas eles já sabem que caminho seguir. Então é muito mais provocá-los, impregná-los de uma vontade de pesquisar por conta própria, algo em que eles se encontrem com seu trabalho e com a temática do espetáculo, por exemplo. Na verdade nós trabalhamos muito sobre (esse é um termo do Stanislavsky), trabalhamos "sobre nós mesmo". Costumamos trabalhar muito dessa forma em nossos processos. Conhecer e ver como você se encaixa e contribui nesse processo é algo que para alguém que tivesse começando a fazer teatro hoje seria mais complicado.

Os integrantes atuais do grupo foram todos alunos de vocês?

Pepe – Nós começamos, quando formamos esse núcleo, a encontrar pessoas que eram daqui ou que estavam aqui e que tinham vontade de pesquisar o trabalho do ator e que tinham também uma afinidade com a nossa proposta. Foi por aí que fomos construindo essa grupalidade (sic).

No processo criativo vocês não partem sempre de um mesmo ponto. Dependendo do momento pode haver um ponto de partida diferente?

Pepe – Tem um foco central na nossa pesquisa que é o trabalho do ator. Então parte do ator. O que o ator está fazendo com o seu corpo, com o seu todo, com o seu eu. O que ele está fazendo sem passar por um filtro anterior da mente. Posso dizer que alguns trabalhos físicos são mesmo para pregar uma peça na mente e deixar o corpo fazer um pouco, antes de racionalizar.

Vocês têm um trabalho voltado para o ator. Imaginam um tipo de ator ideal? O grupo tem alguma nomenclatura? Buscam algum tipo de ator? Ator-criador, ator-dramaturgo, ator-dançarino...

Pepe – Não. Até acho engraçado isso. Claro que eu compreendo e respeito "O ator santo" de Grotowski... ideal total. Durante muito tempo o livro do Grotowski foi a minha bíblia. Hoje ele não é bíblia, porque bíblia para mim já não tem um significado muito bom (parece uma coisa muito castradora), mas continua sendo um livro de referência, que eu volto a ler de vez em quando. Mas acho que "ator" é o bastante.

Vocês mantêm um grupo de pesquisa continuo ou depende do projeto? A pesquisa é prática, tem teoria também?

Pepe – Nós criamos, no ano passado, um grupo de pesquisa aqui na escola com atores de grupos da região. Para nós é excelente poder treinar e pesquisar com outras pessoas. Por vários motivos: quebra os estigmas que existem também. Acham que o nosso trabalho é muito trancado, na sala e a portas fechadas. Então deixamos as portas abertas para outros grupos. Aí acontece uma troca. Primeiro os grupos vêm com certo pré-conceito, acham que o trabalho é muito igual... Não falei do *Lume* como referência no nosso trabalho. Logo depois da *Périplo*, nós trabalhamos com o *Lume* durante um bom tempo. E continuamos nos correspondendo muito e trabalhando muito com eles. O *Lume* tem uma pesquisa fantástica e que também guia muito a nossa pesquisa. Claro que de uma forma indireta, o *Lume* e a *Périplo*, mais as provocações do Roberto Mallet, talvez sejam as maiores influências no nosso trabalho. Mas estamos abertos aos outros também. Sem citar os grandes mestres: Stanislavski, Grotowski, Brecht, Brook, Barba. Nomes importantes onde sempre encontramos coisas interessantes. O grupo de pesquisa e a troca com outras pessoas quebram esse pré-conceito de achar que o grupo faz treinamento de ator, trabalha sempre muito fechado. O grupo é mais prático que teórico. Mas tem alguma teoria também. É muito interessante ver como o trabalho em si, a pesquisa, está além de um estilo de encenação. Trabalhar o ator para que ele esteja preparado para fazer da farsa ao teatro mais radical e contemporâneo. Trabalhar para que se desbloqueie, se abra, se conheça, para que o seu corpo esteja preparado para reagir a todos os estímulos, para que esteja aberto ao outro. Então é essa busca incessante de abrir cada vez mais. Porque experimentar sobre outras coisas, experimentar exercícios novos ajuda a buscar e encontrar uma forma nossa de fazer. Isso já vem de um pouco antes. Quando abrimos o grupo, nós já estávamos trabalhando desta maneira em nossos processos. Nós mantemos alguns exercícios da *Périplo* e do *Lume* iguais, mas normalmente procuramos encontrar a nossa maneira de realizá-los, o nosso modo de se relacionar com cada exercício. Então pensamos que já tínhamos experimentado algum tempo e que podíamos passar esse material para outras pessoas, podíamos experimentar com outros. Primeiro ministramos algumas oficinas. Quando viajamos pelo Palco Giratório tivemos uma experiência bárbara. Viajamos por todo o Nordeste ministrando oficinas. Trocar com pessoas de outras regiões, com outros conhecimentos, e culturas tão diversas da nossa e ver que ainda assim falamos a mesma língua.

Junto com o trabalho artístico o trabalho pedagógico de vocês se desenvolveu bastante, principalmente a partir da escola. Como funciona o grupo de pesquisa?

Pepe – Dentro da escola. Os cursos são abertos para iniciantes e tem outro nível, para quem já está a dois anos na escola. São cursos básicos de teatro. Você se inscreve, e tal... É uma escola particular, então é paga. E isso é o que nos mantém. E o grupo de pesquisa não. As pessoas entram por um convite nosso. Agora nós estamos convidando mais pessoas para o próximo ano, para aumentar o grupo. Pessoas que já são atores. Atores ou estudantes da universidade. Nós vamos ter agora (quando voltarmos no ano que vem) os primeiros alunos aqui da escola. Até então os alunos da Escola Carona não participavam. Porque nós tínhamos a compreensão de que queríamos trabalhar com atores ou acadêmicos de Artes Cênicas em fases mais adiantadas que tivessem interesse em pesquisar conosco.

Vocês trabalham com oficinas de curta duração? Os atores ministram oficinas?

Pepe – Nunca ministramos nenhuma oficina com o grupo todo com o atual grupo. Até porque nós tivemos a entrada de quatro novos integrantes. Esses não ministraram oficinas conosco ainda. Não tiveram essa experiência. Esta é uma prática anterior do grupo. Normalmente nossas oficinas foram com todos os integrantes atuando juntos. É muito comum que quem organiza oficinas, cursos em festivais, chamem somente um integrante e chamem o diretor. [risos] E aí eu vou. Porque, apesar de todo esse trabalho em grupo, nós também fazemos nossos trabalhos individuais. Isso é uma coisa que a gente preza. Já foi problema e depois nós percebemos que não. Não tinha porque ser problema. O James está com vontade de fazer o mestrado dele, tem todo apoio. Vai fazer mestrado. Tem que fazer. Porque não há como impedir um integrante, companheiro teu de tantas lutas, de tanto suor e lágrimas, alegrias também [risos]. Porque isso vira uma coisa ruim, vai gerando uma mágoa, e daqui a pouco, puxa eu não pude fazer o que eu queria, o grupo me podou de fazer o que eu queria, de realizar um sonho...

É uma dificuldade dos trabalhos em grupo? A dedicação ao grupo às vezes é uma dificuldade para que o integrante possa fazer algo que seja pessoal.

Pepe – Isso acontece. Convidam-me para dirigir espetáculos fora, eu vou com o maior prazer. Só que eu tenho os meus horários aqui que são sagrados. Minha companhia é a *Carona*. Eu dirigi um espetáculo do grupo Porto Cênico de Itajaí, que tem o Roberto no elenco como convidado. Quando outros grupos nos convidam para algum trabalho, sempre tem alguma relação com o nosso grupo. Entendo que, não estão convidando o

Pepe só. Eles estão convidando o Pepe porque ele é diretor da *Carona*, porque ele dirigiu o espetáculo tal que o pessoal gostou... É por minha história dentro da *Cia Carona*. Então, convidam o Fábio e a Sabrina, porque eles são tudo o que eles são individualmente, mas também porque eles são atores da *Carona*. Então, nós não esquecemos e não negamos isso. O Fábio dá aula na faculdade também. É ótimo que ele dá aula na faculdade. Nós acabamos conhecendo pessoas de lá que até então estavam distantes da gente. O ideal é existir um grupo de pessoas que trabalha junto, se gosta, pesquisa junto e que acima de tudo, faz teatro junto, porque ama teatro e quer fazer teatro, o melhor teatro possível. Nós queremos fazer teatro. Ter a oportunidade de fazer teatro, para mim, é importantíssimo. Eu não posso negar. Então, se alguém te convida para outro trabalho, vá e agradeça. Que bom que tem trabalho para fazer. Desde que não interrompa o trabalho que nós temos em comum. Porque é um contrato que nós temos entre nós. Um contrato verbal, um contrato da palavra, "fio de bigode" [risos].

Como vocês registram os espetáculos? Registram os processos de pesquisa?

Pepe – Alguma coisa. Nós não somos muito bons nisso não. Acho que nesse sentido somos bastante falhos. Falta tempo ou alguém que se dedique a isso. É muito importante, vamos pontuar em uma reunião: "Olha, está faltando fazer esse registro." Aí alguém se envolve durante algum tempo, daqui a pouco isso já está esquecido. É uma das falhas que nós temos. Mas, algum material nós temos.

Quando selecionam materiais de divulgação de algum espetáculo ou para o site de vocês, o que pesa nesta escolha? A questão da identidade do grupo, a qualidade?

Pepe – Não temos uma reflexão, tão clara. Passa um pouco pela qualidade da foto, sim. Mas, claro que a qualidade tem haver com ela estar representando o que é o espetáculo mesmo, ou ela é uma linda foto só que não diz o que é o espetáculo. Talvez algumas até estejam fora desse critério, mas procuramos pensar assim. "Essa foto é legal, importante, talvez ela até não tenha o melhor ângulo, mas ela fala o que é *Os Camaradas*. Quem vê essa foto, na nossa opinião, está vendo o que é *Os Camaradas*.

E quem faz esses registros é uma pessoa contratada? Ou é próprio grupo que faz?

Pepe – Bom, tem fotos de todos os lugares. Quando viajamos também... têm fotos de fotógrafos bons de festivais. Mas, com a máquina digital, com a câmera digital, qualquer um fotografa satisfatoriamente. E tem dentro do grupo algumas pessoas que fotografam melhor. O Léo Kufner fotografa muito bem e gosta disso, o Gregory que é dramaturgo, e nos últimos trabalhos quase sempre ele tem viajado conosco, registra para valer, fotografa tudo. Então, nós temos conseguido resolver dentro do grupo. Mas, sempre aparecem fotos externas, de fotógrafos que pegam um ângulo, ou um momento muito bom. Aí, nós vamos atrás dessa foto. Mas não temos um fotógrafo.

Quando começam a pensar um trabalho, já pensam no público? Buscam um público específico?

Pepe – Acho que isso vai soar muito egocêntrico [risos], mas na verdade não é. Nós começamos pensando por nós. É do princípio de que se não me agrada também não vai agradar aos outros. A gente trabalha com a ideia do "sobre si mesmo", então os processos começam a partir de nós, das coisas que nós gostaríamos de dizer. Durante o processo é que vai se revelando o público a que nos vamos atingir. Mas, os últimos trabalhos pensam nesse público um pouco mais exigente. Porque esses últimos trabalhos não são comédias. O primeiro lá, o *Lendo e aprendendo* era para público de escola e nós fazíamos muito bem. Nós pensamos primeiro no público, antes de criar o espetáculo. Quando nós fazemos uma comédia como *Então é natal* , que todo ano nós reeditamos, apresentamos ontem à noite novamente, nós fazemos para o público se divertir mesmo. Nós pensamos no grande público. Fora esses casos, nós vamos pensar o espectador durante o processo. Porque, também acreditamos muito, não de maneira mística, acreditamos mesmo de forma concreta, no quanto o processo é vivo e orgânico. O processo vai te mostrando o caminho. Desde que eu passei a dirigir e que o grupo passou a construir durante o processo o trabalho, e não o diretor vem com uma concepção pronta, de um texto pronto, e o cenógrafo desenhar já..., e o figurinista preparar já..., das criações virem antecipadamente e o ator chegar depois para executar. A gente não sabe no que vai dar. Com o *Volúpia* , nós entramos na sala, começamos a trabalhar e já estamos trabalhando a quase um ano, e não sabemos ainda o que é! Isso pode parecer muito caótico, e é! Mas, é um caos assumido. Um caos procurado. Então temos um pouco de medo de como isso vai chegar para o espectador. Mas, nós não podemos negar o que o processo está nos apontando.

E a bilheteria é importante para o grupo?

Pepe – Ela é! Pois é. A loucura é essa! Fazer um espetáculo desses, em que não pensamos no espectador primeiro, não é? E às vezes tem medo de como chegará no espectador e pensar que nós não começamos um espetáculo... por exemplo *Os Camaradas*, que é em arena, ele *vai ser* em arena. Nunca começa definindo o espaço. Eu não sei aonde vai ser esse espetáculo. Agora que, nesse atual espetáculo, o *Volúpia*, que seja num espaço alternativo como num galpão ou alguma coisa assim. Que o público caminhe um pouco pelo espaço... agora ele está se conformando quase como uma arena total. Mas, um espaço que não seja formal, que não seja um teatro. Então, começa a pensar limitação de público. Não porque queremos limitar, mas porque esses espaços acabam limitando mesmo. Nós nunca limitamos propositalmente, é um número tal. Como nos *Camaradas* que era uma arena total, quatro lados, podiam ser quarenta pessoas se coubessem só, mas tinham festivais com oitocentas pessoas, duzentas em cada arquibancada. Então, estava aberto a isso. O importante era que o público começasse a um metro de distância da cena, aonde ia acabar não nos preocupava tanto. Claro que estou exagerando um pouco. Mil pessoas eu acho um absurdo para teatro. Sem nenhuma hipocrisia. Nós queremos receber, vivemos de teatro, queremos cobrar ingresso, e que valorizem o nosso trabalho, que fazemos da melhor forma possível. Mas isso não é a realidade. Então quando um ator vem trabalhar na *Cia Carona* já digo, nem precisa dizer [risos] a pessoa já sabe pelo nosso histórico que não dá para vir esperando enriquecer. Se acontecer que bom! Mas até agora não aconteceu! (risos).

E vocês têm preferência ou não por algum tipo de espaço cênico?

Pepe – Particularmente, eu tenho preferência por ver o espectador além da cena. Eu gosto de arena, sanduíche, semi-arena, ou qualquer outro espaço que não seja tão frontal, um para o outro... Mas não é uma regra. *A Parte Doente*, nosso penúltimo espetáculo é frontal. Todo frontal. Mas porque nós acreditamos mesmo que o processo vai nos mostrando. Então esse é assim. Foi uma surpresa para nós quando pensamos *A Parte Doente* é assim. É frontal. Puxa, nós vínhamos de uma arena total... Lembrei que eu estava comentando também que nós mandamos inscrição para o Festival Isnard Azevedo de *Os Camaradas*, que era em arena, com quatro lados. E aí, para nossa surpresa, o espetáculo foi classificado. E a organização nos ligou dizendo: - Mas vocês fazem frontal também. E eu disse: - Não, não fazemos. Foi sempre em arena total. E eles insistiram: - Não, mas vocês terão que fazer. E eu: - Não, nós não vamos ter que fazer. - Ah, alguém disse que vocês faziam. - Não. Tem até a planta baixa aí na inscrição. Tem o desenho do público nos quatro lados. - Então como nós vamos fazer? O Teatro Ademir Rosa no Centro Integrado de Cultura (CIC) em Florianópolis tem mil lugares. Como é que vamos fazer? Eu falei: - Põe uma arquibancada, dos quatro lados. Arquibancadas grandes. Sei lá. – Nós não temos arquibancadas. – Nós temos arquibancadas em Blumenau. Eu levo. Contrato o frete e tudo. Arquibancadas que caberão talvez duzentas e cinqüenta pessoas. Nós fazemos quatro sessões! Estávamos muito a fim de fazer! Nós fazemos quatro sessões, pelo mesmo cachê! E ainda me disseram, da organização: - Vocês vão levar vantagem. Eu pensei: que vantagem? Pelo contrário! Vou apresentar mais vezes e ainda tenho vantagens? O mais engraçado que encerrou essa comunicação com eles dizendo: - Puxa, que pena. Não vai dar. Para o ano que vem vocês montam um espetáculo a italiana, frontal, para caber aqui no CIC. Isso com simpatia até. Não era com maldade. Eu falei: me desculpa. Mas nós não criamos espetáculos pensando no Isnard Azevedo. Nem em festival nenhum. Nós criamos pensando no que vai ser melhor para o público, enfim, para aquele espetáculo.

Mas isso não é porque quem trabalha com produção diferente do grupo?

Pepe – E nem todo grupo também pensa assim. O nosso processo é dessa maneira. Entender e respeitar. Eu penso que criar um espetáculo é investir num momento, naquilo que leva em conta um pouco da nossa história e que se relaciona com as histórias dos espectadores. Aquilo que hoje me angustia. Hoje eu quero dizer tal coisa.

Analisando a trajetória da *Carona*, quais os pontos de destaque?

Pepe – Primeiro a criação do grupo foi uma decisão muito importante. Nós três, a Léo Almeida, o Roberto e eu, queríamos fazer um teatro que não estivesse limitado a poucas apresentações. Depois, a entrada do Arno Alcântara Júnior que veio e deu um sangue novo. Ele veio querendo algo que já estava um pouco esquecido, mas com o fardo do trabalho diário com escolas, havia sido um pouco esquecido, que era a pesquisa sobre o trabalho do ator. Em seguida, o seminário da *Periplo*, que foi um "divisor de águas". Depois os cursos com o *Lume*, que nos motivaram muito. As palestras e discussões com Roberto Mallet. E, bom... cada espetáculo. Porque cada um tem uma história muito específica. *Os Camaradas* foi o espetáculo que mais viajou, que mais nos projetou nacionalmente, que teve um fato muito interessante também: logo que nós estreamos *Os Camaradas* aqui em Blumenau, numa salinha pequena lá na Fundação, o público era mais limitado porque a sala era muito pequena. Nós fizemos nove apresentações. Logo em seguida veio o seminário com a *Périplo* lá em Buenos Aires. Isso foi um marco na nossa história. Nós voltamos completamente tomados por aquilo e querendo seguir treinando. Depois os cursos com o *Lume*. O *Lume* veio à Itajaí dar cursos e depois nós fomos para Campinas algumas vezes também. E continuamos tendo uma relação com eles até hoje. As palestras e debates com Roberto Mallet que sempre foram muito provocativas. E aí, eu penso que cada espetáculo, cada processo foi muito específico. Então cada um deles marcou muito. Mas, *Os Camaradas* foi o espetáculo que mais nos projetou nacionalmente. *Os Camaradas* estreou aqui em Blumenau. Fez nove apresentações, com um público muito limitado, porque a sala era muito pequenina mesmo. E nós a inscrevemos no FRINGE, do Festival de Curitiba. O FRINGE é um espaço *off* do Festival, que te oferece apenas a possibilidade de estar na programação e num espaço físico, que não é nem de graça, porque você paga uma taxa diária para apresentar. Não te dá hospedagem, nem alimentação. Nada. Então você vai com a vontade de mostrar. Nós nos questionávamos sobre levar o espetáculo para lá ou não e pensamos, a única coisa que nós podemos ganhar é uma boa crítica. Nós caímos num espaço chamado Espaço Tobias que nem a classe teatral de Curitiba conhecia. Fizemos seis apresentações lá. Quando nós chegamos lá, isso eu vou contar um pouquinho mais porque é a história que deu impulso para a carreira de *Os Camaradas* e para a companhia. Nós chegamos ao festival e a *Folha de São Paulo* fazia uma aposta em vinte espetáculos do FRINGE. Tinham cento e cinqüenta e seis inscritos, eu acho. E entre os vinte estava *Os Camaradas*. Foi uma boa notícia. Como eles fizeram essas apostas eles dividiram os seus repórteres para acompanhar esses espetáculos. A nossa apresentação era à meia noite de segunda-feira, num espaço desconhecido. Foram três pessoas assistir. Eu tive que sentar do outro lado para ter quatro espectadores. (risos) Isso acontecia à vezes. Mas, uma dessas pessoas era o crítico da *Folha*, Sérgio de Carvalho. E ele gostou muito do espetáculo. A crítica saiu na quarta falando muito bem do espetáculo. Era um conceito ótimo, quatro estrelas. E aí na quarta-feira já não tinham ingressos ao meio dia. E aí todos os outros órgãos de imprensa foram assistir também. O *Estado de São Paulo* fez uma crítica ótima, veio a revista *Bravo* e aí todo mundo queria ver e tinha briga pelos nossos ingressos. Isso foi o melhor que poderia acontecer. Nossos ficamos super contentes. Uma coisa muito engraçada foi que eu recebi uma felipeta de *Os Camaradas* de uma figura estranha dizendo: "Oh! Vai assistir que é muito bom cara. Eu fui ver ontem...". Era a melhor coisa que a gente podia ouvir. E no final do festival *Folha de São Paulo* reuniu jornalistas e críticos de outros órgãos e jornais e faz uma eleição dos melhores, e nos colocaram como segundo melhor espetáculo. Foi muito bacana. O Porto Alegre Em Cena nos chamou, o Festival de Rio Preto, onde já tínhamos estado com *O Homem Ajuda o Homem*, também nos chamou. Você vai para um festival desses, apresenta bem o espetáculo e pega ritmo bom de apresentar bastante. E a partir daí apresentamos muito. Isso foi importantíssimo para nós. Daí para todos os festivais do país.

Você gostaria de falar mais alguma coisa?

Pepe – Eu defendo muito o trabalho em grupo. Eu respeito demais a forma de produção, de formação de elenco. Não sou tolo de pensar que só o trabalho de grupo pode dar certo. O que importa é que se façam bons espetáculos. Que se fale com verdade e com paixão, que levantem mais questionamentos do que imponham qualquer verdade, ou qualquer bandeira. Mas, eu gosto de trabalhar em grupo. Acho que não tem outra saída.

Brasília - DF

TEATRO UDI GRUDI
Entrevista com Luciano Porto e Marcelo Beré

Concedida a Daniel Olivetto e Ana Luiza Fortes.
Em maio de 2007, no Centro Cultural São Paulo, durante a II Mostra
Latino-Americana de Teatro de Grupo, São Paulo SP

Gostaríamos que vocês falassem sobre o processo criativo de vocês, como começa e se existe um ponto de partida comum?

Luciano Porto - O *Udi Grudi* já tem vinte e cinco e tivemos várias características. Houve uma época na qual a gente trabalhou mais voltado para o circo, técnicas circenses. Desde *O Cano* (espetáculo de 1998), quando a Leo Sykes (a diretora) entrou e o Márcio Vieira (ator) voltou, definimos essa linha de trabalho, a partir do *clown* e dos instrumentos musicais malucos, inventados pelo Márcio. Atualmente vivemos um processo de pesquisa anárquico, em que todo mundo cria, passa por todos os lugares, mas que é condensado e centralizado pela Leo. Ela exerce a função de diretora que vê tudo, às vezes parte dela a criação, ela sugere uma proposta de cena. Mas muitas vezes parte da gente mesmo, outras vezes do material físico, do instrumento, do objeto que estamos manipulando. Às vezes também parte do material levantado pelo ator: uma cena que ele cria, um detalhe que ele faz. E isso tudo é centralizado pela Leo, ela organiza: "agora eu quero que vocês façam aquela cena, mexam naquele objeto daquela forma que fizeram no outro dia" e aí vai cristalizando a criação.

Vocês desenvolvem uma pesquisa sobre o *clown*. Isso pode ser considerado um treinamento para o grupo?

Luciano - Há muito tempo que trabalhamos o *clown*, mas houve uma época onde o trabalho era mais em cima do palhaço popular brasileiro, com as entradas, as esquetes. Uma coisa bem do circo popular e que foi a nossa escola de comicidade, onde a gente aprendeu o tempo do *clown* e a graça. Descobrindo essa graça a partir da experiência com o circo e o palhaço popular. Tivemos no meio do processo a oportunidade de ter outras fontes, outras referências do trabalho de *clown* como o Philippe Gaullier e o *Lume Teatro*. Depois de um tempo trabalhando o palhaço popular começamos a ter essas outras informações, de um palhaço mais teatral, partindo de *gags* originais. Porque o palhaço popular trabalha muito em cima do que já está estabelecido, não existe nenhum preconceito em você usar o material do outro, usar uma esquete que já existe, porque muda a maneira de fazer, cada palhaço leva de um jeito, mas basicamente sobre uma mesma estrutura. Então, algumas esquetes têm centenas, milhares de variações, mas todas em cima de uma estrutura pré-definida. A partir do *Cano* começamos a buscar gags criadas pela gente e não partir dessas esquetes que já existiam. Foi outro aprendizado de comicidade, que tomou esse outro lado, que se originou com Jacques Lecoq.

Há no trabalho de vocês características de atuação comuns a todos os espetáculos? Existe a definição de um modelo de ator?

Luciano - Tivemos formações diferentes, apesar de ser um grupo de muito tempo. Nós acreditamos no treinamento contínuo do ator, embora a gente não pratique como gostaria, ter uma rotina, ensaiar todos os dias, independente de você estar em processo de criação de um novo espetáculo ou não. Deveria ser assim, nós gostaríamos de ser assim. Agora, como fazemos tudo, a equipe é reduzida e temos que produzir, muitas vezes deixamos esse trabalho, que deveria ser prioritário e essencial, para ir cuidar de ganhar dinheiro, fazer produção. Muitas vezes isso acaba ganhando prioridade no trabalho da gente porque é o que nos mantém. E realmente não tem como fugir, é o dia inteiro no computador trocando email, produzindo, e coisa e tal. Mas eu acredito que o ator para se formar deve sempre melhorar e trabalhar em cima do seu instrumento de trabalho: o corpo. Trabalhar a voz, o corpo, experimentar técnicas diversas, porque acreditamos num ator que atue em vários registros. Então depois de vinte e cinco anos, temos essa coisa de estar sempre recomeçando.

Como é a sobrevivência financeira do grupo? Como vocês se mantêm?

Luciano - Eu vivo só disso, só dos cachês do *Udi Grudi* e dos projetos, que é como um grupo profissional deve ser. De bilheteria mesmo quase nada. Eu estava até conversando hoje cedo com o pessoal do *Piolin* (grupo teatral da Paraíba), que antigamente dava para viver de bilheteria. Hoje em dia eu não sei o que aconteceu, não sei se as coisas ficaram muito caras e o preço dos ingressos barato. Tem esse problema do acesso também, as pessoas não vão mais tanto ao teatro, porque tem muitas outras opções culturais de lazer. Então de bilheteria é muito difícil, a não ser que seja um teatro super comercial, ligado a gente famosa da televisão.

Vocês notam que esse fato influencia a relação de vocês com o público?

Luciano - Hoje em dia se você vive de bilheteria, provavelmente é porque é regido por leis de mercado, ou seja, você tem sempre que estar fazendo um produto que agrade. Acho que hoje só mesmo as comédias besteirol conseguem isso. Nada contra o gênero, que até produz coisas legais, mas é uma coisa que reduz um pouco o nível de elaboração. Geralmente são coisas fáceis, faz rapidinho. Em seis meses você apronta e já coloca para vender. Assim cai o nível, eu acredito. O nosso processo demora anos, um ano, dois, pesquisando, produzindo. Porque às vezes a gente parte da estaca zero, sem texto, sem nada e vai construindo uma ideia. E isso leva tempo até amadurecer, até as ideias chegarem. Têm também os instrumentos, a gente só trabalha com originais, isso então demanda um trabalho de inventar esses instrumentos, porque uma coisa não é inventada assim quando você quer.

Quanto tempo vocês mantêm um espetáculo em repertório?

Luciano - Então *O Cano*, que é o nosso espetáculo com vida mais longa, vai completar oito anos em cartaz. *O Ovo*, três ou quatro anos, depende do espetáculo. A ideia é ficar o máximo possível, porque não dá para abandonar logo uma coisa que você ficou um tempão para fazer. Então sustentamos o quanto dá, porque isso aí é a vida do espetáculo. Com *O Cano* tivemos essa sorte de poder ficar com ele oito anos rodando e ainda tendo demanda, semana que vem nós estamos indo para os Estados Unidos fazer oito apresentações, esperando que essas apresentações originem outras. A gente tem uma brincadeira com *O Cano*, na cena do barril, que é dizer que enquanto o Marcelo Beré (ator) estiver cabendo no barril a gente continua apresentando o espetáculo.

Marcelo - É claro que já pensamos em aumentar o barril também. Porque é um espetáculo para ter uma vida longa mesmo, o que é raro. A gente viu que vai ter aqui na Mostra Latino-Americana de Teatro de Grupo, um espetáculo que já tem vinte e quatro anos com o mesmo elenco, um grupo da Venezuela. Quer dizer, existe a possibilidade de um espetáculo ter uma longa vida desde que o público continue respondendo a ele.

Como fica a relação com o público nesse tempo todo?

Marcelo - Nossa, a última apresentação de O Cano em Brasília lotou completamente. Foi surpreendente.

Luciano - É, porque se você fica apresentando no mesmo lugar muito tempo a coisa esgota. Mas a gente também pensa sempre em estar se renovando.

Isso do grupo conseguir manter os espetáculos está relacionado também com o fato de vocês terem uma estrutura pequena?

Marcelo - Quando eu falo em sorte, é claro que não se restringe a isso, embora ela influencie bastante. Por exemplo, eu acredito que foi uma sorte a gente ter nascido palhaço. Mas lógico que fazer um espetáculo dar certo inclui uma série de outros fatores. A química do grupo favorece também isso. Acredito que tem esses três fatores: isso da quantidade de integrantes - é muito mais fácil viajar em cinco -, da sorte e do nosso entrosamento. No caso do O Cano, acho que tem outra questão forte que é ele ser um espetáculo com possibilidades muito variadas, já apresentamos em festival infantil, em festival de dança. Ele agrada muitos públicos, famílias. Por exemplo, a gente apresentou em Hong Kong recentemente e estávamos morrendo de medo do público chinês. Ficamos três meses estudando mandarim para falar as poucas frases no espetáculo em mandarim. Fomos na embaixada chinesa colher informações para fazer tudo certinho. Aí quando chegamos lá, o povo: "Ah, que gracinha eles estão falando em mandarim, pena que aqui a gente fale cantonês". Aí nós tivemos cinco dias para passar tudo para o cantonês e o público recebeu super bem, batia palma em cena aberta. Nessa experiência é que caiu a ficha, ou melhor, completou o *download*, que a gente estava falando de assuntos universais mesmo. O humor e a música são duas linguagens que aonde você for elas vão ser compreendidas. Porque a nossa opção, desde que a Leo entrou no grupo pelo menos, é de fazer uma dramaturgia sensorial. Onde os sentidos são importantes, o ver e o ouvir. Acho que é dessa sinergia que fazemos com a plateia que vem a universalidade de algumas obras. Como é o caso do O Cano, que faz ligação com todas as pessoas, independente da idade. Isso não é uma questão de sorte, é resultado de um trabalho, quando eu falo dessa coisa da química. Tem também a nossa experiência com *clown*, que vem desde a década de oitenta. A experiência do Marcelo com a música e a sua inerente musicalidade. E a dramaturgia que a Leo sugeriu. Todos esses fatores fizeram com que O Cano se tornasse o trabalho que ele é. Eu estou tentando realmente tirar a sorte como um fator importante.

Luciano - Mas foi sorte! Porque com a mesma técnica e a mesma química fizemos o *Ovo* e ele não deu tanta sorte quando deu *O Cano*. Cada espetáculo é de um jeito, por isso que eu falei que a longevidade de um espetáculo depende da sorte também. *O Cano* já tem oito anos e o *Ovo* três. Será que ele vai durar tanto quanto o outro? Depende da sorte, depende do resultado que você consegue alcançar.

Marcelo - É. O *Ovo* é um caso completamente diferente, a dificuldade começa pelo nome que demos. Ele não cria uma relação direta com o espetáculo, chamamos de *Ovo*, porque não queríamos chamar de *Lixo*. O espetáculo é feito todo com lixo, então chamar de *Lixo* ia ficar muito óbvio. Aí a gente falou: "não, vamos complicar um pouquinho". Eu estava lendo um livro chinês que dizia que o princípio da criatividade é o ovo. Fui pesquisar mais um pouco e descobri que no Antigo Egito tinha um grande Imperador que colocou um ovo e então nasceu a civilização. E eu fui vendo em outras culturas e o ovo sempre aparece como princípio da criação.

Luciano - Aí colocamos esse nome e as pessoas não entendiam: "mas porque ovo?" Aí a gente falava: "É ovo, do verbo ouvir, eu ovo" (risos).

Marcelo - Tinha a coisa da Leo estar grávida, então o primeiro cartaz foi um ovo também.

Luciano - É um trabalho que a gente continua modificando. Teve vezes que mudamos quase tudo.

Marcelo - Aí teve o encontro com o Eugenio Barba, que foi a comemoração dos quarenta anos do Odin, na Dinamarca. E a Leo teve um encontro com o Eugenio, de quase três horas. Eles viram a fita do *Ovo*, aquela coisa: "para, aperta." Depois eles conversaram, conversaram, conversaram. Depois o Barba chamou a gente e conversou durante duas horas, falou em detalhes sobre cada cena. Uma memória impressionante, uma generosidade de padrinho. Foi uma coisa maravilhosa e com isso tivemos elementos para trabalhar o espetáculo mais essencialmente, alguns toques que ele deu a respeito das motivações fizeram com que a gente enxergasse o que estava fazendo. Depois de quase dois anos de trabalho finalmente vimos o trabalho, porque realmente não tínhamos consciência.

Luciano - E antes disso já tínhamos feito umas cinco ou seis versões diferentes. Mas foi depois dos comentários do Eugenio que as mudanças foram mais radicais.

E como foi o processo com *O Cano*?

Luciano - *O Cano* já estreou quase do jeito que ele é. Teve algumas modificações, mas poucas. Foi um processo rápido de trabalho, ao todo, a gente deve ter ensaiado uns três ou quatro meses juntos. Antes tivemos muito trabalho individual e de bagagem pessoal mesmo.

Marcelo - Enquanto que para montar o *Ovo*, ficamos sete meses enclausurados em um teatro, ensaiando muito. E já fizemos sete versões diferentes.

Luciano - Foi um processo bem diferente. Fomos elaborando o produto, até o grupo estar de acordo e a direção achar que era aquilo mesmo.

Marcelo - O nosso trabalho criativo acontece mais ou menos assim: a Leo pede para gente trazer material cênico a partir de um tema ou objeto. Nós criamos essa partitura ou improvisação e mostramos para ela. A Leo, então decide o que funciona e o que não funciona e a gente cristaliza. Aí começa um processo de lapidação. E esse processo às vezes, como foi o caso do *O Cano* é rápido e direto e às vezes, como foi no *Ovo* é muito mais complexo. É que no fundo o que desejamos é alcançar o simples e, definitivamente não é fácil. Para chegar ao simples você tem que passar por uma série de processos.

Luciano - Principalmente no caso do palhaço. Porque a lógica dele é assim: "se eu posso complicar para que facilitar?" Você tenta dez vezes para sentar, dez vezes para cair.

Marcelo - A história é muito essa, em cima desse processo o trabalho só vai sedimentar e maturar com anos de trabalho e principalmente trabalho com o público, para gente saber se funciona ou não funciona. Para o palhaço um ano e meio de trabalho não é nada. E tem que ser essencialmente com o público, para ver que resposta ele dá. Essa resposta não precisa ser necessariamente o riso, mas o palhaço precisa tocar as pessoas. Porque se não está tocando o público é porque não é bem feito.

Luciano - Eu discordo. Se não é engraçado, é ruim, é mau palhaço.

Marcelo - Mas ao mesmo tempo a desgraça do palhaço é tentar ser engraçado.

Campinas – SP

BOA COMPANHIA
Entrevista com Moacir Ferraz

Concedida a Adriana Patrícia dos Santos e Luís Deschamps
Em julho de 2006 em Barão Geraldo/ Campinas- SP

Como se deu a formação do grupo?

Moacir Ferraz - A *Boa Companhia* começou em 1992, quando viemos fazer o curso de graduação da UNICAMP. Coincidiu de ser o primeiro ano que a Verônica Fabrini, diretora artística da companhia, estava começando como docente na UNICAMP, então nós fomos a primeira turma para a qual ela deu aula. A Verônica começou a desenvolver umas atividades extracurriculares e convidou alguns atores para realizar esse trabalho com ela: foi aí que começou a *Boa Companhia*. Ele fez um exercício sobre o *Otelo* do Shakespeare. Ficamos fazendo *Otelo* até 1995, porque isso virou a base da dissertação de mestrado dela. Os quatro atores do *Primus* e a Verônica estão juntos desde então, mas o grupo já teve outras formações. Houve uma época, quando ainda estávamos dentro da universidade, que o grupo chegou a ter dezoito pessoas. Depois que nós concluímos a graduação, saímos com a formação de nove pessoas: quatro homens, quatro mulheres, mais a diretora. Essa formação durou até 1999, quando as quatro atrizes saíram e conseqüentemente ficaram os quatro atores e a Verônica. Depois entrou e saiu mais gente, e atualmente somos nós cinco e a Fabiana Pompeo que é atriz convidada. Em 1999 montamos o *Primus*. Desse ano para cá outras três pessoas passaram pelo grupo.

Qual a sua função no grupo?

Moacir Ferraz - Eu sou ator, e atualmente estou fazendo também um trabalho de direção. Estamos fazendo um espetáculo agora em São Paulo, *A Dama e os Vagabundos*, no qual eu fiz a dramaturgia e dividi a direção com a Verônica. Ao longo da nossa trajetória nós nos revezamos, porque num grupo tem a parte artística, que é gostoso de fazer e tem a parte da produção, que é difícil porque não temos tino para isso, não fomos pagos para isso. Por um bom tempo não tivemos estrutura para bancar um produtor. Então ao longo desses anos, os quatro homens foram se revezando na administração daquilo que chamamos de Escritório da *Boa Companhia*, que cuida do caixa, que é a pessoa que controla a grana. Hoje o

Daves Otani e o Eduardo Osório cuidam da parte de iluminação e o Alexandre Caetano cuida da parte gráfica, divulgação, cartazes. Essas atividades foram se desenhando ao longo do tempo, de acordo com as habilidades de cada um. Atualmente temos uma pessoa que trabalha como nossa secretária e com a produção, Naiani Beck.

Pensando sobre o processo criativo: de onde parte a criação dos espetáculos? Do texto, do ator, da improvisação, da direção?

Moacir Ferraz - Acho que a primeira coisa é o tema, o que queremos falar. Todo o trabalho de criação é a partir do ator; o corpo do ator que é o pivô para criação. Nós nunca tivemos um espetáculo com um grande cenário, ou com muitos figurinos, nem uma iluminação muito rebuscada. Trabalhávamos com uma dramaturgia já construída, no caso *Otelo*, *O sonho*, de Strindberg, fizemos *Dorotéia* do Nelson Rodrigues, com direção de João das Neves, fizemos *Primeiras histórias*. Depois fizemos nossa primeira dramaturgia coletiva, - na verdade quem construiu mais foi a Verônica - um espetáculo que a gente chamava de *Love me*; depois fizemos um espetáculo composto por várias esquetes de rua, juntando trechos do *Hamlet*, do *Vestido de Noiva*, trechos da obra do Qorpo Santo; montamos *O Senhor Puntila e Seu Criado*, - que foi a única peça que fizemos sob encomenda, porque eram cem anos de nascimento do Brecht e o Serviço Social do Comércio (SESC) queria comemorar - depois montamos de novo a *Dorotéia* e aí aconteceu uma coisa interessante. No final de 1998, nós fomos a Londres dar um curso e na volta houve a saída das meninas, por questões financeiras, por questões de inquietações artísticas. Já tínhamos montado até uma peça infantil na época, para ganhar dinheiro, mas não ganhamos dinheiro nenhum! Os pais gostavam mais da peça do que as crianças. Esse foi o momento da criação do *Primus*.

Ainda com os espetáculos partindo de textos, o processo de criação é focado no ator?

Moacir Ferraz - Sim, ele é foco central. Temos uma característica também que é a encenação forte da Verônica, que tem uma influência grande da visão brechtiana de teatro. Se pegarmos toda a *Trilogia Kafka - Primus, Mr. K e os Artistas da Fome* e *Josefina, a Cantora ou o Povo dos Ratos* – dá para perceber que o nosso trabalho tem muita influência do Brecht em relação a própria encenação. No trabalho do ator a gente mistura tudo: Stanislavski, Grotowski, Brecht, para termos um guia para trabalho de criação de personagem. Eu falo que a nossa criação é mais brechtiana porque nunca trabalhamos com o realístico até agora. Nada contra, só que nossa maneira de trabalhar não nos conduziu a isso, nossa estética é mais brechtiana mesmo.

O processo é consolidado através de improvisações?

Moacir Ferraz - Isso mesmo. Uma vez definido o texto, buscamos estudar a tensões existentes no mesmo: primeiro aquilo que representa o super-objetivo da peça, porque escolhemos tal texto. Então buscamos trazer para o corpo do ator as tensões existentes no texto. Um exemplo: você tem o corpo do macaco, que é um corpo que remete à liberdade, à espontaneidade, à natureza e do outro lado você tem o corpo do homem civilizado, que é domesticado, codificado. Um dos temas existentes nos *Primus* é essa diferença entre liberdade e saída. A gente vive buscando uma saída para sobreviver nesse mundo, não podemos fazer o que realmente gostaríamos de fazer. A nossa liberdade foi perdida. Então buscamos levar esses tipos de tensão para o corpo. Tentamos encontrar vetores, linhas, matrizes para criação do corpo espetacular - vamos chamar assim. Inclusive estou fazendo um doutorado sobre o processo criativo da *Boa Companhia* e trabalho com três nomes que acho que são fundamentais no nosso tipo de criação: 1. coreografia, que é a escrita no espaço, 2. a questão do ritmo, que é fundamental para estabelecer qualquer tipo de linguagem, 3. seria o que chamamos de corpografia, que é a escrita no corpo, como que as tensões fundamentais existentes no texto foram capturadas, estruturadas no corpo e trabalhadas de maneira objetiva e racional para serem transformadas em subjetivas e geradoras de emoção.

Vocês buscam um modelo específico de técnica para o ator?

Moacir Ferraz - Não. Tudo depende da peça que vamos montar. Às vezes até a peça depende do que estamos fazendo no momento. Quando montamos o *Love Me* estávamos fazendo oficina de dança brasileira e oficina de voz. Então decidimos montar uma peça para exercitarmos que estávamos aprendendo: surgiu o *Love Me*. Quando fizemos o *Senhor Puntila e Seu Criado* nós chamamos o Francisco Medeiros para dar uma oficina para gente. Isso é outra prática do grupo: sempre chamar outros profissionais para propiciar um intercâmbio. Nessa peça, queríamos ver o que poderia haver de diálogo entre o Brecht e o Artaud, porque o Puntila é um personagem muito sedutor e nós queríamos capturar a loucura desse personagem nos devaneios artaudianos. Usamos isso também na *Dorotéia*. O Nelson e o Artaud se assemelham nessa coisa do teatro desagradável. O Nelson falava que o teatro não tem que ser bombom com licor e o Artaud também acredita numa crueldade cênica. Então na *Dorotéia* queríamos buscar esse clima, esses corpos diferenciados e fizemos uma oficina com um cara que entendia mais de Artaud para experimentar o que é essa vertigem que ele propõe. Dessa forma, nós não temos um trabalho de pesquisa pensado antes, um treinamento continuado como tem o *Lume*, por exemplo. O nosso modo de fazer – que hoje eu entendo que nós temos um modo de fazer – foi sendo construído dependendo daquilo que íamos fazer. Com *Puntila* e *Dorotéia*, tivemos essa aproximação do Brecht e do Artaud. Depois com o *Primus*, fizemos aula de capoeira, aula de canto, aula de sapateado, de percussão. Temos esse ideal de que o ator pode fazer o máximo de coisas, pode aprender, da melhor maneira possível. Que ele possa cantar, sapatear, fazer malabarismo, não para se exibir, mas para usar isso em função do espetáculo proposto. No *Primus* nós temos muitas linguagens que não estão necessariamente ligadas à representação, então quanto mais conhecimentos de possibilidades cênicas para o ator, melhor.

Sobre o espaço cênico: vocês têm alguma preferência em relação a isso?

Moacir Ferraz - Não. Mais uma vez depende muito do espetáculo. Tem o caso de um espetáculo chamado *Mr. K e os Artistas da Fome* que foi concebido para um festival lá na Alemanha, onde se começava fora do teatro, passava por dentro do mesmo e terminava nos fundos do teatro. A Verônica teve essa ideia por conta do assunto que era tratado, era importante que o público experimentasse essas três sensações, que acompanhasse a chegada, o auge e o declínio do artista.

Essa ideia surgiu do tema, do texto?

Moacir Ferraz - Essa peça faz parte de uma trilogia que fizemos com três contos do Kafka, que questionam um pouco o papel do artista na sociedade. Primeiro foi o *Primus*, onde temos o macaco se adaptando para sobreviver. Depois veio a história de um artista radical que não abdica de seu trabalho e morre de fome de fato, *Mr. K e os Artistas da Fome*. E o terceiro conto é *Josefina, a Cantora ou O povo Dos Ratos* que é a história de uma cantora incompreendida, mas que também não abre mão da sua arte. Diferente do artista do outro conto ela não teve seu período de glória, ela viveu no meio de um povo muito pobre, muito rústico, que não entende muito bem aquilo que ela faz, não sabe nem dizer se aquilo é arte, mas que precisa dela em alguns momentos. A *Josefina* e o *Primus* foram concebidos mais para a caixa italiana, O *Primus* já fizemos em outros espaços, quadra de esportes, lona. *Josefina* precisa de uma coisa mais intimista. O *Artistas da Fome* tem uma versão alternativa, mas ele foi concebido para ter esse percurso. Então não pensamos no espaço antes, pensamos sempre no tema, que vai guiando as ideias relacionadas ao espaço.

A criação dos espetáculos está direcionada para algum público específico?

Moacir Ferraz - Queremos o maior público possível. Teatro de pesquisa sempre parece uma coisa meio fechada, mas queremos o maior público possível. Faz parte do ideal do grupo desde o começo tentar levar o teatro a pessoas que têm menos acesso. Foi um dos motivos de ficarmos em Campinas, em Barão Geraldo, porque o mais óbvio seria ir para o Rio de Janeiro ou para São Paulo. Mas queríamos criar um trabalho de qualidade fora desse eixo e no máximo possível poder levar os trabalhos para o interior. Com o *Primus* tínhamos muito medo, porque Kafka já soa como um autor difícil, nós fazíamos teatro de pesquisa, então pensamos que ninguém ia querer ver aquilo. A peça virou um sucesso e já apresentamos no Acre, em Rondônia, de graça, cobrando, foi visto pelas mais diferentes pessoas e faixas etárias. Lógico que pessoas mais cultas vão compreender a peça em sua plenitude, outras pessoas vão ficar mais na questão estética e visual, outras vão se deter na questão da percussão, da dança, mas tentamos sempre fazer teatro popular. O *Primus* foi o nosso maior sucesso até agora. Estamos fazendo agora o *Esperando Godot*, que é a nossa volta ao texto teatral clássico, depois de três adaptações de literatura tradicional. *Godot* é uma peça difícil e estamos fazendo ela na íntegra, então sabemos que dificilmente ele vai ter a mesma penetração do *Primus*. Embora tenhamos feito uma temporada de dois meses no SESC Ipiranga, que é zona leste e tem um público diferente do que se costuma ver e tivemos uma resposta boa.

Vocês não pensam em um público direcionado, mas você percebe que existe um público que sempre vai aos espetáculos da Boa Companhia?

Moacir Ferraz - Nós cativamos umas pessoas que se identificaram com a linguagem e com os temas tratados. O público universitário, esse público mais afeito ao teatro. Mas as oportunidades que nós tivemos de mostrar o trabalho a pessoas que geralmente não vão ao teatro, foi muito gratificante. Tivemos uma experiência parecida quando ainda estávamos na turma da UNICAMP e montamos *Primeiras Histórias*, baseado nos textos de Guimarães Rosa, também um autor dificílimo. Um espetáculo de quatro horas, num parque afastado da cidade onde nunca tinha tido espetáculo e as pessoas adoraram. Fizemos dois meses e vinha gente de tudo quanto é lado e lugares. As pessoas curtiam muito o espetáculo e apesar da linguagem do Guimarães ser meio rebuscada ela é muito brasileira e por isso que as pessoas se identificaram muito. Então um pouco independente da linguagem, quando existe a tentativa de criar um objeto artístico, isso reverbera nas pessoas. Lembro uma vez que fizemos uma performance de um trecho do *Hamlet*, de uma passagem da personagem da Ofélia. Chamava-se *Ofélia Plugada*. E era uma performance bem estilizada sem começo nem fim, sem historinha, nem nada. Fomos apresentar num festival de curtas em Sorocaba, e o pessoal da banca ficou dividido porque achou muito hermético, achou meio Gerald Thomas e não sei o quê. No meio dessa confusão uma senhora na plateia falou "olha, eu não entendi muito bem o que vocês falaram, não. Mas eu acho que daqui a três dias eu ainda estarei pensando nessas coisas que eu ouvi hoje". Tem uma frase do Stanislavski que é muito bacana e diz "um ser humano pressente o outro". Então quando você domina bem o que está fazendo, conhece o material, se identifica com ele, mesmo que você se utilize de recursos lingüísticos rebuscados, isso estará tratando, no fim das contas, do ser humano, e isso vai ressoar no ser humano do outro lado, em maior ou menos escala. Lógico que queremos falar sempre com o maior número de pessoas, mas a gente não monta peças do chamado teatro popular por enquanto. O que temos feito realmente é buscar temas que nos interessem.

Vocês conseguem sobreviver de bilheteria?

Moacir Ferraz - Não. Todo mundo na *Boa Companhia* tem uma atividade paralela ainda que dentro do teatro, para se manter. O dinheiro das apresentações não dá para sustentar o grupo. Nós fazemos muitas oficinas e temos mantido um diálogo bacana com o ambiente acadêmico. Todos os atores do grupo têm mestrado e agora eu e Eduardo estamos fazendo doutorado na UNICAMP, que é uma maneira de se manter sempre um diálogo entre a teoria e a prática. E as oficinas são muito importantes para a gente verificar até que ponto o aprendizado que nós tivemos é transmissível, até que ponto não é uma coisa que serve só para nós. Isso tem nos dado um retorno bem bacana. Ao longo desses quatorze anos de trabalho, desenvolvemos um aprendizado, acumulamos um saber-fazer que nos propicia dar cursos e oficinas. No meu caso e do Alexandre já direcionamos para colocar em prática a questão da direção teatral que é algo muito concreto. O retorno que a gente tem faz com que nos demos conta de que não estamos viajando numa coisa completamente só nossa. Porque é humano mesmo, a questão do jogo e da representação isso está muito na raiz do ser humano, todo mundo gosta de brincar de jogar.

As oficinas têm algum público específico?

Moacir Ferraz - Nós vamos onde nos chamam. Ministramos algumas oficinas aqui na nossa sede mesmo, em várias cidades da região, quando viajamos com o SESC, fizemos em Porto Alegre, lá no festival. E é muito bacana porque é um espaço de trocas.

E elas buscam a formação de atores?

Moacir Ferraz - Basicamente. Nós ministramos algumas oficinas coletivamente e outras são individuais. Às vezes as pessoas ficam interessadas em saber do processo criativo da *Boa Companhia* então nós fazemos oficinas do grupo inteiro para se ter uma noção de como as peças vão sendo construídas. Eu geralmente me dedico mais à questão da voz. O Eduardo fica mais na questão do ritmo e o Alexandre e o Daves se detém no corpo. A duração depende do gosto do freguês. Estou fazendo uma no SESC agora que tem seis meses de duração, mas é uma oficina diferenciada, uma oficina de convívio e de teatro, tem pessoas de seis a sessenta anos fazendo.

Vocês não pensam em fazer oficinas permanentes?

Moacir Ferraz - Sim, porque é uma boa forma de exercitarmos o nosso trabalho e também porque é uma fonte de renda.

Os temas das oficinas também são variados? Como vocês estabelecem isso?

Moacir Ferraz - Quando as pessoas nos chamam elas dizem o que elas querem. Quando somos nós que oferecemos, nós nos voltamos para área que mais nos interessa, que é a questão da palavra, do corpo, ritmo, percussão, dança.

A *Boa Companhia* tem um projeto pedagógico?

Moacir Ferraz - Acho que temos e está em relação com a nossa maneira de criar, com a questão do corpo/ mente/ coração/voz, tudo junto. O corpo do ator é a coisa mais interessante do teatro, pode não ter cenário, não ter luz, se você tem um ator bom em cena, o teatro acontece. Então acho que tem um projeto pedagógico que é centrar no corpo do ator toda a criação dramatúrgica e buscar quebrar os padrões comportamentais desse corpo, torná-lo o mais maleável possível, o mais expressivo. As oficinas que damos terminam sendo um reflexo da maneira como pensamos. Por que fazer teatro, porque fazer especificamente esta técnica, como disponibilizar o corpo? Isso seria o projeto pedagógico.

Você falou da união entre teoria e prática. Vocês têm algum referencial teórico para as oficinas?

Moacir Ferraz - Sim, na verdade é o grosso do que os grandes nomes já escreveram. Na verdade depende da oficina, do assunto a ser tratado. Muita gente fala sobre a voz, por exemplo, mas não tem uma coisa específica. Stanislavski fala, Grotowski fala, se você tem alguma posição acadêmica já soube do assunto. A gente trabalha mesmo muito com o aprendizado prático, "vai fazer a coisa", "aprende a coisa fazendo", "bota o corpo para trabalhar". Existe um aprendizado que é do corpo como um todo, não tem porque ficar falando muito, explicando muito. É um aprendizado que demanda tempo, disponibilidade, muita generosidade de permitir-se fazer as coisas e uma experiência que é do músculo, que é sensorial do corpo inteiro, de estar sempre botando a razão como uma coisa integrante do corpo.

Já aconteceu nas oficinas do grupo de vocês trabalharem com atores e não atores juntos?

Moacir Ferraz - Sim. Mas como eu te falei, a questão do lúdico, do jogo, interessa a todo mundo, a pessoa que se dispôs a fazer uma oficina de teatro já está sabendo o que vai encontrar. Trabalhamos muito com música, dança. De repente uma pessoa se pega falando e fazendo coisas que ela não pensava que faria, porque existe um travamento no corpo da gente, fomos educados para sermos comportados. Nas oficinas você permite as pessoas extrapolarem isso, aí ela faz uma voz que ela não imaginava que tinha. Isso acontece porque está na essência do ser humano a questão do jogo e da brincadeira, das histórias. A arte tem muito de terapia. A arte é pedagógica e é terapêutica por natureza. A gente não quer fazer teatro terapêutico, não quer fazer um teatro pedagógico, mas isso já é da natureza da arte. Você tem uma ligação estética e isso é terapêutico, é saudável. Você captura alguma mensagem, você captura alguma ideia, você tem um aprendizado inerente, alguma coisa você adquiriu com o contato com aquela obra artística. Então essas duas coisas: terapia e pedagogia são inerentes à arte. Se você dança, você se sente bem, se você canta, você se sente bem, porque está mexendo com seu corpo, está mexendo com o lado lúdico da existência e isso é terapêutico e leva ao aprendizado.

As imagens do grupo são produzidas por algum profissional?

Moacir Ferraz - Não. Nós sabemos que isso é importante para que as pessoas tenham uma noção melhor do que é o trabalho, uma boa foto diz muito sobre o trabalho. Nós temos bons fotógrafos no grupo, mas eles estão em cena. A parte gráfica, os cartazes, sou eu que faço. Quem faz os registros de vídeo e fotos são sempre pessoas próximas.

Qual é o critério de seleção para o material que é produzido a partir do trabalho do grupo?

Moacir Ferraz - Primeiro é necessário capturar a essência do que a gente quer dizer com a peça. Uma foto já diz de cara muito sobre a peça, ela dá deixas de como é feita a dramaturgia, a cenografia. No vídeo nós temos registros mais formais, a câmera parada, que é o que os festivais pedem, mas temos também vídeos mais elaborados, que tem close ou que mexem na velocidade da imagem. Na verdade nós temos um monte de fitas que estamos com dó de jogar fora.

O grupo se preocupa em realizar registros permanentes de ensaios?

Moacir Ferraz - Não, só dos espetáculos.

LUME TEATRO
Entrevista com Ricardo Puccetti, Jesser de Souza, Renato Ferracini e
Naomi Silman[15]

Concedida a Adriana Patrícia dos Santos e Luís Deschamps.
Em julho de 2006, na Sede do Lume, Barão Geraldo- Campinas SP

**Primeiramente gostaríamos que vocês nos falassem do surgimento
do *Lume*...**

Ricardo - A ideia, o impulso inicial foi do Luis Otávio Burnier, que foi
esse ator aqui de Campinas que foi muito jovem para a França estudar
mímica e lá foi discípulo de Etiènne Decroux, criador da mímica
moderna. Além disso, ele teve a oportunidade de ficar oito anos na
França tendo contato com grandes mestres, como Eugenio Barba,
Jacques Lecoq, Philippe Gaulier, atores do Grotowski, o próprio
Grotowski anos mais tarde, mestres do teatro oriental, japonês, Nô,
Kathakali indiano, trabalho de máscaras, trabalho de *clown*. Ele passou por
várias técnicas. Teve contato com o teatro antropológico, do Eugenio
Barba, que vinha com essa questão do grupo - o *Odin* é um dos grupos
que consolidou a ideia de teatro de grupo. Então o Luís voltou para o
Brasil, com toda essa formação, com a ideia de criar um centro de estudo
da arte do ator, do trabalho do ator. Voltando, ele teve convite de
algumas universidades, a USP queria abrir espaço para isso, a UNICAMP
também. Como ele era de Campinas e a UNICAMP era uma
universidade, na época, mais jovem do que a USP, muito aberta para a
pesquisa, ele achou mais interessante ficar aqui em Campinas. Quando a
universidade propôs para ele e disse: "Tudo bem, a gente te dá esse
espaço para você abrir esse núcleo de estudo do ator", também ofereceu
a oportunidade dele ser professor. Em contrapartida, ele pediu condições
para fazer pesquisa. Então ele disse: "bom, para isso, eu preciso de
atores". O primeiro ator que chegou foi o Carlos Simioni. Dois anos
depois eu cheguei. Então os três foram a primeira geração do *Lume*, os
primeiros atores, até o Luís morrer. Fomos os três durante dez anos, com
um ou outro participante que ficava um tempo e depois saía. Nesses
primeiros dez anos, o objetivo do trabalho era então entender esse ator,

---

[15] Atores-pesquisadores do Lume Teatro.

que ator era esse que poderia beber de todas essas fontes que o Luís tinha bebido na Europa, mas que ao mesmo tempo não repetisse essas fontes. Ele não queria que a gente aprendesse mímica, nem Kathakali, mas visse em todas essas técnicas, nessas metodologias de trabalho, maneiras de criar o nosso próprio trabalho. Queria que pensássemos que princípios técnicos, por exemplo, e isso é da Antropologia Teatral, são comuns a várias técnicas e o que a gente pode apreender. Isso inclui a cultura brasileira também, a história pessoal dos atores, o que a gente pode trazer da própria maneira dos atores utilizarem o corpo e que pode ser transformada em técnica e virar uma maneira singular de cada ator trabalhar. Esses foram os primeiros dez anos, foi um ciclo em que o *Lume* era um núcleo de pesquisa que passava a maior parte do tempo em sala de trabalho, por muitas horas, treinando, pesquisando no escuro, à partir de coisas que o Luís trazia, que cada um trazia, mas sem saber onde isso ia dar. Foram poucos espetáculos nestes dez anos, teve o *Kelbilim* que é o solo do Simioni, que é o mais antigo, teve um de *clown*, teve o solo do Luís Otávio que na verdade é o mais antigo, tinha o meu que estava quase pronto, mas o Luís morreu um pouco antes. Quer dizer, foram poucos espetáculos, poucos cursos que demos, isso porque estávamos concentrados em descobrir como e o que era o nosso trabalho. Nestes dez anos, não sabíamos no que ia dar, nem sabíamos o que era isso que fazíamos em sala. Depois entendemos que esses dez primeiros anos foram para construir uma base e que os próximos dez anos seriam para descobrir o que fazer com essa base, que teatro esses atores poderiam e queriam fazer, utilizando essas técnicas, essas metodologias, esses treinos. E foi justamente nesse ponto que entrou a nova leva dos atores, em 93. A ideia no início, quando o Simioni entrou, quando eu entrei, o Luís falou: "eu aceito vocês como atores", porque a gente queria trabalhar, mas ele disse: "mas é por vinte anos, vamos fazer um pacto de vinte anos de trabalho, eu não posso trabalhar com vocês três, quatro anos, porque a minha pesquisa está no corpo de vocês, e dali quatro anos vocês vão embora, vocês tem que se comprometer". E a gente se comprometeu.

Renato - Eu tenho uma versão, de que vocês três, nesses dez anos de pesquisa, desenvolveram muitas técnicas, muitas metodologias que estavam no corpo de vocês. Davam *workshops* também, mas eram sempre por períodos curtos. Então, a minha turma de universidade propôs para o Burnier, que era nosso professor, que dirigisse nosso espetáculo de formatura. Ele aceitou, mas com a seguinte condição: "quero que vocês passem um ano treinando aquilo que a gente pesquisou durante dez anos". Ele teve a oportunidade de experimentar aquilo que funcionava no corpo do Rick, do Simi e de Burnier, com um grupo fixo durante um ano, que estava interessado e disponível.

Ricardo – Foi uma oportunidade de testar se aquelas coisas que funcionavam para gente, eram possíveis de serem transmitida ou não.

Renato - Em que resultado eles chegariam de trabalhar com um grupo de onze atores, durante um ano, oito horas por dia, treinando. A que resultado se chegaria? Para a gente era uma enorme oportunidade.

Ricardo – A dúvida na época era: "Será que o que eu estou fazendo, só vai servir para mim? Ou se eu passar isso para o Renato, por exemplo, ele vai fazer o que eu faço?

Renato – Ou vai criar ou transformar.

Ricardo – Porque o que o Luís trabalhou comigo e com o Simi, eram metodologias de diferenciar e não de igualar. De buscar essa coisa particular, da individualidade.

Renato - Porque a busca é justamente essa, de elaborar técnicas e metodologias que funcionem para cada um de nós, considerando a história pessoal, história física, as paixões, do que cada um gosta, a cultura pessoal.

Naomi – Uma coisa que é importante dizer, que tem a ver com a própria formação do Burnier e do movimento de teatro no século XX, é que essas fórmulas, essas técnicas, acabaram construindo metodologias. Só que em muitos casos, acho que o Luís também teve vivência com isso, acabou virando somente uma forma. Grandes metodologias que foram aplicadas em escolas de teatro, na verdade não têm a possibilidade de buscar essa coisa individual. As pessoas que se formam nessas escolas, que trabalham nessa linha, acabam parecendo todo mundo igual. Em muitos casos você não vê uma individualidade, o que é daquela pessoa. Isso é um ponto que eu sempre gosto de falar, porque para mim - não digo que é único do trabalho do Burnier, lógico que têm outros - quando eu tive contato, eu que fui a última a chegar no grupo, isso ressaltou. Eu consegui ver que deu certo essa aposta.

Renato – Nós éramos alunos e aí convidamos o Luís, mas a condição dele foi de trabalhar esse um ano, mas não só ele trabalhar, como também o

Rick[16] e o Simi[17]. Na verdade quem trabalhou mais com a gente foi o Rick.

Ricardo – E ele chegou mais no momento da realização do espetáculo.

Renato– Na verdade foi um rito de iniciação, nesse ano a gente ficou treinando o tempo todo com eles, isso em 93. Quando a gente fez o espetáculo, era um espetáculo de formatura, que tentava abarcar todas as pessoas, eram onze. Depois desse espetáculo, em 94, algumas pessoas naturalmente saíram, apesar de terem se dedicado profundamente durante esse ano, mas tinham novos projetos. Mas, algumas pessoas quiserem continuar o trabalho. Então quem quis continuar, foi feito um novo acordo de mais um ano.

Ricardo – A gente viu a chance de aumentar o número de pessoas e sentiu no grupo um grande potencial. E realmente eles tiveram a mesma entrega que nós tínhamos tido nestes dez anos, porque não é um trabalho fácil, são muitas horas, é duro fisicamente, você não pode fazer outra coisa porque não dá tempo.

Renato – Daí em 94, além de todo o trabalho artístico, também teve uma inclusão nossa no trabalho de grupo mesmo, como a gente se coloca em um trabalho grupal. Cada um tinha uma função específica administrativa.

Ricardo – Porque para o Luís era importante. Eu lembro que quando eu cheguei, além das horas e horas do trabalho em sala, ele queria ver você fazendo outras coisas. E isso continua até hoje, a gente não é só ator. A gente faz produção, tudo. Teve épocas que a gente fez tudo mesmo, a gente montava, desmontava.

Ricardo – Então, desde o início foi isso, mas os créditos são mesmo do Luís. Porque o fundamental não é ser só ator. Cada um aqui tem noção da responsabilidade que você tem com o todo. Não dá para você ser um ator fantástico se você não ajuda no resto. Essa vivência que envolve tudo no trabalho de ator para ele poder ser levado a público, nos deu uma autonomia muito grande para conduzir o destino do grupo. Hoje a gente

[16] Ricardo Puccetti.

[17] Carlos Simioni.

tem um produtor, um assistente de produção e dois iluminadores, mas todos nós passamos por essas funções. Então, a gente não fica à mercê deles. A gente sabe até um determinado limite, como tem que ser feito. Quando precisa, a gente resolve. Já teve casos em que os técnicos de luz do espaço não sabiam operar a mesa, então chamaram a gente. Eu também não sabia, mas fui descobrindo. Mas, por quê? Porque eu tive essa vivência.

Renato – Isso é bem diferente de uma companhia que contrata um produtor, você só chega lá, tem um maquiador que faz isso, outro que faz aquilo. Isso é muito diferente.

Ricardo – E essa maneira de funcionar então, acabou criando uma cultura de grupo e ela tem vários princípios que a gente sempre segue, esse trabalho artesanal que é em todos os níveis do ator com o trabalho dele. Artesanal porque você manipula as suas ações, quase como o sapateiro manipula o couro. O trabalho artesanal aqui, as atrizes ali com a mão na massa no material do espetáculo. Tem a coisa da ética de como o grupo funciona, entre a gente, em relação a outros grupos, alunos, a ética da venda, a simplicidade do espetáculo. Uma das coisas que norteiam a criação do espetáculo é uma busca pela simplicidade. No início ela foi de sobrevivência, hoje ela é aquela coisa mais essencial possível, em que o ator é o centro.

Renato – É engraçado, porque quando a gente está criando um espetáculo, sempre aparece o seguinte: "Como a gente vai viajar com ele? Isso dá para viajar? Vai dar muito trabalho?". Essa questão de você querer viajar, levar, se mostrar, seja para onde for, isso também norteia um pouco. Vocês podem pensar que é um elemento: "ah, mas então vocês quebram o processo criativo em função de um praticidade de viagem?" Não, não é isso. É o contrário.

Jesser – Tudo que vai, estrutura para pendurar luz, caixas, a gente pensa em um primeiro momento. Mas de que maneira a gente consegue a mesma coisa de forma mais simples.

Naomi – Mas isso também é muito em função da questão de que a base do nosso trabalho é o trabalho do ator. Não existe o certo e o errado. Há trabalhos que se baseiam mais na imagem, na composição visual, em multimeios, ou de um texto. O cerne do trabalho do grupo, sempre foi o foco nos atores, claro que a gente está se aventurando cada vez mais, buscando outras experiências.

Vocês disseram na criação dos espetáculos partem do ator. Mas, todos os espetáculos que vocês fizeram até agora sempre partiram desse elemento?

Ricardo – Cada um vai por um lado, mas o espetáculo geralmente parte do ator ou dos atores. Depende daquele ator, ou da pesquisa daquele ator no momento ou do coletivo.

Naomi – Às vezes você pode dizer que é do desejo do ator. Mas, não é tipo: "ah, eu quero tal coisa". Como a base do trabalho é fuçar dentro do corpo do ator, você já conhece um universo seu. Em toda a parte do treinamento, para fazer a pesquisa sobre o instrumento do ator, já se começa a entrar em contato com preocupações e desejos de cada um. Os desejos surgem muito quando a gente está trabalhando, surgem muito dessa vivência da prática. Eu acredito muito numa coisa que é uma imagem que o Luís usava, que esse processo é igual ao escultor que tem uma escultura. O Rodin[18] falava que ele tinha uma pedra, um pedaço de mármore, e a escultura já estava lá dentro, ele só precisava revelar a forma da escultura. Ela já existe lá dentro, então em todos os espetáculos e também nas nossas decisões, eu penso que cada um foi construído à partir do que veio antes, é um caminho que você vai revelando, porque ele já existe. Porque tanto dentro de você, como dentro do grupo, como as obras, como os caminhos, não é um processo racional, mas sim de acreditar em conjunto. Não existem erros, tudo faz parte de um caminho.

Renato – E mesmo os "erros", eles vieram de uma vontade inicial que foi indo por um caminho que não foi o que a gente imaginou, mas a gente assume aquilo como um processo de: "Tá, aprendemos, por aqui não vamos mais!". Isso faz parte também, a gente pode errar também.

Jesser – Tem uma parábola do Thomas Edson que ao tentar descobrir a lâmpada, ele ficou fazendo experiências, ele tinha um ajudante que sempre o via tentando e não conseguindo, então antes da milésima tentativa o ajudando perguntou: "mas, Doutor Thomas, o senhor já tentou novecentas e noventa e nove vezes fazer a lâmpada e ainda não

---

[18] Auguste Rodin, escultor francês morto em 1917.

conseguiu. O senhor não vai desistir?". Então ele disse: "se eu não conseguir, pelo menos eu vou deixar novecentas e noventa e nove

maneiras de como não fazer". Eu acho que o espírito de pesquisa é muito importante, e a gente tem isso no nosso trabalho. É lógico que queremos acertar, mas também nos propomos a experimentar erros, porque é uma maneira de chegar em algo.

Ricardo – E foi isso desde o início, quando entramos na sala ficamos oito horas diárias treinando. A gente não sabia para onde ir. Mas, é uma questão do grupo de acreditar que algo vai sair. Existiram fases em que o ator ficava quatro anos trabalhando seu material para somente depois disso olhar para isso com o Luís e verificar o que ele estava dizendo, que história se podia contar com aquilo. E o espetáculo saía daí.

Naomi – Já teve criação que partiu da vontade de colaborar com alguns métodos, depois da morte do Luís. Foi uma das maneiras da gente sobreviver sem diretor, ter pessoas de fora que podem contribuir e dialogar.

Renato – Uma coisa que é comum em todos é uma afinidade de trabalho com quem a gente convida. Antes de mais nada, é uma relação humana, com pontos em comum, com inquietações artísticas. A gente teve intercâmbios com o Natsu Nakajima e Anzu Furukawa que trabalham o Butoh. Com o Ricardo e o Simioni a gente começou lá atrás, que é uma das linhas de pesquisa, com a dança pessoal e é algo que se parece muito com o que é o Butoh. E é algo que eles não sabiam na época e depois que viram o Butoh, percebemos que essas pessoas têm muitos pontos em comum com o que a gente faz. Nós vimos um espetáculo dirigido pelo Norberto em Itajaí e ele assistiu o nosso *Café com Queijo*. Ele adorou o nosso trabalho e nós adoramos o trabalho dele. Aí no ano seguinte a gente estava na Argentina, e surgiu a ideia de trabalhar junto, conviver junto. Destes contatos, você vai vendo que falam a mesma língua, embora com sotaque diferente, a gente tem afinidades, coisas que são muito em comum.

Ricardo – A gente trabalha com repertórios, a gente tem dez, é isso? Mas são espetáculos com caras muito diferentes, justamente porque a gente tenta não ter fórmulas prontas para a construção do espetáculo. Apesar do ator, ser de certa maneira, o ponto onde tudo começa, a estética é sempre muito diferente.

Apesar dos espetáculos serem muito variados, vocês tem um modelo de ator?

Ricardo – Depois de tantos anos, podemos dizer que temos "O Ator" do *Lume*, todos nós temos uma maneira que é muito única de trabalhar e é uma maneira que, dentro das diferenças, busca metodologias de formação, ela também já existe, já existe uma escola da maneira de trabalhar que a gente passa.

Renato – O Eduardo Okamoto, por exemplo, é um ator que se formou na UNICAMP, quem olha o trabalho dele não fala: "Ah, é um ator do *Lume*, ou um ator formado pelo *Lume*", mas ele é um ator que tem a plenitude do trabalho dele. Ele trabalhou com a gente, trabalhou com o Teatro do Oprimido do Boal, fez pesquisa de campo. Quando ele se apresenta, ele é um dos grandes nomes, e é um garoto, um rapazinho, um jovem, mas que mergulhou no trabalho pessoal dele e isso é uma característica de um ator do *Lume*.

Jesser – Acho que entre todas as diferenças e peculiaridades que existem, há um ponto em comum entre nós sete, que é uma busca em comum. O Copeau tem um termo que eu gosto muito que é "cabotinagem teatral", que é assim, você não ser um ator e sim ser um cabotino de ator; você engana todo mundo inclusive você mesmo e o público. Ou seja, as ações que você faz são enganações. E a gente sabe muito bem o que é isso, essa cabotinagem, intuitivamente a gente sabe o que é. O ator se engana, engana o público, todo mundo finge que está bem, eu acredito no que estou fazendo, eles acreditam no que estou fazendo, então vira uma grande "cabotinagem teatral". Uma das nossas coisas em comum é lutar um pouco contra essa cabotinagem teatral, a gente procura criar uma relação de criação com o público. Buscar um tipo de relação, com as próprias ações, que seja muito concreta, muito "verdadeira", viva, orgânica, com o público e com suas próprias ações. Esta é a base de criação para qualquer espetáculo, mas você pode ser vivo e orgânico, dentro de um *clown*, no Butoh, na mímesis. Então na verdade, a estética não é comum, mas o comum é essa base.

Naomi – E o desejo dentro das nossas potencialidades, tanto individuais quanto de grupo, é atingir o espectador. Para a gente é muito importante atingir o espectador não só racionalmente, mas também por outros canais. Canais que estamos buscando trabalhar em nós mesmos.

Ricardo – Na verdade, isso da relação com o público, falando do início que era o Centro de Estudo da Arte do Ator. Então, partiu-se do ator enquanto feitor de ações físicas ou vocais e como cada ator encontrava o seu repertório pessoal, que poderia vir dele mesmo, ou da mímesis, da comicidade enfim, de fazer ações. Só que no fundo eu vejo, pra mim, é claro, que a nossa grande pesquisa nesse tempo todo foi: como entrar em relação com o público. Em cada espetáculo a gente experimentou maneiras diferentes e novas maneiras são experimentadas sempre. Teve espetáculos que experimentamos relações instintivas, intuitivas e sensoriais, não teve nada racional. Teve espetáculos em que isso foi equilibrado. Em um espetáculo de rua ou de *clown*, por exemplo, a relação tem que ser do toque, do físico, em outros o espectador só assiste, em outros ele é obrigado a ter uma participação mais ativa.

Renato – Isso que o Rick está falando, é importantíssimo. Existe ainda hoje, um preconceito muito grande com a gente. Preconceito de que nós nos fechamos em Barão Geraldo, que fazemos um trabalho hermético, que trabalhamos só para a gente, que queremos mostrar o virtuosismo do ator, que não pensamos no público. E o engraçado é que é o oposto disso. Porque antes do trabalho do ator vem o trabalho do ator com ele mesmo para o outro. Não tem sentido a gente fazer para a gente mesmo. Para nós, se abrir para o outro não significa que queremos que o outro entenda o que estamos dizendo. Para nós, se abrir não significa que a gente vai dar tudo de mão beijada. A gente não precisa comunicar nada, comunicar no sentido mais racional da palavra, uma mensagem, uma moral da história. Tudo comunica hoje em dia, televisão, internet. A gente não precisa de comunicação, a gente precisa de criação. E o público também tem que ter a sua parte criativa, tem que ser ativo e a gente busca essa atividade nele. O público tem que se abrir para a relação, para o diálogo. Mas, se ele ficar querendo entender o que está acontecendo, ele vai sair chateado.

Ricardo – Esse é um dos nossos riscos. A gente coloca uma responsabilidade grande na mão do público. No decorrer dos anos a gente conseguiu ter um controle disso, mas houve momentos na nossa trajetória, nos quais o fato do público não estar acostumado a ter essa responsabilidade ativa de diversas maneiras na criação, nos desarmava, porque o nosso processo é sempre construído intuitivamente, de uma maneira que o público tinha que contribuir.

Jesser – Um exemplo prático é contexto de rua. Tem espetáculo de rua, onde o público está passando, vê e pára para assistir, ou ele vai para ver o espetáculo, e fica parado naquele lugar como espectador. Em um espetáculo que fizemos não era assim. Ele quebrava o tempo todo com a expectativa do público. A gente começava: "Ah, é aqui que vai ser o espetáculo? Aqui que vai ser o teatro?", a gente respondia que sim e logo em seguida quebrava o círculo, começava a fazer atrás do público. Quem quisesse assistir teria que andar atrás da gente, a gente corria, cada um ia para um lado. A gente obrigava o público a ser ativo, se ele quer ver, ele tem que ser ativo.

Ricardo – A gente pode dar como exemplo os espetáculos de mímesis: o *Café com Queijo* e o *O Que Seria de Nós*. O *Café*, por exemplo, fazia uma mistura de formas de relação, por exemplo, numa o público assiste da visão italiana, noutra ele está dentro na casa dos personagens e noutra ele faz, fala versos e tal. Em *O Que Seria*, os atores trazem o público para aquele universo dos personagens, só que não tem quase relação direta, está mais no estilo da quarta parede. Tem alguns momentos de quebra, mas pouco acontece. No *Kelbilim*, por exemplo, tem toda uma relação sensorial, que dá ao público a oportunidade de sentir, e ao mesmo tempo tem texto e tem músicas, tem um trabalho vocal intenso. O *Cnossos* não tem som nenhum, voz nenhuma, é corpo, não tem história. O *Sopro* não tem o som, nem história, nem ação, praticamente.

Naomi – Quando a gente pensa no *Lume* e que ator é esse queremos continuar buscando, entendendo, às vezes nem sabemos por onde continuar. Por exemplo, o *Café com Queijo* que é um espetáculo sempre muito bem recebido, atinge um ponto muito especial aqui no Brasil, ele traz um resgate de memórias culturais, tem ações políticas, a gente podia ter montado o *Café com Queijo 2*. Foi muito bom, mas a gente vê que aquilo funciona, mas não serve para repetir a mesma coisa. Essas inquietações também têm uma imagem bonita do Tadashi Endo, o mestre de Butoh que trabalha com a gente há alguns anos. Ele diz que o Kazuo Ono falava para ele que quando você está bem e está tudo bem na sua vida, você não tem mais questionamentos, você não precisa dançar. Se você está incomodado com algo, está numa busca pessoal, num desconforto, está perdido, tem que dançar porque sua dança vai nascer daquilo e não do que você já sabe e do que você já conseguiu. Ter coisas já estabelecidas na vida é uma experiência importante, mas você tem que estar sempre caminhando, ter esse risco. Então eu acho que essa questão com o público é ingrediente fundamental para estar experimentando. Tem aquele espetáculo que funciona, que você sabe que é por esse canal que se entra, mas também tem aquele que te surpreende. Teve um espetáculo que em um dia o público queria pular em cena, participar, foi uma vivência absurda. E no dia seguinte ninguém queria nada, ninguém queria ser chamado, não queriam ficar em evidência.

Ricardo – Mas temos que deixar claro que essa posição que a gente deixa de diálogo com o público, de criação com o público, não é que a gente esteja tirando uma responsabilidade das nossas costas, tipo: "é o público que faz a coisa", muito pelo contrário, a gente tem uma responsabilidade muito grande, por isso trabalhamos tanto, porque a gente sabe o quanto isso é difícil. É difícil tentar mexer com o extrato das pessoas, muitas vezes está tão estratificado, tão engessado. Quer dizer, você tentar quebrar esse gesso, ou ao menos trincar esse gesso é um trabalho muito grande.

Naomi - Tem que primeiro trincar o seu próprio gesso.

Ricardo – Porque a gente sabe que a responsabilidade é muito nossa. *O Café com Queijo* a gente faz desde 1999 e é um espetáculo muito elogiado pela crítica e pelo público. Aí teve um dia que a gente foi pra Fortaleza, cidade, calor, lindo e maravilhoso, que legal: "Vamos fazer *Café com Queijo*?", todo mundo feliz, entramos em cena felizes também. Mas alguma coisa aconteceu naquele dia: o público não estava com a gente e a gente não estava com o público. Foi uma das piores apresentações do *Café com Queijo* que a gente já fez, desde 1999 e isso foi em 2005. A gente olhou um para a cara do outro e falamos: "A culpa é nossa". Por uma questão de estarmos no conforto, a gente não criou essa relação com o outro e não tem como exigir que o outro entre na relação se você não está naquele espírito de "puxar".

Jesser – Ainda mais o *Café com Queijo,* que ele é um espetáculo que vai construindo uma relação muito delicada com o espectador. Depois que a gente construiu a gente percebe olhando pra ele, que o espetáculo começa, o público está só vendo a gente conversar entre nós, em nenhum momento a gente conversa com o público. Cada um fala um monólogo, fala sozinho: "eu sou fulano de tal", fica falando por si. Aí começamos a falar entre nós, eu com o Renato, aí o personagem do Renato pergunta para alguém do público: "que horas são?". Aí a pessoa fala que são nove horas e tal, aí ele agradece, aí a Raquel já fala outra coisa e toca na pessoa, aí no momento seguinte ela dá um tapa de brincadeira na pessoa, aí depois começamos a cantar e pedimos que as pessoas cantem, aí depois pedimos que alguém vá ali no meio e fale uma poesia. E isso acontece. Isso vai sendo construído muito lentamente.

Ricardo – Não adianta ter só a estrutura. Você tem que estar inteiro enquanto ator, a estrutura só, ela não sustenta. Porque às vezes a coisa não rola lá na frente. O Palhaço[19] é a mesma coisa. O *Shi-Zen* por exemplo, é a coisa do risco e do tipo de relação proposta. A primeira meia hora praticamente do espetáculo, acontece pouca coisa em um ritmo tarkovskiano[20], extremamente lento, que foi proposital para o público sair do dia-dia e cair em um tempo teatral, em um outro tempo. Se a gente não está com tudo, com fé cênica, com a técnica, o público dorme, porque ele é lento até que começa a acontecer. Quando vê o público já entrou nesse tempo e nem é mais esse tempo, já mudou e tal.

Naomi – Como a base é o trabalho do ator, não adianta todas as outras coisas. Até tem dramaturgia, tem figurino, tem música, tem luz, mas a base, o pilar para o que a gente se propõe é o nosso trabalho, não só em relação ao público, mas em relação ao espaço, ao ambiente daquele dia na relação entre os outros atores.

Ricardo – Eu anotei uma coisa aqui para não esquecer, que a Naomi falou, de como as coisas foram construídas intuitivamente. Quando o Tadashi fala isso que você precisa estar em conflito ou em desequilíbrio de alguma maneira, para que você possa dançar, muito da nossa técnica lá do início, quando a gente não sabia sobre o que, nem o que ia acontecer, toda a técnica partia desses princípios: do conflito, da dramaturgia do corpo, do conflito corporal físico, do sentido técnico do: "Eu quero ir para um lado, eu tenho uma força que me leva para trás", trabalho de equilíbrio, de oposições, de forças opostas, de tri-dimensão. Outra coisa é a coisa dos mestres, começamos falando do Luis, bebendo na fonte de mestres, ele sendo o nosso mestre e hoje, não digo que nós somos mestres ainda, porque somos novos, mas cada ator aqui tem alunos ou teve. É uma questão de se conectar a uma tradição que existe independente de nós, dessa tradição ser recriada pela gente, dela ser passada e ser ponto de partida para outras tradições, outros grupos, outros atores. Esses mestres que voltaram para o trabalho de grupo, que

---

[19] O Palhaço Teotônio do espetáculo "La Scarpetta".

[20] Andrei Tarkovski – cineasta soviético. Seu cinema apresentava um caráter introspectivo, complexo e onde as questões humanas eram sempre colocadas em primeiro plano.

na verdade era a base do teatro antigamente, eles se reconectaram uns aos outros, o saber teatral não é passado através de livros, ele é passado de um ator mais experiente para outro. Esse movimento de grupo do qual a gente é parte, ele tem esse princípio muito forte.

Naomi – Invade muito essa questão do ofício da aprendizagem.

Renato – O teatro é pensamento. O pensamento teatral não se move pela palavra ou pela concepção conceitual de um livro ou das questões que um livro coloca. Ele se mostra na prática e é nessa prática que ele pensa, não só na prática do cotidiano, mas também na prática dos próprios espetáculos. Cada espetáculo que é feito nesse grupo ou em outros grupos, reflete um pensamento de cada uma daquelas pessoas e do coletivo. Essa tradição que o Rick fala é uma tradição que vai sendo recriada. Na verdade, para mim, tradição não é o pensamento que se passa para o outro exatamente igual. A criação é absolutamente móvel. A única coisa na tradição que não se modifica é a modificação. A modificação dela é constante. E é esse pensamento que é o pensamento teatral e não o pensamento dos livros. Eu falo isso também porque a gente escreve muito, nós vamos lançar quatro livros e uma revista, todos nós escrevemos sobre nosso trabalho, mas a gente tem consciência de que não é esse o pensamento que a gente faz. É outra forma de pensar que também é prazerosa, mas eu tenho absoluta confiança de que esse livro que eu escrevi e vou lançar, não tem nada a ver com o pensamento prático do que a gente faz.

Eu gostaria de voltar para a questão do público. Vocês abrem espaço para o público criar, mas dentro disso, o *Lume* busca um público específico?

Renato – Os nossos espetáculos de um modo geral, não têm uma característica, que às vezes incomoda em certos espetáculos, de você ter necessariamente um conhecimento anterior para entender aquilo. Os nossos espetáculos até podem ter elementos que dependem de um conhecimento para ter uma fruição melhor, mas aquilo que é oferecido, mesmo que você não entenda nada do que está sendo dito, ele abre a possibilidade de você criar a sua história. Se nós fôssemos fazer um espetáculo sobre a vida de Santo Agostinho, e as pessoas nunca ouviram falar de Santo Agostinho, não sabem o que aconteceu com ele, mas existe sempre a possibilidade delas serem afetadas pelo espetáculo por outras vias.

Ricardo – Tem toda essa carpintaria teatral por baixo que faz as coisas básicas: tem que atrair o público, tem que interessar o público, tem que ter um foco, um fio que se possa seguir.

Jesser – Um exemplo bem prático; nós estávamos apresentando *O Que Seria de Nós* em São José do Rio Preto e a minha irmã, que vai muito pouco a teatro, assistiu um dia e comentou comigo: "vocês deviam dar um papel para o público explicando direito o que é a peça, para a gente entender melhor". Eu disse que a gente não faz isso, a gente não entrega de mão beijada, o público tem que criar também.

Naomi – As pessoas perguntam: "mas vocês nunca se preocupam em dizer alguma coisa? Em ter uma mensagem? Não se preocupam com questões sociais?". Para mim, quando eu falo do ato político, o que eu vejo nessa maneira que a gente trabalha é a total democratização do teatro, no sentido de eu não impor ao público que ele tem que entender a minha história, que existe apenas única leitura que ele pode ter, que ele tem que ler uma sinopse para sentir que tem realmente capacidade de acompanhar. Isso para mim é um ato político. A irmã do Jesser, ela é artista no mesmo nível que o Jesser, ele propõe uma coisa, mas ela também pode criar. Uma capacidade que a gente tem e que todo mundo tem na vida. Eu, como artista, posso ser catalisadora de um processo criativo e de algo que acrescentei no teatro naquele dia.

Ricardo - Para mim não existe ato mais político do que este. Quando você faz com que o público saia desse engessamento e crie de alguma forma, saia dessa passividade, nem que seja naquele momento, nem que depois ele saia do espetáculo e volte para seu cotidiano e duas horas depois ele está comento pizza e falando de futebol. Não interessa, naquele momento ele teve uma vivência de algo que é além da própria existência dele, quer dizer, ele teve uma outra possibilidade de criação, outra possibilidade de existência. Isso é um ato político para mim. Mais forte do que se você fizer uma questão panfletária sobre o socialismo, que estamos vivendo num capitalismo selvagem.

Jesser – Isso é que é comum a todos. A gente não entra numa questão diretamente política. Entramos na questão do humano que é afetado por essa política. Entramos na política, mas pelo viés humano.

Ricardo – Outra coisa interessante, já que estamos falando de arte política, é que estamos vivendo num mundo onde tudo é fragmentado, as pessoas têm papéis e é difícil de conseguir uma inteireza na sua vida. Uma das coisas que atraem nos espetáculos também é isso, você ter seres ali que estão vivendo de uma maneira plena aquilo que se passa.

Renato – Bom, outra coisa, já que estamos falando da questão do *Lume*, perguntaram para uma das atrizes: "por que o *Lume* não participa de reuniões na Secretaria de Cultura de Campinas?" Mas, por que o *Lume* não participa da secretaria de cultura de sei lá da onde?" Quando dá a gente vai, a gente viaja muito, mas quando dá a gente vai. Bom, a atriz respondeu: "o que a gente fez em Barão Geraldo, não querendo colocar o *Lume* no centro, mas aqui em Barão Geraldo, quando o *Lume* se colocou nessa casa aqui, não existia nenhum grupo aqui em volta". A gente ia de porta em porta convidando as pessoas para assistir os espetáculos. Vinha uma pessoa, a gente fazia. Não vinha nenhuma pessoa a gente não fazia. Vinham cinco, a gente fazia, dez, a gente fazia. A gente foi criando, não foi em seis meses, não foi em sete meses, a gente criou essa política prática, de criar o público, criar o espaço. Nessa política prática, a gente começou a movimentar as coisas. Essa atitude ética que a gente tem com o próprio teatro, com o próprio público também é uma atitude política. Aí vem grupos que bebem dessa atitude prática e se colocam perto da gente e começam a fazer o mesmo que a gente, começam a criar um movimento em Barão Geraldo, que hoje tem sei lá quantos grupos. Criamos um público aqui em Barão Geraldo, criamos um espaço.

Renato – Hoje tem o *Semente* que é um conjunto de pequenos grupos que se juntaram, montaram um espaço e conseguem sobreviver e pagar aluguel só com esse espaço. Eles fazem um cabaré mensal que lota. Esses dias eu fui lá e fiquei assustado, fazia tempo que eu não ia, tinha duzentas e cinquenta pessoas pagantes. E é no final do mundo, e no final de Barão Geraldo. Eles conseguem se organizar e fazem. Os grupos se ajudam no que podem e como podem. E isso na verdade é uma questão ética, que está no nosso cerne de criação, que está na nossa política de cooperação. A gente se coopera aqui dentro, então porque não cooperar para fora. Sabemos que o que a gente faz é uma especificidade, uma maneira especifica de se fazer teatro e a gente gosta do jeito que a gente faz. Não significa que é a única maneira, há outras maneiras. Tem outros grupos que se juntam porque gostam de outra forma. Se a gente gosta disso e eles gostam disso, porque a gente não dialoga? Cada um gostando das suas coisas específicas. Mesmo que eu tenha questões, por exemplo, com o *Barracão*. Eu tenho questões onde penso "hum, será que isso seria assim?". Mas o interessante é que em uma conversa com a Tiche[21], eu falo isso para ela e ela fala para mim. A gente se fala e se entende.

Ricardo – Porque existe esse clima dentro da experiência da "construtividade" (sic).

Renato – Exatamente, porque "construtividade" (sic) não significa que todo mundo ama o outro. É uma troca, é uma questão ética. O Jesser já foi fazer curso com a Tiche, tem troca. Então, eu acho que isso é uma questão política também.

Jesser – Empréstimos de equipamentos, de salas. Um integrante de outro grupo vem fazer a concepção de cenário pra gente, outro vem fazer a luz para gente.

Renato – Então não venham dizer que a gente está no nosso mundinho, e que não vamos para a reunião da Secretaria de Cultura. A gente já faz a nossa parte.

Ricardo – Há anos atrás, em 89, o *Lume, Ói Nóis Aqui Traveiz, Fora do Sério* e alguns outros, começaram o primeiro movimento brasileiro de teatro de grupo. Teve uma reunião aqui perto, teve uma segunda reunião em Ribeirão Preto. A partir de Ribeirão Preto, a gente saiu, porque a coisa começou a virar um tipo de reunião onde só se discutia. Quando começou, a proposta do *Lume* era troca concreta de trabalhos. Os grupos se encontravam e: "*Ói Nóis*, o que vocês fazem? A gente faz assim, a gente trabalha assim, vamos trabalhar então? Vamos. O *Lume* faz assim". Era uma coisa por aí. E dentro disso, a questão da sobrevivência dos grupos ia ser outra troca, mas daí veio uma coisa ideológica, tipo: "Eu estou lá no Nordeste e lá é difícil e não sei o que", "Eu estou aqui em Campinas e aqui também é difícil". Mas, com isso não se vai para lugar nenhum, só se fica lamentando. Bom, hoje tem o Redemoinho, a gente faz parte. Eu já conversei com outras pessoas que é muito importante esse tipo de movimento, mas as pessoas que estão mais participativas do que a gente reclamam: "A gente vai lá e fica discutindo e não sai disso". A tendência desses tipos de coisas é não dar em nada. Não que tenha que parar. Tem que fazer.

Jesser – Então nesse sentido, acho que Barão Geraldo é um movimento

---

[21] Tiche Vianna.

político, sim. Muito forte. E ele foge um pouco dos padrões que todo mundo sabe que tem no teatro.

Uma coisa que interessa ao nosso grupo de pesquisa é a busca da identidade dos grupos hoje. Relacionamos esse processo com primeira visita do Eugenio Barba ao Brasil.

Ricardo – Foi o *Lume* que trouxe.

Como o *Lume* se sustenta?

Ricardo – O Luís era contratado pela UNICAMP como professor e existia o *Lume* que era um núcleo da Universidade e pronto, mas não tinha nada, não tinha espaço, era só no papel. O Simioni não tinha salário, eu quando entrei não tinha salário. Não tínhamos nem trabalho para vender e obter salário. No início, quando o Simi chega, uma parte do salário do Luís ia para o Simi. Ele dava casa, comida, roupa lavada e dinheiro para o cigarro. Então eles tinham o que comer, onde dormir, vinha, voltava com o Burnier ou a pé, e o dinheiro do cigarro. Era o que eles precisavam minimamente. Quando eu entrei foi a mesma coisa. Não tinha salário. Com o tempo, o Luís conseguiu um contrato com o Simi, de pesquisador. Depois de um tempo ele conseguiu para mim, outro contrato, digamos meio contrato. Antes trabalhávamos em um salão de igreja. A gente pagava para a comunidade da igreja com trabalho, cantava bingo para eles, dava aula de voz para o padre, fazia coisas com as crianças, para poder...

Jesser - Usar o salão sem pagar nada e o escritório era na casa do Simi.

Ricardo – Essa era a estrutura. No último ano de vida do Luís, já nos dez anos, a UNICAMP deu, como se ela tivesse dado dez anos para ver o que ia acontecer: "Então tá bom, esse pessoal é sério, estão trabalhando, indo viajar, então vamos alugar essa chácara".

Jesser – Coincidiu com a nossa entrada também, dos estagiários. Precisávamos treinar, não tinha espaço físico, usávamos espaços emprestados. Daí, depois desses dez anos, a credibilidade do *Lume* foi reconhecida dentro da universidade e a necessidade de um espaço físico para os estagiários também. Primeiro nos deram um escritório, só para isso. Depois dissemos que não era suficiente e que era preciso um espaço para treinar mesmo.

Ricardo – Isso tudo com o Luís batalhando. Então, junto com a casa, veio uma estrutura, por exemplo, o Barbosa[22] está aqui desde essa época, ele é nosso administrador, ele faz a coisa burocrática nossa com a UNICAMP. Hoje, por causa de projetos, o Renato já é doutor, fez mestrado e doutorado, tem condição de conseguir, por exemplo, através de instituição de pesquisa, todo essa estrutura. Ainda assim, os atores não são contratados, a maior parte. Desde a segunda dezena de anos, o próprio grupo trabalha e é da venda do que o grupo tem, espetáculo e curso, que isso se mantêm. Tanto o salário dos atores, como produção de espetáculos, papéis, tinta para impressora, manutenção da casa, a gente paga tudo.

Jesser – A UNICAMP paga luz e água, mas limpeza, reforma é tudo bancado por nós.

Ricardo – Eu sei que existe essa imagem que a gente ganha tudo da UNICAMP, mas é assim: a gente ganha muito da universidade. Depois desses primeiros dez anos, ter um espaço deste é uma conquista.

Jesser – É uma conquista, não bem um privilégio.

Ricardo – Trabalhamos para conseguir isso.

Renato –. A UNICAMP não prevê verba para produção de espetáculo, às vezes somos nós que colocamos do nosso bolso, às vezes são os próprios pesquisadores que abrem mão de um cachê para contribuir com a produção de um espetáculo.

E a bilheteria?

Ricardo – A gente pouco trabalha com bilheteria. Trabalhamos com espetáculos vendidos, a maior parte do tempo. Isso também, desde o início.

Renato – A UNICAMP nos dá esse geral, não temos gasto com aluguel de espaço. A outra parte dos nossos gastos, que é grande, é a nossa manutenção, enquanto seres humanos, a gente precisa de um salário para

---

[22] José Divino Barbosa – administração Equipe Lume Teatro

poder sobreviver.

Naomi – Não só como seres humanos, mas também toda a manutenção de todos os espetáculos...

Renato – Não só como seres humanos, como também como seres artistas. Isso conseguimos através da venda de espetáculos e *workshops*. Dentro dessa linha, um dos grandes pais que a gente tem aqui em São Paulo e que é muito legal, é o SESC. Eu acredito que setenta por cento da nossa verba anual vem do SESC. A gente vende espetáculos, *workshops* para eles. E os outros trinta vêm de outras fontes.

Ricardo – A maioria das vendas dos nossos espetáculos é com cachê pago.

Renato – Uma coisa importante também e que cai numa questão política, é o seguinte: se o Rick vai fazer um cachê pago, de um espetáculo de solo, não existe porcentagem para o Rick e porcentagem para o grupo, cem por cento é do *Lume*. Sempre foi assim.

Jesser – Mesmo o nosso produtor. Ele vende o espetáculo e cada um de nós tem um salário.

Renato – Cada um de nós tem um salário igual. Independente se o Rick fez cinco espetáculos solos e eu só fiquei trabalhando na administração. Entendemos que se o Rick foi viajar para fazer cinco solos, teve todo um aparato de produção que permitiu isso. Então isso é uma postura política também. As pessoas ficam falando: "Será que você é patrão, empregado ou não?". Mas será que os grupos fazem esse tipo de coisa? Eu sei de muitos grupos que não fazem e dividem tudo por porcentagem. E aqui tudo é Lume. Se eu vou dar uma palestra, é do *Lume*.

Naomi – Todos nós trabalhamos todos os dias. Se eu me apresentei uma vez nesse mês, nos outros dias eu estava fazendo outras coisas, mandando e-mail, treinando ou dirigindo um novo trabalho, pesquisando, fazendo reuniões, conversando com alunos...

Ricardo – Há grupos que nos perguntam: como a gente faz com a coisa da sobrevivência, como se dá esse passo para tentar sobreviver do próprio trabalho? Quando entraram novos atores, eles trabalhavam com a gente de manhã, de tarde tinha uma parte de administração e o outro período era por conta deles. Cada um se virava para poder sobreviver. Dava aula, dava aula de computação, aula para crianças. Aí eu e o Simi falamos: "mas não foi isso que aconteceu com a gente". Nós tivemos a oportunidade de trabalhar como ator integral. Foi aí que aconteceu um grande passo. Aprendemos a produzir, a construir uma equipe maior. Perguntamos: "vocês largam o emprego e topam começar por trezentos reais?".

Renato – Era um salário, mas era muito pouco. Dava para a gente pagar o aluguel, comer e só. Então a solução era vender espetáculos, vender cursos para sobreviver, do contrário não sobreviveria.

Ricardo – E foi daí que a gente conseguiu pouco a pouco igualar os salários e viver disso.

Renato – Ainda temos um salário baixo, mas é o que podemos.

Ricardo – Tudo que ganhamos vem de palestra, assessoria, cursos, espetáculos.

As oficinas que vocês ministram são direcionadas para que tipo de público?

Naomi – É para os praticantes das artes cênicas, dança, teatro, performance.

Jesser – Mas, é sempre muito prático. Eu ainda queria dar um curso teórico, curso de produção. Mas, até hoje, os nossos workshops são práticos. Aquele que vai aderir ao *workshop* é alguém que está interessado na prática de trabalho do ator.

Naomi – O Luís fez uma oficina feita para atores e diretores, eu e a Raquel também. É algo que a gente tem menos prática, porque nossa grande prática é como atores.

Ricardo – Só que dentro disso dos atores, por exemplo, têm diferenças, você vai dar um curso em São Paulo, ou Porto Alegre que têm festival internacional, são atores, atores mesmo, que já trabalham, mesmo alunos. Você vai dar um curso num lugar menor, podem ser atores amadores, podem vir uma senhora idosa...

Renato – Um terapeuta, uma pianista, atores, bailarinos...

Dentro do projeto pedagógico, o *Lume* tem os títulos das oficinas, mas ao mesmo tempo, encontram-se pessoas diferentes...

Ricardo – Uma vez eu fui dar um curso chamado Treinamento Técnico do Ator. Foi um primeiro curso nosso, consistia em treinamento cotidiano do ator, treinamento físico do ator. Bom, você chega e vê um grupo, então você sente quando não dá para trabalhar muito tecnicamente, tem que trabalhar com foco mais na presença, na vida, então você adapta seu trabalho. Então, eu fui dar esse curso em Blumenau. Eu dava elementos técnicos, dava o samurai que é um deles, que é bem preciso em sua forma. Tinha um rapaz fazendo que era paralítico, ele andava, mas era todo deformado. Eu estava dando o Samurai e pensei como ele ia fazer os passos do Samurai, sendo que ele é todo deformado e a gente precisava trabalhar uma estética super limpa. No fim, eu digo que foi o melhor Samurai que eu já trabalhei, porque o Samurai além da coisa técnica, ele tem a coisa da presença do Samurai, um bloco, um guerreiro, uma montanha. Ele tinha tanta dificuldade em fazer a forma, mas tinha essa força, essa qualidade de energia, ele era tão guerreiro que foi o que fez a melhor forma. Ele era o samurai. A gente não chega com uma coisa pronta.

Considerando as oficinas que vocês ministram, qual seria o projeto pedagógico do *Lume*?

Ricardo – Passar não uma fórmula, mas um princípio de trabalho que permita outras pessoas a descobrirem o próprio trabalho.

Renato – A ideia é bem essa. A busca de uma autonomia do ator. É lógico que tem um caminho que a gente trilhou, que é muito pessoal. O que mostramos é que existe um caminho e existe um padrão que você pode seguir para descobrir a sua maneira de trabalhar. A busca dentro dos *workshops* é essa, trabalhamos desse jeito, existe um caminho de busca. A gente ensina o caminho de busca, não o resultado que a gente chega. Para mim, por exemplo, o *workshop* tem dois extremos, o Treinamento Técnico do Ator que é um *workshop* onde você dá alguns elementos precisos, tipo Raíz, Samurai, que são elementos técnicos para se trabalhar de uma forma precisa. E eu estou dando ultimamente, nos últimos três anos, um *workshop* chamado O Corpo Como Fronteira, que na verdade são opostos. O Treinamento Técnico trabalha essa precisão e no O Corpo

Como Fronteira, você descobre a tua potência de presença, a tua potência expressiva através de um trabalho seu, com estímulos que eu vou dar. Eu não dou uma fórmula, eu não faço absolutamente nada do tipo: "faça isso, faça aquilo". Eu não faço junto, eu não mostro nada, só vou dando estímulos externos, música, objetos. Tento trabalhar muito mais o individual para descobrir essa potência de expressão de cada um. Só que na verdade as duas coisas são comuns, essa questão da não-forma pode ser aplicada ao treinamento técnico. Depois de eu dar uns cinco, seis *workshops* desses, eu fui dar "Treinamento técnico", e não conseguia mais falar: "façam assim". Então eu comecei a dar o Samurai, e pensei: "como é que eu vou fazer para eles descobrirem o samurai deles?" Aí eu comecei a dar um Samurai, que não era o nosso Samurai, mas era justamente buscar o princípio do Samurai, aquela coisa da força, do bloco. Como é que eu dou estímulo para eles descobrirem essa qualidade de energia, sem impor uma forma. Isso também é uma forma pedagógica que eu estou tentando descobrir.

As oficinas são de curta e longa duração?

Jesser – Temos oficinas com duração de uma semana ou duas. E tem aquilo que chamamos de assessoria de orientações que são trabalhos continuados com grupos fixos.

São cursos permanentes?

Naomi – Não são bem permanentes.

Jesser – São mais estágios.

Ricardo – São orientações. Alunos mais próximos, que a gente acompanha por um longo tempo. Às vezes é um trabalho intensivo, aí eles ficam trabalhando sozinhos, voltam, às vezes uma vez por semana...

Naomi – Tentamos estimular para que eles avancem dentro do trabalho deles. Mostrar caminhos. Uma coisa que é importante e diferente, é que eu não me sinto professora, por exemplo. Mesmo dando cursos. Eu acho que a gente está vivendo aquilo também, como quando estamos apresentando. Curso é a mesma coisa. Não é público, mas aquilo é real, naquele momento com aquelas pessoas. Não adianta tentar repetir o que você deu na oficina anterior. Nunca é igual, depende daquelas pessoas, depende de você.

Ricardo – Uma imagem que o Luís usava e que tem a ver com isso é quando a semente caía no terreno fértil. Então ele falava disso em relação a mim e ao Simi, depois falava em relação a eles, quer dizer, um trabalho foi dado e dali frutificou algo que tem uma raiz de onde veio, mas é pessoal, é próprio. Do ponto de vista de alunos, é a mesma coisa. Às vezes a gente fica quatro anos com dois grupos. Quatro anos trabalhando *clown*. Alguns vão embora e hoje dão aula, tem grupo que trabalha com o assunto e outros não. Há alunos que você jogou o negócio e virou a árvore.

Sobre o registro. As imagens do grupo são feitas por profissionais?

Ricardo – Hoje sim. Por muito tempo tudo foi feito pelo próprio grupo, a qualidade era bem duvidosa. Nenhum de nós tinha uma formação de vídeo. Para não ficar sem nós mesmo fazíamos. Hoje a gente está se profissionalizando mais nessa área também.

Vocês tentam manter um arquivo?

Ricardo – Tem arquivo. A maioria dos registros é de qualidade duvidosa, mas tem. Começou com a gente, depois começou a passar por amigos, hoje a gente está indo dos amigos para profissionais.

Renato – A gente ganhou um projeto agora da Petrobrás. É um projeto para a memória. E esse projeto não começou ainda porque a Petrobrás ainda não deu o dinheiro, mas ela já colocou até no folder.

Ricardo – Acho que a Revista do Lume é outra maneira tanto de registro, quanto de divulgação do trabalho. Vai para a sétima edição agora.

Pensando na identidade do grupo, que critérios vocês usam para as escolhas de imagem para estabelecer a identidade do grupo.

Renato – Uma das coisas que a gente mantém, e isso até hoje, é o *Lume*. Mais do que o grupo de atores, você não vê em nenhum cartaz nosso: "Carlos Simioni em Sopro", é "*Lume* apresenta Sopro". A imagem é sempre a imagem do grupo.

Ricardo – Temos uma preocupação de imagem, em termos de registro, tem registro de tudo. De sala de trabalho, de construção de espetáculo, tem do espetáculo pronto, tem registro de curso, de festas, de viagens, tem registro dos teatros e espaços por onde passamos, de entrevistas com pesquisadores que vieram, entrevistas com opiniões de público sobre o trabalho.

Existe algum critério para escolher a foto de divulgação de um espetáculo? A escolha é feita para mostrar uma possível identidade do grupo?

Jesser – Por muito tempo eu era o responsável pela assessoria de imprensa, então eu é que mandava as fotos para os jornais. De um modo geral, as fotos que eu procurava eram as que tinham o elenco todo ou quando a gente se cansava daquela mesma foto, no *Café com Queijo* eu mandava para o jornal uma foto do Renato, para o outro jornal do mês seguinte eu mandava uma foto da Ana Cristina, no outro mandava uma foto minha, no outro uma foto da Raquel. Sempre tentando revelar o que é esse grupo, como um todo ou cada integrante. Por exemplo, no espetáculo *Cravo, Lírio e Rosa* tem uma cena que eles aparecem vestidos de mulher, que é uma cena que tem um jardinzinho, a gente tem foto disso. Só que a gente não divulga isso porque é a surpresa.

Ricardo – Ou a escolha de uma foto que retrate de alguma maneira o espetáculo ou algum coisa da relação. Por exemplo, a *Parada de Rua*, foi um espetáculo que a gente chegou a fazer na Bolívia, em outros lugares, para três mil, cinco mil pessoas. Então, era uma foto que criava um caos no lugar, uma foto que mostrasse isso, por exemplo, e não uma cena bonita.

Renato – Tem uma característica do *Lume* que é estar sempre em movimento. Já me perguntaram: "mas como é que é o *Lume*?", eu disse: "ele não é, ele vai sendo!". Ele vai sendo transformado, ele não é uma coisa estática, ele se propõe a ser um movimento.

BARRACÃO TEATRO
Entrevista com Tiche Viana e Ésio Magalhães

Concedida a Adriana Patrícia dos Santos e Luis Deschamps.
Em julho de 2006, na sede do grupo, Barão Geraldo, Campinas SP.

Gostaríamos que falassem sobre a formação do grupo.

Tiche - O *Barracão* é um grupo que se formou aqui em Barão Geraldo em 1998. A gente mudou para cá e tinha uma formação original diferente do que é hoje. Tinham outros integrantes. Eu e o Ésio somos de São Paulo, que dizer o Ésio de Belo Horizonte, mas a gente viveu em São Paulo, e a gente trabalhava lá. Eu comecei a dar aula na UNICAMP, conheci Barão Geraldo e a gente estava pensando em sair de São Paulo para poder ter um espaço de trabalho para gente se dedicar a um trabalho. Em 1997 a gente mudou para Campinas e eu trabalhei com um grupo de alunos que saíram da UNICAMP e alugaram esse espaço. Depois eles saíram daqui e aí nós ocupamos o espaço para formar o *Barracão Teatro*, inicialmente como um espaço que a gente precisava para ensaiar, estávamos montando um espetáculo chamado *Ninguém,* uma pesquisa sobre a linguagem da máscara. Nós trabalhamos com a máscara teatral, as máscaras em geral, espetáculos de *commedia dell'arte*, a máscara do palhaço,. Essas são algumas vertentes que trabalhamos muito fortemente, e o ator como veículo de expressão teatral.

Ésio – Tínhamos essas investigações e precisávamos de um espaço para ensaiar, porque a gente ensaiava onde arrumava e tivemos dificuldade para conseguir ter um desenvolvimento de um trabalho, de uma forma mais disciplinada, mais cotidiana, de não estar só vinculado às montagens. Então vimos que era necessário, alugamos aqui, e resolvemos íamos ficar. Que era bom ter um espaço. Então mantivemos esse espaço e estamos desenvolvendo uma série de trabalhos aqui dentro desde 98.

Tiche - A partir daí começamos a nos entender enquanto grupo, quer dizer quando a gente fala que começou a se definir o *Barracão*. Depois de um tempo esse núcleo primeiro do espetáculo se transformou. Desse núcleo na verdade ficamos nós dois. Dos outros atores, um foi para São Paulo, outro deixou de fazer teatro e outra esta mais ligada à academia e tudo mais... Mas, o trabalho continuou com esse parâmetro; de trabalhar em cima da linguagem da máscara, que é nosso alicerce artístico. Não é a única coisa, a gente resulta até outras coisas sem máscara, embora essa linguagem esteja fundamentalmente alicerçando nosso caminho artístico.

Quantos são os integrantes do grupo? São as mesmas pessoas? Houve rotatividade de integrantes?

Esio - Hoje nós somos o núcleo central do *Barracão Teatro*, administrativamente e como pensamento artístico do grupo. Mas, agora estamos incorporando outros atores. Ficamos de certa maneira limitados a algumas coisas, mas sempre trabalhamos com parceiros, com atores que se juntaram a nós para montar espetáculos. Agora estamos abrindo. Hoje estamos em *sete*: seis atores, a Tiche como diretora e produtora.

Tiche - Esse grupo se formou o ano passado em agosto. Nós sempre nos associamos com pessoas, aqui é um espaço de criação, de investigação. É um grupo diferente, que a gente teve dificuldade até de explicar o funcionamento, porque não somos agenciadores. Todas as pessoas que trabalham aqui conosco hoje e começam a conceber um núcleo mais fixo de trabalho são pessoas que já passaram por diversas experiências também e estão querendo se fixar neste universo, que é o que a gente propõe. São pessoas com as quais trabalhamos ao longo dos anos de uma maneira ou de outra. Há atrizes aqui que já trabalharam com o Ésio em outros estudos, desenvolveram pesquisa de uma determinada maneira, há outros atores que foram meus alunos na UNICAMP ou desenvolveram trabalhos posteriores, e aí enveredaram para a investigação da máscara. Nesse sentido a gente foi se juntando desde o ano passado com esse projeto, de uma forma mais fixa, porque aí então começaram a integrar outros projetos no *Barracão*, não só no sentido do interesse da execução, mas para entrar num funcionamento do próprio espaço; da própria relação de grupo.

Como são as funções dentro do grupo?

Ésio - Nós dois coordenamos o pensamento que orienta o trabalho. E os outros atores, cada um desenvolve para o projeto uma função; de assessoria de imprensa, de apoio; cada um assume um papel dentro desse projeto, e assim a gente trabalha em cada projeto.

Tiche - É claro que você acaba se especializando em alguma coisa, ou seja, se você fez assessoria de imprensa num trabalho, provavelmente vai fazer em outro projeto. Somos produtores do que a gente chama de trabalho do

Barracão Teatro que tem vários espetáculos, tem cursos, tem todo o nosso repertório de trabalho; os outros parceiros assumem funções dentro de cada projeto. Alguns atores também trabalham na produção do espetáculo ou mesmo do projeto mais fortemente, enfim, trabalham também nessa questão de produção.

De onde parte a criação de espetáculos?

Ésio - A criação de espetáculos parte de uma vontade de expressar alguma coisa, não exatamente dizer uma mensagem, mas de colocar um olhar, de dividir uma visão de mundo, sobre o mundo, sobre o ser humano. Não partimos da vontade de montar um texto previamente. Então é alguma coisa que afetou você; algo que tem a ver com a sua realidade, com o local onde você está inserido e aí o desejo de compartilhar. Então a gente vai para o lugar da cena e começa a desenvolver trabalhos que vão depender do modo com a gente quer falar de determinada. Então procuramos ouvir o que nos afeta; no momento e na hora que vamos para a cena, trabalhamos como criadores e as funções são muito claras. O ator na sua função de ator, o diretor vai exercer sua função de diretor, o dramaturgo a sua, enfim. Durante o processo de criação é um bate-volta o tempo todo, é um encontro de trabalhos a partir do desejo de querer dizer algo, até que a gente consiga definir qual é esse material comum. Então o trabalho parte dessa necessidade de expressão e cada um têm sua ferramenta.

Como o ator interfere nesse processo?

Tiche - Cada um com a sua ferramenta. Por exemplo, o ator não vai pensar a cena, ele vai pensar a partir dele na cena. É claro que ele estará sempre compondo a cena, mas não pensando a cena, ele vai estar no tempo presente, agindo na cena. Ao mesmo tempo, a direção estará elaborando a constituição da cena. Depois da cena construída, vamos realocando algumas coisas, tirando o ator do principio que ele vinha dialogando e confrontando essa construção. Assim também o dramaturgo. Então no nosso caso não existe uma maneira de o ator interferir no processo, uma vez que todos interferem todo o tempo; então a palavra interferência talvez não nos sirva muito, a não ser que pensemos no processo enquanto uma coisa onde todos interferem, aí, tudo bem. Mas, eu não gosto muito da palavra interferência, porque não é alguma coisa que está indo e alguém interfere, mas é alguma coisa que está em branco e alguém faz o primeiro traço de azul, e vem outro e passa um verde do lado; no passar o verde do lado a pincelada passa em cima do azul, então você já tem uma nova cor, e assim sucessivamente. Na verdade a gente chama, mais do que interferência, de colaboração. A melhor maneira do ator dialogar com a direção é na cena. São funções diferentes, cada uma com seu ponto de vista. O processo colaborativo pressupõe assegurar as funções, não é que todo mundo dirige, todo mundo atua, cada um vai preservar a sua função, mas não existe mais uma hierarquia vertical. Não é o diretor quem decide a concepção e o ator executa a concepção estabelecida. O que acontece agora é que todo mundo concebe, todo mundo constrói tudo, mas a relação com a obra se dá através da função. Na colaboração nós estamos no meio e cada um está partilhando com o outro a sua parte. Elaboramos e colaboramos juntos, é essa a ideia. Talvez uma imagem concreta seja uma hierarquia horizontal, não existe mais o chefe, existe uma necessidade comum e aí cada um procura o exercício de sua função dentro disso. Na dramaturgia temos mais dificuldade porque não temos exatamente essa função dentro do grupo; nos falta a função. E nós estamos transitando numa coisa no nosso tipo de linguagem, pensando que talvez o dramaturgo tenha que ser nós mesmos. Diretor e dramaturgo são os dois olhares internos da cena. Então estamos tentamos entender como se dá a dramaturgia do lado de dentro e do lado de fora da cena, como é que se colabora essas duas funções; mas no exercício de uma terceira função que não existe fisicamente mas que é necessária dentro do espetáculo; não dá pra se construir um espetáculo sem dramaturgia.

Ésio - Na linguagem com a qual a gente trabalha a dramaturgia é muito mais centrada no encontro das ações, na trama de ações do que nessa coisa de dramaturgia no sentido de texto escrito. Dramaturgia vem do drama *ergon* que é o drama das ações, mas temos a ideia de dramaturgia-texto. Então antes de chegarmos no texto a gente estrutura essa dramaturgia, esse trama das ações, essa arquitetura, para depois ir colocando texto. E o texto vai se modificando. A gente está pegando algumas coisas que dentro do drama das ações são um pouco demais, não precisamos disso, para que falar dessa maneira? Falamos de outra? A dramaturgia para a gente não tem esse entendimento de texto, tem esse entendimento maior de ser essa "espinha dorsal" das ações.

Existe um ator específico para o *Barracão Teatro?*

Tiche - Não sei se a gente pode falar de um modelo específico. O que percebemos é que existe uma cultura muito grande, dentro do trabalho do *Barracão Teatro*, no sentido da formação do ator em função do trabalho com a máscara; o princípio da máscara determina um modo de fazer teatro; ela define uma linguagem. Trabalhamos com a máscara faz muito tempo, para a gente não tem como trabalhar sem que a máscara esteja presente, apesar de termos espetáculos sem máscara. Sem a máscara, que eu digo, é sem a máscara física do rosto que te determina certa qualidade de espetáculo também; o espetáculo entra num hall de regras e combinações. Mas, acabamos construindo uma série de modos de trabalhar do ator, especificidades do trabalho do ator e isso a gente vem desenvolvendo ao longo dos anos. Treinamentos, técnicas, uma abordagem do ator num tipo de interpretação, um modo de criar na relação com a cena, um modo de criar com o uso da sua própria motivação e elementos que façam dele um ator criador. Quando a gente fala do ator criador é totalmente nesse sentido de colaborar, cada um através de sua ferramenta. Quando você pergunta se o *Barracão* busca um tipo de ator, eu penso que buscamos um ator que se entenda enquanto ferramenta; que se entenda enquanto veículo, enquanto meio de expressão teatral, então a gente procura um ator potente neste sentido. Potente não significa que possa fazer uma boa demonstração acrobática, que possa isso ou aquilo, mas que esteja disponível pra tocar a expressão da maneira mais forte que ela possa vir e se entender enquanto meio pra isso. Não que o público olhe e diga "que bom ator", mas que diga "isso tudo aqui foi um acontecimento teatral"; Quando eu falo no acontecimento teatral é na potência que o teatro tem de ser um rito, não religioso, mas um rito de alegria, de riso, de choro, de sensação Que seja um acontecimento e não seja uma coisa: "ah entendi, assisti, ok", mas que seja algo que toque.Então para esta potência, para conseguir tocar o público, tem que ser um ator que se permita ser tocado.

Vocês buscam um público específico para os espetáculos?

Ésio - O popular é para todo mundo, mas a gente não tem um espetáculo direcionado para o público infantil. Quando a criança está no espaço do adulto ela está diferenciada, ela está de outra maneira ali. Quando ela está no espaço dela, no espaço infantil, a interação é outra, a criança espera outra forma de interação e para nós é difícil; a gente não sabe lidar com a criança numa interação dessa maneira; agora, no espaço adulto a gente sabe, porque sabemos que ela está fora do mundo dela; a criança pode vir, participar e gostar, justamente por conta do espetáculo ser popular, neste sentido de atingir a todos, sem exceção. Quer dizer, não é preciso ter lido nada para entender o que se passa na peça; talvez se você tenha lido alguma coisa, você pode fazer uma referência ali ou outra, mas a referência do espetáculo está contida nele mesmo.

Vocês dependem de bilheteria?

Tiche - Mais do que projetos, do nosso repertório de trabalho, como: curso, orientação, espetáculo, da nossa formação por causa desses anos de pesquisa. Somos um espaço de pesquisa, vamos por um caminho que não é fácil, não é uma coisa que se encontra facilmente em todo lugar. Usamos a máscara, a *commedia dell'arte* e os palhaços dentro do teatro como referências de trabalho. Então sobrevivemos destes trabalhos, da venda de espetáculos, mas de bilheteria não.

Vocês têm um projeto pedagógico?

Ésio - Aqui não tem uma oficina frequente, a gente dá cursos em vários lugares; desde 2002 temos viajado bastante para ministrar cursos, por causa de espetáculos, palestras, envolvimento com outros grupos, enfim, orientações. Por exemplo, agora estamos orientando uma pesquisa em Florianópolis, essa que eu falei do palhaço, eu estou orientando um outro trabalho em Brasília, a Tiche também já orientou trabalhos em Belo Horizonte, quer dizer, estamos dando cursos como orientações de grupos, de trabalhos de pesquisa. Essa oficina que vocês viram finalizar está dentro desse projeto, Dramaturgia da Máscara. O ano passado pensamos num projeto de pesquisa que fosse em cima da dramaturgia por conta dessa nossa constatação de "ok, estamos com tudo aqui, mas e a dramaturgia? Vamos pensar isso?" Então bolamos um projeto, fomos contemplados com o Prêmio Miriam Muniz da FUNARTE que deu suporte, subsídio para começarmos a pesquisa. Estamos buscando outros subsídios para estruturar essa pesquisa. Estamos chamando outros profissionais para nos passarem referências de outras áreas para que possamos ter um aprofundamento maior. Por exemplo, teremos uma oficina de Fernando Linares, que é sobre máscaras larvárias.

Tiche – Aqui no *Barracão* temos uma oficina fixa, que é no mês de fevereiro e integra todos os grupos aqui de Barão Geraldo. É um período em que a gente faz oficinas de *commedia dell'arte*, de palhaço. Todo ano todo mundo sabe que tem as oficinas durante o verão, que geralmente é um período de festas e tal. Eu acho que existe um projeto de vida enquanto artista, e isso independe de tudo, de ser um espaço, de ter um grupo. Nesse sentido eu posso pensar que eu tenho uma proposta pedagógica. Todo trabalho que eu faço de orientação, de acompanhamento, eu não faço porque isto me permite sobreviver, eu sobrevivo disso porque há um grande interesse no desenvolvimento desse aspecto de nossa prática. Nosso trabalho pedagógico não é só você aprender a fazer bem um trabalho de máscara, é você se pensar enquanto artista é você se pensar enquanto função social. Não que eu ache que a arte tenha que ter essa função, acho que ela é, ela já existe no social, ela é o mundo.

Ésio - Uma formação, um projeto pedagógico de pensar o ator como um meio.

As oficinas são só para atores ou são abertas para a comunidade em geral?

Ésio – Trabalhamos mais com atores ou quando certo grupo nos chama. Então vamos lá e trabalhamos alguma coisa para aquela realidade.

Tiche – É um trabalho voltado para artistas, de modo geral, atores, bailarinos...

Ésio – Trabalhamos mais a ferramenta para levar para o público a arte. Mas não é "Ah, a gente só pensa no artista!". Já fizemos alguns trabalhos aqui com a comunidade, foi um projeto que montamos em 2004 que se chamava Espaço Nômade de Expressão...

Sobre os registros, imagens do grupo, são feitas pelo grupo ou por pessoas fora?

Tiche - As duas coisas.

E essas pessoas de fora são amigos próximos ou profissionais?

Ésio – São profissionais próximos e de afinidade...

Vocês têm um arquivo iconográfico?

Tiche – A gente não tem isso organizado, mas pretendemos organizar...

Esse material passa por algum critério de escolha das imagens?

Tiche – Passa por nós, e acho que em primeiro lugar tem a qualidade e a compatibilidade expressiva com a nossa identidade.

Criciúma - SC

GRUPO DE TEATRO
CIRQUINHO DO REVIRADO
Questionário respondido por
Reveraldo Joaquim e Yonara Marques

Como foi a trajetória do grupo desde seu momento de fundação?

O grupo nasceu em 1997, quando Yonara Marques e Reveraldo Joaquim, então casados há três anos, resolveram dar uma guinada em suas vidas. Mandaram confeccionar uma pequena lona de circo, para apresentar teatro de fantoches. O boneco mestre-de-cerimônias chamava-se Revirado. Daí o nome do grupo: Cirquinho do Revirado. As encenações eram, em sua maioria, clássicos da literatura infantil, contados a partir da lógica muito peculiar do Revirado. No ano de 2001 o grupo realizou a montagem das peças *Amor por Anexins* e *O Sonho de Natanael*. Ambas permitiram ao Cirquinho uma repercussão a nível nacional, o que gerou mais responsabilidade e, inevitavelmente, uma evolução na qualidade de seus trabalhos.

Daí por diante o Cirquinho do Revirado participou de vários festivais, editais, projetos de circulação e mostras importantes por todo Brasil, recebendo vários prêmios. Hoje o grupo mantém seis peças em seu repertório e, desde a sua origem, vive exclusivamente do fazer teatral. No ano de 2011 o grupo montou o espetáculo de rua intitulado *Julia*. Os objetivos principais do grupo são: a produção e representação das mais variadas vertentes do teatro, não se prendendo a um único estilo, porém, sem jamais perder suas características, seu modo particular de atuar diante de seu público.

Como o grupo está estruturado? Quantos atores, técnicos e diretor (a) trabalham no coletivo?

O Grupo tem uma estrutura praticamente familiar. Yonara Marques, Reveraldo Joaquim, Luan Marques Joaquim (filho do casal) e Adriano Medeiros Marcirio. Para cada Montagem o grupo se desafia a trabalhar com um diretor diferente, que é convidado a entender a nova ideia ou o novo texto. Se houver interesse deste diretor entrar nessa aventura com o grupo, acertamos um cachê para direção, e logo estando pronto o espetáculo, este fica sendo do cirquinho. Técnicos e artistas envolvidos extra cena são contratados dependendo da montagem que estamos desenvolvendo.

De onde surge a criação dos espetáculos? De textos? De ideias do grupo?

O grupo não tem uma formula pronta. Temos espetáculos que nasceram de anseios e ideias do grupo, outros que nasceram de uma vontade específica de um ou de outro ator. Horas nasce o texto primeiro, outras nasce a ação para depois vir o texto. Também temos montagens que nasceram de encomenda. Chamamos isso de "teatro empresa", e com isso seguimos uma linha de pesquisa de montagem bem diferente da maioria das nossas peças. Já montamos também uma peça que é um texto clássico de Arthur Azevedo, mas claro com uma adaptação bem de "Revirados," para a rua com pernas de pau. As peças em geral surgem de uma inquietação do grupo ou de algum componente para que se fale ou se debata tal tema no momento. Aquele assunto que nos encoraja a continuar na arte de fazer teatro. Uma palavra, um argumento apenas, para daí em diante começa uma pesquisa sobre este novo universo.

O grupo tem um tipo específico de ator, com características que definem a identidade do grupo? Vocês trabalho com processos de treinamento do ator?

Acreditamos no teatro do ator, e levamos isso muito a sério, e de uma forma muito profissional que implica condicionar o nosso corpo a estar preparado para a cena. Acreditamos que a rua é o nosso habitat; é onde nos sentimos a vontade para dialogar com o público. Mas, não nos intitulamos atores de teatro rua, até porque temos peças de sala também. Mas, se for para definir um tipo de ator, acreditamos que seria o ator desafiador- provocador. Em geral nosso trabalho tem comédia, às vezes cabe o lirismo do palhaço, outras a acidez e crueza do bufão. Na maioria dos nossos trabalhos é na rua que resolvemos nossos desejos, sonhos e fantasmas. Dialogamos com um número muito grande de pessoas na plateia. A rua tem essa magia, de servir nem que seja por um instante, para a ruptura da realidade com a fantasia. Interferir no cotidiano das pessoas é uma arte. Sim, temos um processo de treinamento, de condicionamento, mas a cada montagem nos presenteamos com alguma nova descoberta, algo que surpreenda nosso corpo já viciado e acostumado com o que temos. Gostamos muito de desafios.

Vocês podem detalhar qual seria o eixo da pesquisa do grupo?

Acreditamos que detalhar isso é difícil, pois, iríamos nos enquadrar. E o que menos queremos é ser enquadrados. Será que não temos eixo? Será que somos Revirados? talvez a única coisa que nos põe no eixo é querer continuar com o teatro. Somos seres mutantes, e nossas certezas são momentâneas, nossas convicções se transformam a cada experiência nova. Hoje o que nos encanta, e o que nos faz estar apaixonado pelo teatro é a linguagem do Bufão, linguagem que nos norteia com o espetáculo mais recente do grupo: *Julia*. Paralelo a isso temos três peças que não têm nada a ver com esta linguagem e que nos encanta também. A pesquisa fundamental do grupo talvez seja aprender a cada dia a viver bem fazendo teatro. Viver em contentamento.

Vocês trabalham para algum tipo de espaço cênico específico? Quais tipos de espaço são mais habituais nas montagens do grupo? Vocês já sabem em que espaço vão apresentar quando estão criando o espetáculo? Já ensaiam nele?

Trabalhamos a dezessete anos com teatro de rua, este é nosso espaço cênico na maioria de nossos espetáculos. Assim, como um ator que apresenta em um palco Italiano, ensaia em uma sala, que não necessariamente é um teatro, nós também criamos e construímos as cenas todas em salas. Fazemos isso pensando na rua, e sabendo que a cena que está sendo construída neste espaço intimista vai ganhar uma proporção maior para um público que terá um distanciamento da cena. A energia dos atores na rua tem que estar em consonância com o movimento natural de onde está se apresentando. Portanto, cada apresentação é diferente, porque estamos diretamente contatando com interferências climáticas, humanas, ruídos que fazem com que os atores tomem atitudes (ações) para que o público seja conduzido a estar interessado pela arte que está sendo encenada. A partir do momento em que o espectador é fisgado, o espetáculo segue sua trajetória, pois o ambiente já foi interferido, e uma nova energia naquele lugar foi estabelecida. E o Teatro se faz!

Vocês procuram um tipo de público em particular?
NÃO!

O grupo tem como hábito registrar o trabalho? Como é feito esse registro? Por profissionais ou pelo próprio grupo? Existe um arquivo organizado?

Sim... toda a história do grupo é registrada em fotos, filmagens. Temos um assessor de imprensa que nos auxilia nesta tarefa. E procuramos digitalizar todas as reportagens e material gráficos que aparece o nome do grupo. Esta história, quando não tivermos mais aqui, vai ser contada por alguém, e queremos que seja contada com o máximo de carinho.

Que critério vocês usam para selecionar as imagens representam o grupo e são utilizadas na divulgação? Isso fica mais perto do real da cena ou se faz uma escolha mais relacionada com uma ideia publicitária?

Vamos pela qualidade da imagem da cena. A foto tem que ter uma pouco da energia da cena e dos atores, para facilitar a divulgação do espetáculo e valorizar a arte do fotografo.

Como é processo de produção para o grupo? Como o grupo se relaciona com as leis de incentivo à cultura e os diferentes tipos de fomento?

O grupo é uma micro empresa com fins lucrativos e optante pelo Simples Nacional. Pagamos um contador que faz toda a contabilidade do grupo. Procuramos estar em dia com nossos impostos e tributos, já que na maioria das apresentações temos que apresentar nota fiscal e certidões negativas. É o próprio grupo que faz a produção dos seus trabalhos, mandando material para festivais, editais, leis de incentivo e contratos e contatos diversos.

O grupo tem ou teve algum patrocínio permanente?

Não.

Como o grupo se mantém financeiramente?

Através de apresentações.

Vocês ministram oficinas? Em que circunstâncias?

Sim. Sempre que solicitados. Não vendemos oficinas. Caso o contratante tenha interesse oferecemos oficinas para casar com a apresentação que vamos desenvolver.

No que se referente às oficinas que o grupo ministra, vocês utilizam algum referencial teórico, vocês tem um projeto pedagógico?

Nossa experiência é nosso material pedagógico. Ministramos oficinas para atores e não atores com foco no ator para a rua. Ministramos também oficinas de pernas de pau. O grupo possui vinte pares de pernas que levamos para cada oficina. A oficina tem a duração de três, seis e nove horas, dependendo da proposta.

Vocês fazem parte de alguma organização ou movimento de teatro de grupo da cidade ou do país? Porque?

Sim. Somos da Associação de Teatro de Criciúma, da Federação Catarinense de Teatro, a Rede Brasileira de Teatro de Rua, e fazemos parte do Conselho Municipal de Cultura de Criciúma. Temos a necessidade de estar trocando informações e experiências com outras pessoas que estão na mesma área de atuação. Nestes lugares, conseguimos ter um parâmetro do que está sendo produzido, discutido e pensado sobre o movimento teatral no Brasil.

Como o grupo definiria o Teatro de Grupo?

Defino como necessário e sublime. Só no trabalho de grupo é que podemos estar expostos aos nossos pensamentos, anseios e nossos fracassos. Achar o meio termo entre o que uma pessoa pensa e um coletivo pensa, o grupo dá a "tranquilidade" que não somos loucos sozinhos. O teatro de grupo nos facilita o entendimento de que vivemos numa sociedade e que temos anseios parecidos, porém a forma para realizar estes anseios são diversas e adversas e exercitamos assim nossa conduta de seres humanos capazes de errar e acertar, mas, acima de tudo capazes de continuar... Criar um coletivo (grupo) que acredita que podemos mudar o mundo tocando almas e ainda viver desta arte não nos torna melhor que ninguém, mas nos torna diferentes, e isso por si só já basta.

Curitiba – PR

COMPANHIA BRASILEIRA DE TEATRO
Entrevistas com Márcio Abreu, diretor da Companhia

Concedida a Samantha Agustin Cohen
em 24/05/2007 durante o Evento *Próximo Ato*, em São Paulo (SP)

Comente a história da *CBT.*

Abreu - Nós somos da *Companhia Brasileira de Teatro*, meu nome é Márcio Abreu. É uma companhia que existe com esse nome desde o final de 1999, não são os mesmos membros desde o início. A gente funciona da seguinte maneira: tem um núcleo fixo que sou eu, a Nádia Naira e a Geovana. Podemos dizer que somos o corpo da companhia. E aí temos uma série de artistas que trabalham associados à companhia como colaboradores. Desde atores, a músicos. Temos um círculo de pessoas, de artistas principalmente, que são muito importantes para a existência da companhia. Então, por exemplo, as nossas escolhas estéticas ou caminhos de pesquisas não são determinados pelo número de atores, não escolhemos fazer um espetáculo para atender certo número de atores que por ventura estejam na companhia ou diretamente ligados à companhia. Mas, existe sim uma tendência a reincidir com as mesmas pessoas, e cada vez mais isso. Por outro lado, a gente acaba agregando mais colaboradores também. Então, há essa liberdade. Há uma possibilidade de funcionar numa dinâmica bastante livre. Uma premissa da companhia é a possibilidade que temos de fazer trabalhos fora da companhia. Acreditamos que essa é uma das questões que também determinam à longevidade do trabalho com outros grupos, com outros profissionais. Por exemplo, eu dirigi um espetáculo com o *Act* - um centro de pesquisa lá de Curitiba, do Luiz Mello. Fizemos um longo processo de pesquisa sobre a obra do Tchekov que gerou um espetáculo. Não era uma produção da companhia, mas a companhia estava ali porque eu era o diretor e dramaturgo do espetáculo. A Nádia fez a iluminação e a Geovana participou como minha assistente em todo o processo de pesquisa e de dramaturgia. Então, de alguma maneira, a dinâmica de relação de trabalho que desenvolvemos funciona mesmo fora de uma produção estritamente da companhia. O trabalho não leva o nome do grupo, mas nós estamos lá como força de trabalho, como troca e como processo. Isso acaba acontecendo muitas vezes. Em outros casos não. A Nádia, por exemplo, tem um trabalho que está em cartaz aqui em São Paulo agora, é uma direção dela com uma outra companhia, nós, da

Companhia Brasileira de Teatro, não estamos envolvidos. E isso nos faz retornar sempre com mais força ao trabalho engendrado dentro e nos princípios da companhia. Está cada vez mais difícil fazer trabalhos fora, porque a companhia demanda muito tempo, tem bastante trabalho, desenvolvemos muitas coisas juntos. Mas, a gente acha importante, ao longo do tempo, ter essa prática, essa possibilidade.

Estar trabalhando mais dentro do grupo...

Abreu - ... e sempre com essa possibilidade de escapar.

De onde parte a criação dos espetáculos? Tem algum ponto de partida? O ator, ou o texto?

Abreu - Sempre tem um ponto de partida. Mas esse ponto de partida é frequentemente mutante. Talvez algo que hoje caracterize o nosso trabalho seja justamente uma abertura para entender os processos possíveis a cada momento da companhia. Então, nós não poderíamos nos rotular como uma companhia que faz processos mais especificamente para dramaturgia, mais especificamente para o ator. Todas essas questões estão sempre envolvidas e são sempre muito importantes. Mas a abertura para entender o momento no qual estamos inseridos, as nossas questões, o que é mais difícil para a gente, quais são os nossos desafios, em geral são esses fatos que determinam o nosso ponto de partida. Dificilmente a gente pára para escolher o que a gente vai fazer. Essa escolha se dá num processo contínuo.

Vocês são todos atores?

Abreu - Não. Essa é uma característica. Nós não somos uma companhia de atores. Todos são atores de formação, mas nós não somos uma companhia de atores. Nós somos uma companhia de teatro. Então, eu sou diretor artístico da companhia, cumpro essa função. A Nádia é diretora técnica e a Geovana é diretora de produção. Isso em relação à estrutura da companhia, não necessariamente em relação ao espetáculo. Ocasionalmente todos os espetáculos da companhia foram dirigidos por mim. Isso não quer dizer que a Nádia não possa vir a dirigir, que a Geovana não possa vir a dirigir, ou que a gente convide um outro diretor. Assim como os nossos trabalhos não estão ligados diretamente a necessidade de que a Nádia e a Geovana atuem como atrizes, ou que o núcleo de associados de colaboradores o Raniere Gonzale, a Shiris Gomes, a Cristiane de Macedo, atores que trabalham frequentemente conosco, o Rodrigo Ferrarini. A gente não tem essa obrigação de fazer projetos para tender a isso. De toda forma, todas as pessoas sempre podem estar, e devem estar, envolvidas de alguma maneira no trabalho. Então, se não tem uma função possível para você como ator nesse momento, você vai estar envolvido de uma outra forma.

Então a decisão pela escolha de um trabalho, para o início de um novo trabalho vem desse núcleo? Do desejo desse núcleo?

Abreu - Em geral vem do desejo desse núcleo. Mas o desejo desse núcleo, frequentemente, já é resultado de uma continuidade. Ou seja, o próximo passo se apresenta pelo passo que a gente está dando nesse momento. Então, não é exatamente parar para pensar, "qual peça a gente vai fazer?", porque também nós não somos uma companhia de produção de espetáculo. É maior do que isso. O espetáculo, a peça, o contato com o público é um aspecto do trabalho da companhia. Então o espetáculo é sempre fruto de uma trajetória. Assim como a escolha. Só para dar um exemplo prático para entender melhor isso, a nossa última peça que é o *Apenas o fim do mundo* que é uma montagem feita a partir de um texto, de um autor francês, chamado Jean-Luc Lagarce, que morreu em 1995. O texto era inédito no país. Então a gente trabalhou a tradução e publicou este livro. Por que a gente escolheu este livro? A gente não parou para pensar, que peça a gente vai fazer agora? Ah, vamos ver aqui uns autores? Não é isso. O trabalho anterior, que também era de um autor francês e tinha questões formais e de estética e tinha um conteúdo que nos interessava, nos levara até esse outro autor. Assim como dessa peça anterior, a anterior nos levou da mesma forma para a peça seguinte e que não era uma peça de um autor. Era um texto construído por mim em um processo colaborativo, junto com as atrizes, a partir de uma pesquisa. Então, uma coisa desencadeia a outra. E no caso específico do Lagarce, a experiência da peça anterior que era *Suíte 1* me conduzia diretamente para lá. Assim como a experiência com o Tchekov que eu te falei, também convergia para esse lugar, por aspectos diferentes. É mais do que uma escolha, é uma necessidade de fazer. Uma conseqüência.

Então vocês não procuram por um tipo de ator?

Abreu - A gente procura sim. A gente procura uma conduta. Uma ideologia. Todos os trabalhos da companhia são também reflexões sobre isso. São também pensamentos dinâmicos, sempre mutantes, sobre isso. Principalmente também através da palavra nos últimos trabalhos - a palavra tem sido um foco bastante forte do trabalho -, como pode ser ouvida pelo público. Isso num sentido mais amplo que não só ouvida, mas como chegar? Qual é o momento de tomar a palavra sem que isso seja uma imposição? E com uma sensibilidade possível para estimular uma escuta.

E como seria esse ator? Que ferramentas ele teria?

Abreu – Procuramos criar espaços nos quais o ator compartilhe, ofereça, sugestione algo e não determine. Por exemplo, no *Suíte 1* e no *Apenas o Fim do Mundo,* vou dar dois exemplos práticos para tentar esclarecer. O início das duas peças se dá a partir de uma relação que ator estabelece com o público, de espera, de expectativa. Qual é o momento? Por que eu devo começar? Quem vai tomar a palavra aqui? A palavra em um sentido mais amplo. A palavra como ação também. Qual é o momento de começar. A gente tem tido uma experiência bastante sensível nesse sentido, bastante comovente e muito forte para nós. Nessa primeira abordagem em relação ao público a partir da nossa impotência.

Vocês têm algum projeto pedagógico? Vocês trabalham com oficinas internas ou para comunidade?

Abreu - Eventualmente. Os membros do grupo, individualmente, sim. Eu particularmente dou muitas oficinas de dramaturgia. Agora ligado à *CBT* a gente tem um trabalho iniciado este ano de troca entre grupos. A partir de uma iniciativa de uma companhia de Minas Gerais, o grupo *Espanca!*, foi feito um encontro chamado *Ato 1* com três companhias, uma de São Paulo, o *Grupo XIX*, nós de Curitiba, mais o *Espanca!*, lá em Minas. Um encontro de troca prática entre os grupos. E essa é uma prática que a gente vai ter com recorrência. Vamos organizar um segundo momento desse encontro em Curitiba, no início do ano que vem. E com o *Grupo XIX* aqui em São Paulo também. Mas, a gente como coletivo não tem primordialmente a prática de oficinas. Já começamos no planejamento e nas conversas, e no início do ano que vem faremos um trabalho de contato com uma instituição chamada "Casa Lar". A "Casa Lar" abriga crianças e adolescentes que passam pela Vara da Infância e da Juventude, e foram tirados de suas famílias. Esse será um trabalho ao longo de um ano, com encontros mensais. Para isso estamos reunindo todos os nossos colaboradores e estamos formando uma programação de sensibilização através da arte. Vai ser a primeira iniciativa mais direta nesse sentido tipicamente social. Não gosto muito deste termo, acho que a própria ação artística, estética já responde socialmente. Mas, por questões pessoais, a gente sentiu necessidade de ter essa ação mais direta.

Então a princípio o projeto pedagógico não seria ...

Abreu - ... a tônica da companhia. Não é. Mas a gente tem. Então não é primordial, mas ela está ali.

Quais são as funções exercidas pelos membros do grupo na parte executiva?

Abreu - Então, como eu disse no começo, o núcleo fixo tem funções determinadas. Eu sou o diretor artístico, a Geovana é diretora de produção e a Nádia é diretora técnica. E temos uma assistente de produção, que faz a parte mais pesada da burocracia.

Mas ela não é membro do grupo?

Abreu - Não. Ela é uma pessoa contratada. Por outro lado, a gente está envolvido em todas as funções, de certa maneira. Todos nós lidamos com a produção, assim como todos nós pensamos artisticamente os projetos. Assim como eu e a Nádia, que é a diretora técnica, encabeçamos essa função de resoluções técnicas em relação a espetáculos. Ela é uma iluminadora, mas existe uma contaminação dessas funções. Elas não são estanques, de maneira alguma. Cada um responde por isso. É diferente. Precisa ter alguém para responder por essas funções. Nós temos uma estrutura super pequena, não temos sede, temos escritório. Agora estamos começando a sentir uma necessidade urgente de que esse escritório além de ser um lugar para resolver as questões burocráticas e administrativas da companhia, passe também a ser um espaço de trabalho. Não necessariamente de ensaio, mas de trabalho criativo. Então, nós teremos que mudar de lugar.

Como é que vocês fazem essa construção da sede?

Abreu - A gente aluga espaços a cada momento de trabalho. Aluga, ou faz trocas. O *Act*, lá em Curitiba, é um parceiro bem grande nosso. Tanto nesse sentido de eventualmente ceder espaço ou a gente alugar o espaço do *Act*, com.

Como funciona o registro dos trabalhos do grupo?

Abreu - É uma preocupação grande nossa, pensar sobre isso nesse momento. Como registrar nossas ações? Como fazer circular as ideias que a gente trabalha de outras maneiras, por outras vias. Então para nós a possibilidade de publicar os textos, por exemplo, é uma alegria muito grande e fruto de um esforço. Agora com relação à memória, registro de coisas do grupo, foto, vídeo, temos dado passos lentos, mas bacanas, em relação a isso.

Vocês têm alguém do grupo que é responsável por isso, ou vocês contratam alguém?

Abreu - Não. A gente sempre contrata. Estamos encontrando agora pessoas que fazem isso melhor, ou da maneira que a gente quer ou gostaria. Na fotografia nós temos pelo menos três fotógrafos que trabalham sempre conosco. Então já entendem melhor o trabalho. Ao longo do tempo o trabalho é mais potente, é mais interessante.

E o que é um resultado mais interessante para vocês?

Abreu - Que revela mais de um aspecto do trabalho. Que revela o trabalho na sua pluralidade. Naquilo que tem de insuficiente, de real, de concreto. Por outro lado, que também agrega um olhar, ou seja, também é uma criação sobre aquilo. Tem um olhar estético e artístico. Uma intervenção do artista fotógrafo também nos interessa. Interessa claro, o documento cru, mas também uma criação sobre a obra. Na fotografia a gente tem isso um pouco mais adiante, já no vídeo ainda estamos capengando bastante.

Vocês costumam ter uma preocupação em registrar constantemente, além dos espetáculos, os ensaios e encontros do grupo?

Abreu - Temos essa preocupação sim. Cada vez isso tem se tornado mais possível. O último processo está bem mais bem registrado do que o anterior. Então aos poucos vamos conseguindo fortalecer essa ideia. Às vezes, não é possível por várias questões, incluindo a questão financeira. Por exemplo, você registra todo o processo todos os dias em vídeo, é uma loucura. Porque não é só você ligar a câmera, mas como você edita, como você extrai e transforma isso tudo num produto que realmente sirva como documento. Para fazer uma ideia circular e não só um acúmulo de material. Isso é um trabalho que precisa de gente específica para se fazer. Portanto, é necessário dinheiro e preparo para se fazer. É claro que a gente pensa nisso, mas ainda não temos essa estrutura.

A criação dos espetáculos de vocês pensa num público? No momento da criação, vocês buscam um público específico?

Abreu – Não. A gente não busca um público específico. Mas a ideia de que o trabalho que estamos fazendo deve chegar ao maior número de pessoas e a maior diversidade de público, é sempre uma questão presente. Nós temos tido a grata chance de mostrar todos os trabalhos realmente para públicos muito diversos. Desde as capitais até periferias e cidades do interior. Para públicos que não estão acostumados com o teatro, para público que nunca foi ao teatro. Para públicos maiores, para públicos menores. A característica, por exemplo, de opção formal dos trabalhos, estrutura narrativa, estrutura dramática, escolha dos textos, temas, tudo isso não exclui ou não especifica o público. Não é esse o nosso interesse.

Mas vocês acham que pelo tempo de atividade do grupo, vocês já têm um público criado?

Abreu - Eu acho. Mas eu não posso caracterizar esse público. Acho que a característica seria a diversidade. Agora, essa resposta não pode ser dada sem a gente pensar o que é o público de teatro no Brasil. Já existe um recorte. Já existe uma especificidade. Mas, a *CBT* tem participado de programas de circulação com esses espetáculos, em que a gente leva o trabalho para um público ávido, para público de periferia e de cidade do interior. Eu faço questão disso. Porque essa é uma maneira de efetivar o nosso trabalho. Porque quando a gente só apresenta na própria cidade, ou para um público que já é um público de teatro ou formado primordialmente por artistas, intelectuais, classe média, você não consegue ter uma dimensão de como isso ressoa na sociedade. É uma restrição no trabalho. Então a tentativa é sempre de explodir. De ir para os lugares mais improváveis.

Quanto à bilheteria? Ela é importante para o grupo?

Abreu - Como reflexão, se deve ser importante ou não, eu acho...

É essencial para o grupo?

Abreu - Eu vejo essa questão de duas maneiras. Se você me pergunta se eu acho que deve ser importante? Eu digo que sim. Eu acho que a possibilidade do teatro de qualquer tipo de arte que convoca o público, ter condições de fazer com que a bilheteria signifique realmente algo, aproximado de uma manutenção daquele trabalho, eu acho excelente.

Mas, na prática para nós a bilheteria não significa nada. Absolutamente nada. A gente não depende da bilheteria.

Não depende para sobreviver?

Abreu - De maneira nenhuma. Assim como noventa por cento do teatro feito no mundo.

Eu gostaria de saber se o grupo tem preferência, no que diz respeito às montagens, por um determinado tipo de espaço?

Abreu - Temos feito montagens bastante intimistas, muito embora, muitas delas, por apresentar em muitos lugares, feito para públicos imensos. É um paradoxo. Mas nós não temos isso como uma premissa. Quero dizer, o trabalho da companhia não se caracteriza por isso. Preferimos espaços fechados, espaços abertos, teatros tradicionais, teatros alternativos. Isso não determina o trabalho. Ao contrário, é o trabalho quem vai determinar o seu espaço.

Se o próprio trabalho é quem determina o espaço, como a cenografia conversa com isso?

Abreu - É, essa é uma questão interessante. Em geral passa por mim que dirijo o trabalho. É uma característica minha como criador, eu penso muito o espaço. Então eu acabo sugerindo caminhos ou até mesmo criando este espaço. E a conversa com a figura do cenógrafo na trajetória da companhia sempre tem sido um pouco frustrante. Nesse exato momento, hoje, eu tive uma reunião com um cenógrafo que eu quero agregar ao trabalho da companhia. E estamos super felizes com essa ideia, porque até hoje ainda não conseguimos um diálogo realmente potente, interessante, provocativo para nós, que estivesse realmente integrado. Tanto que a gente supriu essas necessidades. Em geral, tem outras pessoas, no *Volta ao dia* um espetáculo nosso de 2002 que faz parte do repertório da companhia, foi a Rebeca (Teca) Fichinski quem fez o cenário, a partir de uma concepção prévia, mas não conseguimos manter um diálogo permanente com ela. Foi excelente no momento, mas a gente não conseguiu uma continuidade. Então o que nós estamos buscando é isso, é uma parceria mais a longo prazo.

A escolha do espaço cênico tem alguma ligação com a questão do público? É uma estratégia para atrair o público?

Abreu - Não. Não, nunca.

Então está diretamente ligada com a identidade?

Abreu - Claro. Para estrear o trabalho, o tipo de espaço, a característica física do espaço, claro que é pensada, mas geralmente nós conseguimos adaptar para espaços multi. Porque a gente circula sem perder a condição essencial na qual a peça foi criada. Mas eu acho, que de alguma maneira todas as coisas influenciam. Se a gente viaja com um projeto que vai para onze cidades de periferias, do interior, que é um projeto do Serviço Social da Industria (SESI) aqui de São Paulo, nós sabemos que esses espaços têm limitações. Nós não vamos limitar o trabalho por causa disso. Mas se eu quero fazer, eu tenho que... quer dizer, eu não vou limitar previamente o trabalho, a criação, por causa disso, mas se eu quero levar o trabalho para essas pessoas, então aí o público, a necessidade do contato com o público, nesse momento conta mais.

Então já na concepção você já pensa, de certa maneira...

Abreu - Na concepção não. Mas, no momento em que eu vou levar esse trabalho, eu repenso esse espaço sem subverter tudo. Nós fazemos alterações que sempre são benéficas, porque é mais importante levar a peça para esse público, desde que não perca a essência do trabalho. Não são concessões, são transformações positivas. Porque o público é muito importante, nesse caso. É mais importante levarmos a peça para o público do que querer que a peça seja exatamente naquele espaço, e que aquele espaço seja reproduzido com exatidão em todos os lugares.

Florianópolis – SC

ERRO GRUPO
Questionário respondido por Pedro Bennaton, diretor e dramaturgo do
grupo.
Outubro de 2010.

Como e quando foi fundado o *ERRO Grupo*?

O *ERRO Grupo* foi fundado no dia 13 de março de 2001, através da
reunião de cinco estudantes da UDESC, Priscila Zaccaron, que cursava
artes plásticas, e quatro que cursavam artes cênicas, Luis Beltrão, Juarez
Nunes, Luana Raiter e eu, todos já graduados atualmente. Nós fazíamos
parte do diretório acadêmico, DART – Diretório Acadêmico do Centro
de Artes (diretoria de 1999 a 2000), e integramos a greve da UDESC, em
2000, iniciada por discentes que objetivavam a extinção de taxas de
matrícula, de reprovação, frequência, que estavam sendo cobradas pela
instituição. Depois, os docentes, como não tinham reajuste salarial já há
alguns anos, integraram o movimento político, o que o tornou como a
última greve-geral da UDESC, motivada por insatisfação tanto dos
docentes quanto dos discentes, durando cento e cinco dias. Durante a
greve ocorreram ações burocráticas, como reuniões, participações nos
conselhos universitários, mas, também, houve ações *performativas* de
protesto que eram importantes politicamente. Eram performances,
intervenções político-artísticas, que expressavam as nossas reivindicações.
Quando a greve acabou, nós decidimos que o ato de fazer *performance*s, nos
quais falávamos como atores-cidadãos, e nos colocávamos no espaço de
todos para a realização de nosso protesto, era algo que queríamos
continuar explorando, e que dialogava com nossas pesquisas acadêmicas.
Na greve, os cursos do CEART (Artes Visuais, Cênicas, Música) iniciaram
a ter ricos diálogos, começaram a se comunicar devido ao movimento de
protesto. Após o final da greve, em uma dinâmica natural, fomos nos
encontrando em pequenos grupos de discussão onde surgiu a vontade de
se fazer um grupo. Foram realizadas em torno de quatro reuniões antes de
surgir o *ERRO*, tudo foi surgindo aos poucos, inclusive, as próprias
características do grupo. Tudo se ajustou às conversas dessas cinco
pessoas. Em agosto de 2002, convidamos mais pessoas para participarem
de nosso coletivo, pessoas que já estavam próximas realizando trabalhos
com o *ERRO* ou com integrantes individualmente, mas que
acreditávamos que poderiam contribuir com as nossas pesquisas. Nós
fomos de cinco para onze pessoas, seis pessoas novas entraram, dos quais

apenas dois, a artista plástica Julia Amaral e o ator Michel Marques permanecem até hoje. Foi um período de muita fruição tanto criativa quanto teórica, de debates intensos sobre como se fazer um grupo, o que era um trabalho em grupo, as possibilidades de uma pesquisa híbrida, conceitos de *performance* no teatro, nas artes plásticas, sobre a realização de experiências práticas, etc. Nessa época, o grupo focou seu trabalho na especificidade da intervenção urbana como eixo fundamental das discussões, das práticas e pesquisas. Em 2003, nós começamos a perceber que algumas pessoas do grupo poderiam trabalhar conosco, mas não estarem nas reuniões de pesquisa, teóricas e administrativas. Começamos a ter pessoas que eram mais interessadas em pesquisar *performance*, e intervenção urbana e outras pessoas que estavam mais interessadas em apenas praticar. Atualmente, trabalhamos com um núcleo do grupo de três pessoas, Luana Raiter, Júlia Amaral e eu e diversas pessoas que atuam como colaboradores em trabalhos específicos. Luis e Juarez desvincularam-se do grupo em 2003, mas, Juarez, atualmente, continua realizando trabalhos no grupo. Priscila, em 2006, foi para a França, porém continua no *ERRO*, mesmo que à distância. Luiz Henrique Cudo, que entrou em 2004, e a artista plástica Ana Paula Cardozo que entrou em 2003, continuam até hoje como colaboradores em alguns trabalhos.

Para você quais características que definem o Teatro de Grupo?

No caso do *ERRO Grupo*, além da linha de pesquisa com o foco em intervenção urbana, é a relação estabelecida entre os integrantes durante os nossos trabalhos que definem o coletivo, a nossa base de sustentação. Alguns integrantes estão desde a formação inicial do grupo, outros estão quase isso, e outros entraram recentemente, contudo, apesar de o tempo de permanência no *ERRO* ser um fator importante na nossa definição de Teatro de Grupo, as relações que se estabelecem em aspectos de confiança, pertencimento, participação na pesquisa e ações coletivas, assim como na operacionalidade do trabalho coletivo, é que fortalecem essa noção coletiva de forma concreta. Achamos que o trabalho de grupo é pesquisa, é acima de tudo, de qualquer dificuldade financeira, continuar fazendo o que você acredita ser válido para a coletividade. Diferentemente de um teatro que visa o lucro financeiro, onde a prática é definida apenas pelo projeto realizado no momento, o teatro de grupo busca criar uma pesquisa através de diversos trabalhos, tendo uma prática entrelaçada à outra, e independente de existir uma demanda ou não. O Teatro de Grupo não opera através de uma lógica capitalista e individualista, de certa forma, é uma utopia que resiste. Brincamos, com seriedade, que o *ERRO* é como um gueto, ou você participa dele e vive ele, ou ele te expulsa.

Acreditamos que o trabalho coletivo seja uma forma de vida, e não é possível ter dois tipos de vida, mas, é claro que isso gera também muita frustração, pois, o individualismo, além de ser algo inerente ao homem, é também uma característica pregada pela sociedade em que vivemos, uma forma de sobrevivência.

Sobre o processo criativo do *ERRO*, de onde parte a criação dos espetáculos do grupo? Do texto, do ator, da improvisação, do espaço ou da direção? Por que o grupo usa esse procedimento? Quais são as interferências do ator na criação dos espetáculos?

A dinâmica do processo criativo no ERRO *Grupo* depende muito de cada trabalho. Contudo, nossas criações nunca partem de um texto, sempre partem de alguma ação, de alguma situação imaginada ou proposta por alguém que possa causar alguma interferência no espaço urbano e que é recebida com interesse pelo coletivo. Em *Buzkashi* (2004), por exemplo, algumas pessoas do grupo tinham vontade em trabalhar com uma ambientação de jogo em plena rua, em trabalhar uma situação na qual os atores disputassem um jogo. Nos primeiros instantes de criação, não existe uma intenção de construir um texto para a nossa dramaturgia, pois, esta funciona antes como uma construção de uma experiência, de uma situação. Normalmente, alguém coloca uma situação para o grupo em reunião e todos que participam começam a contribuir com idéias. Todas as criações praticamente acontecem assim, nunca acontecem através de uma só pessoa, todos os integrantes contribuem seja em reuniões teóricas ou nos ensaios para darmos corpo às nossas criações. Ainda no exemplo de *Buzkashi*, algumas pessoas trouxeram a situação de jogo, que foi preenchida com um cartão postal que retratava um jogo do Afeganistão, que Luana Raiter trouxe em uma reunião, e com um texto da Priscila Zaccaron sobre o que seria o alimento do herói e a separação das funções no teatro. Somente após a reunião desses elementos que a direção iniciou os ensaios de Buzkashi com os atores. Antes do início dos ensaios, conversamos e debatemos muito em grupo sobre a situação que queremos construir. Nos trabalhos mais ligados ao teatro, como *Carga Viva* (2002), *Desvio* (2006), *Escaparate* (2008), *Enfim um Líder* (2007) e *Formas de Brincar* (2010), após as reuniões e um período de ensaios, existem dramaturgias que são realizadas por mim e Luana Raiter, que transpassam para um texto/roteiro todas as vontades, idéias e criações do grupo angariadas a partir da situação. Porém, este texto/roteiro, continua em constante transformação a partir do processo de criação e ensaios. Em todos os trabalhos definimos as funções de cada um. Portanto, mesmo após as reuniões sobre um trabalho específico, onde todos contribuem para a concepção, ainda temos a definição e separação do trabalho de dramaturgia, direção, direção de arte, atores, etc. Até nas *performances*, mesmo que o processo de criação e construção de uma obra seja ágil, sempre definimos quem realizará a ação e quem a coordenará. Mesmo que as funções não tenham limites definidos tentamos trabalhar cada um dentro de algumas especificidades, mas, mantendo aberturas para que cada um também possa realizar mais de uma função. Ou seja, especificamos as funções, cada um trabalha dentro de sua função (ou funções), mas sempre contribuindo, discutindo em conjunto. Como nós já trabalhamos juntos há algum tempo, sabemos das aptidões de cada um. Diferentemente dos trabalhos iniciais, agora não estamos mais fazendo rodízio de funções. Já temos quem faz a sonoplastia, a direção de arte, etc, ao longo do percurso em grupo, cada um foi buscando suas funções dentro do *ERRO*. Eu, como diretor, uma vez que definimos alguns direcionamentos sobre a situação que iremos trabalhar, começamos com o processo de ensaios nos quais eu defino uma metodologia de criação. Após um período de ensaios, eu e a Luana Raiter construímos um texto/roteiro para as obras, damos corpo à dramaturgia, assumimos a estruturação do texto, mas não como algo sacramentado, que não pode ser alterado, justamente o oposto. Nos processos do *ERRO*, o texto/roteiro está em constante mutação, e os atores, a direção de arte (que é realizada, normalmente, em parceria entre Luana Raiter e Júlia Amaral), o espaço e o público continuam contribuindo para a sua construção do trabalho mesmo após da estréia. Tentamos fazer com que essa dinâmica de criação permanece pelo tempo que estivermos focados na obra e por esse motivo iniciamos os processos com reuniões e ensaios de criação para dar espaço para que cada um crie e proponha linhas de ação e situações, gerando um ambiente de contribuição para cada trabalho.

O grupo busca um modelo específico de ator? Caso a resposta seja afirmativa, que características teria este ator?

Nosso modelo de ator está relacionado à sua disponibilidade. Buscamos pessoas disponíveis para o nosso trabalho que se realiza em plena rua. Nesses anos trabalhando com atores e não-atores, percebemos que durante o trabalho de intervenção urbana um fator essencial é a disponibilidade do indivíduo em se relacionar com o espaço, os transeuntes e responder ativamente aos conflitos gerados pelas ações que interferem nos fluxos cotidianos e nas paisagens urbanas. Não há espaço para a comodidade para quem trabalha na rua, e muito menos a fama. O ator para o *ERRO* tem que estar disponível para trocar-se na rua, tomar chuva, ser ofendido e continuar levando a sério sua função. A postura do ator e não-ator perante a rua é um fator preponderante para o nosso trabalho, mas também nos preocupamos em trabalhar com pessoas que compreendem a linha de pesquisa do grupo, e querem pensá-la. Preferimos um (não-) ator pensante ou disponível ao típico ator talentoso e virtuoso. Construímos uma dinâmica na qual os atores que trabalham conosco tem que ter a disposição em tratar a rua como espaço de vivência e estarem dispostos a improvisar e camuflar-se. Pedro Barbosa, um teórico português, diz que o ator no teatro de rua abdica do nome no cartaz, é anônimo. O ator no teatro de rua tem que estar disponível a isso, ao anonimato. O ator tem outro alcance ao atuar na rua em uma proposta de intervenção como a do ERRO, onde o espaço de representação não está circunscrito, onde o ator se mistura com as pessoas, se dilui com a realidade. Na rua não deixamos muito claro até que ponto atuamos ou agimos como cidadãos, por isso, necessitamos estar disponíveis para essa situação onde as fronteiras entre realidade e ficção estão borradas. No *ERRO* trabalhamos com a construção dessa lógica para dar sustentação ao trabalho de atuação.

Sobre o Projeto Pedagógico: o grupo ministra oficinas? Estes trabalhos são direcionados à comunidade ou a atores e diretores? As oficinas buscam a formação atorial profissional?

O *ERRO Grupo* ministra oficinas e cursos, porém, estes não possuem uma periodicidade regular. As oficinas, mesmo freqüentes, acontecem através de outros projetos que não visam um trabalho á longo prazo, portanto, geralmente ministramos oficinas que tenham em média de doze a vinte horas. Ao longo dos anos de trabalho do grupo, variamos o público-alvo das oficinas para atores e para não-atores, o que serviu para que testássemos nossos métodos de criação em pessoas com características e visões diferentes sobre o mesmo foco de pesquisa do *ERRO*, o trabalho do ator/performer em intervenção urbana, o que serviu para difundir as nossas descobertas de forma ampla. Contudo, ainda refletimos e descobrimos sobre nosso próprio método de trabalho e por isso ainda não temos a pretensão de formar atores profissionais, mas, sim, realizar entre os integrantes do grupo essa experiência de construção de procedimentos de criação, que possam se transformar em um método ou uma gama de estratégias para ação urbana para também colaborarmos com os trabalhos de outras pessoas.

O grupo ministra cursos permanentes? De que forma são oferecidas estas oficinas? O Grupo considera que tem um projeto pedagógico? O Grupo utiliza algum referencial teórico para preparar seu trabalho pedagógico?

Nossas oficinas são de curta duração. Ainda não temos um projeto pedagógico bem delineado, além de não ter sido o nosso foco nesses anos iniciais de grupo, pensamos na necessidade de pesquisar e praticar em grupo para angariarmos nossas noções sobre o trabalho antes de fecharmos em um projeto específico de fomento à formação profissional. Na medida em que formos intensificando a realização de nossas oficinas e as ampliando para cursos de longa-duração, teremos que, inevitavelmente, refletir e estruturar um projeto pedagógico, pois, como nossos integrantes são oriundos da universidade, essa é uma possibilidade latente. Por esse fato, também, trabalhamos com uma gama de referenciais teóricas que utilizamos em nossos trabalhos e, por consequência em nossas oficinas: *Environmental Theater*, e exercícios inspirados nas práticas de Richard Schechner; textos da Internacional Situacionistas sobre arte e cidade; conceito de site-specific e site-specificity; conceito de happenings de Allan Kaprow; idéias de Jean Baudrillard sobre a arte e cultura; Antonin Artaud e Jerzy Grotowsky, sobre o trabalho do ator; e a reflexão sobre algumas práticas artísticas como as de Joseph Beuys, Marina Abramovich e Flávio de Carvalho, que possam frisar as relações entre o trabalho do ator e o trabalho do performer.

Sobre a administração do grupo. Quais as funções exercidas pelos membros do grupo no processo criativo? Elas são fixas ou podem variar de acordo com o projeto?

As funções foram sendo estabelecidas nos primeiros anos de grupo. Como citei acima, algumas delas, eu sempre assumo a direção, pois, no início do grupo, ninguém mais se dispôs a assumir essa função e, no momento, as funções já estão mais estabelecidas. O exemplo de como definimos a função de diretor também serve para elucidar como definimos todas as outras funções. Primeiramente, foi uma vontade minha, depois, durante os rodízios de funções no início do grupo, fizemos pressão para que outra pessoa assumisse, mas, como não houve interesse por parte dos outros integrantes em testarem essa função, atualmente, já nos adaptamos a quem assume cada uma das funções. Por isso, a direção de arte, normalmente, é por conta da Julia Amaral e da Luana Raiter, sendo que a Júlia também fotografa os trabalhos do *ERRO* desde 2003, e a Luana atua e realiza a dramaturgia. A sonoplastia, que era uma função desenvolvida pela Priscila Zaccaron, mas desde que ela saiu do país, o Rodrigo Oliveira, que, desde 2006, trabalha conosco como não-ator/performer, assina essa parte. O Michel Marques, geralmente, trabalha nas funções de técnico de som, projeção e cenário, e Ana Paula Cardozo, Luiz Henrique Cudo, Luana Raiter, Paula Felitto, Michel Marques e Sarah Ferreira se alternam na atuação nos diferentes trabalhos do *ERRO*.

Como é a organização administrativa do grupo? Os próprios artistas desempenham também funções administrativas? Especifique as tarefas assumidas pelos artistas.

Fazemos reuniões administrativas impreterivelmente de três em três meses, ou na medida em que estas são necessárias, mas o que entendemos como organização administrativa é o aspecto burocrático que envolve o CNPJ, o envio de projetos para editais públicos e a administração dos recursos do grupo. Pensamos que a parte administrativa está isolada da parte criativa, mas que nós precisamos ter essa função no grupo para possibilitar a realização das criações e pesquisas, ou seja, a organização administrativa serve a estrutura criativa. Escolhemos, desde os primórdios do grupo, que não teríamos um integrante que fizesse apenas a administração e a produção do *ERRO*. Todos os integrantes já participaram de alguma maneira dessas funções, sempre realizando uma ou mais funções criativas e realizando alguma parte da organização administrativa. Ao longo dos anos, já é de conhecimento coletivo que algumas pessoas lidam melhor com alguns aspectos administrativos do grupo, como eu e a Luana Raiter que nos ocupamos do aspecto financeiro, como o Michel Marques e a Júlia Amaral que se preocupam com os equipamentos e materiais, e como a Luana Raiter que resolve problemas burocráticos de documentação. Contudo, durante os processos criativos e projetos essas funções costumam ficar borradas, sem a figura de um produtor, ficamos todos se preocupando com os orçamentos, e a produção, seja na elaboração de futuros projetos quanto nas participações em festivais e eventos que enviamos os nossos trabalhos. Eu e Luana Raiter nos dedicamos na elaboração dos projetos, porém a Ana Paula Cardozo e a Júlia Amaral também contribuem nessa área, portanto, seja nas funções de elaborar, conceituar, planejar e orçar os projetos, como nas partes operacionais (serviços cartoriais, autorizações, pagamentos, etc, normalmente realizadas pelo Rodrigo Oliveira e Michel Marques), todos do *ERRO* colaboram nesse aspecto do grupo que ninguém tem prazer em fazer. Não conseguimos nos desvencilhar desta parte administrativa, apesar de termos contratado os serviços de um contador.

A organização administrativa do grupo exerce alguma influência sobre a escolha dos trabalhos artísticos?

Não, inclusive, as criações atrapalham a organização administrativa. Como todos estão envolvidos criativamente nos trabalhos, e o processo criativo é a nossa prioridade, acabamos negligenciando boa parte da organização administrativa. Ao longo dos anos, e continuamos assim até hoje, só nos preocupamos com a administração do grupo de forma que esta viabilize as nossas criações e não o contrário. Como somos uma associação sem fins lucrativos pensamos em nossas obras como parte de um percurso da pesquisa do ERRO e não como possibilidade de lucro. Ou seja, a administração do grupo existe para servir ao processo criativo, torná-lo possível, mesmo que o processo prejudique a própria administração. Não encaramos isso como um conflito, mas não deixa de ser um paradoxo que o coletivo enfrenta por não se preocupar com a nossa estrutura profissional, pois, também, queremos que o ERRO proporcione condições para as nossas criações, que, ao longo dos anos, possamos continuar com a nossa profissionalização e que o grupo dure o resto de nossas vidas. Portanto, a organização administrativa tem importância na vida do ERRO, mesmo encarando-a como um aspecto secundário.

Sobre o registro do trabalho do grupo. As imagens do grupo são produzidas por um profissional ou pelo próprio grupo?

Nós mesmos registramos as nossas criações. A Júlia Amaral é fotógrafa profissional, ela desenvolve trabalhos plásticos com fotos, e normalmente assume essa função visual tanto nas filmagens como nas fotografias. Eu também registro os trabalhos do grupo, mas isso acontece durante os ensaios. Portanto, eu e a Júlia, como integrantes do grupo é que produzimos os registros, um é profissional e o outro não. Às vezes é necessário terceirizar somente o trabalho de filmagem e edição de vídeo, mas normalmente esta função também é realizada por alguém do grupo mesmo não sendo profissional da área. Ao longo dos anos, percebemos que o mais importante não é realizar o trabalho de registro internamente, mas sim ter este aspecto, preservar a memória de nossas criações, por isso não temos nenhum pudor em terceirizar os serviços de filmagem e edição de imagens. Quanto maior o volume de trabalho criativo torna-se mais latente a possibilidade de contratarmos os serviços de filmagem e edição de vídeo.

O grupo possui um arquivo iconográfico?

Sim. Cada obra possui registros de textos e imagens que as inspiraram, além disso, todos os nossos trabalhos possuem fotos, vídeos e relatos escritos dos integrantes, durante todo o processo de criação e apresentação. Nosso arquivo está organizado por trabalho, dia e local dos ensaios e das apresentações. Também temos um arquivo com todas as matérias de jornais e críticas sobre o grupo que organizamos cronologicamente.

O grupo seleciona seu material iconográfico a partir de algum elemento de identidade ou a partir da qualidade visual das fotos?

Selecionamos o nosso material iconográfico a partir de critérios subjetivos que dizem respeito às particularidades de cada trabalho. Podem ser critérios que objetivam mostrar a ocupação da obra no espaço urbano, a interação da obra com as pessoas que presenciam o trabalho ou alguma ação específica de algum ator, porém, não temos essa definição clara entre o grupo, o que faz com que o critério seja definido pela especificidade de cada obra ou do modo de como fazemos os registros.

O grupo se preocupa em fazer registro permanente de seus ensaios e apresentações?

Todos os nossos trabalhos são filmados e fotografados. Pela influência das artes visuais, e da origem acadêmica dos integrantes do *ERRO*, costumamos registrar todas as partes de todos os processos de criação, ensaios e pesquisa, assim como as apresentações. Eu também sempre faço um registro por escrito dos ensaios e das apresentações, sempre tenho um caderno e caneta na mão em todos os nossos encontros, alguns atores também possuem esse hábito, porém não tão constantes quanto o meu. Todos os nossos trabalhos e seus processos possuem registros, é quase uma obsessão no grupo. Porém, ainda não decidimos muito bem como tornar público esses arquivos, mas filmamos, relatamos e fotografamos tudo. Os integrantes do grupo são viciados por fotos, vídeos e edição dos registros. Desenvolvemos estratégias para registrar as obras, de modo a não atrapalhar a permeabilidade do trabalho no espaço urbano. Em *Enfim Um Líder*, por exemplo, uma obra que tem três dias de duração, nós filmamos e fotografamos todos os dias de todas as apresentações. Sempre estudamos os nossos registros. Esse é o uso primordial que fazemos do material, assistimos, comentamos e debatemos. As ações são tão intensas, por isso são filmadas para serem analisadas depois. É muito importante para o grupo assistirmos juntos as nossas apresentações, é uma prática constante assistirmos os registros das ações para analisarmos os acontecimentos que provocamos na rua. Conversamos sempre após as apresentações, mas a reunião mais produtiva é sempre depois através dos registros. Desde o início do grupo sempre tivemos alguma imagem das obras para ficarmos analisando, debatemos, assistimos, conversamos, paramos e assistimos novamente.

Sobre o Público. A criação de espetáculos do grupo está orientada pela busca de um público específico? O grupo percebe que tem um público específico? Qual o tipo de público que frequenta seus espetáculos?

O nosso público não é específico, como lidamos com o espaço urbano, todo tipo de gente assiste ao nosso trabalho. Já nos surpreendemos muito com a aceitação de nossa obra por tipos de público que nunca imaginávamos. Nosso público pode variar muito. Não é possível ter um público alvo nas ruas do centro das cidades, nos bairros residenciais pode ser, mas não é nossa característica. Nosso público-alvo é impreciso, variável. Por exemplo, até o público de Florianópolis ainda nos surpreende. Isso é um dos fatores interessantes para o trabalho com a rua, pois, este espaço continua nos surpreendendo apesar de nos considerarmos especialistas. Também temos uma busca no grupo em não pré-definir nosso público-alvo, e sim, partir do pressuposto de que cada um se relacionará com a obra de uma maneira. Como as obras lidam com as respostas do público, lidam com interação e integração entre atores e público, por diversas vezes não-planejadas, pré-concebidas, não temos expectativas quanto ao comportamento do público, pois, já tivemos muitas surpresas. Existem trabalhos, porém, como *Escaparate* e *Desvio*, que sabemos que possuem um foco mais adulto, por conterem em si algumas cenas violentas ou eróticas, e por serem realizados durante o período noturno. Mas não tratamos de modo diferente nenhum tipo de público.

Qual fonte de renda é essencial para a manutenção do grupo?

O grupo se manteve, até o final de 2002, através de pequenos eventos esporádicos recebendo apenas ajudas de custo, e de muita vontade e esforço dos integrantes do *ERRO* que o mantiveram. Com o apoio da UDESC tínhamos espaço para os ensaios e alguns recursos materiais para realizarmos nossas criações. Também mantínhamos o grupo de forma simples, não existiam tantos gastos como temos hoje, com contador, impressões, correio, etc. Quando raramente enviávamos material para festivais, nós dividíamos todos os custos. Estávamos mais focados em solidificar uma pesquisa e prática aqui em Florianópolis, portanto, o nosso investimento era realmente em formas e tempo de trabalho. Por exemplo, para fazermos a primeira temporada de *Adelaide Fontana* (2001) em uma vitrine daqui, não tivemos recursos. Conseguimos torná-la possível, pois, amigos nos emprestaram os microfones e as caixas de som necessárias para as apresentações. Os cartazes de divulgação foram pagos através de uma divisão coletiva entre o grupo. Após essa primeira temporada, o Museu Victor Meirelles nos ofereceu um cachê para fazermos outra temporada na mesma vitrine e um debate público sobre o trabalho dentro do museu, participando da programação da instituição. Foi o nosso primeiro recurso, que pagou os custos que tivemos que arcar anteriormente. A partir de 2003, com o a participação de *Adelaide Fontana* no projeto Encena Catarina do SESC-SC, a situação financeira do grupo mudou, pois, economizamos grande parte do recurso recebido pelas apresentações para custear os projetos que vieram, com mais freqüência, desde então, e que mantiveram o grupo funcionando e arcando com o trabalho dos integrantes nas obras, como ocorreu no Palco Giratório do SESC em 2004. Em 2006, fomos contemplados com o Prêmio Myriam Muniz da FUNARTE para a montagem de *Desvio*, pela primeira vez tínhamos recursos para construir uma obra que estava em processo de criação. Desde então o grupo se manteve através de verbas dos editais do governo federal, apenas, no ano passado, com o edital Elisabete Anderle da Fundação Catarinense de Cultura, recebemos recursos do Estado de Santa Catarina. Apesar de participar de festivais de teatro, essa atividade não é o que mantém o grupo. Essencialmente o grupo sobrevive e paga quem trabalha nele através de editais públicos de fomento ao teatro e às artes-visuais. Recentemente o grupo, através da Lei Rouanet, e do edital público de patrocínio do Programa Petrobras Cultural, obteve o patrocínio da Petrobras que nos manterá até 2012, o que se configurará como uma mudança de perspectiva do *ERRO* enquanto possibilidade para um trabalho á longo prazo. Mas, esse grande incentivo iniciou agora e até chegar aqui, o *ERRO* sempre sobreviveu precariamente.

Espaço Cênico. Como o grupo define suas escolhas de espaço para suas montagens?

Cada trabalho do grupo envolve uma situação, tentamos pensar o espaço de forma que ele integre o que acontece na situação. Em *Escaparate*, por exemplo, como a situação tratava de questões que envolviam o público e o privado, pensamos nos espaços de lan-houses, cada vez mais recorrentes no ambiente urbano, e a partir desta reflexão tivemos a idéia de projetar na rua o que se passava em um dos computadores deste espaço. Outro exemplo, nesse mesmo trabalho, é que observamos nos caixas automáticos de agências bancárias, outro momento privado dentro de um espaço coletivo, oferecido pelas tecnologias, e fizemos uma cena dentro de um destes espaços. Assim sendo, a partir destes questionamentos levantados pelo trabalho, direcionamos nosso olhar sobre os centros urbanos e suas características, para escolher os espaços que possam compor a obra, atuar enquanto dispositivos da situação. No *Enfim Um Líder* a criação foi realizada no "meio-fio", na rua, escrevendo idéias que a rua nos dava, idéias que eram observadas e criadas enquanto nos encontrávamos em pleno espaço urbano. Muitas vezes pensávamos: "Mas porque que estamos aqui debaixo do sol, poderíamos estar em uma sala tendo idéias", mas não seria a mesma coisa, e isso se reflete no trabalho, que tem muito da nossa relação com o espaço, com as situações do espaço urbano. Nossa relação com o espaço da rua se intensificou ao longo dos anos. Em *Enfim um Líder*, nós criamos e ensaiamos tudo em plena rua. Por exemplo, no *Carga Viva*, nós ensaiamos todo um mês na rua. Em quatro anos, o período de intervalo entre essas duas obras, nossa relação com a rua aumentou muito durante os ensaios e criações. Percebemos a importância de irmos para rua, não só no momento dos ensaios gerais, mas principalmente no momento da criação. Quando, no início do grupo, começávamos a ir pra rua, com o *Carga Viva*, com o *Adelaide Fontana*, nos deparávamos com uma série de elementos que precisávamos aproveitar, elementos a rua nos dava. Como trabalhamos na rua com o conceito de *Environmental Theater*, de Schechner, temos que ir para o espaço para conhecer o ambiente, para assim poder agir sobre ele. Entendemos que devemos pesquisar cada vez mais o espaço, não como um espaço específico, mas, com as suas especificidades. No *Desvio*, temos algumas cenas nas quais o público assiste de longe, essas cenas, por exemplo, surgiram de uma experiência que nós mesmos passamos ensaiando na rua. Estar na rua, não é apenas observar as possibilidades da arquitetura, mas também das suas situações, como estamos nos apropriando cada vez mais do espaço cada vez damos mais substância ao nosso trabalho. O nosso objetivo sempre foi trabalhar na rua, e com a rua, sentimos que este espaço contribui com as discussões que temos no grupo, com o nosso foco de pesquisa e com a nossa característica híbrida. Somos atraídos pela quebra das convenções artísticas que a rua proporciona, pela possível vivência da obra neste espaço e por sua diluição.

Como a escolha do espaço cênico está relacionada com estratégias de atração do público?

Um dos fatores que nos levou a escolha pelo espaço da rua foi que o consideramos como um local onde nós todos podemos nos posicionar, nos comunicar com a sociedade, de forma livre. Como espaço aberto, a rua nos oferece uma organicidade para receber nossas propostas híbridas. Se tentarmos unir diversas linguagens em um espaço circunscrito para alguma categoria artística, teremos essa categoria manchando a recepção de nossa obra. Pelo trabalho de intervenção urbana que, para nós, pode aglutinar as pesquisas dos integrantes, a escolha pelo espaço da rua tem como um dos objetivos a diluição das convenções artísticas, como, por exemplo, a convenção teatral. Enxergamos na rua uma possibilidade para nos aproximar das pessoas, de termos uma relação mais espontânea com o público, de atingir o público em um nível de experiência e atingir as diversas camadas da sociedade. Também temos uma expectativa em transformarmos a cidade, moramos aqui e queremos mudar o convívio das pessoas com a arte, com a ambiente. Nós trabalhamos para mudar o ambiente. Não é só para mudar o ambiente na hora da apresentação, mas é a cidade, seu ambiente cultural. Uma consciência que vai além dos instantes de apresentação, uma preocupação com a cidade.

EXPERIÊNCIA SUBTERRÂNEA
Agosto de 2013.

Como e quando foi fundado o *Experiência Subterrânea*?

O *grupo* foi fundado em 1997 depois de uma montagem realizada com os alunos do curso de teatro da UDESC: *A Destruição de Numância*. Então Jaqueline Valdívia, Renato Turnes, Marcia Nunes e eu criamos o grupo. Naquele momento tínhamos contato com um grupo que eu fundei em Buenos Aires, o Escena Subterrânea. Posteriormente, ingressaram no grupo as atrizes Heloise Vidor e Olivia Caboim, e o ator André Silveira; desde 2007 a formação do grupo é: Ana Luiza Fortes, Lara Matos e eu.

Para você quais características que definem o Teatro de Grupo?

O teatro de grupo nos remete a um esforço de muitos artistas para escapar do isolamento em um contexto teatral no qual não há de fato um "mercado profissional". As dificuldades do fazer teatral exigem que os artistas se juntem. Quando se fala em teatro de grupo normalmente se está pensando em um tipo de teatro, mas o mais importante neste caso são as formas de se articularem como coletivos. Associa-se o termo teatro de grupo a um modelo de grupo que reivindica uma estética determinada, mas de fato isto está mais relacionado com a tentativa de construir espaços para os trabalhos coletivos. O teatro de grupo é um instrumento de um teatro que tenta ser autônomo. Isso é o que pode definir o teatro de grupo porque a diversidade de estéticas e até das formas de se trabalhar são muito variadas.

Sobre o processo criativo do *Experiência*: de onde parte a criação dos espetáculos do grupo? Do texto, do ator, da improvisação, do espaço ou da direção? Por que o grupo usa esse procedimento? Quais são as interferências do ator na criação dos espetáculos?

Os processos de criação do *ES* tem como eixo a exploração do trabalho do ator, com uma atenção particular para a experimentação do risco. Ao mesmo tempo nos interessa buscar uma cena baseada na intimidade. Nossos trabalhos nascem de imagens, e de ideias de espaços. Sobre estas imagens trabalhamos todos juntos desenvolvendo todas as linguagem da cena. Antes da escolha do texto sempre começamos com um projeto espacial ou temático. A única forma de improvisação que utilizamos é aquela na qual o texto já está memorizado e improvisamos situações. Usamos esse procedimento porque consideramos mais intensas as improvisações que não obriguem os atores a funcionarem como autores dos textos.

O grupo busca um modelo específico de ator? Caso a resposta seja afirmativa, que características teria este ator?

Não temos um modelo de ator estabelecido, mas podemos dizer que a atuação que buscamos está relacionada com a possibilidade de uma cena intensa, que jogo com a dualidade ficção realidade. Sempre nos relacionamos com uma atuação que trata de evitar a representação narrativa, isto é, aquela que faz um esforço para deixar todos elementos explícitos para o espectador.

Sobre o Projeto Pedagógico: o grupo ministra oficinas? Estes trabalhos são direcionados à comunidade ou a atores e diretores? As oficinas buscam a formação atorial profissional?

Nosso grupo oferece oficinas dentro de projetos de circulação. Também já realizamos workshops para grupos. Mas, essa não é uma atividade estruturada, ela ocorre de forma casual e dependendo da demanda dos eventos.

O grupo ministra cursos permanentes? De que forma são oferecidas estas oficinas? O Grupo considera que tem um projeto pedagógico? O Grupo utiliza algum referencial teórico para preparar seu trabalho pedagógico?

Não temos cursos permanentes.

Sobre a administração do grupo. Quais as funções exercidas pelos membros do grupo no processo criativo? Elas são fixas ou podem variar de acordo com o projeto?

Todas as funções administrativas são divididas entre os membros. Já tentamos diversas formas de organizar essas atividades. Ultimamente decidimos pela concentração da tarefa de produção com dois membros do grupo. Mas, de fato em cada projeto o grupo divide as atividades de acordo com a especificidade do que é necessário.

Como é a organização administrativa do grupo? Os próprios artistas desempenham também funções administrativas? Especifique as tarefas assumidas pelos artistas.

Nossa administração é muito simples e somos os próprios artistas que ficamos responsáveis pelas funções administrativas.

A organização administrativa do grupo exerce alguma influência sobre a escolha dos trabalhos artísticos?

Não. Nossa dinâmica é posta pelos processos de criação. Somos movidos pelos processos de criação e pelas apresentações.

Sobre o registro do trabalho do grupo. As imagens do grupo são produzidas por um profissional ou pelo próprio grupo?

Temos muita dificuldade com a organização do registro das atividades do grupo. Nosso material é produzido por membros do grupo, mas também encomendamos trabalhos a profissionais de fotografia e vídeos.

O grupo seleciona seu material iconográfico a partir de algum elemento de identidade ou a partir da qualidade visual das fotos?

Quando temos que selecionar algum material iconográfico buscamos mostrar aqueles elementos que caracterizam nossa cena. Por isso, tratamos que além de bonitas as imagens mostrem nosso trabalho com o risco e com a intensidade da atuação.

O grupo se preocupa em fazer registro permanente de seus ensaios e apresentações?

Sim, mas não de uma forma sistemática. Tudo que fazemos está registrado em fotos e também em vídeos

Sobre o Público. A criação de espetáculos do grupo está orientada pela busca de um público específico? O grupo percebe que tem um público específico? Qual o tipo de público que frequenta seus espetáculos?

Não buscamos um público específico. Nosso processo de criação está orientado pela experimentação daquilo que nos estimula, tratamos de testar nossos limites e de criar linguagem. Mas, fazemos isso sem pensar em um tipo específico de público, ainda que nosso teatro sempre pensa nos espectadores, porque fazemos coisas que supomos podem mobilizar e afetar os espectadores.

Qual fonte de renda é essencial para a manutenção do grupo?

O grupo trabalha com editais e circulações por festivais. Os recursos provenientes dos editais nacionais e estaduais têm sido fundamentais para nossa manutenção.

Espaço Cênico. Como o grupo define suas escolhas de espaço para suas montagens?

O espaço cênico é um elemento chave nos nossos processos de montagem. Nossos trabalhos começam invariavelmente através de uma ideia de espaço. As imagens do espaço aparecem muito antes dos textos, e esse espaço é algo que será habitado pelas atrizes. O espaço então não é um referente para a história, é o âmbito que contextualiza o jogo da atuação e vai sendo experimentado e modificado por esse jogo. Tanto em *A Destruição de Numância, Women's, A Casa Tomada,* como em *Das Sobras de Tudo que Chamam Lar* e *Guardachuva,* o espaço foi definido antes de tudo. O teatro é estruturado a partir do jogo no espaço. Então podemos dizer que nossas escolhas de espaços (na cidade ou cenográficos) estão relacionadas com a criação de um espaço de fantasia para nossos processos de criação. O espaço aparece como imagem que sugere ideias de jogo e dramaturgia.

Como a escolha do espaço cênico está relacionada com estratégias de atração do público?

Nossas opções por determinados espaços não estão relacionadas com estratégias de atração de espectadores. As escolhas dizem respeito às ideias internas dos processos de criação, aos nossos desejo de experimentação.

PERSONA CIA DE TEATRO

Questionário respondido por, Jefferson Bittencourt, diretor artístico.
Outubro de 2010

Como e quando foi fundada a *Persona Cia de Teatro*?

A *Persona Cia de Teatro* foi criada em 2001, pelo diretor Jefferson Bittencourt e pela atriz e produtora Gláucia Grígolo. O desejo era criar uma companhia que pudesse satisfazer alguns anseios artísticos próprios, tanto de estrutura de ensaio quanto de linguagem de cena. Foram convidados os atores Igor Lima e Maria Paula Bonilha e o dramaturgo Rogério Christofoletti. Um ano depois somaram-se ao grupo o ator Malcon Bauer e a professora e bailarina, Sandra Meyer. Com esta formação o grupo iniciou seus processos de montagem dando origem aos espetáculos *F.* de Rogério Chrsitofoletti, e *E.V.A.* de Christiano de Almeida Scheiner. Hoje a Persona é composta por Jefferson Bittencourt, Gláucia Grigolo, Sandra Meyer e Melissa Pretto.

Para você quais características que definem o Teatro de Grupo?

Defino apenas com uma característica: o mesmo ideal artístico, isto é, a crença na linguagem desenvolvida pela companhia. Disso nascem todos os outros compromissos: fidelidade nos horários, divisão de funções, e organização de procedimentos tanto de produção, quanto de ensaios.

Sobre o processo criativo da Persona. De onde parte a criação dos espetáculos do grupo? Do texto, do ator, da improvisação, do espaço ou da direção? Por que o grupo usa esse procedimento? Quais são as interferências do ator na criação dos espetáculos?

A criação sempre nasce da escolha do texto e das imagens propostas pela direção. A partir destas imagens associadas à atmosfera proposta pela trilha sonora (previamente escolhida) os atores desenvolvem seus trabalhos criativos. Partimos sempre e diretamente para a construção da cena seguindo aristotelicamente o texto. O grupo usa este procedimento por se tratar de uma linha de pensamento da direção: partir de problema poético do texto para investigar os problemas técnicos (tanto de atuação quanto de encenação) que irão aparecer à medida que se avança no texto. Os atores têm papel determinante no desenho da encenação, pois muitas vezes suas ações sugerem novas imagens, levando o desenho inicial proposto para outra composição.

O grupo busca um modelo específico de ator? Caso a resposta seja afirmativa, que características teria este ator?

Não há uma busca por um modelo específico de ator, mas sim, para que cada obra teatral concebida possa atingir seu nível máximo de requinte e profundidade na execução.

O grupo ministra oficinas? Estes trabalhos são direcionados à comunidade ou a atores e diretores? As oficinas buscam a formação atorial profissional?

A Persona Cia de Teatro tem como matriz no seu trabalho os elementos da musicalidade na construção da cena e no trabalho do ator. As oficinas são direcionadas tanto para a comunidade como para pessoas da área artística, e tem como objetivo despertar essas características, visando sempre em primeira instância o trabalho profissional cênico. Outra linha é a Camarim Escola de Arte – sede da *Persona Cia de Teatro* – que é uma escola na qual os atores exercem suas práticas pedagógicas seguindo ou não a linguagem do grupo. Há oficinas de iniciação teatral e montagem, oferecidas para a comunidade, inclusive para o público infantil.

São oficinas de curta ou longa duração? Na Camarim o grupo ministra cursos permanentes?

As oficinas do grupo são de curta duração, de caráter teórico-prático, com o objetivo de apresentar ao público as nuances que o exercício da musicalidade pode oferecer ao diretor e ao ator de teatro. As oficinas da Camarim são oficinas de média/longa duração, ministradas geralmente para a comunidade.

De que forma são oferecidas estas oficinas?

Dentro de festivais de teatro ou projetos de circulação. Geralmente ministramos oficinas através de parcerias com outros grupos, ou mesmo, em parcerias com prefeituras de outras cidades. Nas oficinas da Camarim cada turma tem um encontro por semana, de cerca de duas horas de meia de duração. Nestes encontros são trabalhados os vários aspectos do teatro, desde as propostas básicas até as mais elaboradas, como nos cursos de montagem. Duram em média dez meses.

Como se constitui o projeto pedagógico do grupo?

O projeto pedagógico da *Persona* se constitui destas duas vertentes: a Camarim Escola de Arte, de caráter mais aberto, que oferece cursos livres e a linguagem desenvolvida pelo grupo através dos pontos apresentados pelo seu diretor.

O Grupo utiliza algum referencial teórico para preparar seu trabalho pedagógico?

Muitos são os autores que formam a base do pensamento artístico da *Persona*. Poderia citar alguns: o filósofo Olavo de Carvalho, os apontamentos de Tadeus Kantor, os escritos de Andrey Tarkovski, Aristóteles, Chesterton, Gustavo Corção. Além de toda bagagem cinematográfica do séc. XX.

Sobre a Administração do grupo. Quais as funções exercidas pelos membros do grupo no processo criativo? Elas são fixas ou podem variar de acordo com o projeto?

Desde a fundação há algumas funções fixas: Jefferson é o diretor, iluminador e responsável pela trilha sonora de todos os espetáculos realizados pelo grupo. A atriz Gláucia Grigolo é responsável pela produção em todos os projetos e pelo figurino em alguns deles. As atrizes Melissa Pretto e Sandra Meyer assumiram somente o papel de atuação nos projetos dos quais participaram.

Como é a organização administrativa do grupo?

A *Persona Cia de Teatro* é uma Associação sem fins econômicos, dotada de personalidade jurídica com sede no Balneário do Estreito. Naquele espaço concentram-se todas as suas atividades: da produção aos ensaios. O grupo possui contador, conta bancária e bloco de notas. Cumpre com todas as normas de produção e administração.

Os próprios artistas desempenham também funções administrativas?

Sim. Gláucia é a representante legal da *Persona Cia de Teatro* e desempenha a função de administração financeira do grupo. Jefferson Bittencourt: diretor, iluminador, trilha sonora e, em alguns projetos, responsável pela arte gráfica. Gláucia Grigolo: atriz, produtora, figurinista e responsável pela administração financeira.

A organização administrativa do grupo exerce alguma influência sobre a escolha dos trabalhos artísticos?

Não. A escolha artística é o único objetivo imutável ao se conceber uma obra. A partir do real desejo de se montar um determinado é que se desenha todo o plano estratégico para sua execução.

Sobre o registro do trabalho do grupo. As imagens do grupo são produzidas por um profissional ou pelo próprio grupo?

As imagens dos espetáculos da *Persona* são produzidas por profissionais da área, pois, tanto o diretor quanto a produtora, trabalham na área de audiovisual e possuem experiência na linguagem audiovisual – seja na direção ou atuação de curtas-metragens, documentários, programas para TV. É de nossa responsabilidade a captação do material, edição, a confecção de DVDs para os projetos. Contamos com parceiros que sempre nos auxiliam nestas funções.

O grupo possui um arquivo iconográfico?

Sim. O grupo arquiva tanto o material de imprensa quanto imagens produzidas durante a temporada que o espetáculo fica em cartaz.

O grupo seleciona seu material iconográfico a partir de algum elemento de identidade ou a partir da qualidade visual das fotos?

As fotos são escolhidas a partir destes dois elementos da pergunta: é importante que elas comuniquem os afetos da obra em questão e que, ao mesmo tempo, primem por uma beleza estética.

O grupo se preocupa em fazer registro permanente de seus ensaios e apresentações?

A *Persona* possui registro gravado em vídeo de todos os espetáculos que serve, além de material de referência para curadores e festivais, também como registro das obras realizadas pela companhia. Os ensaios não são registrados somente em algumas fotografias.

Sobre o Público: a criação de espetáculos do grupo está orientada pela busca de um público específico?

A *Persona* apresenta espetáculos que visam o público adulto em geral, sem especificidades.

Qual fonte de renda é essencial para a manutenção do grupo?

Projetos de circulação como os do SESC, SESI. Editais de montagem e/ou circulação. Temporadas de espetáculos e projetos pedagógicos.

O grupo percebe que tem um público específico? Qual o tipo de público que freqüenta seus espetáculos?

Não há público específico. Percebemos que há uma variedade de idade e escolaridade.

Como o grupo define suas escolhas de espaço para suas montagens, há uma relação com estratégias de bilheteria?

A *Persona* trabalha com espaço tradicional, com palco italiano. A escolha do espaço não é o foco de criação do grupo. Não há estratégia específica para bilheteria (salvo a já costumeira 'meia-entrada'), mas sim estratégias diversificadas de divulgação e comercialização do espetáculo. Procuramos os espaços tradicionais e analisamos as condições da temporada (período, aluguel do teatro etc) e buscamos estratégias que possam levar o público ao espetáculo. Como o foco é a obra em questão, procuramos fazer bons releases e boas matérias de jornal, para que possam instigar o espectador a assistir ao nosso espetáculo. Com o acesso facilitado à internet, muitas vezes a divulgação é feita via web.

TRAÇO CIA DE TEATRO
(Entrevista com Paula Bittencourt e Débora Matos[23])
Junho de 2014 - Sede da Traço – Rio Tavares/ Florianópolis - SC

Entrevistadora: Heloisa Marina da Silva

Como foia trajetória do grupo desde seu momento de fundação?

Paula - O grupo se iniciou dentro da Universidadedo Estado de Santa Catarina. Um dos fundadores foi o professor NiniBeltrame e participavam vários alunos. O primeiro espetáculo foi de teatro de sombras. Com o tempo, com o passar da universidade, algumas pessoas foram se afastando e ficou um núcleo bem pequeno, composto pela Tica Tessae pela Débora Matos que já tinham o interesse pela área do palhaçodentro da universidade. Fomos tendo uns encontros, bem naturais, nada forçado... eu e GreiceMiotello fomos convidadas pela Débora e por umas meninas para atuar em um trabalho de uma disciplina de encenação que elas estavam montando. Era um espetáculo de rua e nós participamos. Assim, foi se formando um núcleo: eu, Greice,Débora eTica. Depois a Tica se terminou a graduação e foi fazer o mestrado em São Paulo, então ficou como colaboradora. Eu, Greice e Déboracontinuamos o grupo. Tudo muito ligado à universidade. Mas, todos os trabalhos práticos que tínhamos que fazer dentro da universidade, já aliávamos ao grupo porquejá tínhamosinclusive CNPJ.Nossa pesquisa estava aliada ao teatro de rua e à linguagem do palhaço, comicidade. Mas, na época da faculdade era muito uma transição. Mais para o final que começou a rolar uns papos "é isso para nossa vida", até a gente assumir que era isso mesmo. O grupo era o que queríamos para nossa vida, cada uma teve um processo. É que nem criança, parece que aquilo ali é a eternidade. Você não vê o futuro ainda.

Débora - Na verdade você está buscando,buscando teu lugar no mundo, mais que uma profissão.

---

[23] Atrizes da Traço Cia de Teatro.

Paula - Você está tateando, está reconhecendo as coisas, entende? Então é um pouco diferente, é bem diferente de quando você sai. É bem diferente de quando se sai para o mundo. Então, na faculdade a gente montava uns espetáculos de rua, e paralelamente a isso pesquisava o palhaço, e muita coisa vinculada às disciplinas, e a gente também fazia alguns cursos fora.

Débora - Neste momento a Tica terminou a faculdade e foi fazer o mestrado em São Paulo. Começou a pesquisa dela.

Paula - Ela foi a primeira a sair para o "mundo",

Débora - E ela, de algum modo, nos "catou".

Paula - E nos levou junto.

Débora - Nos pescou lá de dentro. Então eu acho que o processo do espetáculo "As Três Irmãs" foi imprescindível nesta travessia. É como se a gente tivesse na margem de um rio, gigante, você vê a outra margem, e você quer chegar na outra lá, entãocomeça a nadar e nadar. Só que o nadar também é gostoso.

Paula - Isso mesmo.

Débora - Porque tem sol, tem os peixinhos, e você pode voltar pra lá, e é seguro. Você pode voltar tanto para uma margem quando para outra ainda.

Paula - Vocêestá ali curtindo a água.

Débora - É seguro nesse sentindo. Mas, de algum modo, a Tica já estava lá do outro lado dizendo: "vamosgente, vamos que eu estou esperando vocês aqui". Então, ela foi realmente muito importante nesta... Porque a gente estava saindo da faculdade, e ela já estava esperando a gente lá. Esperando não, ela estava tocando as histórias dela, mas de algum modo...

Paula - Então, ela foi fazer mestradona USP, e a pesquisa dela tinha a ver com a linguagem do palhaço. Da dramaturgia. Não, não era da dramaturgia, era do ator... Em fim, aí ela convidou a Débora.

Débora - É porque a pesquisa era sobre o palhaço como uma técnica de formação do ator. Mas,junto a isso ela pensava no produto artístico. Tinha também a ver com a dificuldade de você contar uma história a partir do palhaço. Ela se questionava sobre como colocar um peso dramatúrgico em um espetáculo de clown. Ela me chamou, mas no fim as meninas estavam juntas e juntamos todo mundo. No fim das contas a gente começou essa investigação e ela foi muito forte para a nossa experiência. Foi mesmo uma travessia e um enraizamento de lugar, acho que de identidade também.

Paula - Isso foi um mergulho na linguagem. Foi uma mudança muita forte em relação à qual é a nossa linha artística. Ainda não de vida, de vida a gente ainda estava naquela...

Débora - ... se debatendo.

Paula - Mas, foi um mergulho, do tipo: "ah, realmente é isso que dá prazer pra gente"! Então nós temos a história das montagens dos outros espetáculos, mas é que a história da montagem de "As Três Irmãs" é importante, por que ela realmente foi diferente para nós.

Débora: E ela foi muito doída em um momento e muito libertadora em outro. E ela coincide com esse momento em que estamos todas fora da faculdade e dando aula.

Paula - Então quando a gente saiu da universidade, quando nos formamos,começamos a dar aulaem escolas públicas, municipais, etínhamos esse espetáculo "As Três Irmãs", que a Tica dirigiu. O espetáculo estava funcionando muito bem, estávamos viajando bastante com ele, só quenão estávamos conseguindo manter os ensaios, e manter uma produção de venda do espetáculo, isto é manter o grupo mais ativo, porque as aulas que a gente dava nas escolas demandavam muito tempo e energia.

Débora - E aí tem um momento muito importante, eu acho, que é: quando estamos dando aula e a gente retoma as atividades do ano, depois da estreia, retoma os ensaios e começa a não render. Ensaiávamos na UDESC, ensaio de manutenção. A gente ensaiava de noite, então estava todo mundo cansado. Estávamosem um desamor dando aula, estávamos em um momento muito difícil. Então fizemos uma reunião, eu a Paula e a Greice, e decidiu não dar aulas, fizemos um pacto denãodar aulas.

Paula - Essa decisão foi muito importante, foi uma virada, tanto quanto a montagem de "As Três Irmãs".

Débora - São os eventos: a montagem de "As Três Irmãs"; a decisão de realmente não dar aula. A gente falou: "nós acabamos de sair da faculdade, cada um grita para onde dá, vamos começar a botar dinheiro".

Paula - Ficamos um ano dando aula, eu, Greice, eDébora ficou mais de um ano.

Débora - Comoqueríamos viajar com o espetáculo, tinha que ser uma decisão das três, não dava para uma estar presa em uma escola, entende?

Paula - Foi uma coisa do tipo: "chegamos na margem, e aí, estamos juntas?Para onde a gente que ir nesta margem?"Nos perguntamos "o que queríamos que para a vida? Vamos arriscar?", foi bem...

Débora - Foi um casamento...

Paula - Foi o dia do casamento, assim, mesmo. Então nos apertamos alguns meses, no começo assim, mas a gente deu um jeito, e daí o grupo deu uma deslanchada. Tambémtivemos um respiro porque eu e a Débora passamos no mestrado, e tínhamos a bolsa de estudos, aliviou...Greice fazia uns trabalhos em uns barzinhos, então a gente tinha ainda uma base financeira que não era o teatro, de apresentações, mas, dava um respiro pra gente. Mas, o nosso foco, o nosso tempo, estava direcionado para viajar. A gente conseguia viajar com o mestrado e com a Greice trabalhando de *freelancer*, entende? Então, conseguimos esses outros apoios financeiros.

Débora - E as pesquisas de mestrado que a gente desenvolveu, nos colocou muito dentro do meio que a gente estava buscando. Entãoconhecemos os Anjos do Picadeiro, por meio da pesquisa e, isto não quer dizer quenão íamos conhecer, mas talvez demorasse mais. Então o mestrado acabou catalisando um processo que provavelmente ia demorar. Para fazer as entrevistas das pesquisas nos aproximamos dos palhaços dos quais a gente tinha, de certo modo, uma idolatria. Começamos a conhecer esse mundo dos palhaços. Depois com a pesquisa da Paula também, aconteceu o mesmo. Acho que esse é um ponto importante da nossa formação. O outro passo, o outro fator, é que a gente estava fazendo um curso em Campinas, e começamos a ver como o Lumefuncionava. A Greice fez um curso de produção com o Lume, mas mesmo antes disso já tínhamos o Lume como um exemplo de grupo. A gente não foi pra lá buscando isso, na verdade buscávamos a parte artística, e junto com isso a gente "fuçou" essa outra parte, entendeu? Também fomos no Barracão Teatro e vimos o escritório deles. Começamos a observar como os grupos se organizavam.

Paula - A gente começou a pesquisar mais sobre produção, fazer cursos e ler muita coisa, e íamos errando muito. Ai o Egon, que fazia a luz no espetáculo "As Três Irmãs", era uma pessoa que estava sempre junto da gente, e naturalmenteentrou para o grupo tambémem 2010, e está com a gente até hoje. Outra decisão muito importante dessa trajetória foram os "Encontros de escritório", como a gente chamava. Uma vez por semana, pelo menos, a gente sentava um dia e tinha que fazer só trabalho de escritório. Então, produzir mesmo, separar demandas de trabalho para cada um fazer durante a semana. Mas, a gente foi fazendo tudo de uma modo nada copiado. Tudo partia de uma necessidade, então a gente tinha uma necessidade, um problema e ia vendo modos de resolver esses problemas. Entãoa gente começou a aprender a fazer a produção. E um outro passo foi a gente ter se preparado para receber um salário fixo. Então a gente se preparou um ano, dois anos, para ter um salário fixo para ter um caixa legal e conseguir nos mantermos. Até hoje a gente está com um salário fixo, e claro que o desejo é de estar engordando esse salário. Ele ainda não tem um valor de um doutorado, é como uma bolsa de mestrado. Um outro momento foi a nossa sede, no começo de 2014. Ter uma sedetambém deuoutro rumo para o grupo. Ter um espaço, um escritório, um espaço de ensaio. Além disso, a Carol tambémveio para ajudarcom a parte de produção. Ela faz tudo,não é? Para dar uma aliviada um pouco, mas, a gente continua sempre junto ainda, na produção, principalmente nos conceitos dos projetos?

Como o grupo está estruturado? Quantos atores, técnicos e diretor (a) trabalham no coletivo?

Paula - Somos do grupo Eu (Paula), a Débora, o Egon e a Greice. A Carol é uma colaboradora. Mas, a gente sempre diz que ela é do grupo, da parte mais de produção. Os quatro são atores, temos diretores colaboradores que a gente chama. A Tica é uma diretora colaboradora que tá sempre nos nossos projetos. Ivan Prado, mais ligado ao palhaço, nariz e tal. Temos alguns parceiros, assim. Temos o projeto "(A)Gentes do Riso", onde somos em doze. Temos oito parceiros neste projeto, e também têm os músicos do espetáculo "As Três Irmãs". Esses são os nossos parceiros.

Como é processo de produção para o grupo?

Paula - A gente não copia um modelo, e não tem como ter um modelo de produção. É como ser mãe, não existe um manual para ser mãe, cada mãe é uma mãe, cada filho é um filho e cada junção disso é uma coisa. É como cada ser-humano: é um diferente do outro. Então até hoje, e é para o resto da vida, acho, até hoje a gente vai descobrindo como fazer as coisas. Os exemplosservem comopropostas de caminhos, aí quando você segue um caminho já se torna um outro caminho, por que é com outras pessoas, com outra estrutura.

Débora - É,em nenhum momento a gente pensou: "vamos tentar fazer desse jeito". Não! "Olha que legal isso, olha que legal aquilo, vamos tentar fazer desse jeito"? Desse jeito aqui, desse jeito ali, entendeu? Um pouquinho dali, um pouquinho daqui, um pouquinho do que já acontece aqui, então de algum modo é um pouco por aí. Aí de repente você para e diz: "esse jeito nosso não está legal. Como que a gente pode fazer?Vamos tentar assim, vamos tentar assado". É assim que a gente vai construindo.

Débora - No começo, até a época de estreia das "As Três Irmãs" toda a produção da companhia funcionava por demanda. A gente tinha a demanda de um projeto, sentava, reunia e fazia. A demanda de um festival sentava, reunia, fazia. Mas, quandocomeçamos a fazer trabalho de escritório, não trabalhamos mais por demanda,começamos a criar demandas, a criar demandas de trabalho. Mais do que trabalhar para um edital específico, para um festival específico, com data específica, não, eu estou sempre trabalhando para construir alguma coisa, e eu tenho muitas coisas para construir. No fim, a gente acaba voltando a trabalhar por demanda, porque no fim é tanta coisa que você tem, que você vai trabalhando pelos prazos não é? Qual é o primeiro prazo? Mas, sempre também procurando construir demanda. Mas, então, quando a gente faz esse trabalho de escritório a gente foca nisso.Agora eu construo demanda e não fico escravo dela? E todo tempo a gente tinha esse desejo dentro do coração de que a gente, em algum momento iria trabalhar com um salário.

Paula - Então, a gente separa demandas de trabalho. Cada um fica com um pouco, cada um faz um projeto. Cada um seja responsávelnão quer dizer que vai fazer tudo sozinho. Ele é responsável, e ele pede ajuda para os outros. Mas, essa pessoa tem que estar inteiramente a par de tudo que está acontecendo nesse projeto. Por que tem a parte de produção da escrita e tem a parte da produção da execução. Na produção executiva, hoje, a gente tem a Carol para fazer essa parte da produção executiva um pouco mais... Por exemplo, quando a gente viaja... é difícil a gente ficar produzindo ali, a gente tem que ficar bem ligado no que a gente vai apresentar, então é sempre bom ter uma produção junto para tratar com as pessoas, para tratar com hotel, com o transporte. Ainda escrevemos os projetos, conceituamos.

Como o grupo se relaciona com as leis de incentivo à cultura e os diferentes tipos de fomento?

Paula - Trabalhar com as leis de incentivo, é um problema sempre, porque cada uma é uma coisa, cada uma tem um jeito e muda o tempo inteiro, então ficamos correndo atrás... correndo atrás, assim. Mas, a gente está tentando não ser escravo das leis. É muito difícil na verdade, é bem complexo falar disso, mas a gente vai correndo atrás, do modo que dá a gente vai tentando.

O grupo tem ou teve algum patrocínio permanente?

Paula - Não... permanente não.

Como o grupo se mantêm financeiramente?

Paula - A gente se mantêm com tudo que é acessível. Temos projetos na lei municipal, na FUNARTE. Ainda temos os festivais, os evento nos quais nos apresentamos. Tudo vai para o mesmo bolo. Tudo que é para nos pagar, fora os serviços prestados, tudo que for para pagar o nosso trabalho, seja de produção, de coordenação ou de atuação, direção, em fim, tudo vai para o mesmo bolo, e administramos com uma empresa mesmo; recebemos salário, pagamos aluguel, pagamos telefone, pagamos a Carol.

De onde surge a criação dos espetáculos? De textos? De ideias do grupo?

Paula - De vários modos. A gente já montou de texto a partir de: "ah, a gente tem vontade de montar esse texto, vamos usar esse texto". É... a gente já montou espetáculo também de números que foram surgindo, aleatoriamente, assim, e adotamos uma direção para que isso se tornasse um espetáculo... e de ideias também, enfim, de todos os modos possíveis.

O grupo tem um tipo específico de ator, com características que definém a identidade do grupo? Vocês trabalham com processos de treinamento do ator?

Paula - Sim, na verdade a gente treina bastante.Estamos muito na sala de ensaios. Então praticamente todos os dias a gente está aqui na sede, seja no escritório seja trabalhando no espaço. Etreinamos o ator mais com a base nas técnicas do palhaço. Então hojetreinamos muito, toda nossa pesquisa de treinamento, em fim, está aliada à técnica do palhaço. Nosso tipo específico de ator é palhaço.

Qual seria o eixo da pesquisa do grupo?
Paula - O eixo da pesquisa do grupo é o palhaço. Não que todos os nossos espetáculos sejam de palhaço, mas ele está sempre ali permeando a pesquisa do grupo. Então a gente pode não estar com o nariz, pode estar fazendo um drama, mas todo o processovem da técnica do palhaço.

Você trabalham para algum tipo de espaço cênico específico?

Paula - Não, a gente trabalha muito na rua, mas a gente tem espetáculo de espaço alternativo, e de palco italiano. A gente tem "as noites de palhaços". Na verdade palco italiano é o que a gente menos trabalha. Trabalhamos bastante na rua.

Quais tipos de espaço são mais habituais nas montagens do grupo?

Paula -A rua! A rua!

Vocês já sabem em que espaço vão apresentar quando estão criando o espetáculo? Já ensaiam nele?

Paula - A gente já sabe a estrutura, mas, ensaiar nele? Não! Isso porque a gente viaja e sabe-se lá o que a gente vai encontrar. Mas, a gente temno mesmo nível uma roda, arena, tem não sei o que, tem corredor... na verdade isto é um problema, porque a gente sempre tem que se adaptar aos espaços. Muitas vezes o que acontece é que a gente pede foto dos espaços, do lugar. A gente negocia do ideal ao mínimo que precisamos para apresentar. Assim, se não tiver essa estrutura mínima, a gente não apresenta. E quase sempre é no mínimo, o ideal é muito difícil. E a rua, a rua é muito fácil, a gente larga a lona ali e foi.

Vocês procuram um tipo de público em particular?

Paula - Um público... particular? Não. A gente apresenta para todo mundo. Para as pessoas!!Seres humanos a gente apresenta. Mas, é importante ressaltar que a gente tem uma coisa muito, muito com o povo da rua. Então a gente vai muito para comunidades, para cidades pequenas. Por exemplo "As Três Irmãs" é um espetáculo que vai muito para festivais, ele acaba tendo um público mais de festival e tal, mas também já foi apresentado em cidades pequenas. Os nossos espetáculos de ruacolocamos emprojetos que vãopara umas cidades bem pequenas, e aí pegamos o público da rua mesmo. Mas, o público em particular é gente!

O grupo tem como hábitoregistrar o trabalho? Como é feito esse registro? Por profissionais ou pelo próprio grupo? Existe um arquivo organizado?

Paula - Sim, a gente filma. Aí o que que acontece? A gente filma os espetáculos para ter um produto para a venda, não como registro do grupo. Então filmar a rua é muito difícil, e geralmente a gente filma quando está apresentando porque pensamos "vai que fica boa não é?". Mas, já pagamos gente, para filmar "As Três Irmãs". Já pagamos uma grana para fazer uma filmagem legal de vários ângulos, com câmera boa e tal. E o registrovieográfico é este. Está ligado ao registro do trabalho para a venda. Temos clipagem. A clipagem a gente guarda. Em tudo quanto é lugar que a gente vai juntamos o que aparece na mídia virtual e impressa.

Que critério vocês usam para selecionar as imagens representam o grupo e são utilizadas na divulgação? Isso fica mais perto do real da cena ou se faz uma escolha mais relacionada com uma ideia publicitária?

Paula - Então, os nossos produtos, os espetáculos, cada um tem uma cara. O Dani Olivetto, por exemplo, fez a nossa logomarca, que achamos que tinha a nossa cara. Mais relacionados com uma ideia publicitária?... depende, assim, os "(A)gentes do Riso":vamos fazer um *busdor*, a nossa artista gráfica, ela já pensa em uma coisa mais publicitária, para fixar nosônibus, para colocar no jornal. Nos programas dos espetáculos queremos colocar o que tem a cara do espetáculo. Em cada projeto tem um modo de divulgação.

Vocês ministram oficinas? Em que circunstâncias?

Paula - A gente ministra oficinas também, mas bem esporádicas. Porque estamos muito na estrada então é difícil ter horário fixo assim, mas a gente ministra oficina sim.

No que se refere às oficinas que o grupo ministra, vocês utilizam algum referencial teórico, vocês tem um projeto pedagógico?

Paula - Sim, a gente tem uma ementa e a gente tem algumas oficinas, na verdade. Temos a oficina, "Eu, palhaço", que é tipo uma iniciação na linguagem do palhaço. Temos outra que é "Eu palhaço..." três pontinhos. A gente tem a de iniciação, uma mais de aprofundamento na linguagem, e pra todas elastemos um planejamento pedagógico. E também depende. por exemplo, se a gente faz uma oficina de vinte horas, a gente senta, a gente conversa. a gente vê o que é legale vai mudando. Às vezes, conforme cada grupo, vemos as necessidades de cada grupo, masjá vamos com um projeto pedagógico bem amarrado. Mas,é aberto, porque cada grupo é um grupo e tem suas necessidades. Muitas vezes o que acontece quandoviajamos, é que fazemos oficinas curtas de três, quatro horas. Então o projeto pedagógicoé um pouco diferente. A ementa já é mais concisa. Os referencias que a gente tem são todos ligados aos cursos e as vivências que fizemos com os mestres de palhaço. Som Morrison, Felipe Boulie, entre outros.

Vocês fazem parte de alguma organização ou movimento de teatro de grupo da cidade ou do país? Porque?

Paula - A gente faz... de teatro de grupo? De teatro de grupo acho que não. Já participamos do encontro de teatro de grupo de São Paulo, da Cooperativa, foi muito legal. Fomos convidados a apresentar. Fazemos parte aqui, mas aí não é de teatro de grupo.Fizemos parte da Gesto, fazemos parte da FECATE,e do Movimento de Teatro de Rua do Brasil.

Como o grupo definiria o Teatro de Grupo?

Paula - Eu acho que o teatro de grupo... é quando a gente trabalha em colaboração, em uma ideia de cooperativa. É...não trabalhamos em uma democracia,não trabalhamos com voto, essas coisas assim. Sempre tentamos chegar em um consenso, onde todos estão de acordo. Procuramos uma solução até que todos estejam de acordo, e isso acaba gerando um processo bem diferente do que é o mercado empresarial, porque a nossa dinâmica é outra. Estamos sempre resgatando o que nos une. E o que nos une, enquanto grupo, é a vontade e o desejo de viver de arte, de pagar nossas contas, de viajar, de viver de arte. Independente se é um drama, se é palhaço, se vai ser na rua, se vai ser no palco. Em fim, é quepossamos viver de arte. Criar nossas outras famílias, pagar a nossa casa, ter o nosso carro e nos satisfazer artisticamente. Mas, num primeiro momento, o que nos une é a vontade de viver de arte. Porque mesmo que um queria fazer uma coisa que o outro não curte, não gosta, artisticamente falando, o que nos une é estar fazendo. Então vamos dar todo apoio... Não é a linguagem o que nos une, com certeza não é a linguagem. É além disso, é pela vida mesmo, pela vontade, pelo desejo de estar vivendo de arte. De poder viajar o mundo levando arte... e a arte que a gente acredita. As vezes num momento eu estou acreditando numa, quero fazer uma coisa, o outro quer fazer outra, ea gente vai se ajudando, respeitando a vontade e os desejos individuais de cada um. E por nossa sorte muitas vezes ele é desejo coletivo. Como a gente vai trabalhando e pesquisando uma linguagem comum acaba que a gente tem uma mesma visão do fazer, do nosso fazer artístico. Temos um mesmo conceito ali da prática. Mas, há momentos e momentos, às vezes um quer pirar, quer fazer uma coisa louca de performance, e o outro quer botar o nariz... e a gente vai respeitando e vai junto. Pensando e pesquisando juntos, tentando levar uma arte de qualidade. Nada medíocre. Tentando fazer algo de qualidade independente da linguagem que for. Mas, buscando uma verdade, uma qualidade artística. Mas, o que une mesmo enquanto grupo é esse desejo de estar vivendo de arte e de tá junto. A gente tem que se amar. Eu amo a Débora, a Greice o Egon. A gente se ama, e tem que amar mesmo, como um casamento. O teatro de grupo é como um casamento. É isso aí, porque a gente tem que estar querendo a mesma coisa e tem que sempre estar resgatando essa essência. O resto a gente vai buscando.

Fortaleza – CE

GRUPO BAGACEIRA DE TEATRO
Questionário respondido por Rogério Mesquita em junho de 2010

Como o grupo surgiu e qual é origem desse nome?

O grupo surgiu em 2000, para participar do Festival de Esquetes de Fortaleza, espaço onde pudemos experimentar textos próprios. Pela irreverência dos primeiros textos, o nome surgiu. No Nordeste, Bagaceira tem um significado mais cômico e menos pejorativo do que em outras regiões do Brasil.

Quantos integrantes se mantêm até hoje?

O grupo tem seis integrantes dos quais cinco vivem só do grupo.

De onde parte a criação dos espetáculos do grupo? Do texto, do ator, de improvisações, do espaço ou da direção? Explique o porque desse ponto de partida? Existe alguma interferência do ator na criação dos espetáculos?

Cada espetáculo do grupo, que nesse ano completou dez anos, vinha de propostas textuais que se alinhavam com a direção. A construção das cenas vem de laboratórios construídos com os atores. Na atual montagem, *In Certo*, o processo foi colaborativo, sendo todo o texto construído pelos atores que tiveram que criar cenas paralelas para resolver a seguinte questão: sobre o que você quer falar?

O grupo busca um modelo específico de ator? Caso a resposta seja afirmativa, que características teria este ator?

Não. Buscamos ser cada vez mais cobaias de nós mesmos.

Qual a formação dos atores e diretores? Há uma preocupação em manter uma formação contínua (interna ou externa ao grupo) por parte dos integrantes?

A formação do grupo não passou por cursos de artes cênicas, pois os cursos de nível superior são recentes em Fortaleza. Procuramos manter sempre a busca por leituras, trocas com profissionais de diversos estados e atualmente levamos para a sede do grupo ações formativas como palestras, mesas redondas, em parceria com os atuais cursos da cidade.

Como ocorre a escolha da dramaturgia?

No grupo, Rafael Martins, é a pessoa que se dedica a pesquisa dramatúrgica. Geralmente ele apresenta as propostas para o grupo, que são retrabalhadas no processo de criação.

Como funcionam os ensaios? São essencialmente voltados para o espetáculo ou existem discussões paralelas de textos teóricos, treinamento contínuo...?

Os ensaios são específicos para os espetáculos. Mas como temos um repertório de seis espetáculos, hoje a prática do grupo é criar laboratórios de desconstrução desses espetáculos, para ver o que se tem de essencial e reforçar o que já existe.

O grupo possui uma estética específica ou isso pode variar de acordo com o espetáculo?

Temos uma reconhecida linguagem fruto de diversas referências: *pop art*, quadrinhos, *nonsense*, absurdo. Mas, cada espetáculo veste uma embalagem diferente desse caldeirão de ideias.

O grupo tem um projeto pedagógico e ministra oficinas? Estes trabalhos são direcionados à comunidade em geral ou a atores e diretores? As oficinas buscam a formação atorial profissional? São oficinas de curta ou longa duração? O grupo ministra cursos permanentes?

Sim, oficinas para estudantes de artes cênicas ou pessoas que estão se iniciando no teatro, de curta duração. Ainda não temos uma grade de cursos permanentes.

De que forma as oficinas são oferecidas?

Geralmente são oferecidas quando viajamos com os espetáculos do grupo em festivais e mostras.

O grupo possui uma sede? Como foi o processo de conquista desse espaço?

Hoje alugamos um espaço em Fortaleza, desde 2007. Com a necessidade de desenvolver melhor o trabalho e buscar melhorias nas condições de criação resolvemos investir num espaço para o grupo. O grupo participou de diversos projetos de circulação nacional, como o Palco Giratório do SESC, e desde sempre dez por cento de tudo que entra vai para o caixa do grupo. Em 2007, conseguimos assegurar um ano inteiro de aluguel, além de dinheiro para a reforma, e desde então seguimos no mesmo lugar, onde dividimos as despesas com outro coletivo, o *Teatro Máquina.*

Como o grupo se organiza administrativamente?

Criamos os seguintes grupos de trabalho: produção, responsável pela formatação de projetos e execução de temporadas e captação de recursos; comunicação, responsável pela divulgação das atividades do grupo, assim como na inserção na sociedade; e o financeiro, responsável pela saúde financeira do grupo.

Quais as funções exercidas pelos membros do grupo no processo criativo? Elas são fixas ou podem variar de acordo com o projeto?

Geralmente. Yuri Yamamoto sempre assina a direção dos espetáculos. Mas, estamos criando a metodologia de que cada ator crie uma pequena cena como exercício onde ele pode assumir diversas funções e chamar outro integrante para auxiliá-lo em outras funções.

O grupo possui um arquivo iconográfico? As imagens do grupo são produzidas por um profissional ou pelo próprio grupo?

Sim. Atualmente temos um fotógrafo que está acompanhando o processo do grupo. Todos os espetáculos do grupo foram gravados por profissionais, assim como todas as fotos do repertório.

A arrecadação da bilheteria é essencial na manutenção do grupo?
Não.

O grupo percebe um tipo de específico de público que freqüenta seus espetáculos?

Sim. Há cinco anos montamos barracas nas universidades para a venda de ingressos antecipados, com desconto, e esse público é a maioria nos nossos espetáculos.

O grupo tem alguma preferência, no que diz respeito ao espaço, para a construção de seus espetáculos?

Espaços alternativos, que fujam um pouco do formato italiano, embora apenas o último espetáculo do grupo, *In Certo*, tenha sido formatado para esse tipo de espaço.

Como o grupo aborda o trabalho com o espaço cênico e a criação de cenografias?

Tentamos ser práticos e essenciais. Não gostamos de muita coisa em cena.

O que significa para vocês a ideia de Teatro de Grupo?

É o teatro de construção de um pensamento em comum, onde pessoas diferentes dialogam para a afirmação de uma prática onde todos possam crescer como artistas e seres humanos.

TEATRO MÁQUINA
Questionário respondido por Levy Mota, em maio junho de 2010

Como o grupo surgiu?

Surgiu em 2003 a partir da necessidade de colocar em prática os conceitos aprofundados na dissertação de mestrado de Fran Teixeira: "Prazer e crítica: o conceito de diversão no teatro de Bertolt Brecht" (São Paulo: Annablume, 2003), defendida na Escola de Comunicação e Artes da Universidade de São Paulo (ECA/USP).

Qual é a origem do nome do grupo?

Teatro Máquina foi escolhido coletivamente tanto pela ideia de "maquinar", raciocinar, quanto para expressarmo-nos como teatro anti-ilusionista, que revela seu próprio funcionamento, seus mecanismos – maquinário.

Quantos integrantes se mantêm no grupo até hoje desde sua fundação?

Dois. A diretora Fran Teixeira e o ator Edivaldo Batista.

De onde parte a criação dos espetáculos do grupo? Do texto, do ator, de improvisações, do espaço ou da direção? Por que é assim? Existe alguma interferência do ator na criação dos espetáculos?

A direção é uma grande potência criativa no grupo. A criação da maior parte dos espetáculos do grupo surge de um texto aliado a uma ideia já formada da direção. O trabalho criativo dos atores entra muito no detalhamento desta ideia. O processo todo de montagem é muito discutido entre atores e direção e muitas ideias sugeridas pelo elenco durante o processo são vistas no produto final.

O grupo busca um modelo específico de ator? Caso a resposta seja afirmativa, que características teria este ator?

Não.

Qual a formação dos atores e diretores? Há uma preocupação em manter uma formação contínua (interna ou externa ao grupo) por parte dos integrantes?

A diretora Fran Teixeira é doutoranda em Artes Cênicas pela Universidade Federal da Bahia (UFBA). Os atores são todos graduados em Artes Cênicas pelo Instituto Federal de Educação, Ciência e Tecnologia do Ceará – IFCE (antigo CEFET). O ator Joel Monteiro é mestrando em Artes Cênicas pela Universidade Federal do Rio Grande do Norte (UFRN). Além da formação acadêmica, os atores sempre participam de oficinas/*workshops* ministradas por nomes importantes do teatro. O grupo acredita também nas trocas de experiências com outros grupos como forte elemento formativo.

Como ocorre a escolha da dramaturgia?

A escolha da dramaturgia está fortemente ligada aos conceitos de encenação do grupo. Nos interessamos por textos que nos provoquem e nos imponham desafios ao transformá-los em teatro vivo. Entre os autores que nos interessam, estão Bertolt Brecht, Georg Büchner, Heiner Müller, Peter Handke, Harold Pinter.

Como funcionam os ensaios? São essencialmente voltados para o espetáculo ou existem discussões paralelas de textos teóricos, e treinamento contínuo?

Atualmente, passamos por um processo de retomada do repertório, ao mesmo tempo em que montamos um espetáculo novo. Portanto, os ensaios acabam sendo mais voltados aos espetáculos. Mesmo assim, dedicamos sempre um primeiro momento do encontro a uma prática física desvinculada do espetáculo. Os textos teóricos geralmente vêm como referência e estudo para um processo específico.

O grupo possui uma estética específica ou isso pode variar de acordo com o espetáculo?

Não possuímos linguagem estética específica, apesar de os elementos da repetição, narração, demonstração, literalização (sic) da cena e "refuncionalização" dos elementos do teatro estarem sempre presentes nos nossos espetáculos.

O grupo ministra oficinas? Estes trabalhos são direcionados à comunidade em geral, ou a atores e diretores? As oficinas buscam a formação atorial profissional

Sim. São direcionados a profissionais ou estudantes de teatro e intentam expor os processos internos do grupo como forma de compreensão e aperfeiçoamento dos elementos e conceitos importantes. São oficinas de curta duração.

De que forma as oficinas são oferecidas?

Geralmente são oferecidas a convite de festivais, mostras e eventos de teatro. Neste ano o grupo planeja, também, abrir seu novo espaço-sede ao público com a oferta de oficinas.

O grupo possui uma sede? Caso a resposta seja afirmativa, como foi o processo de conquista desse espaço?

O grupo possui sede desde julho de 2009, período em que começávamos o processo de fundação da pessoa jurídica *Teatro Máquina* e víamos a falta de um espaço como barreira para o crescimento do grupo e dedicação maior de seus membros.

Como o grupo se organiza administrativamente?

Num núcleo de produção, temos a presença maior de Fran Teixeira e Levy Mota. Já na parte financeira e organizacional – principalmente relativa à sede do grupo – contamos com Edivaldo Batista. Temos também contrato com empresa de contabilidade.

Quais as funções exercidas pelos membros do grupo no processo criativo? Elas são fixas ou podem variar de acordo com o projeto?

A direção também é responsável pelo pensamento da cenografia e vestuário, apesar de muitas vezes contarmos com a ajuda de profissionais específicos destas áreas. Edivaldo Batista lidera a preparação corporal do elenco. Aline Silva a preparação vocal. Levy Mota trabalha na programação visual dos espetáculos e, por vezes, na elaboração de trilha e sonoplastia.

O grupo possui um arquivo iconográfico? As imagens do grupo são produzidas por um profissional ou pelo próprio grupo?

Sim possui. Quando possível, Levy Mota, que também é fotógrafo profissional, cuida do registro fotográfico. No campo audiovisual, contamos com profissionais da área para a maior parte dos casos.

A arrecadação da bilheteria é essencial na manutenção do grupo?

Não.

O grupo percebe um tipo de público específico que freqüenta os espetáculos?

De um modo geral, o público teatral da cidade de Fortaleza é em grande parte constituído pela própria classe teatral e estudantes das áreas de artes e comunicação.

O grupo tem alguma preferência, no que diz respeito ao espaço, para a construção de seus espetáculos?

Não. Cada espetáculo é pensado individualmente e seus espaços são escolhidos de acordo com as necessidades impostas pela sua encenação. *Quanto Custa o Ferro* e *O Cantil* foram feitos para palco italiano; *Leonce + Lena* acontecia em espaços amplos, de modo que o público ficasse no mesmo espaço que os atores; *Répéter* permite adaptação para diversos tipos de espaços cênicos; e *João Botão* funciona melhor em espaços pequenos que permitam proximidade entre público e atores.

O que significa para vocês Teatro de Grupo?

Teatro de grupo é, antes de tudo, uma forma de estar junto pelo teatro, porque fazemos teatro. Entendemos por teatro de grupo estarmos investindo juntos na descoberta e tratamento de uma linguagem investigativa, de pesquisa, que aposta no processo, que tem criado para si mesmo desafios na linguagem especifica do teatro, a fim de entendê-la e praticá-la melhor. Assim, é um ato político nos mantermos como grupo, pela persistência desse ato e pelo que pode significar vivermos de teatro.

TEATRO DE CARETAS
Entrevista com Vanéssia Gomes

Concedida a André Carreira em 5 de novembro de 2014

Comente a trajetória do grupo desde seu momento de fundação

O Grupo Teatro de Caretas iniciou seus trabalhos em 1998 em Fortaleza. No início atua com intervenções e esquetes educativas junto a movimentos sociais e instituições do terceiro setor. Anos depois, em uma nova fase, investiga a rua sob a perspectiva dos artistas populares, e nestes experimentos, o grupo avança em produções de criação coletiva.

O marco inicial para a fundação do Teatro de Caretas acontece no encontro de dois grupos, Cia de Teatro Abacaxi e o Grupo Pé no Chão, estes se encontram para realizar um trabalho para a Diocese de Fortaleza, com a intenção de apresentar uma intervenção no Fórum das Áreas de Risco da Cidade. Deste período até hoje o grupo desenvolve atividades teatrais de forma continuada, através de processos artísticos relacionados à criação, pesquisa e apresentação de espetáculos de rua. Sua trajetória está intrinsecamente ligada ao contexto sociopolítico e cultural de nosso país. O Teatro de Caretas surge numa fase onde, no Brasil, os movimentos populares tem fôlego para atuar. Na época realiza a criação de diversas intervenções a partir de diversos fóruns populares (áreas de risco, educação ambiental, saúde popular, contra violência à mulher, contra o abuso sexual de crianças e adolescentes). Nestas criações construímos, inicialmente, intervenções, depois espetáculos em formato colaborativo. Os textos encenados pelo grupo são em sua maioria autorais.

Em 1998 participamos do projeto teatro de rua Contra a AIDS, da Secretaria de Saúde do Ceará. Esta ação foi o estopim para a formação e o aprofundamento do grupo nos diversos procedimentos possíveis para a rua. Já que neste projeto compartilhávamos experiências com diversos outros grupos de rua, além de processos formativos com atores e diretores de rua.

O Teatro de Caretas constrói em sua trajetória espetáculos, esquetes, intervenções, leituras dramáticas, participa de filmes (curta e longa metragem), realiza aulas–espetáculos, demonstrações técnicas, cortejos, além de ministrar oficinas e cursos).

Outro momento de destaque do trabalho do grupo se dá em 2010 através de um aprofundado processo de pesquisa, através de viagens e experimentos pelos nordeste brasileiro, sobre As Máscaras presentes nas manifestações tradicionais, o que resulta na criação um espetáculo ritual, o

Cortejo de Caretas. Neste processo inauguramos um momento de treinamentos direcionados no grupo que antes não aconteciam de forma continuada.

Como o grupo está estruturado? Quantas atores e técnicos trabalham no coletivo?

O Grupo Teatro de Caretas trabalha atualmente com 6 (seis) pessoas em seu elenco (três homens e três mulheres). Não temos técnicos trabalhando diretamente conosco. Observamos que há uma necessidade de técnicos, mas vemos a dificuldade na permanência no grupo, devido o formato de contratação que eles profissionais propõe nas atividades. Com valores elevados para cada apresentação fica mais tranquilo para o grupo realizar no formato de freelancer. Entendemos que o ideal é que o técnico seja um integrante permanente do grupo. Estamos nesta busca.

Vocês têm diretor (a)? Caso não, como é o processo de convite para quem vai dirigir os espetáculos?

Não temos um diretor. Os atores que já tem experiência se revesam neste papel. De toda forma há uma atenção ao olhar do coletivo. Trabalhamos sempre a partir de muitos diálogos. Ainda não tivemos a experiência de um diretor de fora do grupo ser convidado para realizar um trabalho.

De onde surge a criação dos espetáculos? De textos? De ideias do grupo?

Podemos dividir nossa história de criação de espetáculos em 3 (três) etapas, não é uma divisão estanque, até porque uma ainda perpassa a outra, mas são claros os marcos históricos, através das experimentações, que conduzem suas criações teatrais.

1.   **Intervenções e pequenas cenas: atuação na militância popular e nas ONGs**
Este primeiro período é marcado pela presença de alguns dos seus integrantes em projetos sociais. Desde seu início até aproximadamente o ano de 2004, o grupo recebia solicitações de trabalhos, ou seja, um contratante tinha um tema e passava para o grupo. O grupo montava uma esquete de acordo com o que era solicitado e apresentava em determinado

evento. Normalmente, a cena só acontecia uma vez, naquele determinado evento ou no máximo duas vezes. Eram trabalhos realizados junto principalmente a movimentos sociais, ONGs ou universidades. Como exemplo, temos a cena, citada anteriormente, apresentada ao Movimento das Áreas de Risco de Fortaleza: *E agora, José?*, com direção de Francisco Wellington. O processo de construção da cena se deu através de improvisos com a música Saudosa Maloca, de Adoniran Barbosa.

Um traço importante deste período também é que o grupo ainda oscilava em apresentações realizadas em auditórios ou pátios. Ainda não tinha a opção clara pelo espaço a céu aberto. Sempre na busca da desconstrução destes espaços fechados criava situações que alteravam os locais da cena, realizando ações na plateia ou intercalando palco e plateia.

2. Espetáculos educativos e políticos

Nesta etapa passa-se das esquetes para os espetáculos. Esta transição das esquetes para os espetáculos educativos já está mais relacionada à necessidade dos integrantes do grupo de aplicar seu aprendizado como atores, diretores e dramaturgos. Há uma busca de referências no cotidiano, para criações teatrais, através de um olhar político destacado nos espetáculos.

O Grupo apresentava seus espetáculos de teatro de rua, aliando arte e política, tendo como orientação o reforço a movimentos sociais pertinentes e direcionados à transformação humana em sociedade. Esta definição percorreu durante muitos anos o trabalho do grupo. A ideia de mobilizador social através do teatro era um forte vetor de trabalho. Os espetáculos que refletem estes significados nas criações do grupo são:

- Auto da camisinha (1998)

O tema educativo deste espetáculo era sobre a prevenção as DST/AIDS. O enredo contava a história de personagens do nosso imaginário popular. Diabo, anjos e menestréis. Uma comédia que narra o caminho percorrido, por um casal de namorados, para o uso do preservativo, e assim reforçando a ideia do sexo seguro feito com responsabilidade.

- Acorda Zuleika (1998)

Este espetáculo trata das questões de educação ambiental. Enfatizando as condições do meio ambiente urbano, a destinação adequada do lixo, reciclagem, preservação e conservação dos recursos naturais. O texto foi uma criação coletiva do grupo. A dramaturgia apresentava a história de uma empregada doméstica que descobria o significado do binômio agir local pensar global. Efetivamente foi o primeiro espetáculo com a formação de elenco que durante muito tempo acompanha o grupo.

- Quem é você que vem de longe (2000)
Este espetáculo dá continuidade aos trabalhos sobre o tema de educação ambiental. Abordando questões como: empreendedorismo turístico, suas consequências no meio social, cultural e ambiental. Enfoca a valorização da cultura de origem de um povo como atrativo turístico.

- Barato que sai caro (2002)
O tema deste espetáculo é o uso indevido de drogas. A história de duas amigas que passam pelas dúvidas e angústias de muitos adolescentes. Como as drogas estão inseridas na nossa sociedade? Esta era a grande pergunta do espetáculo. Através da representação teatral o grupo fazia uma passagem por várias situações e relatos de personagens colocando a questão de frente.

- A casa da mãe Joana (2002)
O espetáculo trata sobre a condição das mulheres frente o abuso sexual de crianças e adolescentes. Narrada a história de uma mulher que busca a solução para uma situação inesperada. O espetáculo coloca em questão: Quais os limites para protegermos alguém. E ainda: somos determinantes na vida dos outros? Entender a linha tênue entre o público e o privado. Saber que a violência pode nos alcançar de várias formas.

- E agora José (2004)
O espetáculo trata sobre a questão da moradia. Sobre os sem-teto e os trabalhadores que
tem dificuldade em conseguir moradia. Junto a este espetáculo o grupo começa a desenvolver o trabalho com cortejos de rua.

- Rompendo o silêncio (2005)
O espetáculo trata sobre o tema da violência contra a mulher. Trazendo diversas reflexões e mostrando a necessidade de se tomar uma atitude, reforçando a importância de não banalizar o assunto. Neste espetáculo usamos técnicas de circo e música ao vivo.

- Nas garras do capa bode (2008)
O espetáculo trata sobre uma menina criada pela madrinha e pelo pai machista e autoritário que começa a se descobrir enquanto mulher e a lutar pela auto-afirmação. Os adereços e figurinos da peça são criados

com utensílios domésticos, como panelas, bacias e colheres, com estes elementos os atores produzem a sonoplastia do espetáculo. A história percorre o universo feminino inserido em representações do espaço urbano nordestino e aborda questões como prevenção à AIDS e a luta da mulher numa sociedade patriarcal. Uma encenação que também discute as questões do corpo e seus significados.

3.   Espetáculos pautados em processos de pesquisa e criação

- A farsa do pão e circo (2007)

Em 2006, diante de seus estudos e aprendizados, o grupo decide aprofundar o olhar político de suas criações artísticas. Decide criar um texto que trate sobre as pequenas corrupções de nosso cotidiano, isso a partir do texto "Auto da Lusitânia", de Gil Vicente, e dos filmes de Sérgio Bianchi. Neste momento, decide também rever sua forma de trabalho teatral. Começa então a realizar um trabalho de criação coletiva para o espetáculo A Farsa do Pão e Circo.
Dá foco à pesquisa de linguagem cênica baseada na construção da performance do ator de rua e em processos de criação em grupo, esta peça reorienta sua pesquisa teatral. Neste espetáculo, a cena é impulsionada por uma série de improvisações na rua, tem como base o entremeio "Todo mundo e ninguém", texto do século XVI. Uma dramaturgia atual por seu olhar crítico diante do homem e das desigualdades entre as classes sociais, ainda tão presentes em nossa sociedade.

Para este processo de criação são realizadas diversas leituras em grupo, com o intuito de consolidar uma pesquisa teórica. Em especial foram lidos Augusto Boal e Eugenio Barba, e na área social deu-se uma maior atenção à antropologia urbana, sobre as formas de apropriação e uso do espaço urbano. A compreensão do homem em sociedade trouxe subsídios para as construções cênicas que conduziram o grupo a reflexões significativas sobre as situações de opressão, violência e apatia as quais homens e mulheres são induzidos na sociedade capitalista e excludente.

O Grupo Teatro de Caretas busca com o espetáculo A FARSA DO PÃO E CIRCO ir ao encontro de espectadores (transeuntes, camelôs, trabalhadores, estudantes,...) com o intuito de aflorar um pensamento crítico, destacando o papel social de cada cidadão, tendo como canal um espetáculo que promove a crítica, ao mesmo passo, que traz a reflexão sobre nossas ações em sociedade. Desnudando ao público a cena teatral, as criações de cena, tradicionalmente reservadas aos atores e diretores foram realizadas em espaços abertos. Deste formato de criação, resulta um espetáculo para ter a plateia como participante direta da cena. Neste processo o grupo assumiu um novo procedimento: o da reconstrução da atuação para cena de rua, onde o ator dialogava com a plateia desde o momento da criação, ou adaptação de um texto até a consolidação final do espetáculo. Sendo então todo construído a partir de improvisações na rua, o texto foi criado dia-a-dia, tendo o acompanhamento do dramaturgista Henrique Dídimo. O trabalho foi todo realizado no espaço que o grupo ocupava na época, sua sede pública durante muito tempo (praça da Gentilândia, em Fortaleza).

- Cortejo de caretas (2010).
Em 2010 deu-se início a um conjunto de procedimentos para a realização do Projeto "Riso brincante do Nordeste" uma investigação sobre as máscaras tradicionais populares e a performance do ator de rua. Através de diversas viagens pelo Nordeste, a pesquisa teve como trajetória o encontro com o reisado de Ipueira da Vaca - cidade de Canindé/Ceará, a festa dos Karetas - cidade de Jardim/Ceará, o Cavalo Marinho Estrela de Ouro - cidade de Condado/Pernambuco e o Boi-Bumbá - Cidade Viana/Baixada Maranhense – Maranhão.

O processo compreendeu o encontro do Grupo Teatro de Caretas com os grupos tradicionais em suas localidades. Em cada encontro tivemos a interação estética do grupo com a manifestação tradicional, através de entrevistas, da participação no momento da brincadeira e em oficinas de máscaras com mestres ou pessoas de referência das manifestações. A ação teatral foi composta pelos resultados das pesquisas in loco, apresentações de experimentos nas ruas, demonstrações técnicas, trocas de saberes entre o Grupo Teatro de Caretas, os mestres e artistas populares. Foram criados dois espetáculos deste processo: Uma Casa Solta no Ar e o Cortejo de Caretas, além de uma demonstração técnica e algumas intervenções de rua.
Este projeto representou o aprofundamento de uma ideia, de uma pesquisa do grupo. Atento ao que a tradição popular possibilita de fortalecimento e amplia as referências para o desenvolvimento de um fazer cênico contemporâneo e de uma linguagem teatral brasileira.
A fundamentação principal para este trabalho está pautado nas pesquisas de Oswald Barroso, onde indica que as máscaras acompanham os seres humanos desde suas mais remotas origens. Nos rituais das religiões populares como faces visíveis dos deuses, portais de abertura para o

sagrado, filtros para a incorporação do divino, manifestações do invisível, umbrais de transcendência, enfim, como objetos possibilitadores da comunicação entre seres humanos e deuses. Nos rituais festivos dos povos, as máscaras são ainda móveis de encantamento, veículos de incorporação de arquétipos e figuras (tipos humanos, bichos e entidades fantásticas). Para o grupo toda essa vivência trouxe um arsenal de imagens, ideias e possibilidades que ainda reverbera no Grupo, com amplas possibilidades de investigação.

O grupo tem um tipo específico de ator? Quais características definem a identidade do grupo? Vocês trabalham com processos de treinamento?

As atrizes e os atores do Grupo Teatro de Caretas vem de histórias de formação artísticas diversificadas. Quase todos nós tivemos trajetórias iniciadas em oficinas e cursos que formavam atores para a atuação em palco italiano. Ao longo da vida de cada um e das experiências que foram tendo de alguma forma foram impulsionados para o teatro de rua. Ao longo de nossa vivência em grupo criamos códigos e aprendizados que foram conquistados através dos espetáculos, das propostas de pesquisa e dos encontros que participamos junto a outros grupos e artistas.

Acreditamos que as características que indicam o trabalho do grupo são: - ter como princípios o teatro de grupo; - realizar criações para a rua; - buscar processos de pesquisa para cada criação teatral; - investigar as manifestações tradicionais e inspirar-se para espetáculos e performance a partir deste debruçar; - trabalhar com criação coletiva; - dar foco ao trabalho de ator; - trabalhar com teatro político a partir dos textos e temas dos espetáculos.

Em especial, o espetáculo Cortejo de Caretas nos impulsionou a um processo de treinamento a partir das performances que encontramos ao longo da pesquisa: da construção dos corpos a partir das máscaras; de nossas percepções sobre os corpos dos brincantes e das danças (cavalo marinho em Condado – Pernambuco; boi-bumbá do Maranhão; sapateado do reisado do Ceará). Na pesquisa exploramos quais os elementos dessas manifestações que poderiam reforçar nosso trabalho teatral de rua, na busca pelas conexões entre as manifestações tradicionais e a performance que buscamos apurar para a rua. Desde contato realizamos 4 (quatro) viagens de pesquisa por 6 (seis) meses e um trabalho diário nos 6 (seis) meses seguintes para criação artística. Este processo tem como resultado a construção de uma musicalidade que agrega as expressões do Ceará, Pernambuco e Maranhão; a identificação dos instrumentos necessários para a execução desta musicalidade; a criação dos instrumentos; realização de 4 (quatro) resultados sensíveis (performances realizadas imediatamente no retorno de cada viagem em praças e ruas, de Fortaleza, a partir de nossas percepções na viagem); criação de 2 (dois) espetáculos (Uma Casa Solta no Ar e Cortejo de Caretas) e uma demonstração técnica.

Vocês podem detalhar qual seria o eixo da pesquisa do grupo?

O eixo de pesquisa do grupo está relacionado ao trabalho de ator e a ocupação do espaço a céu aberto. Este dois pontos direcionam nossas escolhas. A investigação dos processos de trabalho do ator no campo físico e interpretativo. Já o espaço da rua nos faz ir em busca de construções cênicas, de pesquisa de materiais, sonoridades e estéticas que deem resultado artísticos significativos para o espaço a céu aberto.

Vocês trabalham para algum tipo de espaço cênico específico? Quais tipos de espaço são mais habituais nas montagens do grupo? Vocês já sabem em que espaço vão apresentar quando estão criando o espetáculo? Já ensaiam nele?

Trabalhamos com teatro de rua. Sempre buscamos a rua/ a cidade como espaço para nossas criações. Dois de nossos espetáculos foram criados totalmente na rua. A Farsa do Pão e Circo e o Cortejo de Caretas. Na praça da Gentilândia, no Bairro Benfica em Fortaleza aconteciam os ensaios, debates, contato com a comunidade/público, criação de adereços. Ocupamos durante 4 (quatro) anos esta praça. Em 2007 e 2008 criamos A Farsa do Pão e Circo neste espaço, em 2010 e 2011, os espetáculos Uma Casa Solta no Ar e Cortejo de Caretas. Hoje temos em repertório A Farsa do Pão e Circo e o Cortejo de Caretas. Optamos em não ocupar mais esta praça devido ao elevado número de incidentes de violência urbana que ocorrem diariamente neste espaço. São assaltos, roubos, brigas e uso de drogas, o curioso é que tudo isso é num bairro universitário e que muitas vezes vemos a polícia rodando a praça, mas não age para a alteração desta situação. Atualmente ensaiamos no pátio do estacionamento do Teatro

Universitário Paschoal Carlos Magno em parceria com um grupo residente do teatro.

Sobre os ensaios no local de apresentação. Em geral quando vamos nos apresentar em qualquer lugar novo para nós buscamos, sim, ensaiar no local. Ainda não passamos pela experiência de criar um espetáculo para uma praça ou rua da cidade e que lá ensaiemos e apresentemos a encenação.

Vocês procuram um tipo de público em particular?

Estamos em busca do público da rua este que é o mais diverso possível. Este público é composto por trabalhadores e desempregados, moradores de rua, homens e mulheres, crianças e velhos, estudantes, artistas e até mesmo policiais. Apresentamos a indicação desta forma do público por estarmos preparados para a rua ser múltipla, ao mesmo tempo que específica, rápida ao mesmo tempo que lenta.

O grupo tem como hábito registrar o trabalho? Como é feito esse registro? Por profissionais ou pelo próprio grupo? Existe um arquivo organizado?

Sim registramos o máximo possível nossas ações. Temos um acervo desde os primeiros anos de atividade. Nos últimos anos esse acerto aumentou devido as facilidades de diversos tipos de dispositivos para fotografar e filmar. O registro de apresentações, reuniões e ensaios é feito por nós com máquinas profissionais que temos ou mesmo com celulares. Dependendo do que necessitamos são contratamos fotógrafos ou mesmo profissionais de vídeo. Nosso arquivo está sendo organizado este ano. Estamos no processo de organização para termos a memória do grupo registrada em um livro.

Que critério vocês usam para selecionar as imagens representam o grupo e são utilizadas na divulgação? Isso fica mais perto do real da cena ou se faz uma escolha mais relacionada com uma ideia publicitária?

Este é um ponto muito peculiar. A escolha das imagens depende realmente para qual fim será o material. Se for para uma divulgação no facebook sobre o grupo é escolhida uma foto que tenha poucos elementos e que "dê leitura", ou seja que seja identificado que é o grupo teatro de caretas. Normalmente não é feita escolha por fotos que tenham plateia, em particular por não termos permissão para publicar. A questão maior é essa, mas como fazermos rua, solucionamos esta questão escolhendo as fotos mais abertas ondem pegam as pessoas mais distantes. Outro ponto é a escolha para material gráfico. Há uma tentativa de buscar fotos que se tornem símbolo do grupo. Já conseguimos identificar algumas e essas replicamos em diversos materiais.

Como é processo de produção para o grupo? Como o grupo se relaciona com as leis de incentivo à cultura e os diferentes tipos de fomento?

Temos uma produtora permanente que é atriz do grupo, e quando temos recurso convidamos outros dois profissionais para reforçar o trabalho. Já identificamos que os bons resultados de divulgação e, muitas vezes, as conquistas de premiações estão diretamente relacionadas a um trabalho permanente de produção. O grupo já teve e/ou tem fomentos ao longo de sua história, já trabalhamos muito com um apoio de ongs e atualmente mais com os recursos públicos vindos diretamente das instâncias governamentais. Posterior a 2004 de forma mais diretiva a produtora do grupo começou a escrever projetos para manutenção, criação e circulação dos espetáculos. O grupo já foi contemplado com um edital de Sustentabilidade para Manutenção de Grupos, realizado por uma ong do Ceará (ISDS) em 2004; foi contemplado no Prêmio Fundo Angela Borba para Mulheres, ong do RJ, em 2004; Edital das Artes da Prefeitura de Fortaleza em 2007; no edital Myriam Muniz da FUNARTE/MINC 2007 e 2009; e no Edital Artes Cênicas de Rua da FUNARTE/MINC em 2009 e 2013. Ainda não criamos nenhum projeto ou nos submetemos a nenhum edital que necessitasse da Lei Rouanet como pré-requisito.

O grupo tem ou teve algum patrocínio permanente?

O grupo não tem patrocínio permanente.

Como o grupo se mantém financeiramente?

Através de projetos que buscamos financiamento nas instâncias municipal, estadual ou federal. Também através da venda de espetáculos para os centros culturais do Estado do Ceará e da participação em festivais de teatro.

Vocês ministram oficinas? Em que circunstâncias?

Normalmente em festivais de teatro. É apresentada uma proposta quando há editais de chamamento nos festivais ou elaboramos e apresentamos a equipe de coordenação de forma espontânea.

No que se referente às oficinas que o grupo ministra, vocês utilizam algum referencial teórico, vocês tem um projeto pedagógico?

Não há atualmente um projeto pedagógico definido para a realização das oficinas. As oficinas que são realizadas são de teatro de rua e teatro do oprimido. Para a oficina de teatro de rua mesclamos os aprendizados práticos com exercícios de encenação e trabalho de ator; já para a oficina de teatro do oprimido temos como base a formação que 2 (duas) integrantes do grupo tiveram junto ao Centro do Teatro do Oprimido.

Vocês fazem parte de alguma organização ou movimento de teatro de grupo da cidade ou do país? Porque?

O Grupo Teatro de Caretas participa desde 2007 da Rede Brasileira de teatro de rua, neste ano acontece sua criação, este contato foi determinante para estabelecer novos aprendizados sobre a política cultural nacional e de nossa região, mas também causou a aproximação com outros grupos do Brasil, e assim, foi possível conhecer outros fazeres e pensamentos. Até hoje estes são fortes impulsionadores de nossa participação nesta rede. A RBTR é um espaço físico e virtual de organização horizontal, sem hierarquia, democrático e inclusivo. Todos os artistas-trabalhadores e grupos pertencentes a ela são seus articuladores para, assim, ampliar e capilarizar, cada vez mais, suas ações e pensamentos. Congrega hoje no Brasil cerca de 500 (quinhentos) artistas de teatro de rua por todos os Estados. A cada ano são realizados dois encontros presenciais em diferentes regiões do país. O Grupo Teatro de Caretas participa dentro do possível destes encontro e tem uma forte atuação no grupo virtual. No Ceará participamos do Movimento Todo Teatro é Político que alia grupos de diversas modalidades teatrais na busca de uma melhor ação governamental no campo da política cultural, e também temos como ideal a criação de outras formas de estabelecer o trabalho de parcerias entre os grupos locais.

Como o grupo definiria o Teatro de Grupo?

Para nós teatro de grupo é a constituição de um coletivo em que todos são responsáveis pelas diversas dimensões dos processos do fazer teatral do grupo. Este coletivo não é hierárquico, mas necessita de um direcionamento e planejamento das ações. Cada um contribuindo com seu potencial para o melhor do grupo, dos espetáculos. Entendemos também que é a busca por uma permanência no campo da arte teatral, por buscamos juntos o fortalecimento do grupo provocamos a sua consolidação. Termos a autoria dos textos, das músicas também faz parte desse processo. O teatro de grupo para nós também tem a ver com os longos processos de montagem e pesquisa para os espetáculos, assim como estar junto de forma permanente.

Goiânia – GO

TEATRO GUARÁ
Entrevista com Samuel Baldani[24]

Concedida a Adriana Patrícia dos Santos.
Em dezembro de 2007, na Coordenação de Arte e Cultura (C.A.C.)
da Universidade Católica de Goiás, Goiânia GO

Eu gostaria que você começasse situando o seu trabalho o *Grupo Guará*. Como surgiu o coletivo?

Samuel – Eu venho do teatro universitário. Fazia psicologia aqui na universidade e espontaneamente os alunos se reuniam para fazer teatro. Tinha uma tradição no curso e assim que eu entrei comecei a participar. Era uma criação coletiva, nós escolhíamos um tema e a coisa era bem coletiva mesmo, tinha um diretor que era mais alguém que administrava a coisa. Eu cheguei a dirigir esse grupo também. Inclusive, a minha direção fugiu um pouco do que o pessoal sempre fazia, que eram quadros de humor. Eu fiz uma coisa não-compartimentada, mais existencialista, que chamou um pouco a atenção e eu fui convidado para participar de um grupo profissional da cidade. Paralelamente, depois que voltei desse trabalho, eu comecei a juntar as pessoas para começar um novo projeto. A minha direção nasceu da necessidade de fazer o teatro que eu queria fazer. Eu queria mesmo trabalhar como ator, mas como eu que chamava as pessoas, acabei caindo na liderança, propondo os trabalhos para serem desenvolvidos e eu acabei dirigindo. Mas eu sempre gostei muito da figura do ator, independente da informação que eu tinha e que fui coletando com o tempo, eu sempre tive uma preocupação forte com o trabalho do ator. Quando eu me formei, a Universidade me chamou para continuar o trabalho que eu fazia enquanto estudante e foi então que nasceu o grupo *Guará*. Guará é o nome de uma ave, principal disseminadora da flora do cerrado e o nome veio por conta dessa associação ao nosso meio ambiente, no nosso caso, o cerrado. E também por uma metáfora: disseminador da flora = disseminador da cultura. Nós queríamos que fôssemos associados com a nossa região quando estivéssemos em outros lugares. O grupo, como já disse, sempre teve uma preocupação forte com

---

[24] Diretor do grupo.

o trabalho do ator. Com o tempo fomos adquirindo mais experiências, mais informações, fomos fazendo alguns cursos livres, por exemplo, no Festival de Inverno em Minas. O próprio Festival de Blumenau, que fui umas três vezes, ajudou muito nesse sentido de formação. Mas houve sempre no meu trabalho essa coisa voltada ao ator. Outra coisa que eu carreguei muito foi a mímica. Então tudo aquilo que eu gostava, eu propunha para as pessoas, porque eu achava que era interessante para o trabalho do ator, desde pesquisas, leituras, literatura, músicas, os clássicos, desenvolvimento da percepção e o treinamento. Eu sempre achei o treinamento essencial, antes mesmo de ouvir sobre a Antropologia Teatral do Barba – inclusive meu primeiro contato com o livro de Eugenio Barba foi lá em Blumenau com o pessoal de Londrina, do *Grupo Proteu*, que estava vendendo o livro "Além das ilhas flutuantes", em 1992. O livro me marcou porque era um tipo de teatro que me interessava. Além disso, veio um pessoal para Goiânia desenvolver um trabalho bem voltado para composição, para o trabalho do ator e eu participei como ator desse processo. Isso tudo foi me dando bagagem e o grupo também foi carregando essa marca. Os trabalhos de treinamento cotidiano, a *mimeses*, estão muito presentes no trabalho do *Grupo Guará*. As minhas montagens começaram a ter uma marca muito forte de trabalho de ator, tanto que é difícil substituir um ator, porque tem toda uma engrenagem, eu não faço marcação, nem coreografia. Tem todo um desenho de cena que vem muito daquele ator em cena, então, na relação com os outros, qualquer substituição é uma coisa que mexe muito. Ao mesmo tempo eu tento manter o elenco, tanto que nos mantemos por uns quatro anos, depois houve uma mudança. Mas a tentativa é que o grupo fique sempre junto.

Quando o grupo se formou?

Samuel – Em 1995 o grupo se formou com uma montagem do *Auto da compadecida* do Ariano Suassuna e eu fiquei com esse mesmo texto até o ano 2000. Eu repeti as montagens, montei com um elenco depois remontei com outro. A criação do grupo foi um momento de exercício pra mim porque eu comecei a trabalhar com texto, pegar uma dramaturgia e montar. Porque eu fazia muitas performances, quadros de mímica; criava algumas coisas a partir de músicas. Então montamos *Morte e vida Severina* que foi uma encenação sem as músicas do Chico, fizemos também *Morte e Vida Urbana*, com um cenário enorme, os atores atuando na vertical, fizemos depois o *Ponto G*, meio besteirol - eu sempre fiz muita comédia. E depois fizemos *Torturas de Um Coração*, também do Suassuna, que foi a maturidade do grupo. Esse grupo do *Tortura de Um Coração* começou em 1995 e de 1997 para 2005 ficamos com o mesmo elenco.

Então houve uma culminância, uma maturidade, porque não é todo mundo que quer vir ficar malhando sem ter que montar nada, ficar se exercitando. Fomos nos profissionalizando juntos, eu e os atores. Todos esses atores hoje estão fazendo teatro, mas não os consegui segurar aqui no *Grupo Guará*, por causa da grana e pelos desejos de cada ator. É muito difícil manter um grupo. Em 2005, quando o pessoal saiu, eu já tinha outros atores treinando dentro de oficinas - estou sempre promovendo oficinas - e com eles, montei *Escola de Mulheres* do Molière. Então é assim, eu vou fazendo as oficinas, quem vai ficando já participa de uma seleção, se inteira sobre o tipo de trabalho do grupo. Eu vejo se a pessoa tem corpo, tem voz, tem vontade, ela tem que ter vontade, senão não fica. Hoje chegamos num momento em que eu tenho que definir mais a linha de pesquisa, porque isso ainda não está muito claro. Nós temos essa característica de ser um grupo de treinamento, que se insere em alguns treinamentos específicos, como *clown*, *commedia dell'arte*. Nós fazemos leituras, mas nós nunca ficamos estudando demais, sempre foram trabalhos práticos, com essa base da Antropologia Teatral, exaustão, partitura do ator. Ou seja, um estudo muito mais prático do que teórico.

A maioria dos espetáculos nasceram de textos?

Samuel – Nem sempre, o trabalho de criação em conjunto com os atores é muito forte. Por exemplo, no *Morte e Vida Severina*, nós não tínhamos um texto, nós tínhamos um roteiro musical, a partir das músicas nós chegamos naquele texto. Mesmo a criação saindo de um texto existe sempre o trabalho em conjunto com os atores, é no treinamento que o trabalho vai sendo construído, o texto dá o suporte. Tudo é muito baseado no que cada ator consegue dar de si em determinadas cenas, através de um repertório gestual, vocal. Por exemplo, o espetáculo *Torturas de Um Coração*, foi um ator que indicou, nós recebemos uma encomenda do Circuito Cultural Banco do Brasil, apresentamos e depois eu sugeri que montássemos com mais calma. Foi uma demanda do elenco, do grupo da época, de redesenhar o exercício que tinha sido feito por encomenda. Resultou num espetáculo simples, na rua. Acabamos viajando com a peça, fomos para Blumenau, fizemos em quatro cidades do interior de São Paulo.

Você já falou bastante sobre a figura do ator. Você acha que existe uma denominação para esse tipo de ator que atrai mais ao grupo, ou a você? Existe um tipo de ator que se encaixa no perfil da companhia?

Samuel – O ator que eu diria assim: "esse é ideal para o grupo", é o cara que está afim de se trabalhar, de se explorar. Claro que sempre existem alguns requisitos, como expressividade corporal, uma voz afinada, com certa projeção, mas não precisa ser uma coisa acabada. É necessário que seja uma pessoa que seja apaixonada por teatro e que esteja com vontade de trabalhar.

Como é essa participação dos atores junto da criação, você acha que a postura do ator hoje se configura de uma outra forma, baseada numa outra relação entre diretor e ator?

Samuel – Eu tive um elenco por um bom tempo e agora estou com um outro elenco. Eu tenho percebido ultimamente que a vontade de se entregar de fato para o teatro tem diminuído muito, acho que tem muita gente que faz teatro pensando em ir para o cinema ou para a televisão. Quando eu falo de um ator que participa, não significa que eu deixo os atores lá fazendo mil coisas, não, eu vou interferindo. A partir do que o ator faz, eu tento buscar associações ao personagem. Por exemplo, o cara faz um movimento e eu peço para ele estender esse movimento, eu vou desenhando junto com ele. É nesse sentido que é um trabalho conjunto. No processo de criação as coisas não vão caindo do céu, é tudo um estudo de rumos do espetáculo, o que se quer com esse trabalho, as especificações. A coisa não fica totalmente solta. Alguns atores trazem contribuições para o treinamento, como ioga, capoeira, que podem ser interessantes para o trabalho do grupo. Teve a presença de uma preparadora corporal onde estávamos trabalhando para lidar com a cultura popular e ela fazia um trabalho de corpo a partir das matrizes corporais da cultura brasileira e isso com certeza influenciou no trabalho.

Como se dá o processo de entrada no grupo? É através dessas oficinas que você mencionou?

Samuel – É dentro desse processo. Então surgem estudantes, pessoas da comunidade, gente que já faz teatro. Nós fazemos isso desde 1994. Desse período até 1997 eu valorizei muito as oficinas, depois eu comecei a dar mais atenção para o grupo.

Como acontece o processo de registro do grupo. Material gráfico, publicações, vocês têm um acervo organizado?

Samuel – Eu comecei a fazer isso no *Torturas de Um Coração*. Tem um *making of* geral da peça. A partir desse momento para cá eu comecei a registrar, batendo fotos, filmando.

Você mesmo que faz ou existe um profissional?

Samuel – Às vezes há umas pessoas, mas geralmente sou eu mesmo que saio filmando, batendo fotos, até porque eu gosto de fazer isso. Mas, isso é uma coisa que eu sei que precisa melhorar no grupo. As melhores fotos que temos acho que foram tiradas em Blumenau. O fotógrafo nunca tinha visto o espetáculo e as fotos ficaram muito boas, Rogério Pires. Mas precisa melhorar, sim. Isso tudo envolve produção. Acho que a produção sempre foi um ponto muito fraco no meu trabalho. Já tivemos trabalhos muito bons, mas onde faltou esse lado da administração, de produção mesmo. Nas vezes em que tivemos um produtor, sempre foi gente muito próxima, acho que é um trabalho que não dá para chamar qualquer um. Mas, sempre que eu tive um produtor o negócio andou mais rápido.

Mesmo dentro desse espaço dentro de uma universidade católica?

Samuel – Mesmo aqui, nós não temos esse elemento: o produtor. Aqui nós temos uma estrutura, eu recebo, temos essa sala, a mesa elétrica, o pessoal da limpeza, transporte, isso tudo é muito legal. Mas aquele cara comprometido, produtor mesmo, que podemos deixar por conta não existe. Acabo fazendo toda essa parte.

Nesse tempo em que o grupo existe você nota a existência de um público específico que sempre está com vocês, um perfil de certo público?

Samuel – Bom, tem o pessoal da classe teatral que sempre vai ver, apreciar o trabalho dos colegas, o meio cultural da cidade que conhece o grupo. Têm os amigos do elenco, têm aquelas pessoas que vieram assistir uma vez, que gostaram e que sempre voltam, trazendo outras pessoas. Conforme o grupo foi ganhando certo nome, a nossa responsabilidade também foi aumentando e ao mesmo tempo vimos que podíamos fazer. Tem um público legal, mas eu não acho que exista um fã-clube. Existem também as pessoas que nos vêm em outros lugares, outros grupos que acabam puxando um contato, um ciclo de amizades. O que eu percebo é uma diferença do público daqui de Goiânia, Goiás, para o público de fora, me parece que o público de fora é mais quente, mais participativo. Eu gosto de um público mais participativo, por exemplo, quando se apresenta em alguma cidade do interior ou na periferia, eu sinto que o público participa mais, se manifesta mais, se o cara vê uma menina fazendo o papel de homem ele vai e fala: "pô, isso é uma mulher!", quer dizer, você sente o público presente no espetáculo. Vai contra a essa formação de que teatro é um local onde não se pode falar nada. Apresentar em escolas eu também gosto, as professoras falam: "fica quieto, menino" não, deixa o menino falar, o ator é que tem que se virar com isso, acho que esse tipo de coisa nos ajuda a refletir sobre o trabalho: "por que ele falou isso nessa hora, porque ele reagiu?".

No processo de criação, você tem uma preocupação do tipo: criar um espetáculo para tal público? Que tipo de relação você quer estabelecer?

Samuel - Eu me preocupo com o público, sim. Mas para falar a verdade eu não tenho isso muito claro. O que eu levo em consideração é assim: se eu vou montar uma peça, onde eu vou mostrar isso, para quem eu vou mostrar. Eu estou me perguntando exatamente isso que você me perguntou, então eu acho que eu não tenho uma resposta. Mas eu ando me perguntando que teatro que eu quero realmente fazer, porque chega um tempo que você pensa: qual é a pesquisa, qual é o rumo? Porque eu acho que não dá para ficar fazendo de tudo. O que eu estou me perguntando hoje é: o que eu quero dizer para o meu público, o que eu quero falar para as pessoas. É engraçado, a reação do público sempre foi uma surpresa, nunca tive isso de pensar: "eu quero causar tal sensação na plateia."

Como foram as escolhas dos espaços do trabalho do grupo? Você tem alguma preferência?

Samuel – Eu nunca fui fechado para palco italiano, até por conta dessa formação que eu tive meio performática, então era tudo no pátio, nós andávamos no meio da plateia, nos corredores. Eu acho muito boa essa intervenção através do espaço. Por exemplo, nós fizemos o *Torturas de Um Coração* para apresentar em qualquer lugar, apresentamos na rua, apresentamos em becos, ele foi pensando para isso. *O Ponto G* foi dentro do teatro e o *Morte Vida Severina* eu fiz para teatro, mas, ele ficaria ótimo na rua. Eu, como diretor, acho que tenho que voltar para as minhas origens e ousar mais. Eu não tenho preferência entre espaços, eu penso: "onde esse espetáculo pode ser feito", pode ser tanto na caixa preta, como na rua.

Para finalizar eu queria saber o que você pensa do teatro que é feito dessa forma diferente, em grupo que é diferente daquele teatro de elenco onde o produtor chama os atores para realizar a uma montagem?

Samuel – Eu sempre trabalhei em grupo. Um grupo que sempre teve uma característica e um propósito em comum. Eu tenho dificuldade com esse tipo de trabalho que você chama de teatro de elenco, porque eu já tive duas experiências que eu não achei válidas. No Brasil a gente tem vários praticantes de teatro de grupo como *Cia. do Latão, Grupo Galpão* e outros. A diferença desse tipo de teatro, desses grupos, é que eles carregam uma experiência em conjunto. Eu gosto mais do trabalho de grupo, acho que cria uma identidade maior, permite uma pesquisa mais concentrada, permite alguns estudos, alguns treinamentos que não existem no teatro de elenco.

TEATRO EXERCÍCIO
Entrevista com Hugo Zorzetti[25]

Concedida a Adriana Patrícia dos Santos.
Em dezembro de 2007, no Centro de Educação Profissional em Artes
Basileu França, Goiânia GO

**Comecemos falando um pouco da sua história no teatro, como e
quando começou.**

Hugo - Vamos começar então pela história do grupo que eu trabalho há
mais de trinta anos. De alguma forma ele serve como alicerce para o meu
trabalho de dramaturgo e diretor. O berço do *Teatro Exercício* é o teatro-
escola, o teatro feito entre as quatro paredes de uma escola, nasceu no
Colégio Universitário de Goiânia em um momento de muita delicadeza
política, foi justamente no momento do golpe de 64. O grupo reunia
alunos e professores, preponderava uma ideologia de resistência, uma
ideologia de esquerda, então houve uma série de represálias e censuras no
nosso trabalho. O grupo se chamava *T.E.S.E.* (*Teatro Experimental do
Estudante Secundarista*) e tinha como único objetivo reunir as escolas e
todos os estudantes secundaristas de Goiânia. Havia uma resistência
muito grande. Goiás é um dos estados que mais resistiram ao golpe de 64,
nós tivemos aqui não só guerrilhas, como tivemos o parque da
estudantada, uma posição muito bonita de resistência, de rua e tudo mais.
Esse comportamento político do grupo desencadeou em uma série de
atitudes de represálias e acabamos por perder, no torso dessa brutalidade
toda, a oportunidade de continuar esse trabalho. Passamos então a chamar
C.H.A.O.S., justamente aproveitando a deixa que foi dada pelo momento
político. Os remanescentes do grupo *T.E.S.E.*, os que resistiram e os que
não foram para a prisão, resolveram se agasalhar sob essa sigla
C.H.A.O.S., caos com H em latim mesmo, procuramos dar um significado
para cada consoante e vogal dessa palavra, não me lembro o que era
agora, alguma coisa inventada. Bom, isso foi o berço do *Teatro Exercício*,
despertamos a atenção principalmente das pessoas que faziam resistência
política, principalmente aquelas que faziam nos bastidores, até então
nosso trabalho era político, mas éramos inocentes na atividade, no
confronto. Sabíamos, é claro, que Goiás sediava guerrilhas e que havia

---

[25] Dramaturgo e diretor do Grupo Teatro Exercício.

muita resistência por trás do que estávamos fazendo. Então essas pessoas nos convidaram para somar um esforço e, através do teatro, fazer um trabalho de conscientização. Foi o momento em que eu passei a escrever para o teatro, porque a gente já escrevia e então acharam que eu poderia desenvolver dentro do grupo, além do meu trabalho como diretor - eu odeio diretor de teatro, acho que a coisa mais chata dentro do teatro é o diretor, a segunda é o ator, mas o ator a gente tolera, o teatro é dele, não é? – acharam que eu poderia desenvolver esse lado. Eu passei então a escrever as peças, evidentemente monitorado por esse pessoal. Nós fomos chamados para integrar o *Teatro Universitário* da Universidade Federal de Goiás, ficamos lá por dois anos, e nesse mesmo momento eu fiz um concurso para trabalhar na Universidade de Goiás e passei, então pude desenvolver dentro da universidade mais um trabalho. Nasceu, então, o dramaturgo. Nós do *Teatro Exercício*, juntamente com isso, desmembramos dessa postura um pouco ligada à escola e resolvemos fazer algo "meio profissional". Não se falava naquela época de profissionalismo no teatro, era uma utopia muito grande, a gente até achava que a profissionalização seria interessante porque esbarrava também na questão ideológica e esbarrava na questão de muitos mobilizados em favor do estado, coisa que não podíamos, dado os nossos outros afazeres aqui em Goiânia. Surgiu daí o *Teatro Exercício*, com essa ideologia de resistência. Eu passei a desenvolver a dramaturgia, descobri que era uma coisa interessantíssima para fazer e que essa conjugação do diretor e do autor poderia auxiliar. Nesse tempo todo eu acho que o autor foi muito mais competente do que o diretor, até porque eu sempre achei que o teatro é a arte do ator. Como eu disse para você agora a pouco, eu acho que esse "diretorismo" é muito chato no teatro, essa vaidade toda de "transformar", porque todo mundo que começa a fazer teatro, começa a dirigir, quer mudar o teatro e aí não deixa o coitado do teatro sossegado. E nós temos tantos malabarismos, tantos estrebuchos, tanta alquimia feita dentro do teatro, que acabou o teatro perdendo seu público e um dos fatores que eu atribuo é essa alquimia toda que está fugindo do teatro. Essa frase" Vá ao teatro ao teatro, mas não me convide" hoje está na boca de todo mundo, inclusive na minha ultimamente. Estou cansado disso, para assistir alguns espetáculos eu tenho que ir lá para o manual de instrução porque se não... E o que a gente vê é essa vaidade toda dos diretores, querendo se impor. O teatro é do ator, temos que devolver o teatro para o ator, é o ator que cria aquelas coisas interessantes. E outra coisa, também precisamos devolver o teatro para o povo, teatro sempre foi o lugar para se levar as contradições, para discutir, para contribuir para evolução da sociedade. Não dessa forma com que se faz aí. Então esse é o *Teatro Exercício*, nós fizemos trinta e seis anos agora, trinta e seis anos de grupo. Ultimamente, nessa última década, nós temos desenvolvido um trabalho favorecido até por esse tempo que trabalhamos juntos. Já nos conhecemos bastante e sabemos da competência de cada um, de seu lado criativo, quais são as suas habilidades dentro de um conjunto de sinais que colocam um espetáculo de pé, nós estamos firmando isso. Partimos para um trabalho de agradar, não só agradar ao público como agradar a nós mesmos, sem se desligar desse trabalho, de colocar essa situação no palco – essa coisa da política. Nós estamos vivendo um momento muito grave na política do país, essa perda dos valores revolucionários, dos valores mais puros da revolução humana, da revolução política, de discutir com o público, esses princípios sociais e humanos. As pessoas estão meio perdidas, procurando não sei o quê, mais voltadas em si do que para os outros. Estamos desenvolvendo um trabalho interessantíssimo que é pegamos um texto, discutimos em uma mesa e passamos a exercitar esse texto, em termos das marcações, em termos da sua cinética, praticamente no dia da estreia. Então nosso espetáculo é de uma pureza, é uma coisa que nós estamos desenvolvendo, levamos nosso último espetáculo ao palco com um ensaio apenas. Essa visão cênica que estamos desenvolvendo agora tem um objetivo: estreitar o teatro com as competências do ator, o ator novamente se vê (como o ator da *commedia dell'arte*) no seu ambiente, dono da sua criatividade, sem ninguém pra dizer o que ele faz, a não ser um projeto cênico que ele tem antes. Nós temos uma ideia cênica que o ator naquele momento começa a desenvolver à vista do público, tanto é que nem nós sabemos o que vai acontecer no palco, mas tem agradado muito, principalmente a nós. Eu, particularmente, tenho feito teatro para me agradar, me agradando está bom demais, até porque passei trinta anos fazendo teatro para agradar os outros e agora estou querendo me agradar, porque o meu agrado é primeiro a satisfação do público; acho que o público tem que assistir a um espetáculo e sair satisfeito daquilo, segundo é levar uma mensagem política, o artista tem a obrigação de colocar o seu dedo na história, de avisar as pessoas, que estão aí meio perdidas, sem saber o caminho da história, avisar às pessoas o que está acontecendo, fazer com que elas sintam de perto aquele dedo que está na sua ferida, entende? Acho que é esse o papel do artista, contribuir para a evolução do seu meio, da sua cidade, da sua casa. E esse é o nosso plano de trabalho e eu tenho desenvolvido uma dramaturgia que tem isso como objetivo. Mais do que nunca procuramos fazer todo esforço para que o espectador vá até a sala de espetáculo. Está acontecendo um fenômeno nesse país e as pessoas do teatro negam, dizem que não, mas o que eu estou vendo é que as salas de espetáculo estão cada vez menores, principalmente a juventude não tem ido mais ao teatro, quem anda segurando o teatro são os clubes de terceira idade, entende como é que é? Tem o teatro-escola, essa coisa horrenda que os grupos têm levado para dentro das escolas com a cumplicidade dos coordenadores e diretores, coisas horríveis, as crianças são obrigadas a ver *A Branca de Neve e os Sete Anões* até hoje, aquelas coisas que vem da Disney. Então esta juventude está sendo formada à sombra desse tipo de teatro, caça-níquel, e os pais estão preferindo o boteco, a igreja ou não sei o quê, do que a sexta e o sábado no teatro. O *happy hour* tirou o público do teatro, as pessoas ficam loucas para ir à pizzaria e tomar cerveja. E o que era bom antes, de ir ao boteco ou à pizzaria depois do teatro, para discutir o que acabaram de assistir, hoje não existe mais, as pessoas vão a esses lugares para esquecer. Alguma coisa precisa ser feita. Eu não sei se estou no caminho certo, quero até não estar, fico muito mais agradado se estiver errado do que se estiver certo, porque a certeza disso é muito grave.

E de lá (anos 60) para cá (2007), o núcleo se permanece? Como é que foi a passagem das pessoas pelo grupo?

Hugo – É interessante, a pessoa que está a menos tempo no grupo, está há vinte anos. Mas vamos injetar de novo, ontem mesmo fizemos dois convites, até um aluno nosso foi convidado para trabalhar com a gente, um rapaz interessantíssimo em termos de talento, de cabeça, "arejadíssimo" e tal. Não é fechar as portas em absoluto, mas não é todo mundo que comunga com esse tipo de trabalho. Eu fui professor do curso de Artes Cênicas aqui na UFG durante muito tempo, me aposentei como professor, e vejo com alguma resistência as coisas que até eu mesmo fiz lá dentro: a tolhida da liberdade, o "dirigismo", de pegar no aluno e dirigir a cabeça dele para determinadas coisas, de fazer com que ele perca de certa forma, seu registro, sua sintonia com sua comunidade, sua sociedade. E as pessoas saem, por mais que a gente tente, com uma ideologia completamente diferente daquela que a gente acha que deveria ser, do trabalho local, voltado para cá. Enfim, umas coisas estranhas e esquisitas que eu acho que a universidade não deveria ter. Então esse tipo de trabalho que nós realizamos só poderia ser feito com a família, praticamente, entendeu? Porque não é todo mundo que aceita, que tem uma licença pessoal, que se permite enfrentar um público de trezentas pessoas apenas com o texto decorado e uma marcação primária. E que tenha a capacidade de fazer esse jogo, fazer com que um espetáculo de trinta minutos tenha uma hora e meia. E que corresponda dentro do nível estético e de inteligência que nós queremos no nosso espetáculo. Não é todo mundo que pode fazer isso. Nós já conseguimos fazer isso porque é muito tempo de carreira, a gente praticamente convive junto o tempo todo, nós temos uma cumplicidade muito grande para fazer este tipo de teatro. Então o grupo permanece o mesmo, o grupo de 60 e 70, os mesmos que levaram porrada da polícia estão levando até hoje, não da polícia, mas do Lula, policial também de alguma forma. E a história do grupo é uma história única, a minha história é praticamente a mesma do Ilsinho [Ilson Araújo], do Augusto César di Nizio, enfim, desse monte de gente que trabalha nessa ideologia. Até pouco tempo nós achávamos que éramos apenas um grupo político, que éramos um braço da guerrilha, na guerrilha do verbo, na guerrilha da cena. Até hoje nós fazemos isso, mas evidentemente atenuados pelo momento. Naquele tempo as coisas eram feitas de uma forma mais agressiva e tal. Essa é a história do nosso grupo. Mas cada vez estamos fazendo menos espetáculos, infelizmente isso tem acontecido, porque teatro está cada vez mais difícil de fazer, cada vez mais caro de fazer. Antigamente a gente conseguia os teatros gratuitamente, hoje os bons teatros da cidade foram terceirizados, os teatros de Goiânia ficam fechados apenas para as escolinhas de arte que podem pagar dois, três mil para uma sessão e os grupos que se apresentam sem olhar para a bilheteria, acabam saindo no prejuízo. Então nós temos visto diminuir bastante os espaços para a produção artística aqui em Goiás e isso com a cumplicidade da classe, essas coisas jamais aconteceriam nas décadas de 70 e 80, a política cultural do governo não fazia nada sem antes consultar a classe, porque faríamos o diabo na rua, hoje não se faz absolutamente nada, não é? Essas macacadas que têm saído hoje das escolas de teatro estão muito mais voltadas para o seu umbigozinho, para sua ideologia de ir para a Globo e fazer novela do que propriamente revolucionar o seu meio e ir contra a *merda* da política cultural desse estado.

Vocês parecem ter uma noção diferenciada de ator dentro do trabalho que fazem, existe algum tipo de denominação para esse "tipo" de ator?

Hugo – Eu chamo de ator e acho que ele tem que entender qual é seu papel, isso é importantíssimo. O ator é um trabalhador como outro qualquer. O gari sabe o seu papel – ele sabe o que é acordar às 4 horas da manhã, colocar a sua blusa, esperar o caminhão passar e pegar o lixo. Toda pessoa que trabalha conscientemente sabe do seu papel e sabe que aquilo que está fazendo não é para si, está fazendo para a comunidade, está trabalhando para os outros. Outra coisa que acho muito importante é dominar a linguagem teatral, não ficar à mercê de um diretor que só quer aparecer, só quer assinar o espetáculo, ele que fala na tevê, que dá entrevista, o ator fica atrás. Eu morro de dar gargalhadas quando eu vejo a televisão fazendo entrevistas ou documentários com a equipe de um espetáculo que vai para a cena, o diretor sentado na frente e um monte de papagaiozinho sentado atrás e ele fala sobre o espetáculo, usando aqueles chavões terríveis de teatro (gente do teatro tem chavão que não é brincadeira, viu? Aqui na nossa sede são proibidos chavões. É difícil, tem que se esforçar). O ator não tem mais palavra, é vítima da ideologia do diretor, é vítima da vaidade do diretor... O que sobra para ele? É fazer bem aquilo que lhe foi dado para fazer, nas medidas da cabeça do diretor. O papel do ator é saber politicamente o seu lugar e saber resolver cenicamente, ser também construtor. E não é aquela coisa "direção coletiva", não tem nada disso, é um trabalho coletivo sim, mas a partir de uma ideia a desenvolver. Nós temos esse espaço cênico, nós estudamos semiologia, estudamos tudo, sabemos o que significa cada movimento, não é um movimento aleatório, nós sabemos o que estamos fazendo. Então o nome de quem desenvolve esse trabalho é ator, são atores. Acho que é o nome mais competente para nomeá-los.

E o trabalho de ator durante os ensaios é composto por exercícios diretamente ligados à montagem dos espetáculos ou vocês têm algum tipo de treinamento paralelo?

Hugo – Interessante. O que puxa o nosso trabalho é a dramaturgia também. Eu não abro mão, como autor, de registrar a ideia. Entrego ao pessoal o texto que vamos trabalhar, evidentemente deixando todas as janelas abertas, não definimos tudo nesse momento, mas geralmente a ideia também é coletiva, parte das nossas conversas, da conversa que eu tenho com o Ilsinho, com o Augusto ou com outra pessoa. Então quando eu levo o texto eles já estão sabendo mais ou menos o que é aquilo porque deriva da nossa realidade, das nossas conversas, entende? E a gente brinca junto, pesca junto, toma cachaça junto, comemora os aniversários, somos uma família. Então quando eu falo: "estou escrevendo um texto", eles já me conhecem, então já se preparam para isso. Quando aquele texto entra na roda todos já têm uma ideia a respeito daquilo, para poder estender aquilo, dar outra dimensão àquilo. E como já somos um grupo da terceira idade praticamente (exceto eu, costumo dizer, o resto é velho, não é?) nós estamos largando do triste trabalho do exercício físico, nós somos ultimamente um grupo sedentário. Mas, são pessoas de muitas possibilidades. Nós estamos nos colocando o direito de não levantar a perna mais do que nos permitem os músculos.

Mas quando falo treinamento, não falo só de exercícios físico, mas sim de uma busca dentro do próprio ofício. Coloquei a palavra na

mesa para saber se vocês, independentemente da montagem de espetáculos, fazem experimentações nesse sentido.

Hugo – Ah sim, o grupo é composto por um locutor, que faz comerciais para a televisão e rádio, que vive disso - porque é um problema, um ator não vive do seu trabalho, o Ilson Araújo dá aulas de teatro, vive da profissão, eu vivo da profissão, Cristiane vive da profissão, enfim, todos nós vivemos da profissão. Não da bilheteria, nós vivemos da profissão. Então, o nosso exercício, é o exercício de ensinar. Quando a gente vai para o palco, nós levamos aquilo que nós aprendemos com os nossos alunos, e muitas vezes até repetindo aquilo que surgiu dentro de uma sala de aula, aquilo que a gente tem visto, tem produzido, tem provocado. Nosso trabalho é o dia-a-dia e somos pessoas que vivem no teatro.

Falando de ensino de teatro, o grupo desenvolve algum tipo de projeto pedagógico? Vocês ministram oficinas ou cursos?

Hugo – Na verdade ninguém aguenta mais dar aula aqui no *Teatro Exercício*. Eu me aposentei da universidade, Ilsinho está se aposentando, ninguém aguenta mais aluno, não quero nunca mais ver aluno na minha vida. Mas, eu me aposentei da universidade e fui convidado para um trabalho aqui no CEP [Centro de Educação Profissional em Artes Basileu França], que é um trabalho que tem me agradado muito, que permite a gente colocar um pouco do nosso dedo. Como eu disse para você, nossa profissão do dia-a-dia é a sala de aula, então o pequeno tempo que nós temos para fazer teatro é dado às orientações aos alunos, à sala de aula. Cada um tem a sua tarefa, os nossos ensaios são feitos em um programa que contempla as aberturas, a disponibilidade pequena de cada um, tem ensaio que é feito só antes do espetáculo, tem risco até de não decorar o texto. É uma experimentação, quando eu digo assim parece até irresponsável, quem não tem acompanhado o *Exercício* pode até achar que é, mas como nós fiscalizamos esse conjunto de pessoas, ideias e tal, em função de que trabalhamos há muito tempo, isso surgiu até como linguagem, até como forma de experimentação, uma novidade que estamos explorando e achando que está dando certo. Então, se soar irresponsável, eu gostaria de dizer às pessoas que mais do que irresponsável, é super-irresponsável, porque isso que é a beleza da coisa, porque é irresponsável (Risos).

Eu queria saber sobre as funções de cada um dentro do grupo, como funciona essa organização de funções para manter a estrutura de grupo que vocês têm?

Hugo – Importantíssimo você ter perguntado isso, nós temos trinta e seis anos de convivência, de *Grupo Teatro Exercício*, mas até hoje não temos registro. Temos uma aversão incrível por organização. Todo mundo manda em tudo, nunca tivemos realmente problemas com isso, é uma cooperativa, tudo que ganhamos aqui é dividido democraticamente e equitativamente. Há pouco tempo (uns quatro anos) eu comecei a cobrar direito autoral, assim mesmo de birra, não estou ainda bem resolvido com isso de cobrar direito autoral, mas todos, desde o iluminador até o diretor ganham a mesma coisa. Com dinheiro nós somos muito cuidadosos, até porque já perdemos muitas oportunidades de vender espetáculo e coisas assim. Temos muita exigência de valores com relação ao tratamento de dinheiros, de onde vem, o que é que vem, somos muito intransigentes com essa coisa. Também com dinheiro ou falta de dinheiro, a gente nunca deixou de produzir. Mas nós temos tudo organizado, fizemos uma reunião porque pusemos o *Teatro Exercício* como entidade, com CNPJ, e deixamos um contador para resolver isso aí e foram esquecidos três meses de pagar o imposto de renda, resultado: estamos devendo à beça, isso prejudicou desgraçadamente a nossa vida, antes nós éramos soltos no mundo, sem os laços com o leão, o grupo estava muito bem, agora só porque instituímos uma firma estamos devendo à beça para o leão e sem ganhar nada. Então não tem organização, todos fazem tudo, conversam sobre tudo, cozinhamos, dirigimos, entende? Só não repartimos as mulheres, bom, nem sei, não é? (Risos) O resto tudo é dividido, é o grupo mais socialista de que eu tenho notícia.

Vocês têm um arquivo de registro de imagens e outros materiais do grupo?

Hugo – Temos. Inclusive, quando fizemos o aniversário de trinta e seis anos de *Teatro Exercício*, nós fomos à Prefeitura e conseguimos uma verba para montar um espetáculo comemorativo e a feitura de *banners* com recortes de jornal que nós temos do acompanhamento nesses anos de vida. Então temos tudo isso documentado, guardado. Eu faço questão até porque estou agora escrevendo um pouco da história do teatro de Goiânia, um livro que estarei editando em fevereiro de 2008. Esse material é muito importante, muita coisa que passou no grupo, que fez a sua história e ajudou a fazer história também. Então esse material nós temos à disposição.

Esse material foi levantado por um profissional ou vocês mesmo que foram coletando e arquivando?

Hugo – Com o auxílio do Ilsinho e do *scanner* que nós compramos (não sei como), estamos passando esse material para o computador (fotografias, recortes de jornais), um material abundante, muita coisa. Mas por enquanto a grande maioria desse material ainda está dentro de caixas ou amontoado, é até bonito aquela torre de jornais, entende? Só dá um pouco de tristeza ver um jornal amarelado com a cara da gente. (Risos).

Vocês notam nos espetáculos de vocês a frequência de algum tipo específico de público ou o público do *Teatro Exercício* é sempre muito diverso?

Hugo – Nós temos a nossa freguesia. Infelizmente é uma freguesia abandonada, porque nessa última década, talvez até mais do que isso, como eu falei pra você, as nossas profissões estão ocupando cada vez mais, dado aos trabalhos pedagógicos que cada um exerce. Nós acabamos nos contentando também com essa catarse e o desejo do palco do fazer teatral porque estamos lidando com material teatral. Agora mesmo no CEP tem dezenove espetáculos nessa semana, na chamada Mostra de Teatro Desaguar. São espetáculos feitos por professores e desses dezenove professores, pelo menos três são do *Teatro Exercício*. O trabalho pedagógico ocupa muito espaço na vida da gente, é muita responsabilidade e isso tem roubado um pouco das produções do *Teatro Exercício*. Mas nós temos a nossa produção, a qualquer momento se quiserem um espetáculo do *Teatro Exercício* nós temos. Então tem um público de teatro assíduo, mas nós nos descuidamos um pouco disso, de conquistar mais e tal. Hoje nós temos a nossa clientela que é assídua, fidelíssima. Até ontem em reunião discutimos sobre um projeto para 2008 de voltar a botar no palco as nossas produções. O *Teatro Exercício* é conhecido pelo seu teatro político, pelo teatro da glosa política e pelas comédias, a habilidade que os atores e atrizes têm para a comédia é muito grande, então são bons comediantes em modéstias falas. Nós somos conhecidos um pouco por causa disso, pela certeza de que o espetáculo vai agradar, vai tocar os assuntos do seu interior, a familiaridade das pessoas, da sua família, do seu trabalho, da política. Então quando colocamos uma peça em cartaz já vem o chavão: "Olha, uma peça do *Teatro Exercício*! Vocês estão batendo em quem? Em qual político?".

No momento da criação vocês pensam no tipo de relação que querem estabelecer com o público e a partir daí concebem o espetáculo de tal maneira, visando essa abordagem?

Hugo – Não, isso é uma consequência natural. Já sabemos que as pessoas já sabem que vai ser um tema político, um tema voltado para a sua intimidade e que não vai ter aquele "desenho" que hoje o teatro-físico, o "teatro-tralalá" e o "teatro-trululú" têm, já sabe que é um espetáculo para sentar e se divertir, levando pra casa algum recado (disso a gente não abre mão). Têm as pessoas que gostam e se satisfazem com isso, muita gente gosta. Há uma discussão muito grande no meio artístico de que o teatro está passando por uma crise, é claro, o teatro é uma arte em crise, que sempre viveu em crise e vai viver em crise sempre. Os momentos do teatro são sazonais, vêm e vão, vêm e vão, não é? Agora, por exemplo, nós estamos vivendo a crise do futebol, essa meleca de futebol, é a cerveja, é o boteco, o pagodinho, você vê a juventude voltada para isso, hoje as pessoas têm dificuldade de ir ao teatro e sentar, ninguém mais ousa colocar em palco um espetáculo de uma hora e meia. Quando você fala com os grupos sobre espetáculos muito se diz: "Olha, passou de quarenta minutos, vai ter problemas". O que é isso? Já é a bunda do espectador que está mandando no espetáculo, que fica determinando o tempo, entendeu? Então nós precisamos discutir isso, as pessoas que fazem teatro precisam se voltar para isso, para esse fenômeno que está acontecendo. O que é que está acontecendo? Hoje as pessoas não assistem mais teatro com aquela sensualidade, com aquela participação, com aquela voluntariedade. Vemos pessoas constrangidas, que estão loucas para ir embora, que estão ali porque foram convidadas (aquele negócio, receberam um convite e não deram conta de terceirizar aquilo). Está acontecendo alguma coisa com o teatro. Salas de espetáculo acabaram, as igrejas evangélicas levaram para si o que tinha, o que está acontecendo? As pessoas montam espetáculos já pensando em invadir a escola, em vender o espetáculo para a escola, você passa nos teatro e não vê um cartaz, você vê duzentos ônibus parados na porta e titias levando meninos para dentro do teatro, parece que estão levando para masmorra, os meninos constrangidos chegam lá para assistir coisas que cansaram de assistir na televisão, uma macaquice, um negócio esquisito. Alguma coisa está acontecendo e quem faz teatro tem que olhar isso, se não qualquer dia nós vamos fazer teatro para meia dúzia de pessoas em um porão, aplaudindo com as unhas, que é para não fazer barulho para o camarada que está ali em cima e não quer nem ouvir falar de teatro.

Gostaria de saber se o grupo tem preferência por determinado tipo de espaço de apresentação.

Hugo – Isso aqui em Goiás é complicado. Como eu disse para você, aqui em Goiânia nós tínhamos três teatros. Agora temos um, na verdade dois, mas um deles não conta porque é impraticável. Tem também o Teatro Ouro, que era um cinema pequeníssimo que agora se transformou em teatro. Nós não temos espaço, então sempre quando a gente quer apresentar um espetáculo não temos muitas possibilidades, ou é uma sala, um cinema velho, às vezes nem isso, você não pode contar com iluminação e dispositivos que favoreçam a sua linguagem, você tem que levar seu próprio refletor nas costas, muitas vezes você tem que sair pelos vizinhos catando cadeiras, tem que limpar o espaço... é a situação do teatro no interior do Brasil. Quais são os municípios no interior do Brasil que têm um teatro disponível para as apresentações dos teatros mambembes? Não têm, é muito difícil. Hoje a gente se apresenta no Cine Ouro e eventualmente no Teatro Goiânia. Então você tem que ter um espetáculo que possa ir para o palco italiano, com todos os dispositivos, e também para uma quadra de esportes ou um colégio qualquer. Cenário você não pode levar, porque se você alugar um caminhão para levar o seu cenário, você depois não paga os atores. Já se pensa no espetáculo empobrecendo o espetáculo, é isso que acontece com a gente que faz teatro no interior do país. "Vamos montar um espetáculo?" – "Não pode passar de cinco atores, viu?" ou "Não pode passar de três", então tem que procurar uma peça com três personagens. "Ah, não pode fazer um cenário que pesa mais de cinco quilos porque eu não dou conta de carregar!", "Não pode fazer um cenário muito grande, porque não cabe na Kombi e o frete da Kombi é"... Isso não é fazer teatro! Você acaba criando uma linguagem de acordo com os recursos que você tem.

Para finalizar, eu gostaria que você falasse um pouco sobre o que você enxerga de diferente nesse teatro feito por grupo, se é pertinente distingui-lo de outros "tipos" de teatro...

Hugo – Eu pessoalmente acho que não existe teatro, existem teatros. Todas essas experiências diversas. É isso que faz do teatro essa coisa linda e gostosa que ele é. O que precisamos é que as pessoas não tenham tantos preconceitos, elas precisam estar abertas, o teatro é como música, tem gente que gosta de jazz, tem gente que gosta de samba, entende como é que é? Agora isso é coisa de "intelectualóide" de universidade, esses babacas que fazem doutorado na marra e vem não sei de onde com um mundo de teorias idiotas e estão tirando o teatro do povo, é isso que está acontecendo. Por que não se pensa nos teatros? Qualquer um, um grupo lá de não sei onde reúne três pessoas, pega um texto muito mal escrito e monta em cima de uma pedra qualquer e reúne meia dúzia de pessoas – estão fazendo teatro! Isso é importante, isso é cultura, entende? Não é só aquele grupo que fica encerrado em um quarto ou sei lá, trabalhando e pesquisando para levar aquelas coisas "interessantíssimas" para o palco. Teatro é qualquer coisa que tenha uma ideologia do teatro. Pode ser feito por analfabeto, por letrado, mas se reuniu mais de uma ou duas pessoas para assistir, passou uma mensagem, levou aquelas pessoas para refletir sobre alguma coisa ou se agradarem, se emocionarem: é teatro. Uma história bem contada em cima de um palco é teatro. Então temos que parar com isso, a preocupação não deve estar com a linguagem. Quem hoje leva mais gente ao teatro aqui é uma dupla chamada Nilton Pinto e Tom Carvalho que repetem no palco as piadas que eles ouvem no boteco e todo mundo diz "ah, mas isso não é..." - é teatro! O povo está ali e ouve o que eles dizem. Se eles tem que melhorar aquilo é outra questão. Pode-se sim discutir a questão ideológica da coisa, como esse teatro de escola que eu estava falando, que eu acho perigoso, porque com o teatro o que eles estão fazendo eles envolvem um público que está nascendo agora, que está tendo seu primeiro olhar em cima da arte, então não pode ver essas coisas da televisão no palco, essa ideologia caça-níquel. E o que eu não quero ver eu não vejo, minha bunda dói de ficar sentado ali, minha alma dói, então não vou ver, mas eu não desclassificá-lo por causa disso, ele está ali porque tem gente para ver. Tem gente que vai ao teatro para subir no palco e para o ator fazer alguma brincadeira com ele, tem pessoas que são tímidas e já perguntam na portaria se os atores mexem com a plateia. Então tem de tudo, tem pessoas que vão a um espetáculo em que se faz alguma piada de religião e ficam agredidas porque falaram do deus delas, e tem outras pessoas que adoram isso. Teatro tem para todos, tem para todo mundo.

CIA. DE TEATRO NU ESCURO
Entrevista com Hélio Fróes, Izabela Nascente e Lázaro Tuim

Concedida a Adriana Patrícia dos Santos.
Em dezembro de 2007, na sede do grupo, Goiânia GO

Gostaria que vocês falassem um pouco sobre o histórico do grupo – quando surgiu, enfim, a trajetória do grupo.

Hélio - O grupo veio de um curso livre que era dado na antiga Escola Técnica Federal de Goiás (hoje CEFET), lá cada um fazia seu curso e paralelamente tinha o curso livre de teatro que a gente fazia. Esse curso não tinha o intuito de formar atores, era mais para conhecer teatro, então o pessoal entrava por diversos motivos – para arrumar uma namorada, para deixar de ser tímido. Mas era um curso de longo prazo, no primeiro ano você fazia iniciação, no segundo era intermediário, no terceiro ano se formavam núcleos de teatro. A gente foi passando por esse processo e formamos um núcleo que tinha o nome bem adolescente de *Castigando Falo*.

E isso foi quando?

Hélio – De 92 até 96, que foi a duração dessas oficinas até a formatação desse grupo chamado *Castigando Falo*. Em 96, fizemos um espetáculo chamado *Language* dirigido pelo professor Sandro de Lima e fomos para Santos participar em um festival chamado Porto Cultural. Foi um fracasso total, todos os debatedores criticaram muito o espetáculo, aquela coisa toda, até o diretor falou mal do espetáculo. (Risos). E então as pessoas que não estavam a fim de fazer teatro e já estavam se formando em seus cursos, saíram nesse momento, o grupo se desestruturou e acabou. Era um grupo de vinte pessoas, era uma coisa de colégio. Desses vinte, cinco continuaram e fundaram um trabalho independente da escola técnica, pensando em um caráter mais profissional, mais desvinculado, tentando andar com pernas próprias, sem o apoio da escola técnica, que antes nos dava toda a estrutura (cenário, figurino, o teatro, luz, ônibus para festival) e, assim, fundamos o *Nu Escuro*. No primeiro trabalho do grupo quisemos algo com mais caráter de estudo, querendo, claro, que o espetáculo ficasse ótimo, mas tinha um caráter de estudo (a gente pesquisava dramaturgia, encenação e direção).

Independente se vocês fossem produzir um espetáculo ou não?

Hélio – Não, a gente tinha o foco do espetáculo, era um trabalho que já vinha do *Castigando Falo*, que demos continuidade. Chamava *Três por três*, por que a gente dividiu o grupo em três pequenos núcleos que estudavam a dramaturgia, a encenação (o ator) e a direção e trabalhávamos essas questões em cima de três dramaturgos brasileiros contemporâneos, que eram Nelson Rodrigues, Ariano Suassuna e Jorge de Andrade. Então em 96 fundamos o grupo e em 97 estreamos esse primeiro espetáculo. Em 98 a gente começou a usar a rua em um espetáculo chamado *Lá Vai o Rio!* que falava da questão ambiental, que era uma encomenda de uma empresa. O grupo se manteve muito no início com peças para empresas, paralelo ao nosso trabalho, para se manter, chegamos a montar mais de vinte peças para empresas. Uma dessas peças foi *Lá Vai o Rio!* que teve um melhor acabamento e que falamos :"Não, esse aqui a gente apresenta para o público, porque não tem um caráter só empresarial ou educativo", achávamos que dava para dialogar com a sociedade. Foi o primeiro trabalho de rua. Logo em seguida, a Izabela entrou no grupo e o Sandro parou de trabalhar com a gente, pois mudou de área, foi para a política, daí o grupo quase acabou, éramos muito novos, sentíamos que ainda não tínhamos capacidade de organizar e liderar um grupo. Foi quando fizemos um trabalho em parceria com o Reginaldo Saddi e nos reerguemos com bem mais força. Começamos a estudar música também, porque o Reginaldo é músico e trouxe a música para dentro do grupo – a gente montou *Seu Palácio Conta Estórias*, *Carro Caído* e *Melodia Parati*, além do *Recital Chiquinha Gonzaga* e outras coisas paralelas. Depois disso tudo, o Reginaldo saiu, nós nos reorganizamos mais maduros, tentamos uma direção coletiva e você já deve imaginar o resultado. Eram quadros, a gente tentava dirigir cada um seu próprio quadro ou dirigir o quadro do outro, fizemos um espetáculo formado por vários pequenos quadros que se chamava *Acústico*. Apesar de não termos gostado muito da qualidade, o *Acústico* foi muito bom para o grupo, porque conseguimos nos subsidiar com esses pequenos quadros, a gente conseguia circular de novo nas empresas com esses quadros de humor.

Izabela – É. Não foi um espetáculo totalmente ruim, durante algum tempo sustentou a companhia. Como era formado por quadros, não tinha uma boa estrutura dramática, não era bom com todos os quadros juntos. Agora, os quadros separados foram um grande achado nosso. Você monta um espetáculo de uma ou duas horas, mas você também tem a opção de vender um produto menor.

Hélio – E eram quadros de humor, e o humor sempre esteve muito presente no grupo, às vezes mais sutil, às vezes mais forte. Nesse período já estávamos com sede também, abrimos a sede em 99, então tínhamos aluguel para pagar, essas questões todas. Outra coisa que também manteve o grupo nesse período foi festa, fizemos muita festa no outro espaço, que era um espaço bem central. Quase que a gente para de fazer teatro e vai fazer festa que dava muito mais dinheiro (Risos). E fazia muito sucesso as nossas festas. Logo depois disso, eu saí do elenco e dirigi *O Cabra que Matou as Cabras* que de novo veio para nos reestruturar, porque a gente veio desse outro trabalho, que apesar de ter dado bons resultados, achávamos que ele não tinha o acabamento que queríamos ter. No *O Cabra que Matou as Cabra,s* a gente decidiu o que queria fazer, nos reunimos, nos organizamos, nos reestruturamos em cima do grupo mesmo, tanto é que tiveram várias estreias nos papéis dentro do grupo – eu estreei como diretor geral, a Izabela fazendo boneco e figurino, a Mara Nunes fazendo cenário, Sérgio Pato, que é um parceiro nosso percursionista, fazendo direção musical. Então foi uma série de estreias que culminou nesse espetáculo que foi bem a nossa cara, com toda essa pesquisa da rua, do circo, da música, do boneco. Criamos também muito em cima do conceito de cultura popular e de rua que é muito forte, Mikhail Bakhtin, todas estas questões. Paralelo ao *Cabra*, mais ou menos junto, teve um trabalho de pesquisa de bonecos, de um surgiu um espetáculo menor, de meia hora. Começamos um trabalho onde o boneco foi saindo de uma coisa figurativa dentro do espetáculo para elemento principal, onde os atores estavam em função dos bonecos e não o contrário. Começou como *Vila Mariote* e depois virou um trabalho maior que se chama *Envelopes*, os dois dirigidos pela Izabela. O boneco trouxe uma coisa legal para o nosso trabalho de ator que é essa precisão que ele exige, eram três pessoas manipulando um boneco, tinha a questão da luz, a precisão do tempo, coisa que a música já trazia pra gente, então trouxemos para o boneco a questão do ritmo que trabalhávamos, tivemos também um crescimento muito grande no acabamento e limpeza de cena. No *Envelopes* montamos uma oficina curta, também voltada para essa questão de música, rua, cultura popular.

Izabela- E é uma adaptação da literatura brasileira também.

Hélio – É, muitos trabalhos nossos são adaptações de literatura. O mais recente é *O Alienista*, do Machado de Assis. Quando o grupo completou dez anos, em 2006, estreamos esse espetáculo e o foco do trabalho foi aprofundar o trabalho do ator, "Dez anos! Vamos fazer um trabalho que exija da gente". Então pegamos um clássico da literatura, *O Alienista*, por todas as questões que ele aborda, a loucura, a normalidade, o padrão, o que é certo, o que é errado, questões que o Machado de Assis coloca nesse texto. Aí a gente viu também uma possibilidade, além da ideológica e dramatúrgica do "o que vamos falar?", de construir esteticamente o que o mote da loucura traz para o espetáculo, de poder brincar com a estética do espetáculo. Isso foi ano passado, esse ano a gente não montou nada, o Tuim dirigiu um espetáculo de dança em outro grupo, *Grupo Solo*, onde todo mundo do grupo acabou dando suporte com cenário, figurino, dramaturgia, trabalhamos em conjunto com esse grupo de dança, o espetáculo chama *Hoje é domingo*. Transformamos o trabalho de bonecos, *Envelopes*, em um curta digital, escrevemos um roteiro e esse roteiro foi premiado, então recebemos uma verba e ele virou um curta que se chama *Sob a Terra Vermelha*.

Vocês que produziram?

Hélio – Sim, do projeto à produção executiva, direção de arte. A direção geral foi feita por uma pessoa que não é diretamente do grupo, mas ela esteve sempre como parceira nos nossos últimos espetáculos, fazendo figurino, cenário. Ela é formada em cinema e trabalhou muito com direção de arte e tudo mais, então ela fez a direção geral desse filme e a Izabela que tinha feito a direção do *Envelopes* fez a direção de arte. A gente fez mais produção, atuamos pouco, até por características de personagens, que eram mais velhos, então só fizemos pontas. E, nesse ano também, teve um investimento forte de projetar o grupo para fora, começar a fazer contatos. A gente participou bastante em São Paulo, fizemos três cidades no interior (Guarulhos, Caraguatatuba e Americana) e na capital fizemos uma temporada de três semanas com o intuito de dialogar mesmo com a cidade de São Paulo, "vamos divulgar o nosso grupo, vamos fazer intercâmbio com grupos de lá e tal". Então, durante as três semanas da temporada, a gente ia praticamente cada dia a uma sede de um grupo diferente e ia também ao SESC, que é uma possibilidade de manutenção financeira do grupo. Então foram três semanas de muito trabalho, visitando tanto essa parte mais comercial, que é a coisa do SESC, de vendas, de a gente voltar com mais estrutura e tudo mais, mas principalmente voltados para esse diálogo com os grupos, como parcerias mesmo, de linguagem, de intercâmbio, pensando em quem a gente pode trazer aqui pra Goiânia, quem pode levar a gente para lá, trabalhos em conjunto, convidar profissionais da área de dramaturgia ou de direção.

Então é o mesmo núcleo que se mantêm desde a formação do grupo?

Izabela – O núcleo como está agora tem seis anos, são seis pessoas. A gente também convida outros atores de Goiânia quando o texto demanda.

E vocês sempre partem de um texto na construção dos espetáculos?

Hugo – Não, depende muito do que a gente quer fazer, que diálogos a gente quer construir com a cidade, o que queremos dizer, quais os questionamentos estão nos martirizando, o que queremos colocar para fora, isso é o mote principal. As vezes alguma coisa da literatura reflete isso que estamos a fim de dizer, outras vezes construímos a dramaturgia, como foi o caso do *Envelopes*, onde queríamos muito falar dos personagens urbanos e passamos por toda uma pesquisa da formação da cidade de Goiânia e tudo mais.

Izabela – Acho que por isso o *Acústico* não deu tão certo dramaturgicamente, foi bem quando montamos a sede, de repente vimos o tanto de coisa que a gente tinha guardado (discos, figurinos) e partimos dessas coisas, por isso não teve uma estrutura dramática tão reforçada, tão forte.

Hélio – É de construirmos a sede era aquela loucura, quando ia apresentar pegava figurino na casa de um, cenário na casa de outro. A sede conseguiu nos organizar, melhorou muito o nosso trabalho, e também não tinha mais essa limitação de ensaio.

Eu gostaria de saber se vocês conseguem definir características específicas para esse ator que trabalha no grupo, de acordo com esse tempo de pesquisa, com as influências.

Izabela – Acho que a nossa formação dentro de uma escola que possibilitava mesmo estar investigando o teatro, deu uma característica forte para o grupo, conseguimos transitar bem em todas as áreas (na produção, na parte artística) além de ser ator. Então a característica forte da companhia é a produção que ela faz também, a produção tanto do produto cultural quanto a produção do espetáculo mesmo. Também estamos sempre investigando a música, o circo e os bonecos; no palco você sempre vê o ator trabalhando com esses três elementos, em uns espetáculos mais, outros menos. E também o Reginaldo, que trabalhou muito teatro de rua com a gente, tinha uma característica muito carnavalesca, então acho que essa também é a nossa característica na rua, a representação é muito aberta, sempre provocando o público, não só contando a história.

Hélio – Como viemos de um curso livre da escola técnica, que tinha todo um teatro a disposição, onde a gente ensaiava e normalmente tinha mais gente na plateia do que no palco - por que quando tinha um grupo de vinte estudantes no palco, tinha cem ou cinquenta na plateia assistindo e isso era muito rico. Então essa questão de se comunicar com a plateia é uma coisa que está na nossa origem, gostamos muito de dialogar com a plateia, quebrar com a quarta parede, acho que é uma característica forte. E essas pesquisas de linguagem que hoje culminam no boneco, no circo – cada vez menos porque estamos mais velhos, cansados de pular um nas costas do outro (risos). Brincadeira, estou exagerando – tem a questão do palhaço que é forte também. A intenção do grupo é estar sempre pesquisando. Essas linguagens são mais fortes nesse momento porque os espetáculos que trabalhamos acabaram levando para isso, mas não quer dizer também que daqui para a frente a gente não vá trabalhar com outras linguagens, não vá trabalhar com o vídeo ou de outras formas.

Izabela – E a gente tem uma série de agregados também, pessoas que acompanham os nossos trabalhos, dão suporte e nos ajudam, cada pessoa que chega já traz uma coisa nova. Acho que o barato da companhia é sempre estar investigando linguagens mesmo.

Hélio – Pensamos muito no público. Uma questão que nos colocavam quando a gente foi para rua, tanto o Sandro quanto o Reginaldo, que foram as pessoas que trabalharam com a gente nesse sentido, era de chegar a esse público flutuante e trazê-lo para dentro do espetáculo. Então nos nossos espetáculos trabalhamos muito trazer surpresas para o público no sentido de linguagem mesmo – está vindo uma cena, da cena vem uma música, da música aparece o boneco, do boneco volta pro texto, do texto, de repente, vem um número de circo – construir um dinamismo de linguagem. Eu acho que o ator que está a fim de investigar que é a cara do ator do *Nu Escuro*, que está a fim de trabalhar, ensaiar muito, acho que é isso.

Como vocês abordam a função do ator dentro do grupo?

Izabela – É uma companhia de atores, não temos um diretor fixo dentro do grupo.

Hélio – Funcionamos em forma de cooperativa, nós somos atores, mas, antes de tudo, somos integrantes de um grupo de teatro e se a gente tiver que assumir outras funções dentro do grupo, temos que estudar e ter bagagem pra isso, como produzir.

Como se dão as funções dentro do grupo? Todo mundo faz tudo?

Hélio – Não. Primeiro assim, a parte administrativa do grupo são três pessoas (Izabela, eu e Tuim), essa parte organiza e resolve.

Tuim –Isso é assim hoje. Acontece que eram sete pessoas na companhia, das sete uma está de licença por motivos particulares e outra, que era administradora do grupo, uma pessoa formada em administração, que fazia essa parte de produção e que ajudou muito nessa questão, hoje não está mais na companhia, mas sempre dá um suporte, tira algumas dúvidas. Então agora, dos cinco que sobraram, três assumem a produção. Quando estamos montando um espetáculo, nas funções específicas do espetáculo, a gente vai dividindo as tarefas, de acordo também com a formação individual de cada um, todos tem curso superior e não só em teatro, alguns são formados em Artes Cênicas, outro em Educação Física, outro em Comunicação Social, outro em História. Agora quando a gente vai montar um espetáculo, a produção mesmo, desde a produção executiva até a produção de cena e a produção de fazer compras hoje está centrada em três pessoas. Mas, têm também as outras funções, como a Izabela, que além de ser atriz, tem espetáculo que ela faz figurino, tem espetáculo que ela faz cenário, o Hélio dirige, escreve textos junto com o Abílio Carrascal, então nós vamos dividindo. E, como a Izabela já falou também, nós temos um time de agregados, uma galera que nos dá suporte, por exemplo, a menina que faz assessoria de imprensa hoje está desde o começo com a gente, o rapaz que fez a logomarca também está com a gente desde lá da escola técnica.

Hélio – Ele criou desde a logomarca até o último cartaz. Então tem o nosso designer, a nossa assessora de imprensa, o nosso iluminador que é o Junior de Oliveira.

Tuim – Tem o Bruno Garaju que faz a contrarregragem, e que é formado dentro da escola técnica também. Pessoas que estão com a gente desde a escola técnica, próximos, amigos.

Hélio – É, é engraçado que é muito forte esse vínculo com a escola técnica, até o pessoal que documenta em vídeo é da escola técnica. De lá veio uma patota muito forte, todos muito amigos, hoje somos nós que estamos aqui no palco e segurando o rojão no dia-a-dia, mas sempre que eles podem estão aqui. Por exemplo, acabamos de chegar de viagem e temos que fazer um "faxinão", então com certeza nós vamos chamá-los para capinar esse lote aqui, arrumar a casa (risos). Bem para essas coisas mais caseiras e usuais. Tem essa relação de amizade e afetividade muito forte e a relação profissional, porque são excelentes profissionais em cada área, trabalham com a gente não só porque é uma coisa entre amigos e tal, mas porque eles são bons profissionais e são parceiros que vêm da mesma origem.

Izabela – E são pessoas que desenvolveram o trabalho junto ao teatro acompanhando a gente.

Então desde o início vocês têm registros (imagem, vídeo, material de imprensa) do trabalho do grupo?

Hélio – Temos quase tudo documentado em vídeo, foto tem de todos os espetáculo, há muita coisa que temos, mas não sabemos onde está (risos), mas temos a documentação inteira do grupo.

A maioria desses materiais foi produzida por esse rapaz que acompanha vocês?

Hélio – A maioria. Tanto é assim, que ele trabalhou no filme com a gente também, trabalhou como diretor de fotografia. E ele produziu junto com a gente três documentários, que foi *Um Cabra Nu Escuro*, que documentou quando fomos fazer a primeira leitura do texto do espetáculo, o processo de montagem e a estreia, então temos tudo documentado de *O Cabra que Matou as Cabras*.

E a finalização do documentário passou pelo aval de vocês?

Hélio – Passou, passou. A gente estava na edição junto com ele, há uma relação forte de confiança de um com o outro. Ah! Tem também o *Todo Mundo Nu* que fala dos dez anos do grupo, onde ele pegou todo nosso arquivo e tem imagens de todos os espetáculos. Esses documentários são curtos, de oito ou nove minutos cada um, bem dinâmicos.

Izabela – Esse material foi colocado no *You Tube* para quem quiser ver, na página tem o *link* também.

Hélio – O endereço é www.nuescuro.com.br,

Vocês têm também propostas pedagógicas, e oferecem oficinas?

Izabela – Trabalhamos com cursos livres, geralmente quando estamos com um espetáculo. Não trabalhamos com formação.

Hélio – São cursos menores. Um exemplo bem objetivo: o *Envelopes*, com a linguagem dos bonecos onde a Izabela tem um estudo mais aprofundado e já tem essa bagagem. Então existe um formato de oficina que trabalha essa linguagem específica. No *O Cabra que Matou as Cabras* estudamos a cultura popular, a carnavalização, Mikhail Bakhtin, a questão do palhaço também, então a gente fez uma oficina voltada para isso. Da bagagem que a gente constrói com o espetáculo geralmente aparece uma oficina, uma coisa curta, de poucos dias, mais para trocar uma experiência com outros atores...

São sempre voltadas para atores? Vocês nunca dão oficinas para não atores?

Hélio – Trabalhamos também com não atores, mas com essa ideia de uma pequena apresentação e como é rápido, de uma semana no máximo, não temos essa pretensão de formação. Apesar de que o grupo tem professores, professores que trabalham não na companhia, mas dando aula fora, tem o Abílio que dá aula na universidade federal no curso de Artes Cênicas e tem a Adriana Brito que é professora do curso técnico aqui de Goiânia.

Vocês consideram que têm um público específico do *Nu Escuro*, um público que sempre assiste aos espetáculos do grupo?

Hélio – Aqui em Goiânia a gente tem uma torcida organizada sim, a gente apresenta a uns fiéis que estão sempre lá e tal, é bem bacana.

São pessoas de teatro também?

Hélio – Não, não. Claro que têm os amigos, mas ultimamente, nesses últimos trabalhos, tem um público muito grande que surgiu, que a gente não conhece, não sabe de onde veio e que chama mais gente. E isso é muito bacana, é o tipo de público que eu imagino que cada vez mais queremos conquistar, que é esse público que vem, assiste ao espetáculo, gosta do espetáculo e vai acompanhando. Tanto é que para ir para São Paulo a gente fez uma temporada aqui para levantar dinheiro, e conseguimos o dinheiro com bilheteria, lotamos duas vezes com um espetáculo antigo e foi uma coisa que não esperávamos, um público tão grande nos dois dias, casa cheia, casa lotada. Então existe um público que acompanha a gente.

Izabela – Também tem o público da rua, essa possibilidade que o teatro de rua te dá.

O espaço que predomina é o da rua? Vocês têm alguma preferência na escolha dos espaços ou isso se no processo do trabalho?

Hélio – No processo de montagem já sabemos onde apresentar, no começo a gente se pergunta "Onde vamos colocar esse espetáculo? Vamos fazer em um espaço alternativo, em um galpão, em um teatro, na rua?" E é no processo de pesquisa, quando a gente começa ensaiar com os atores para o espetáculo, que isso se define para gente, o espaço se define no processo de pesquisa. Mas, isso vem muito da origem do grupo mesmo, que veio da caixa italiana, do palco, mas o Reginaldo nos trouxe para fora logo no início, mostrando toda essa possibilidade da rua.

Tuim – Até mesmo quando começamos, tínhamos um palco, todo um teatro para trabalhar, mas fomos trabalhar com o Sandro di Lima, sobre o meio ambiente, com o *Lá Vai o Rio!* que era apresentado em escolas, praças, ginásios, sala de aula, teatro, e precisava de certa adaptabilidade. Apresentamos espetáculo dentro de museu também, então nos acostumamos a dinâmicas diferentes. Alguns espetáculos tivemos que apresentar em espaços determinados, "tem que fazer o espetáculo para tal espaço", em outros não, o espaço foi determinado pela pesquisa e pelo processo do espetáculo, mas depois a gente também adapta para onde precisa. Como a Izabela falou, só o nosso último espetáculo que a gente não consegue transitar entre a caixa e a rua, os outros a gente consegue, alguns com mais facilidade do que outros.

E não há uma preferência?

Tuim – Não. A gente gosta de investigar, ver quais são as diferenças, quais as particularidades, o que um espaço pode te oferecer. Aí, particularmente, tem espetáculos que eu prefiro fazer na rua, mas aí são questões individuais, de gosto.

Hélio – Eu dirigi dois espetáculos dentro da companhia, um que foi pensado para a rua e outro que foi pensado para a caixa. Quando eu estava dirigindo o de rua, várias vontades de coisas específicas da caixa foram surgindo e, desses anseios que não couberam dentro desse espetáculo de rua, veio o desejo do espetáculo de caixa, então uma coisa vai levando a outra. E tem isso, pensamos juntos "Nesse espetáculo vamos falar disso, então a gente faz isso no palco ou na rua? Com que público estamos querendo lidar? Como vamos fazer? O espetáculo vai conseguir vantagem na rua por isso, na caixa por aquilo".

Há muita troca entre vocês então. Toda decisão é muito discutida?

Hélio – É tudo em cooperativa. Quando entra esse processo de decisão do espetáculo, inclusive os agregados, estão juntos para decidir. A gente chama o máximo de gente possível para ver esse conceito inicial, para que essa ideia do que a gente quer colocar em cena seja bem amadurecida, com consistência, porque a intenção é sempre que seja um bom espetáculo, que seja uma coisa interessante e tudo mais, então temos muito diálogo dentro do grupo.

Gostaríamos que vocês falassem um pouco do que é ser um grupo hoje. O que é fazer teatro dessa forma?

Hélio – Tem sempre os dilemas financeiros que são muito pesados e muito fortes. O que tentamos fazer nos espetáculos que montamos, principalmente nos últimos, é primeiro partir do que ele quer construir de diálogo com o público montar esse espetáculo tentando ser o mais honesto possível conosco e com o público. Mas, depois disso tem uma parte de produção do espetáculo, em que temos que pegar esse espetáculo que está pronto e transformá-lo enquanto conceito e enquanto produto. Meter a mão na massa mesmo, correr atrás de produção, pensar também enquanto empresa. No primeiro momento tentamos nos preservar enquanto artistas, no que queremos enquanto artistas e nesse segundo momento, tentamos pensar enquanto empresários (em que perfil o espetáculo se encaixa, onde a gente pode vender, vamos levar para festivais, vamos fazer um projeto de circulação. E na companhia no dia-a-dia também, o máximo possível nos vemos como empresários, não no sentido pejorativo ou ruim, mas enquanto organização, enquanto estrutura de funcionamento mesmo, para ser uma coisa mais dinâmica, mais leve, para que nem nos roube tanto tempo mesmo, porque quanto mais organizados estivermos mais tempo teremos para poder trabalhar artisticamente os nossos espetáculos.

Tuim - Bom, hoje com quase doze anos do grupo, vemos que os anseios e as vontades nossas dentro do teatro foram se transformando, até mesmo com a maturidade que fomos adquirindo, alguns anseios foram superados outros se direcionaram a novos anseios. O que queremos é caminhar para um teatro como profissão, de nos estruturarmos com sustentabilidade. Há também algumas outras ações que a companhia desenvolve além de montar espetáculos, têm alguns festivais que a gente ajuda organizar e tenta aglutinar pessoas; festivais em comunidades específicas da cidade. É uma forma de ampliar o fazer teatral além do apresentar espetáculos dentro desse contexto em que estamos inseridos, para dialogar com outras cidades e ver quais são as diferenças e as igualdades que é fazer teatro em cada lugar do Brasil hoje.

Hélio – Sobre essa parte de sustentabilidade: ou a classe cresce em Goiânia ou fica muito difícil. Veja o que aconteceu aqui em Goiânia, com a *Quasar* (companhia de dança) que despontou e se estruturou em todo o cenário nacional. Sabe, eu acho que a *Quasar* foi exceção no Brasil, acho que os grupos que estão se destacando são de locais onde o teatro está mais consistente, mais forte no dia-a-dia dos vários grupos que estão se fazendo. O *Galpão*, fora do eixo Rio/São Paulo, estourou porque em Minas Gerais, pelo o que eu conheço, tem uma produção bem mais estruturada do que em Goiânia. Por isso trabalhamos muito com os outros grupos, tentando ao máximo ajudar uns aos outros e trabalhar conjuntamente desde espetáculos a ajudas específicas, parcerias de montagem, articulações políticas, fóruns de discussão das leis de cultura e os incentivos ao teatro. Isso tudo para pressionar mesmo as entidades governamentais que sempre tem uma visão muito fechada, restrita e limitada de cultura e de produção de cultura. Então eu acredito que Goiânia só vai produzir grupos que se destaquem e sejam reconhecidos nacionalmente, grupos que consigam estabelecer diálogo com os outros estados, quando a nossa cena teatral amadurecer, aí então isso vai surgir naturalmente.

Joinville - SC

DIONÍSIOS TEATRO
Questionário respondido pelo grupo

Como é a trajetória do grupo desde seu momento de fundação?

A Dionisos é uma companhia teatral fundada em 1997 que atua na área de produção cultural e de arte-educação construindo espetáculos de teatro que contribuam para a formação cultural de Santa Catarina e do Brasil. Desde a sua fundação, através de seus espetáculos, atingiu um público de mais de 500 mil pessoas. Atualmente, possui em seu repertório dez espetáculos teatrais, premiados em diversos festivais nacionais: *A Farsa do Mestre Pathelin; Amor por Anexins; Contando os Direitos da Criança e do Adolescente; Entardecer; Migrantes; Quem Canta um Conto Aumenta um Ponto;*

---

[26] Prêmio de Melhor Atriz de teatro de rua para Clarice Steil Siewert e Melhor Atriz Coadjuvante (Andréia Malena Rocha) no XIII Festival Nacional de Teatro de Guaçuí – ES; Prêmio Destaque de Intérprete para Andréia Malena Rocha no 5º. FENTEPIRA – Festival Nacional de Teatro de Piracicaba com a peça "Migrantes; Premiação: Melhor Atriz Coadjuvante (Andréia Malena Rocha), Melhor Iluminação (Hélio Muniz) e Melhor Cenário (O Grupo) no 37º. FENATA – Festival Nacional de Teatro de Ponta Grossa com o espetáculo *Migrantes;* Premiação: Melhor Ator (Eduardo Campos); Melhor Trilha Sonora (Andréia Malena Rocha e Vinícius Ferreira) no 33º FESTE – Festival de Teatro de Pindamonhangaba com o espetáculo *Amor por Anexins;* Premiação: 2º Melhor Espetáculo Adulto; Melhor Atriz Coadjuvante (Andréia Malena Rocha); Melhor Iluminação (Hélio Muniz), Prêmio de Pesquisa e Melhor Cenário no 32º FESTE – Festival de Teatro de Pindamonhangaba com o espetáculo *Migrantes;* Melhor Espetáculo para Crianças (*Babaiaga*) e Prêmio Especial de Maquiagem (*A Farsa do Mestre Pathelin*) no FETACAM – Festival de Teatro de Campo Mourão, no Paraná, com os espetáculos *Babaiaga* e *A Farsa do Mestre Pathelin;* Melhor Espetáculo, Melhor Ator (Eduardo Campos) e Melhor Atriz (Clarice Steil Siewert) no III Festival Nacional de Teatro de Rua Stênio Garcia em Espera Feliz / MG com o espetáculo *Amor por Anexins;* Prêmio de Melhor Atriz para Andréia Malena Rocha, Melhor Atriz Coadjuvante para Clarice Steil Siewert e Melhor Ator Coadjuvante para Eduardo Campos no II Festival de Teatro de Rua "Stênio Garcia", em Espera Feliz – MG, com a peça *A Farsa do Mestre Pathelin;* Melhor Atriz para Ilaine Melo no 33º Festival Nacional de Teatro em Ponta Grossa com o espetáculo *Babaiaga.*

Teatro Playback, Frankenstein – Medo de quem?, Encontros Populares e Lá na Lua. A Dionísios participou em diversos festivais de teatro no Brasil (SC, PR, RJ, MG e SP) e no exterior (Colômbia, México, Alemanha) recebendo indicações e prêmios em muitos deles[26]. Também participou do projeto Changing Horizons com o espetáculo "As muitas vidas da Família Turna", envolvendo grupos da Holanda, Nicarágua, Aruba e Brasil. O projeto culminou na apresentação da peça *As Muitas Vidas da Família Turna* no VII Congresso Mundial da Associação Internacional de Drama/Teatro e Educação em Belém – PA. Participamos ainda da 10ª Conferência Internacional de Teatro Playback em Frankfurt – Alemanha, ampliando os horizontes do fazer teatral. A Companhia já montou e produziu vários espetáculos, inclusive de outros grupos de Santa Catarina. Além de produzir e manter espetáculos em cartaz para a comunidade, a Dionisos Teatro também possui um trabalho bastante forte dentro de empresas e escolas. Ministra cursos de comunicação, contação de histórias e iniciação teatral para funcionários.

Como o grupo está estruturado? Quantos atores, técnicos e diretor (a) trabalham no coletivo?

Quatro atores (Andréia Malena Rocha, Clarice Steil Siewert, Eduardo Campos e Vinícius José Puhl Ferreira), um diretor (Silvestre Ferreira), e um assistente de produção, temos ainda outras funções (Manoella Carolina Rego). Trabalhamos com outros artistas que são envolvidos nas produções específicas.

De onde surge a criação dos espetáculos? De textos? De ideias do grupo?

No início da carreira da companhia, trabalhávamos com textos de dramaturgia tradicional como *Amor Por Anexins* em 1997, de Arthur Azevedo, *A farsa do Mestre Pathelin* em 2002, entre outros. Na medida em que o grupo foi amadurecendo, sentimos a necessidade de desenvolver um trabalho com temáticas e textos que dissessem mais a respeito do que o grupo queria dizer com seu trabalho. Surgiu aí, com *Napiti Ditemê* uma fase em que começamos a trabalhar uma dramaturgia de dentro da cena com atores criadores que desenvolviam uma dramaturgia própria. Nesta linha, construímos *Entardecer* em 2006, *Babaiaga* em 2005 em parceria com Ilaine Melo, *Migrantes* em 2007, *Frankenstein – Medo de Quem?*, em 2011, e o mais recente espetáculo *Lá na Lua*, cujas canções e histórias foram criadas totalmente por membros do grupo. As ideias destes espetáculos sempre partem de desejos individuais que são abraçados pelo grupo. Como em

Entardecer, quando Andréia Malena Rocha tinha um desejo antigo de trabalhar com velhos. É importante dizer que em todos estes trabalhos trazemos olhares externos que nos ajudam no processo criativo. Como, Lucas David nos figurinos, Lausivan Correa nas trilhas sonoras, Babaya do Grupo Galpão na preparação vocal, Osvaldo do XPTO na direção de *Frankenstein – Medo de Quem?*, Sabrina Lermen, na preparação corporal em mimeses para *Entardecer*, entre outros parceiros.

O grupo tem um tipo específico de ator, com características que definem a identidade do grupo? Vocês trabalho com processos de treinamento do ator?

O grupo nasceu com uma característica muito forte centrada na narrativa onde a palavra bem dita era um desafio constante. O que temos como trabalho de preparação do ator são atividades especificas para cada processo criativo. Quando em *Entardecer*, e certa maneira em *Migrantes*, investimos na Mimeses Corpórea como ferramenta de construção de personagens. É obvio que a cada trabalho nos deparamos com parceiros como Osvaldo Gabrieli, com seu método de construção tanto das máscaras quanto de construção de personagens muito peculiar, resultando em um espetáculo bastante lúdico e expressivo. O trabalho de Sabrina Lermen com a Mimeses ajudou de certa maneira o grupo a compreender mais profundamente a relação com o domínio do corpo em cena. Babaya com sua preparação vocal nos trouxe novas perspectivas quanto ao canto em cena. Já os trabalhos de prontidão para a cena são desenvolvidos conforme possibilidades de agenda e característica do espetáculo que está em cartaz em cada período específico de trabalho.

Vocês podem detalhar qual seria o eixo da pesquisa do grupo?

Nos últimos anos nossa pesquisa tem se voltado para as questões da memória como substrato de construção cênica. Podemos chamar de trilogia da memória, as peças *Entardecer*, *Migrantes*, e nossa pesquisa em "Teatro Playback" que culminou no projeto de pesquisa e mestrado de Clarice Steil Siewert e lançamento de um livro a partir de sua dissertação. Todos esses trabalhos têm em comum as narrativas pessoais como disparadores da cena. A partir de entrevistas, no caso de *Entardecer* e *Migrantes*, e como parte constituinte do espetáculo no caso do Teatro Playback. Nos trabalhos para crianças, tanto em *Babaiaga* quanto em *Frankenstein – Medo de Quem?*, partimos de histórias já conhecidas e a recontamos do nosso jeito. Dessa forma, a contação de histórias é bem presente para esses trabalhos. O espetáculo mais recente *Lá na Lua* é também um trabalho de contação de histórias, no qual o grupo encena histórias e músicas criadas pelos próprios performers. A música em cena também é um eixo da pesquisa do grupo, visto que os atores Andréia e Vinícius compõem músicas para os espetáculos, que cada vez mais têm contado com a inserção sonora criada de dentro da cena. Estes textos sobre nosso trabalho em *Migrantes* e *Entardecer* que constam do livro *Da Cena ao Texto – Dramaturgia da Dionisos Teatro*.

Vocês trabalham para algum tipo de espaço cênico específico? Quais tipos de espaço são mais habituais nas montagens do grupo? Vocês já sabem em que espaço vão apresentar quando estão criando o espetáculo? Já ensaiam nele?

Desde sua fundação, com apenas dois anos que nosso espaço foi os fundos da casa do diretor, nossa companhia tem sede própria. O fato de possuir este espaço nos proporciona uma mobilidade maior de conceber com calma nossos trabalhos. Uma das causas das escolhas estéticas da companhia não é consequentemente a falta de espaço para conceber, mas sim para apresentar nossos trabalhos. Neste sentido, alguns trabalhos já são concebidos para serem apresentados tanto em palco convencional quanto em espaços alternativos. No caso da *A Farsa do Mestre Pathelin* e *Amor por Anexins* foram espetáculos concebidos para teatros, pátios e galpões e acabaram migrando com algumas adaptações para os espaços da rua. Em *Amor Por Anexins* na sua segunda versão já foi totalmente pensado para ser apresentado na rua. A falta de espaços qualificados para apresentação de espetáculos determina de algum modo nossa estética. É claro que, em *Entardecer*, *Migrantes,* e principalmente em *Frankenstein – Medo de Quem?* concebemos os trabalhos para palcos à italiana e que necessitam de infraestrutura maior tanto para as apresentações quanto para o transporte dos cenários. Como temos repertório diversificado, podemos atender demandas de grandes festivais nacionais e internacionais quanto atender demandas de comunidades em municípios pequenos sem infraestrutura para a cena teatral. Isto nos coloca com possibilidade de diálogo e contaminação com vários públicos das cidades.

Vocês procuram um tipo de público em particular?

A Dionisos Teatro como companhia que se pretende viver do oficio não se desenha para um público específico, quer dialogar com a comunidade. Quer chegar tanto nos teatros quanto nos lugares onde o teatro ainda não chegou ou chega muito pouco. Neste sentido, como na resposta anterior nosso repertorio nos permite estar nas ruas, nas escolas, nas periferias, nas empresas, nas instituições e nos grandes teatros. A infância e adolescência sempre são um desafio na nossa trajetória, mas a maior parte do nosso repertorio é de público adulto.

O grupo tem como hábito registrar o trabalho? Como é feito esse registro? Por profissionais ou pelo próprio grupo? Existe um arquivo organizado?

Dentro do nosso site temos um blog com atualização permanente, onde publicamos o que estamos fazendo, os textos e pesquisas que construímos. Possuímos ainda dois livros: *Da Cena ao Texto – Dramaturgia da Dionisos Teatro*, com autoria da direção e do elenco da Dionisos e o livro da Clarice Steil Siewert *Nossas Histórias em Cena: Um Encontro com o Teatro Playback*. Atualmente, estamos desenvolvendo o projeto de um novo livro do grupo. No que se refere à imprensa, temos registros de mídia impressa, matérias de jornal, revistas, em pastas arquivadas. Nós nos organizamos para coletar este material e organizar. Em relação à pesquisa, as entrevistas para as peças de memórias têm registro em vídeo e anotações do grupo. Também registramos ensaios e montagens, mas isso depende do projeto. Se temos orçamento para registro fotográfico ou de vídeo. No processo usamos as tecnologias para salvar músicas ou cenas para depois poder consultar. As anotações sobre os processos são individuais.

Que critério vocês usam para selecionar as imagens representam o grupo e são utilizadas na divulgação? Isso fica mais perto do real ou da publicitária?

As imagens escolhidas para a divulgação da companhia são pensadas e criadas com a função de ser publicitarias, porém cuidamos para que as mesmas dialoguem essencialmente com a estética e a filosofia de cada trabalho construído. Neste quesito o trabalho de Ismael Ramos tem sido bastante continuo e interessante no que tange a construção de cartazes e peças, programas, panfletos que de algum modo reflitam a essência dos trabalhos. Nisto citamos o cartaz da peça *Entardecer*, ou da peça *Migrantes*, que constroem, junto com o espetáculo o imaginário da relação com o público e o trabalho.

Como é processo de produção para o grupo? Como o grupo se relaciona com as leis de incentivo à cultura e os diferentes tipos de fomento?

No inicio da carreira do grupo, as produções eram bancadas pelo próprio grupo, na medida que fomos construindo um currículo e que as políticas de editais e de fomento foram se consolidando, o grupo foi se qualificando para concorrer nestes veículos. Para um grupo de fora dos grandes eixos, foi bastante difícil começar um processo de ter projetos aprovados em editais de nível nacional. Principalmente pela falta de representatividade do Sul do Brasil nas bancas destes editais. Na medida em que os processos de democratização avançaram conseguimos obter alguns êxitos que nos fizeram ganhar editais importantes na consolidação de nosso repertorio. Ganhar o Prêmio Myriam Muniz, por exemplo, para montagem de *Entardecer* nos colocou numa situação em que podemos contratar profissionais que nos qualificaram para o trabalho. Para a montagem de um espetáculo cuja cenografia, figurinos, trilha sonora e iluminação são tão completos como em *Frankenstein – Medo de Quem?* só é possível quando há financiamento para a montagem. Outro aspecto importante foram os prêmios, tanto municipais quanto nacionais que nos permitiram circular com o repertorio. Acreditamos que os espetáculos amadurecem, é na estrada. Portanto, circular por cidades fora dos grandes eixos nos permitiram dialogar com novos públicos e novos espaços, enriquecendo-nos.

O grupo tem ou teve algum patrocínio permanente?

Não.

Como o grupo se mantém financeiramente? Vocês ministram oficinas? Em que circunstâncias?

Sim. Atualmente fazemos a direção permanente do Grupo de Teatro da Embraco. Já fizemos direção do grupo de teatro Bytes & Parafusos da Escola Técnica Tupy por quinze anos; Hot Potatos da Escola Internacional; Mascot do Colégio Tupy, todos da SOCIESC, Grupo de Teatro Duas Rodas. E já ministramos cursos livres semestrais na nossa sede. Ministramos oficinas para professores, funcionários e colaboradores. Além dos projetos artísticos pleiteados nos editas de cultura, temos um trabalho de apresentações em eventos de empresas que também nos dá sustentabilidade. São peças temáticas, palestras encenadas e intervenções que cumprem objetivos específicos nas organizações contratantes.
No que se referente às oficinas que o grupo ministra, vocês utilizam algum referencial teórico, vocês tem um projeto pedagógico?

Isto está direcionado para o teatro na educação. Tanto para a formação de professores, quanto de jovens atores, com o foco na arte educação. Trabalhamos com jogos teatrais. Já tivemos cursos temporários no nosso espaço. A Dionisos nasceu como um espaço cultural de oficinas para crianças e jovens, tanto na área do teatro, quanto na musicalização, artes visuais e dança, com diversos profissionais parceiros que davam aulas nesses espeço, num projeto chamado Vivenciando Artes. Quando no fim deste ciclo este espaço se fechou, optamos por continuarmos nosso trabalho de teatro na educação junto à Escola Técnica Tupy – da SOCIESC e em empresas. Tanto com trabalhos mais permanentes como a Embraco, que dura até hoje, quanto a Duas Rodas que durou alguns anos. Nos últimos anos a abrimos cursos de curta duração como uma espécie de cursos montagem em que os alunos passavam por um processo de construção de um pequeno espetáculo como exercício do fazer teatral. Devido a agenda de viagens do grupo, essas oficinas não se tornaram mais viáveis. Uma das vertentes atuais de formação da Dionisos é com o Teatro Playback. Já ministramos oficinas curtas em diversas oportunidades, mas também cursos mais extensos. Em 2013 desenvolvemos um curso de sessenta horas de formação em Teatro Playback para estudantes e comunidade de Florianópolis, dentro do CEART da UDESC em Florianópolis. Oferecemos também um curso de teatro playback na AMORABI – Associação de Moradores do Bairro Itinga. Este trabalho é resultado da experiência da Dionisos e do trabalho de mestrado e pesquisa da Clarice Steil Siewert. Estas oficinas já deram origem a outros grupos de Teatro Playback no estado de SC como o Libração, Abismo da AMORABI, FOFA de Florianópolis e Cia Cheios de Graça que experimentam o Clown Playback.

Vocês fazem parte de alguma organização ou movimento de teatro de grupo da cidade ou do país? Porque?

Sim, elas são: AJOTE – Associação Joinvilense de Teatro; FECATE – Federação Catarinense de Teatro e IPTN – International Playback Theater Network

Por que?

A Dionisos Teatro é sócia fundadora da AJOTE – Associação Joinvilense de Teatro. Foi essencial criar e fomentar este movimento para a consolidação das relações entre o teatro e a comunidade em Joinville. Nos relacionarmos com nossos pares nos fez de algum modo refletir e qualificar nossa pesquisa estética. Somos também, filiados a FECATE – Federação Catarinense de Teatro, além de participarmos ativamente dos congressos desta federação, este movimento nos proporciona encontro e parcerias pelas diversas cidades do estado. Somos também filiados ao IPTN (Rede Internacional de Teatro Playback). Este é um movimento mais recente, mas não menos importante, pois nos levou a trazer parceiros para a formação em Teatro Playback para o nosso grupo como Rea Dennis, Magda Miranda, Antonio Vitorino, Pauline Haackma. Também através dessa associação o grupo participou da 10ª. Conferência Internacional de Teatro Playback em Frankfurt. Estar em movimentos coletivos de teatro nos coloca numa sensação agradável de não estamos sozinhos na busca da subsistência do nosso trabalho.

Como o grupo definiria o Teatro de Grupo?

Para nós o teatro de grupo é uma questão de essência. A Dionísos Teatro se consolidou como coletivo na medida em que fixou um elenco e se colocou o desafio de viver do seu trabalho artístico. Conforme fomos amadurecendo juntos, nos identificamos cada vez mais com processos criativos em que de algum modo todos tem papeis que se complementam e dialogam. Mesmo tendo duas pessoas, Vinicius José Puhl Ferreira e Andreia Malena Rocha mais afinados com as questões musicais, todos interferem na criação de sonoridades. Desde as escolhas de novas montagens e destinos de nossa produção, tudo passa por discussões coletivas. O desafio de Manter um grupo de pessoas trabalhando juntas por tanto tempo só é realmente alcançado quando todos se sentem, como chamamos, atores criadores. Acreditamos que o caráter de teatro de grupo, também diz respeito a natureza não comercial do nosso repertorio. Cobramos por nosso trabalho e até fazemos alguns trabalhos para empresas e corporações, mas deixamos claros nossos limites, principalmente ao conteúdo com que diz respeito a ética em nossas produções.

Maceió – AL

ASSOCIAÇÃO TEATRAL JOANA GAJURU
Entrevista com Abides de Oliveira e Ane Oliva

Concedida a Ana Luiza Fortes Carvalho.
Em maio de 2007, no Centro Cultural São Paulo, durante a II Mostra
latino-americana de Teatro de Grupo

Eu gostaria de saber um pouco sobre o histórico do grupo, como começou.

Abides de Oliveira - O grupo tem doze anos, foi formado em janeiro de 1995. Como ele surgiu: parte dos atores participou em 1994 de uma oficina com o *Grupo Imbuaça*, grupo de teatro de rua do Sergipe. Os que não fizeram essa oficina eram alunos que estavam se formando no curso de formação do ator da Universidade Federal de Alagoas, que não é um curso de nível superior. Todos eles tinham um desejo muito forte de criar um grupo. Quatro ou cinco dos atores tinham vindo dessa experiência do teatro de rua e queriam montar algo nesse sentido. Foram oito atores que formaram o grupo, eu sou um dos fundadores. Atualmente, só permaneceram três dos fundadores e o grupo tem de treze a quatorze integrantes. Nenhum dos fundadores permaneceu no grupo durante os seus doze anos de existência. Eu, por exemplo, entrei em 95 e sai em 97, voltei no final do ano passado e por coincidência os demais fundadores também voltaram nessa mesma época. O nome do grupo é *Associação Teatral Joana Gajuru* para homenagear a figura de Joana Gajuru que foi a primeira mulher de Alagoas a comandar um Guerreiro, que é um folguedo do folclore de Alagoas, em uma época em que só os homens comandavam. Ela viveu quase cento e vinte anos, e destes, quase oitenta foram dedicados a comandar o Guerreiro. O grupo em todos os espetáculos montados até agora sempre buscou elementos da cultura popular de Alagoas e do Nordeste, do folclore nordestino como um todo. Qualquer história que a gente queira montar, pode ser até um clássico, vai ter presentes esse elementos. Nós nunca montamos um clássico, mas se montarmos vai ter essa identidade do grupo. O nosso primeiro espetáculo, o que vamos apresentar aqui na Mostra, é de 1995 e se chama *Uma Canção de Guerreiro no Chumbrego da Orgia*, e trata especificamente desse universo do Guerreiro. Nós não mostramos o Guerreiro em si, mas a gente dança passos de Guerreiro, canta as músicas e usa algumas cores do Guerreiro, foi realmente uma homenagem a esse folguedo e à Joana Gajuru. Todo o texto do espetáculo foi montado com base na literatura de cordel. A primeira que utilizamos foi *A Chegada de Lampião e da Prostituta no Céu*, uma adaptação minha. Ao todo utilizamos três folhetos de literatura de cordel. Nas partes criadas por mim eu tentei ser fiel ao que é essa literatura. O grupo inteiro pesquisou muito em torno dessa temática e também dos elementos do Guerreiro, aprendemos os passos com um mestre tradicional de Guerreiro. A segunda parte é *O Malandro e a Graxeira no Chumbrego da Orgia*, que é um clássico do teatro de rua baseado na literatura de cordel, o *Imbuaça* já montou, a gente montou e alguns outros grupos do Nordeste também montaram. Recentemente nós fizemos um espetáculo para homenagear Joana Gajuru, partindo da sua história de vida, que se chama *Olê, Olê, Gajuru, O Guerreiro é Você!*, onde utilizamos ainda mais elementos autênticos do Guerreiro: as vestimentas, lutas de espada e outros. Hoje o grupo continua com a pesquisa sobre a cultura popular, nosso último espetáculo, *Baldroca*, é uma adaptação minha do conto "Corpo Fechado", do livro *Sagarana* de Guimarães Rosa. Nele utilizamos elementos do candomblé e outros elementos populares.

Como vocês recriam esses elementos na obra de vocês?

Abides - Nós recriamos totalmente para o teatro. Utilizamos esses elementos, mas com fins teatrais. A *Farinhada*, por exemplo, o texto original trata da opressão na Casa de Farinha, mas nós utilizamos apenas elementos pontuais desse contexto popular.

O grupo busca dar a esses elementos uma "cara" mais contemporânea ou se trata de um resgate dessa cultura popular de forma tradicional?

Abides - A gente resgata, sim, mas não reproduz exatamente como acontece. Mas, nos preocupamos em colocar os elementos de forma que seja possível identificá-los. Pode até ser que na forma como a gente mistura possa ficar algo mais contemporâneo, mas a gente preserva o máximo que pode o popular.

Qual o papel do ator na construção do espetáculo? E como se dá essa construção, de onde vocês partem?

Abides - Eu vou voltar à história do grupo para responder. O grupo é uma associação, então, não temos alguém que seja o cabeça, todos do grupo são associados e têm forças iguais de decisão. Quando vamos montar um espetáculo, todo mundo traz propostas e nós discutimos em torno dessas propostas para chegar a uma decisão coletiva.

Ane Oliva - As escolhas do que vai ser trabalhado vai realmente do que cada ator deseja. Alguém indica um material e nós começamos a discutir em torno dele, tentamos ver se é aquilo mesmo que queremos trabalhar naquele momento. Essa apresentação de temas já parte dos interesses de pesquisa do grupo. No nosso último espetáculo, por exemplo, que foi *Baldroca*, o desejo do grupo era voltar a trabalhar com teatro de rua, porque estávamos apresentando peças para o palco. E nós queríamos voltar para rua com a mesma dobradinha que fizemos no primeiro espetáculo que era o Abides na dramaturgia e o Lindolfo Amaral na direção. O texto que íamos trabalhar não sabíamos, o Lindolfo então sugeriu que nós fizéssemos um estudo da obra do Guimarães Rosa e a partir daí criar o espetáculo. Então o grupo começou uma pesquisa, se debruçou sobre a obra do Guimarães, assistiu palestras com professores de literatura e partir daí começamos a pensar que o texto dele se adequava com o que nós queríamos trabalhar naquele momento. Acabamos centrando no Sagarana e dentre os contos vimos no "Corpo Fechado" essa linguagem bem próxima do que a gente trabalha. O grupo tem como linguagem estética o regional, a cultura popular nordestina e alagoana. Estudando o Guimarães nos demos conta que a sua obra é muito próxima da cultura do nordeste. E em "Corpo Fechado" encontramos exatamente os elementos que queríamos trabalhar. Às vezes a sugestão de tema vem até de alguém de fora, mas que conhece ou convive com o grupo e sabe quais são os nossos interesses.

Depois da escolha do tema como ocorre a construção do espetáculo?

Abides - *Baldroca*, por exemplo, foi montado em nove meses, isso incluindo a pesquisa, a escolha do texto e o processo de montagem em si. Nesse tempo tivemos improvisações, trabalho de corpo, de voz, de dança afro.

Ane - Porque o espetáculo utilizou elementos da cultura afro, do candomblé, elementos da medicina popular. Aí depois dessa etapa de preparação entramos no processo de montagem cênica, de construção das personagens, sempre a partir do que o texto nos sugeria.

O treinamento de vocês é sempre a partir desses elementos populares, as danças, ou vocês buscam outras referências?

Ane - Nem sempre utilizamos essa referência do popular no processo de preparação, apesar dela fazer parte da nossa história e, portanto, estar de alguma forma permeando o trabalho. Mas, por exemplo, no espetáculo *Severino Gajuru*, os diretores, Eliézer Rolim e Telma César, no processo de montagem se deram conta da presença de algo ligado à energia dos chacras, então começamos um trabalho em cima do Tai-Chi-Chuan, para descobrir o tempo do Tai-Chi, que era o tempo que o texto pedia. Então não utilizamos necessariamente a técnica da cultura popular.

O treinamento de vocês está sempre voltado para a montagem?

Ane - Na maioria das vezes está voltado para uma montagem. Mas já aconteceu da gente começar a aprender alguma coisa que a princípio não ia ser utilizada em nenhum espetáculo, como quando o grupo fez uma oficina de perna de pau. Nós sentimos essa necessidade, por sermos um grupo de rua e assim outras técnicas foram apreendidas por causa de necessidades anteriores ao espetáculo que tinham a ver com o espaço que escolhemos trabalhar.

Abides - Em *Baldroca*, nós temos seis personagens, mas todos os atores envolvidos na montagem fizeram trabalho de corpo, psicofísico e todos passaram pela construção de personagens, mesmo os que não iam fazer nenhum dos personagens passaram por todos os personagens.

Como é a questão da direção? Vocês fazem um revezamento?

Abides - A cada espetáculo a gente trabalha com um diretor convidado diferente.

Ane - Queremos promover um intercâmbio artístico mesmo. A cada espetáculo chamamos um diretor diferente, um cenógrafo diferente, um figurinista, pessoas de outros estados, mas normalmente da região nordeste mesmo, porque já conhecem a nossa linguagem estética. Por exemplo, na *Farinhada*, tínhamos um diretor alagoano, um iluminador e um figurinista pernambucanos. Já tivemos um diretor da Paraíba. Esse intercâmbio é uma prática do grupo mesmo.

Vocês são um grupo formado essencialmente por atores?

Ane - Sim, somos um grupo de atores.

Abides - Alguns membros às vezes assumem outras funções. Eu, por exemplo, quase sempre me encarrego da dramaturgia e outras pessoas já dirigiram ou foram assistentes de direção. É raro, mas já aconteceu, em *Fome, Come, Baldroca* e alguns outros. No grupo, por ser uma associação de atores, todas as decisões são tomadas por todos, pela maioria. Se analisa, se debate e depois se faz uma votação para escolher o melhor caminho.

Ane - Normalmente a gente descobre com que profissional gostaríamos de trabalhar no próximo projeto. Em festivais, estudando os grupos de outros estados, aí conhece, troca figurinha e convida.

Vocês ministram algum tipo de oficina?

Ane - Sim, normalmente as oficinas que a gente faz têm foco no projeto que queremos desenvolver, com o objetivo de encontrar profissionais para trabalhar conosco. Por exemplo: vamos desenvolver um trabalho em que precisamos de atores com um determinado perfil, aí abrimos um oficinão e selecionamos a partir dali. Mas nós temos um projeto, financiado pelo Ministério da Cultura, que é um ponto de cultura dentro de uma comunidade lá de Maceió, onde trabalhamos a linguagem do teatro de rua com os jovens moradores. A Ivana é professora, eu coordeno o projeto e sou professora. É uma oficina mais permanente dentro desse projeto social.

São oficinas curtas ou longas?

Ane - Essa voltada para os atores tem duração curta e a da comunidade é um pouco mais longa, já estamos trabalhando nesse projeto há mais ou menos dois anos, mas as aulas em si começaram agora no início do ano. Essa comunidade fica em um bairro histórico de Maceió, que tem um acervo patrimonial muito grande, arquitetônico, histórico e ambiental. Nós desenvolvemos esse trabalho com o teatro de rua e vídeo-documentação, pensando na valorização desse patrimônio. Nas oficinas eles investigam, conhecem a comunidade, vão a lugares que muitas vezes eles desconhecem. Moram lá, mas não percebem determinado local. A gente quer mesmo partir desse olhar que passa a se voltar para o entorno, para o lugar onde o jovem está inserido e depois começamos o trabalho com o teatro e o vídeo pensando nesses valores.

Como é feita a questão do registro, vocês tem algum tipo de arquivo e alguém responsável por essa organização?

Ane - Essa preocupação está mais definida dentro do grupo nos últimos projetos. Hoje existe uma pessoa muito próxima do grupo que nos acompanha e registra os espetáculos em vídeo e fotografia. Antes disso contratávamos um profissional para cada montagem para registrar tanto os ensaios quanto o espetáculo, não existia uma pessoa específica responsável por essa área. Agora é que estamos com esse processo de formação de um arquivo mais organizado. Nós temos um site [www.joanagajuru.com.br], onde temos fotos e informações de todos os espetáculos, com o texto e falando um pouco sobre o processo de cada trabalho.

Como foi a escolha das fotos para o site, vocês acreditam que essas fotos representam a "cara" do grupo ou foi uma opção mais estética?

Ane - A cara do grupo, sim. Porque a cara do grupo está nos espetáculos e acreditamos que as fotos tenham que ter as duas coisas: tanto representar algo quanto apresentar qualidades enquanto imagem.

Vocês trabalham com teatro de rua e de palco?

Ane - Sim, a gente surgiu como teatro de rua, mas aos poucos começamos a sentir necessidade de conhecer outras linguagens do teatro, os outros espaços cênicos possíveis. O nosso primeiro espetáculo *Uma Canção de Guerreiro* é de rua e está em repertório desde 95. Em seguida veio *A Farinhada* que foi feito em palco. Depois voltamos para a rua com *Olê, Olê*. Depois para o palco novamente com um espetáculo infantil, em seguida fizemos outro de palco, dessa vez adulto, que foi *Severino Gajuru*, aí rua de novo com *Baldroca*. A gente vai intercalando, sentindo a vontade de cada projeto.

No caso dos espetáculos de palco o uso do espaço é sempre frontal?

Ane - Sim, sempre frontal.

Como essa questão do uso de diferentes espaços influencia a relação de vocês com o público? Vocês identificam públicos específicos para cada linguagem?

Ane - Ah, com certeza. No espetáculo de rua você se depara com todo tipo de pessoa, todo tipo de público e o próprio espetáculo acaba criando uma identificação com esse público variado. Os espetáculos de palco têm uma limitação nesse sentido. Para começar, você tem que pagar para entrar, embora a política do grupo seja a de tornar os preços acessíveis para que todos possam assistir aos espetáculos. Tem uma coisa muito legal que acontece por causa da fidelidade com a nossa linguagem, que são as pessoas já reconhecerem o trabalho do grupo, seja no palco ou na rua, percebendo todos os elementos que utilizamos sempre. Nós temos alguma coisa que identifica o grupo. Fazemos muitas apresentações no comércio de Maceió, por exemplo, apresentamos um espetáculo e dois meses depois voltamos com outro espetáculo nesse mesmo local, o pessoal nos identifica, não os atores, por causa da caracterização carregada, mas o grupo. Às vezes acontece desse público que nos vê na rua ir assistir nosso espetáculo de palco, se as temporadas coincidirem. Nós aproveitamos para divulgar o espetáculo de palco após a apresentação do de rua e muita gente vai assistir por ter se identificado com a linguagem do grupo.

A arrecadação da bilheteria tem alguma importância na manutenção do grupo?

Ane - De jeito nenhum! Vocês devem escutar isso de todos os grupos: não, nunca.

Como é, então, a manutenção financeira do grupo?

Ane - A nossa política é de que ninguém recebe cachê, vai tudo para a manutenção dos espetáculos. Os espetáculos são mantidos por outros espetáculos que são vendidos. E às vezes por editais, se não é edital, o produtor do grupo corre atrás de patrocínio com os empresários da cidade, que é muito difícil de conseguir, mas já aconteceu. Acho que essa irregularidade é bem comum na maioria dos grupos.

Você está a quanto tempo no grupo?

Ane - Onze anos. A maioria está nessa mesma faixa, só tem uma pessoa que é um pouco mais nova no grupo. São três os fundadores e o restante entrou um ou dois anos depois. Tem uma coisa bem marcante no grupo que é o fato de sermos todos da mesma época, desde o inicio do grupo conseguimos ter uma continuidade no trabalho dos atores. Outra característica é que a gente procura não deixar os espetáculos morrerem, *Uma Canção*, por exemplo, nasceu em 95 e nunca parou de ser apresentada. O último espetáculo nós apresentamos menos, mas já estamos retomando. Eles nunca são engavetados, só tem um que foi, por uma questão de estrutura, porque ele era muito grande. Mas, a gente procura mesmo quando estamos montando um novo, manter os antigos.

Natal – RN

CLOWNS DE SHAKESPEARE
Questionário respondido por Fernando Yamamoto,
diretor do grupo, em abril de 2010

Quais grupos de teatro na sua cidade existam a mais de três anos e mantêm um núcleo de formação inicial com no mínimo três integrantes?

Grupo de Teatro Clowns de Shakespeare, Grupo de Teatro Facetas, Mutretas e Outras Histórias, Grupo Estandarte de Teatro, Grupo de Teatro Alegria Alegria, Teart, Grupo Brincarte, Pessoal do Tarará (Mossoró), *Grupo Escarcéu* (Mossoró) e *A Máscara Cia. de Teatro* (Mossoró)

Quais entre estes grupos trabalham no sistema de igualdade de tarefas e benefícios?

Imagino que todos eles trabalhem sob essa perspectiva (ao menos ele consideram que sim), mesmo que a prática seja diversa.

Quais têm sede?

Clowns, Facetas, Teart. Os demais, não tenho conhecimento.

Cite três características que, segundo seu ponto de vista, definem o Teatro de Grupo.

Continuidade de integrantes, manutenção de repertório, espaço próprio, investigação de linguagem, perspectiva de formação (interna e externa).

Sobre o Processo Criativo. De onde parte a criação dos espetáculos do *Clowns*? Do texto, do ator, da improvisação, do espaço ou da direção? Existe interferências dos atores na criação dos espetáculos?

Em geral, do *amadurecimento* de um desejo que vai se constituindo no dia-a-dia do grupo. Isso também inclui a influência dos fatores externos, como textos que surgem para algum dos integrantes, oportunidades de trabalho, encontros que surgem para nós com profissionais. A dramaturgia sempre é um ponto de partida forte, seja quando trabalhamos com textos já existentes, seja com dramaturgia própria, criada em sala de ensaio. A pesquisa espacial é uma busca recente muito significativa que também vem norteando os processos. Os procedimentos criativos sempre têm extrema interferência não só dos atores, mas de todos os agentes do processo, como iluminador, figurinista. Trabalhamos com uma perspectiva que todos são igualmente criadores. O encenador nem é detentor de um poder criativo mais importante do que os demais, e nem se anula para apenas organizar o material criado pelos atores; todos têm o mesmo nível de expectativa e exigência propositivas.

O grupo busca um modelo específico de ator? Caso a resposta seja afirmativa, que características teria este ator?

De uma forma mais ampla, o que se deseja do ator nos *Clowns* é que ele tenha uma atitude propositiva, tanto na criação, quanto na representação política e na reflexão da sua existência enquanto ator, em um grupo, no Nordeste, no Brasil. Tecnicamente, dois aspectos são trabalhados intensivamente no grupo: investigação musical (canto e instrumento), e a construção de um estado presente de jogo. Esses dois aspectos acabam se confundindo, já que a relação de jogo cênico, na nossa poética, tem uma estrita afinidade com a musicalidade da cena.

O grupo ministra oficinas? Estes trabalhos são direcionados à comunidade em geral ou a atores e diretores? As oficinas buscam a formação atorial profissional?

Sim. Oferecermos oficinas de iniciação (à comunidade) e de aperfeiçoamento, de acordo com o lugar onde a oficina é ministrada. Nas duas formas, temos um direcionamento claro ao fomento do pensamento de grupo, criação sob uma perspectiva colaborativa, horizontalizada. Há um interesse maior nas oficinas voltadas aos profissionais, mas temos projetos de continuidade em cidades do interior do Rio Grande do Norte pelos quais temos grande apreço, e nessas cidades em geral a formação está ligada à iniciação.

São oficinas de curta ou longa duração? O grupo ministra cursos permanentes?

A duração média das oficinas é de vinte horas, que é um tempo mínimo para trabalharmos. Não temos cursos permanentes, mas temos tentado oferecer cada vez mais oficinas em Natal, já que em geral ministramos oficinas em outros estados, aliados a festivais que nos contratam ou projetos de circulação com atividades formativas, ou no interior.

De que forma são oferecidas estas oficinas?

O grupo desenvolve hoje três linhas de pesquisa pedagógica: a) Treinamento técnico e a construção do estado de jogo, voltado principalmente para atores; b) Música do corpo e a polifonia do ator, voltada para atores e músicos; e c) Gestão de grupo, direcionada não apenas para produtores/gestores, como para quaisquer integrantes de grupos de teatro (atores, diretores, etc.) que se interessem pela pesquisa da forma de funcionamento do grupo, relacionando a produção ao pensamento de grupo. Todas elas são formatadas e atualizadas a partir da própria prática do grupo, cada linha sendo objeto de pesquisa de um ou dois integrantes. Agora estamos começando a sistematizar nossos procedimentos de criação dramatúrgica e de encenação para uma prática pedagógica.

O Grupo considera que tem um projeto pedagógico?

Acreditamos que sim. Cada linha de pesquisa vem sendo constantemente refletida, sistematizada e reformatada. Como essas práticas pedagógicas estão em consonância com o trabalho artístico, isso acaba garantindo uma coerência entre conteúdo e forma destas práticas.

O Grupo utiliza algum referencial teórico para preparar seu trabalho pedagógico?

Sim, vários, de acordo com a linha de pesquisa. Os referenciais são, em geral, os mesmos que utilizamos para a nossa prática artística.

Quais as funções exercidas pelos membros do grupo no processo criativo? Elas são fixas ou podem variar de acordo com o projeto?

Sofrem ligeiras variações, de acordo com as especialidades dos integrantes. O ator Marco França, que também é músico, assina a direção musical dos espetáculos, alguns deles em parceria com outros profissionais. O mesmo ocorre com o diretor Fernando Yamamoto, que dirige só ou em parceria todos os espetáculos do atual repertório, e eventualmente atua e assina a cenografia (tem formação em arquitetura). Os demais são atores, e eventualmente aproximam-se de outras funções, como dramaturgia ou cenografia.

Como é a organização administrativa do grupo?

Após muitos anos desenvolvendo complexas estruturas organizacionais para a divisão de tarefas administrativas, acabamos encontrando um caminho natural que alia afinidade do integrante com a função (ou com a tarefa) e a necessidade. Há um ano temos um secretário contratado exclusivamente para essa função, e isso desafogou muito os artistas para o treinamento cotidiano. Hoje não temos funções muito definidas, apesar das designações administrativas de cada integrante dentro do grupo serem mais ou menos claras.

Os próprios atores desempenham também funções administrativas?

Hoje o nosso trabalho administrativo fica muito voltado para o planejamento/gestão numa dimensão mais ampla, apesar de ainda exercermos algumas tarefas administrativas e de acompanhamento do nosso secretário. Como não temos divisão de tarefas, alguns integrantes têm uma natural inclinação para algumas tarefas, mas temos tentado terceirizar o máximo possível para que tenhamos apenas uma função de supervisionamento, deixando mais tempo livre para a prática artística cotidiana.

A organização administrativa do grupo exerce alguma influência sobre a escolha dos trabalhos artísticos?

Não.

Sobre o Registro dos trabalhos do grupo. As imagens do grupo são produzidas por um profissional ou pelo próprio grupo?

De fotografia, contamos com o acompanhamento de dois profissionais de altíssimo gabarito na cidade, o Pablo Pinheiro e o Maurício Cuca, que vêm acompanhando o grupo há seis anos, já tendo produzido mais de cinqüenta mil imagens, entre ensaios, reuniões, apresentações, convívio fora de trabalho, etc. De vídeo, é feito pelo próprio grupo, o que acaba resultando em um material de baixa qualidade e inconstante, diferente do que desejaríamos.

O grupo possui um arquivo iconográfico?

Sim.

O grupo seleciona seu material iconográfico a partir de algum elemento de identidade ou a partir da qualidade visual das fotos?

Ambos. Nos materiais mais antigos, os critérios de seleção eram menos rigorosos, pela escassez de imagens. Atualmente, como temos um repertório muito grande de material de alta qualidade, podemos nos dar ao luxo de sermos mais criteriosos no tocante aos elementos de identidade que interessam a cada seleção específica.

O grupo se preocupa em fazer registro permanente de seus ensaios e apresentações?

Sim, em especial dos processos de criação, mais do que das apresentações. Há mais de um ano temos desenvolvido a prática de criar blogs que registram diariamente o processo de trabalho (como por exemplo www.odiariodocapitao.blogspot.com, www.sertaoclowns.blogspot.com e conexao-nordeste.blogspot.com), e desejamos encontrar possibilidades de publicação impressa desses materiais. Dessas experiências, é notório para nós que, se existe uma pessoa com exclusiva função de documentação, como no processo de construção d'*O Capitão e a Sereia*, a qualidade do registro é muito superior.

A criação dos espetáculos do grupo está orientada pela busca de um público específico?

Não.

A arrecadação da bilheteria é essencial na manutenção do grupo?

Não. Como praticamente todas as experiências de grupo que conhecemos, a bilheteria não tem grande relevância no montante de dinheiro que o grupo movimenta. Isso não interfere em nada na prática de encenação, mas interfere na vida dos espetáculos. Raramente nos apresentamos em Natal, já que em geral aqui trabalhamos por bilheteria. O grupo se apresenta muito mais em outros estados do que em casa.

O grupo percebe que tem um público específico? Qual o tipo de público que freqüenta seus espetáculos?

Há um público muito variado, mas os estudantes, em especial universitários, compõem uma parte significativa do nosso público.

O grupo tem alguma preferência, no que diz respeito ao espaço, para a construção de seus espetáculos?

Até cerca de um ano atrás, quando houve uma grande reviravolta na nossa pesquisa estética, o espaço era um aspecto um tanto negligenciado na nossa prática. Trabalhávamos praticamente sempre numa perspectiva frontal, muito pela falta de reflexão sobre a questão. Desde então, temos explorado outras formas de relação com o público, tanto em espaços fechados como na rua, e isso tem ganhado um lugar de grande destaque na nossa pesquisa, interferido enormemente na prática dos atores e na encenação dos nossos trabalhos.

Como o grupo aborda o trabalho com o espaço cênico e a criação de cenografias?

Temos buscado a pesquisa espacial a partir da perspectiva do ator, ou seja, de como as diferentes configurações de espaço interferem na relação ator/público. A cenografia acaba ganhando uma função muito utilitária, a serviço deste jogo que buscamos na pesquisa espacial.

No grupo há um trabalho específico do ator relacionado com diferentes tipos de espaço cênico?

Até muito pouco tempo, tínhamos trabalhado quase que exclusivamente *indoor*. Até tínhamos adaptado alguns espetáculos para apresentação a céu aberto, mas não havia um aprofundamento conceitual nesta mudança. No nosso último espetáculo, *Farsa da Boa Preguiça*, fomos para a rua, e o processo se deu de forma muito intuitiva. Durante a montagem, fizemos vários experimentos na rua, e isso foi indicando novos caminhos, diferentes daqueles dos espaços fechados. A prática de palhaço que já tivemos exaustivamente há alguns anos nos serviu muito para esta linguagem de rua mais popular. A temporada de estreia, em vinte e uma cidades de sete estados diferentes, proporcionou um aprendizado enorme para esta nova linguagem, que com certeza direcionará os próximos processos para a rua. Não há dúvidas que existem procedimentos diferentes para cada espaço.

No processo criativo do grupo, a escolha do espaço cênico está relacionada com estratégias de atração do público? Isso repercute na identidade do grupo?

Apesar de inevitavelmente a rua democratizar o acesso, em especial em projetos como este da temporada de estreia d'*A Farsa*, que levou o espetáculo para cidades minúsculas do interior nordestino, a escolha espacial segue critérios exclusivamente estéticos, e não de produção.

Porto Alegre - RS

GRUPO CORPO ESTRANHO e **GRUPO CAIXA PRETA**
Entrevista com Jessé Oliveira

Concedida a Éder da Costa Paulo
Em junho de 2005, no Hospital Psiquiátrico São Pedro, Porto Alegre –
RS

Qual é a sua formação teatral e como surgiu o grupo?

Jessé - O grupo *Corpo Estranho*, desde a sua formação, desenvolve uma pesquisa pautada na linguagem espacial. Já montamos vários espetáculos de rua, sendo que num deles abordamos o teatro de rua de uma forma mais tradicional [a roda, todos os princípios mais fundamentais]. O espetáculo anterior estava mais próximo da minha formação. A partir da minha especialização, eu busquei estabelecer uma noção entre teatro de rua tradicional e teatro de rua de ruptura. Então, eu trabalhei com alguns elementos que chamei de "teatro de ruptura" que tem a ver com a questão da narrativa não linear, que não busca contar uma história. Eram fragmentos baseados na questão da imagem.

Qual era o nome do espetáculo?

Jessé - *A volta ao mundo ao redor do umbigo*, e nele trabalhávamos também com a questão do espaço não circular, era uma cancha reta (para os gaúchos a pista reta é onde os cavalos correm e o público fica dos dois lados). Quase simultaneamente eu estava montando o grupo *Caixa Preta*, e o que nos unia era a ideia de um teatro feito por artistas negros (atores, diretor, iluminação). No espetáculo anterior *Transegun*, tinha uma indicação no texto (texto do Cuti, diretor e ator paulista). Então, era muito importante a presença de um ator branco, eu queria usar um ator negro pintado de branco, mas ele insistiu muito, e quando você tem um autor vivo e colaborando é preciso fazer concessões. Ele reescreveu a peça para nós. Então eu sugeri incorporar a ideia de ter sempre um ator branco em cena. Ao mesmo tempo era uma brincadeira e é bastante impactante em meio a doze atores ter apenas um branco. Geralmente o que é visto é o contrário: o negro fica com o papel secundário.

Há quanto tempo existe cada grupo?

Jessé - O *Corpo Estranho* é de 2001. O último espetáculo montado foi *O amor de Dom Perlimplin com Belisa e seu jardim*, do Lorca. Na verdade, cada grupo tem dois espetáculos. O *Corpo Estranho* de alguma forma é herdeiro de outro grupo que eu já trabalhava (*Trupe de Experimentos Teatrais Bumba meu Bobo*). Nós estivemos por duas vezes em Florianópolis com o espetáculo infantil *A Roupa Nova do Rei* no Festival de Teatro Isnard Azevedo e depois com o espetáculo de rua *A Guarda Cuidadosa* do Cervantes (1997 e 1998, respectivamente).

Qual é a sua formação universitária?

Jessé - Primeiro é mais importante eu falar a respeito de minha formação prática. Comecei a fazer teatro bastante tardiamente, com vinte e poucos anos, em 1989, através de uma oficina, e depois comecei a fazer teatro amador. Eu tinha muito claro em mente que não queria fazer faculdade de teatro. Mas, em 1995, eu decidi ter uma formação em teatro, ingressei na faculdade em 1995 e me formei em 1998 no Departamento de Artes Dramáticas da Universidade Federal do Rio Grande do Sul, depois fiz especialização em 2002, e fui aluno do André Carreira, que acabou sendo meu orientador, cujo tema era ao redor do teatro de rua. Então trabalhei sobre a questão do espaço do teatro de rua no Brasil, que em geral é feito em roda, com público em volta no mesmo nível, onde há uma história a ser contada, assim como uma busca de uma linguagem popular com elementos regionais. Além da questão política, o teatro de rua é político. Daí eu comecei a perceber algumas contradições, inclusive no nosso discurso, em que o teatro de rua sempre atende a expectativa do público por não ser linear ao mesmo tempo em que está contando a história. Eu não queria, de maneira alguma, estabelecer uma diferenciação moral "isto é melhor ou pior". Apenas apontar as diferenças. A minha ideia era analisar dois grupos locais, dois grupos nacionais e dois internacionais. Os locais, eu trabalhei com *Ói Nóis*, com *Saga de Canudos* e *Falos & Stercos*, que utilizavam o rapel. Os nacionais, *Grupo Galpão*, com *Romeu e Julieta* e o outro seria o *Experiência Subterrânea*, mas acabou não acontecendo. Os internacionais, *Espécie H*, de *Metalo Voice*, um grupo francês e o outro era *Estórias de Reis*, um grupo venezuelano.

Com relação à ocupação do Hospital Psiquiátrico São Pedro, quando, como e com quem ela começou?

Jessé - A partir de 1999, vários grupos passaram por aqui e fizeram temporada. Acredito que essa presença começou com *Falos & Stercus*, que solicitou legalmente e espaço para trabalhar e apresentar o espetáculo, o que é importante para a apropriação do espaço. Depois, a *Oigalê* (*Cooperativa de Artistas Teatrais*) veio ocupar cotidianamente. Alguns meses depois nós tivemos uma reunião do movimento de teatro de rua e eles comentaram a respeito da ocupação, que eles estariam abertos para novos grupos. Aí o *Corpo Estranho* solicitou a vinda para cá que foi concedida. Depois vieram outros grupos, o *Falos & Estercos* se fixou permanentemente, o *Povo da Rua* também. Essa sala onde estamos era a maior sala. Quando nós chegamos isso era cheio de entulhos, era quase insalubre, bastante úmido. Depois convidamos dois outros grupos para dividir o nosso espaço. Resolvemos investir neste espaço, colocamos piso e agora conseguimos criar uma estrutura mínima que são essas treliças relativamente móveis, pois não podemos colocar nada que seja definitivo. Como é um espaço tombado não podemos alterar nada na arquitetura, tudo deve ser provisório. Uma manta asfáltica foi colocada virada para não aderir ao piso de cimento. Nada pode ficar absolutamente fixo. Então nós conseguimos aparelhar minimamente, tendo em mente que isso é um grande espaço mutável.

Como aconteceu a oficialização?

Jessé - No governo anterior, que foi quando nós viemos para cá. Ficamos aproximadamente um ano no governo anterior. Quando estava terminando o mandato, eles disseram que nós tínhamos que desaparecer daqui, como varrer a sujeira para debaixo do tapete, no início de 2003. Nós tínhamos acabado de colocar o piso, e foi toda uma negociação com o novo governo que acabou nos "oficializando". Pelo menos assumiram publicamente que nós estamos aqui, com publicação de matérias em jornais. No site da secretária da saúde é divulgado as peças e a programação.

Existe uma parceria entre a Secretária da Saúde e da Cultura, não é mesmo?

Jessé – Sim. Só que nunca foi assinado oficialmente, ainda não foi dada a "canetada" final e nós esperamos que isso aconteça até o final do governo, até porque isso pode nos garantir mais algum tempo. E é sempre complicado porque, por exemplo, para um bar se instalar dentro de um espaço público é sempre muito fácil. Qual o lugar que não tem um bar? Agora para ser cedido para o teatro é sempre mais difícil. Mas, começam a se abrir precedentes.

Mas porque você acha que isso é tão difícil?

Jessé - Acho que pela concepção mesmo que se tem de que cultura, de que não é tão importante, que não gera lucro, não aquece mercado. O que é uma grande mentira. Se você for pensar na indústria cultural, infelizmente, nós não estamos inseridos, mas há dinheiro circulando. Inclusive teatros, mecanismos de apoio estatal, poderiam estar gerando mais trabalho, mais dinheiro. Acho que também há uma resistência para ceder espaço para o teatro. E o tal documento da oficialização não se sabe onde está. Recentemente nós tivemos um diálogo com a diretora do Instituto Estadual de Artes Cênicas, que foi uma das pessoas que intermediou o diálogo entre as duas secretarias e ela disse que não sabe onde ele está.

Qual o nome da professora?

Jessé - Eva Shull, que é a diretora do IEACEN.

Há quanto tempo esse espaço estava desocupado?

Jessé - Na verdade ele vem sendo desocupado há muito tempo, acho que desde que começou essa luta manicomial de acabar com esses "depósitos de malucos", eles começaram a descentralizar esse tipo de serviço. Tanto que esse é o maior prédio do complexo e ele está totalmente desocupado desse atendimento de pacientes. E esse espaço enorme é todo cheio de grades, tudo era *cela*. Acho que de uns dez anos para cá ele vem sendo desativado. E há mais ou menos cinco anos ele não tem uso. Uma das instalações da Bienal do Mercosul aconteceu aqui há uns quatro anos atrás. Nós não conseguimos saber como está essa questão da formalização, que é muito importante para nós, que precisamos de uma perspectiva de permanência aqui. Por exemplo, quanto à Usina do Gasômetro, eles estão trabalhando com uma ideia de gestação cultural e que vai durar dez anos, ou seja, os grupos terão uma ascendência de dez anos. Eles investem dinheiro até do próprio bolso porque você tem uma segurança. Nós aqui acabamos fazendo tudo de modo provisório, o que às vezes acaba sendo bem mais custoso, fica sempre aquela insegurança: e se a gente tiver que sair agora, onde iremos depositar tantos materiais, figurinos, instrumentos? Tem os grupos que resolveram investir nisso, que alugaram um espaço como o *Oi Nóis*. Felizmente eles são um grupo que sempre recebe apoio, todo ano, e eu acho isto muito justo. É muito dispendioso você ter que gastar cinco mil reais só com aluguel de um local, a maioria dos grupos não teria condições. E aí o grupo *Depósito de*

Teatro acabou criando soluções bem criativas, como uma festa que virou referência na cidade, a Bagasexta. Com essa dificuldade toda é preciso um mínimo de segurança para você permanecer em um local, no mínimo uns quatro anos e para nós já passaram quase dois anos e o documento não foi assinado.

E antes dessa parceria que se estabeleceu com o novo governo, como era?

Jessé - Absolutamente informal, não havia nenhum documento e nós estávamos na mão de uma pessoa que era a organizadora disso. E aí há grandes contradições, não é? Era um governo de esquerda, o que era algo que nós lutávamos há tempos para ter. Nós pensamos que seria uma administração popular, o bom da cultura, e foi o governo mais careta na área da cultura. Detonaram a Secretaria da Cultura. Quando assumiu o novo governo, mesmo que ainda não invistam nada, pelo menos "saíram da moita", pelo menos não estão nos atrapalhando aqui dentro. E nós temos uma acolhida do hospital que é de cento e cinqüenta por cento. Então não há nenhum problema, nós não temos nenhuma queixa. Nós só queríamos é uma garantia para podermos permanecer aqui sem depender da boa vontade do governo, nós queremos a legitimidade de estar aqui, pelo menos por um tempo.

Vocês não têm nenhuma garantia de que se saíssem daqui, eles lhes cederiam outro espaço?

Jessé – Não. Até existem bastantes espaços ociosos, mas, poucos querem ceder. Isso aqui na verdade foi um grande negócio, porque a Secretaria da Cultura pode dizer que fez um projeto importante: alojar alguns grupos de teatro. É um investimento sem custo nenhum. Quando foi estabelecido que haveria a assinatura para nossa permanência aqui, nós fizemos uma grande festa chamada Porta Aberta, com o diretor do hospital e a diretora da IEACEN. No ano passado, 2004, nós também fizemos esse evento, mas não houve presença de nenhuma autoridade. Então, no primeiro ano foi como uma comemoração e o segundo uma lembrança de que ainda não foi assinado. Nós vamos fazer todo ano para lembrá-los do compromisso acertado.

Como o seu grupo passou a fazer parte desse projeto?

Jessé - Naquela época a gente vinha travando uma luta com a Prefeitura Municipal, através do orçamento participativo. Principalmente o *Ói Nóis* que tinha liderado uma luta pela manutenção da Terreira da Tribo, que era em um outro espaço de referência fundamental na cidade. Então, houve problemas com o proprietário e eles foram despejados e tiveram que procurar outro lugar. E aí houve uma mobilização para que a Prefeitura comprasse o espaço e tombasse, mas isso não aconteceu. Através do orçamento participativo, eles conseguiram os galpões da EPATUR que já estavam desativados, mas disseram que o prédio estava condenado. Até hoje ele está lá, não foi derrubado e eles utilizam para fazer festa, irresponsavelmente. Então, nós começamos a pesquisar espaços ociosos na cidade. O *Oigalê*, não se sabe por que caminhos, acabou chegando aqui. Nós soubemos da ocupação diária, o meu grupo se interessou, nós solicitamos o espaço e conseguimos.

Você acha que há alguma diferença na postura ideológica, política e estética, ao fazer parte desta ocupação?

Jessé - Sim, com certeza. Quando nós viemos para cá, o *Corpo Estranho* era relativamente recente, então, a necessidade de nos manter aqui nos uniu mais ainda. Nos fez criar relações com os demais grupos, com a cidade. Claro que falta uma proximidade maior com os demais grupos e é justamente com essa pluralidade de ideias que podemos dar mais força a essa ocupação. Eu acho que ainda nos falta essa maturidade, até porque é uma experiência recente. O que falta agora é termos humildade e saber que nós temos coisas em comum, e uma delas é que queremos estar aqui dentro, e isto basta. Temos feito reunião de condomínio com um representante de cada grupo e agora estabelecemos um rodízio de síndico. Por exemplo, tem um grupo que é síndico, então, ele fica responsável durante um mês pela limpeza, pela administração geral.

Qual a importância de ocupar um espaço público?

Jessé - Primeiro, a gente vê o estado atendendo a uma reivindicação cultural. E também é uma maneira de facilitar esse intercâmbio com a sociedade. Porque, na medida em que estamos ocupando um espaço que é público, que é de todos, a gente também está dando esse retorno à sociedade. Outra questão é: antes de 2001, se você pegar qualquer notícia sobre o Hospital São Pedro, você vai ver que elas são extremamente pejorativas, negativas, carregadas. A partir da ocupação dos grupos, o hospital começou a ganhar páginas centrais dos jornais falando sobre a renovação deste. Então, alterou-se essa carga negativa do São Pedro, e ele passou a atender outra faixa de público, ainda mais pelo fato do hospital se localizar fora do centro da cidade, aproximando-se dos bairros, havendo uma descentralização de um espaço cultural. Os grupos que participam da ocupação realizam diversas oficinas gratuitas e apresentações baratas para a comunidade. Até porque não gastamos com aluguel de teatro, o que permite cobrar uma quantia mínima, simbólica, dos ingressos. Ganhamos nós e ganha o público.

Qual a importância de ocupar um espaço não-tradicional / alternativo de teatro?

Jessé - Desde o período da universidade, mesmo intuitivamente, o espaço frontal ou italiano não me contentava. Queria mesmo era utilizar outras formas espaciais, e aqui isso foi possível. Outra questão é o contexto histórico do lugar, que oferece uma oportunidade de trazer fatos da história nacional. Por exemplo, o manicômio acabou sendo o lugar onde ficaram os negros revoltados, depois da escravidão, e foram muitos negros que acabaram no manicômio. Quando a gente coloca um grupo de negros interpretando Hamlet, isto é trazido intrinsecamente. Então, este espaço acabou confluindo uma serie de possibilidades.

Em que medida, a ocupação interfere nos projetos grupais?

Jessé – Primeiro, ela implica em responsabilidade de todos nós na manutenção. Segundo, implica em responsabilidade artística para com o espaço. Isto é, pensar nele como um espaço de apresentação, um estímulo a mais para a concepção artística. Então seria, o compromisso administrativo e artístico com o espaço.

Você acha que Porto Alegre pertence ao eixo hegemônico, se é que existe, ou ela está mais no sistema periférico do teatro?

Jessé - Os gaúchos mais fervorosos vão me odiar, mas tudo bem. Do ponto de vista de mercado, de projeção, obviamente, que nós somos periféricos. Eu não estou colocando em questão a qualidade artística, se é melhor ou pior, mas sim a repercussão artística. Os nossos trabalhos não têm uma repercussão nacional, nem mesmo em uma cidade vizinha que é Florianópolis. Então, a gente não pode se iludir. Nós não somos, Florianópolis também não é. Curitiba, por ter uma maior proximidade de São Paulo faz com que eles consigam migrar para lá, fazendo pontes artísticas, tendo uma repercussão um pouco maior, mas também periférica.

Que pontos você percebe como positivos e negativos do estar nesta periferia teatral?

Jessé - Às vezes, por você não pertencer ao eixo hegemônico teatral, faz com que tenha uma liberdade de criatividade, pois não se tem necessidade de um compromisso com os cânones, com a boa qualidade. Mas, aqui em Porto Alegre, criamos um mini-mercado cultural, onde se tem um dinheiro circulando, como o FUNPROARTE, através do qual se consegue montar trabalhos, mas não se consegue dar dignidade para eles. Isto é, dinheiro para mantê-los em atividades, apresentando, divulgando, fazendo temporadas, melhorando e reestruturando. Então, em Porto Alegre se criou um profissionalismo artificial, onde se tem a sensação de que somos hegemônicos. E isto faz com que a gente perca a liberdade da experimentação. Porque as cobranças existem: Ah, o Jessé ganhou dinheiro para fazer isso? Então, sofre essas cobranças, e aí você tem que representar o papel de bom diretor que faz bons trabalhos. Isto acaba maquiando o trabalho da gente.

GRUPO FALOS & STERCUS
Entrevista com Marcelo Restori

Concedida a Éder da Costa Paulo
Em junho de 2005, na Usina do Gasômetro, Porto Alegre RS

Qual é a sua formação teatral e como surgiu o grupo?

Marcelo - Comecei a fazer teatro em 1987 no *Pé no Palco*, grupo dirigido pelo Júlio Conte, que fazia teatro de rua e tinha como tentativa uma experiência "à la Grotowski". Em 1989 esse grupo acabou. Fui fazer assistência de direção para o Júlio em outros trabalhos e na oficina que ele ministrava no curso pré-vestibular Universitário. Em 1991 me convidaram para fazer um trabalho e aí eu convidei alguns alunos dessa oficina para fazer comigo. A partir disso surgiu o *Falos & Stercus*. A proposta era buscar uma linguagem própria, se qualificar e re-elaborar essa instrumentação em nossas experiências, fazendo do grupo um laboratório permanente que servisse de escola para nossas vivências teatrais. Então começamos a fazer vários cursos, dentre eles: o do Eugenio Barba, diretor do grupo *Odin Theatre*, em 1995. O grupo todo fez com o Yoshi Oida, integrante do *Centro Internacional de Criação Teatral* dirigido por Peter Brook, em 2004; Thomas Leabhart, Mimo Corporal, em 1995; Philippe Gaulier, *clown* e bufão, em 1997. Boa parte do grupo fez com Stéphane Girard, criador da técnica de rapel para cena, em 1999; Luiz Antonio de Assis Brasil, escritor, autor entre outras obras do livro Cães da Província, em 1992 e 1993 (o Alexandre Vargas e Fábio Cunha também fizeram essa oficina); Walter Lima Jr, diretor de cinema, roteirista e diretor entre outros filmes de *O Vento e a Ostra*, em 1999; Luís Alberto Abreu, dramaturgo, autor entre outras obras de *Hoje é Dia de Maria*, em 1995; Pino di Buduo, diretor do *Grupo Potlach* da Itália, em 1992; Denise Namura e Michael Bugdahn, mímicos, em 1989; Gerald Thomas, diretor de teatro, em 1993; Luiz Carlos Vasconcelos, diretor teatral e ator, em 1998. O grupo todo fez com o Andrew Tsubaki, mestre em Teatro Clássico Japonês / Noh, Kabuki e Kyogen, em 1998; com o Amir Hadad, diretor teatral, considerado o pai do teatro de rua no Brasil, em 1994, frequentamos a Escola Nacional de Circo no Rio de Janerio, em 1999; entre outros. Nós começamos fazendo um trabalho numa igreja aqui em Porto Alegre. Eu já tinha interesse pela questão espacial. Logo depois começamos a fazer teatro de rua, fizemos duas peças e ali foi nossa escola. Em 1993 eu entrei para faculdade, DAD, mas não cheguei a concluir, eu larguei em 1998. Em 2006 me formei em Cinema na PUC/RS.

De lá para cá o grupo mudou muito?

Marcelo - Olha, o grupo tem a base de 1991 até hoje. Estamos eu, Fábio Cunha, Alexandre Vargas, o Fábio Rangel. Em 1996 entrou a Luca e outras pessoas. Em 1998 a Carla e outros dois integrantes que há dois anos foram para França e a Raquel que foi para o Rio de Janeiro e depois para o *Cirque du Solei*. Em 2002 teve a entrada do Jeremias, depois a Karina e agora no início do ano passado a Cris e saiu a Karina.

São quantos integrantes?

Marcelo - Tem mais a Veridiana, que é a responsável técnica do grupo, o Luís Marasca que é artista plástico e cenógrafo, o Wagner Pinto que colabora mais à distância no desenho de luz dos espetáculos e na orientação da Veri, a Cátia Corrêa que desde o início colabora nos meus roteiros. Em algumas apresentações o meu filho Frederico tem participado. A primeira foi em 1991, em uma performance para 50 mil pessoas no anfiteatro Pôr-do Sol, quando ele tinha três anos. Além de vários colaboradores como: o Marcos Rangel, a Elenice, a Marlene Goidanich, o Fernando Pires, o Marcelo Fornazier, entre outros, que se juntam a nós em alguns projetos. Mas no dia a dia são nove pessoas.

Como começou o projeto de ocupação do Hospital de São Pedro?

Marcelo – Na verdade a ocupação começou bem antes, pois a questão espacial sempre esteve presente nas nossas observações. Depois da experiência do teatro de rua nós fomos para o palco italiano com o espetáculo *Farsa Trágica*. Viajamos para o Rio de Janeiro e Buenos Aires e a ideia era sempre quebrar a quarta parede. Para isso se concretizar efetivamente, era necessário que o espetáculo tivesse de ser redesenhado de forma diferente a cada mudança de palco. Com a forma de interpretação advinda do teatro de rua foi que passamos a perceber a importância da nossa relação com o espaço. Foi então que sentimos a necessidade de buscar um diálogo permanente com as circunstâncias que cercavam nossos espetáculos, ou seja, com os atores, o próprio ambiente proposto pelo espetáculo, o público e também o espaço. A intenção era invadir o sentido concreto e real do espaço arquitetônico com a abstração do simbolismo ficcional. Toda essa vontade de exploração criou o desejo de buscar espaços variados, que nos provocassem novos desafios. Nós tínhamos o projeto de fazer um espetáculo diferente em espaços variados e, na época, estávamos ensaiando na Usina do Gasômetro. Um dia o diretor do local, o Luciano, nos ofereceu a Usina para fazer um espetáculo, eu aceitei e disse: "quero o quarto andar", e ele liberou o espaço. Então com o *Clã Destino*, eu pude realizar o desejo de explorar o grandioso e a verticalidade, já que o espaço era imenso e tinha o telhado da usina. Nós conseguimos um treinamento de rapel com um militar para fazer duas descidas sem proteção, também fazíamos caminhadas pelos telhados e como isso tinha um alto risco, o espetáculo chamou muita atenção. A partir daí viajamos com o *Clã Destino* para São Paulo, no SESC Pompéia e para o Rio de Janeiro na Fundição Progresso. O exercício de recriar o ambiente de vertigem criado especificamente para a Usina em outros lugares nos levou a um grande salto em nossa criação e o impacto dessas inovações foi visível. Também foi a partir dessa viagem que sentimos a vontade de multiplicar essa experiência de ocupação e ampliar a capacidade de liderança dos integrantes do grupo. Foi aí que propus a divisão do grupo em unidades que se identificassem pela proximidade de desejos, dos quais resultassem em vários espetáculos que ocupassem espaços diferentes e que tivessem uma relação simbólica e direta com o tema da peça, disso resultou o *In Surto*, no Hospital Psiquiátrico São Pedro, *La Loba*, no castelo do Alto da Bronze, *Escrita de Borges*, na ilha da Pólvora e *Memorial do Rio Grande do Sul* e *www. Prometeu*, no Cais do Porto e Usina do Gasômetro. Uma das unidades era puxada pelo Fábio Cunha e pelo Cebola, que queriam fazer um espetáculo com base no rapel cênico. Como essa técnica é muito grandiosa, propus que o tema viesse de um contraponto, no caso a loucura: um voo insano. Daí surgiu *In Surto*. Como o tema da peça era a loucura foi natural pensarmos no hospício. E aí o Fábio e o Cebola negociaram o hospício e no final de 1999 todo o grupo passou a ocupar um pavilhão desocupado, que servia de depósito de lixo do hospital psiquiátrico São Pedro. A ideia específica do *In Surto* começou a ser gerada a partir de nossas pesquisas e da experiência da oficina de rapel cênico, quando estávamos no Rio de Janeiro, em 1999, apresentando a peça *O Clã Destino* na Fundição Progresso e em treinamento na Escola Nacional de Circo. Também estava no Rio, Stéphane Girard, ele estava lá patrocinado pelo governo francês para dar oficina de rapel cênico, técnica criada por ele mesmo e difundida pelo mundo por pouquíssimos grupos também treinados por ele. Esse cara foi assistir nossa estreia e no final da apresentação veio falar com a gente: "olha, quero parabenizar o espetáculo de vocês. Eu ando muito pelo mundo e nunca tinha visto uma linguagem como a de vocês. Pena que o rapel de vocês é ruim, mas não se preocupem que eu vou fazer com que ele seja muito bom!" Nós não sabíamos que aquele maluco arrogante era o cara mais conceituado nesse assunto na Europa. E assim passamos três meses no Rio fazendo temporada, aulas de circo e o treinamento de rapel com o Stéphane. Montamos o *In-Surto* em um pavilhão do HPSP que estava condenado, cheio de móveis velhos e lixo hospitalar. Nós limpamos tudo, cimentamos o pátio, consertamos a rede elétrica, trocamos telhas nas salas que ficavam inundadas em dias de chuvas. Depois nos debruçamos sobre a problemática da montagem das cordas, consultamos especialistas em rapel e até um engenheiro, que nos apresentou um projeto para a construção de treliças, o que era caríssimo e estava fora de questão. Ninguém apresentava uma solução concreta e barata. Sabíamos então que precisaríamos de muita criatividade para solucionar o problema. Foi depois de um mês, aliando as avaliações dos especialistas a nossa experiência teatral, que chegamos a uma solução criativa e barata: colocar cabos de aço de parede a parede dos pavilhões para cumprir as funções das treliças. Os cabos estão lá até hoje. Na estreia da peça, em maio de 1991, estava a curadora da Bienal de Artes do Mercosul que se apaixonou pelo grupo e pelo local e pediu autorização para fazer lá as performances daquela Bienal. E foi a Bienal que limpou o resto das salas e retirou todo o lixo do lugar. A partir disso começamos a divulgar que havia um espaço disponível para outros grupos e esses começaram a se estabelecer no local. Os internos sempre tiveram relação com espaço assistindo os espetáculos e até participando de algumas oficinas. E a direção dessa época era totalmente favorável a ocupação. No momento aguardamos a posição da atual administração para sabermos qual será a relação que este governo pretende ter com os grupos de teatro que lá estão. Bom, tudo isso pra responder que o projeto do hospício surgiu de variantes da inquietação do *Falos & Stercus* e de sua busca espacial e por um espaço.

Até a mudança do governo, é isso?

Marcelo - Havia pessoas ensaiando lá. A gente tratou com a direção do hospital e tal. Só que daí mudou o governo, saiu o governador Olívio Dutra e entrou o governador Germano Rigoto. A princípio eles queriam tirar os grupos de lá, mas propusemos à organização dos grupos, que a gente se organizasse tipo MST, pra resistir caso quisessem nos tirar. Como o governo do Rigoto não tinha nenhuma finalidade para o local, que estava abandonado antes de chegarmos lá e os grupos estavam dispostos a permanecer, esse governo propôs um contrato de ocupação de quatro anos e liberaram o espaço. Mas, é claro que quem está administrando e fazendo as reformas são os grupos. O governo na verdade só entrou com a proposta do contrato. O contrato foi assinado até 2007. Atualmente,

Ieda Crusius, nossa nova governadora não se pronunciou sobre o assunto, sabemos que o local voltou ao foco devido a vários interessados que vão desde a faculdade da Universidade Estadual do Rio Grande do Sul, que já ocupa um dos pavilhões desde o ano passado, e a Dell Computer. A verdade é que não sabemos o que vai acontecer ao final do contrato, pois o clima está muito estranho, já vieram até fazer medições em nossos espaços.

E o Porta Aberta surgiu para que se efetivasse a assinatura do convênio?

Marcelo - Olha, o que fizemos lá no hospital foi se unir para ter o mínimo de condições porque o lugar estava bastante deteriorado. Nós arrumamos algumas coisas, outras têm custo elevadíssimo e não há um incentivo. Então são os grupos que mantêm uma produção tanto de apresentações quanto de oficinas. O Porta Aberta é uma marca que a gente criou, em dezembro de 2004, para dizer para a cidade que o projeto existe e que os grupos estão aqui. Então nesse período abrimos gratuitamente os espetáculos, oficinas, palestras, e cada ano a gente vai aperfeiçoando. O hospício já é reconhecido como espaço cultural pela população de Porto Alegre. Só o *Falos & Stercus* já realizou nesse espaço várias temporadas de espetáculos com o *In surto, O Voo das Fêmeas* e *No Vão da escada*. Além de ensaiar e gerar outros espetáculos no hospício. O *Falos* também utiliza seu espaço para a formação de outros grupos como o *Bacantes*, coordenado por Marcelo Restori, do *Falos*, que esteve em cartaz no hospício, com o espetáculo *Romeu e Julieta Invertido*, a *Troupe do Morro* coordenada por Luciana Paz, do *Falos*, que também esteve em cartaz no São Pedro com o espetáculo *Halloperidol*, além do grupo *Satânicas* coordenado por Fábio Cunha, do *Falos*. Há também as oficinas do *CTPA* coordenadas por Alexandre Vargas, do *Falos* e as oficinas de rapel cênico coordenadas por Fábio Cunha e Jeremias Lopes. O espaço do *Falos* serviu de locação para os curtas-metragem *Placebo* e *A Porta*, ambos com roteiro e direção de Marcelo Restori, do *Falos*. Além disso, o grupo já cedeu espaço para muitas filmagens e ensaios de outros grupos.

Mas, como isso se estabeleceu um diálogo com as secretarias?

Marcelo - Na verdade, esse diálogo já ocorria antes, no governo do Olívio. Os grupos tinham estabelecido essa comunicação com a Secretaria da Saúde. No governo do Rigoto, a Secretaria da Saúde passou a responsabilidade da nossa permanência para a Secretaria da Cultura. Na prática virou um território híbrido, as duas secretarias respondem pelo interesse, mas tudo isso ainda é uma incógnita. Algo está em processo. Sentimos isso, mas não somos convidados a participar desse processo, o que nos leva a desconfiar de que talvez tenhamos que brigar pelo espaço, que reafirmo ser reconhecido pela sociedade como um espaço de cultura teatral.

O grupo, antes da ocupação, não tinha uma sede?

Marcelo - Não, a gente sempre "pipocou" de lugar a lugar a cada produção.

Houve alguma mudança na postura social, ideológica e estética do grupo, ao fazer parte desse projeto?

Marcelo - Não, porque na verdade já era a nossa proposta, tanto que chamamos outros grupos, sabíamos que sozinhos seria difícil segurar uma luta dessas. Nenhum governo daria um espaço para apenas um grupo. A gente acredita que isso seja um dever governamental, mas em um país como o nosso isso não é tão fácil.

Os projetos do grupo têm interferência desse espaço, "o hospício"?

Marcelo - Não necessariamente. A gente faz projetos tanto para o "hospício" quanto para fora. Depende da concepção. Não há porque sairmos do hospício se não houver um motivo pra isso. Mantemos a coerência com nossa história. No hospício a gente tenta refazer um espetáculo e não se repetir nesse diálogo. Esse é o nosso desafio lá e em outros lugares, tanto que estamos aqui, no projeto da Usina do Gasômetro e lá no HPSP. E já pensando em um outro espetáculo que talvez seja em um terceiro lugar, mas nossos ensaios, nossos equipamentos, cenários, nossa oficina de construção de cenários estão no hospício. É lá que concebemos tudo.

Qual a importância de ocupar um espaço público?

Marcelo - A cultura é um espaço imaginário. Esse espaço existe e tem valor para sociedade. Mas, vivemos num país onde as instituições culturais, que deveriam dar valor a isso, não dão. Falta uma política cultural verdadeira. Neste país quem faz arte não existe, vive na tentativa de provar sua existência. Os administradores culturais não têm preparo para suas funções, são uns burocratas, escolhidos não por suas qualificações, mas por seu comprometimento político ou social. Geralmente são artistas medíocres sedentos de poder, e no momento em que ocupamos os espaços públicos, estamos forçando esses incompetentes a se ocuparem com algo. Não podemos ficar à mercê desse tipo de gente. Geralmente estão a serviço da estagnação artístico-cultural. Cabe a nós, artistas, romper essa barreira para poder preencher esses espaços com magia. Sem esperar por esse tipo de gente. Um exemplo disso é a Casa de Cultura Mário Quintana. É um espaço muito bonito e bem conservado, com todo o potencial para ser um ótimo centro cultural, mas não funciona. Ela é aquilo de pior que há num museu. É frio, não diz nada e não interage com a sociedade de seu tempo. Porque não é gerador de vida, pois não é bem ocupado, e para chegar a esse feito tiveram de dedicar sucessivos anos com administrações incompetentes. Hoje é quase irreversível recuperar esse lugar, que já teve seus dias de glória e movimentação. Dar vida aos espaços é fazer a cultura avançar, é dar vazão às rupturas, romper com o conservadorismo cultural que se sustenta na administração do poder público. Essa é a importância de ocupar os espaços públicos, é pra ele não falir.

Qual a importância de se utilizar espaços não convencionais no teatro?

Marcelo - Não existe mais o espaço físico, existe o espaço de fluxo. Todos os valores da sociedade não são mais concretos. Eles são virtuais, eles estão nesse fluxo, seja econômico, de informação ou de poder. O espaço não tem mais significado. Está violentado por uma poluição de significados. Interferir nisso com algo a dizer é uma forma de contra-cultura que tenta reagir a uma "bobatização" vigente. Restitui uma nova mitologia capaz de revelar o elemento vivo. A nossa pretensão é fazer um teatro vivo, que dialogue com o espaço variado, com as linguagens teatrais e não teatrais, com nosso tempo, a fim de comprovar a existência de algo que está se extinguindo em nós, que é o humano.

Como você acha que Porto Alegre se relaciona com o eixo hegemônico do teatro brasileiro? Existe este eixo? Porto Alegre estaria mais próxima de um sistema periférico do teatro?

Marcelo - Porto Alegre tem uma tradição teatral, mas não se insere nesse eixo hegemônico. Acho que isso, de certa maneira é, ao mesmo tempo, bom e ruim pra Porto Alegre, pois apesar de deixá-la provinciana demais, também a preserva da indústria cultural. O Rio de Janeiro, por exemplo, é um lugar no qual se perdeu um pouco dessa linguagem teatral pela proximidade com a indústria da televisão. Mas não dá para ser ingênuo e não perceber que essa hegemonia se propaga pelos palcos por todo o país. Acho que o problema de Porto Alegre, hoje, é mais com a hegemonia interna. Há muito tempo não vemos a formação de novos grupos na cidade, os trabalhos mais ousados não se sustentam muito tempo em cartaz. Isso quando encontram espaço para suas manifestações. Muitos profissionais estão num êxodo, como há muito tempo já não acontecia. "Há algo de podre no reino", forças conservadoras abafam o avanço de novas propostas artísticas. O momento teatral em Porto Alegre é muito conservador. Pouca coisa se sustenta além de nossas fronteiras. Vivemos um pacto de mentiras, no qual as capacidades de produção estão à cima dos valores artísticos. Espero sinceramente que alguma luz clareie este momento para a arte continuar avançando. No caso do *Falos & Stercus*, o que eu acho importante são as saídas de nossa cidade, para oxigenar nosso trabalho e projetá-lo para o mundo.

OIGALÊ COOPERATIVA DE ARTISTAS TEATRAIS
Entrevista com Hamilton Leite

Concedida a Éder da Costa Paulo
Em junho de 2005, no Hospital Psiquiátrico São Pedro, Porto Alegre RS

Qual é a sua formação teatral e como surgiu o grupo?

Hamilton - Em 1992 eu entrei na universidade para fazer o Curso de Licenciatura em Teatro do DAD da UFRGS. Na época, eu fazia parte do grupo *Oficina Perna de Pau*. Fazíamos oficina em comunidades e como eu já tinha uma relação com o projeto de Descentralização da Cultura, pela Prefeitura de Porto Alegre, um dos objetivos quando eu entrei na universidade foi fazer licenciatura, mas não com uma visão voltada para a escola, isto é, de foco no trabalho em âmbito escolar, mas sim, visando um trabalho em comunidade. Tanto que o meu projeto de graduação, em 1997, foi mapear e levantar entrevistas com oficineiros, oficinandos, coordenadores de todos os núcleos de oficinas de teatro que existia na periferia da cidade, na época. Após me formar, em 1997, eu decidi viajar para Bolívia. Nisso, o grupo se desfez e fui trabalhar com o grupo *Teatro de Los Andes*, da Bolívia, durante um ano. Quem dirige o grupo é o César Brie, argentino que viveu na Itália durante bom tempo. Ele trabalhou com Eugenio Barba no *Odin Teatret* durante sete anos. Trabalhou com Grotowski e com várias figuras. Lá pelas tantas ele veio para América Latina e queria montar um teatro, e aí ele decidiu pela Bolívia, por questões políticas, econômicas e sociais. E aí ele se instalou no pé dos Andes. Por isso o nome do grupo. Ali eu fiquei um ano, onde a gente pesquisou várias coisas. Montamos um carnaval de rua, fazendo um cortejo pelo vilarejo. Em 1998 eu voltei da Bolívia e em 1999, comecei a montagem ou a ideia de montar o espetáculo *Deus e o Diabo na Terra de Miséria*, que foi o primeiro espetáculo da *Oigalê*. Eu chamei algumas pessoas com quem já tinha trabalhado, e montamos o núcleo inicial do grupo com seis pessoas, que ainda não se chamava *Oigalê*. Era muito mais para montar esse espetáculo. A gente começou a trabalhar em março de 1999, e estreou em setembro. Começamos aqui em Porto Alegre, fomos depois para o litoral do Rio Grande do Sul e depois participamos do Fringe, no Festival de Curitiba. E lá foi um *boom*! Saiu uma crítica legal na Folha de São Paulo como o melhor espetáculo de rua, mesmo não sendo da mostra principal. Dali surgiram muitos convites, como o SESC - São Paulo. Depois fomos aos festivais de São José dos Campos, Rio Preto, Belo Horizonte, e outros. E aí conseguimos fazer o que a chamamos de "Corredores Culturais", que é tentar minimizar o custo operacional de viagens e hospedagens, fazendo escalas em outras cidades realizando apresentações. Por exemplo, a gente foi fazer oito apresentações na cidade de Belo Horizonte (em 2002). E aí pensamos: o que a gente vai gastar com passagem de avião a gente consegue ficar na estrada por vinte dias. Moral da história, antes de ir a Belo Horizonte fomos para São Paulo, Rio Preto e cidades do interior. Fomos para Belo Horizonte, voltamos e passamos por Curitiba. Ou seja, ao total fizemos vinte apresentações e ficamos quarenta dias na estrada. Em 2003, realizamos o segundo "Corredor Cultural", onde ficamos sessenta e três dias na estrada e fizemos trinta apresentações. Então a ideia é essa, ir a São Paulo e na volta, passar por Paraná, Santa Catarina. Mas, isso é extremamente difícil, por que às vezes as prefeituras não têm dinheiro, não nos conhecem. Bom, mas voltando. Em 2001, a gente montou um *Boitatá* e pensamos: porque não montar uma trilogia de teatro de rua com lendas e contos do Rio Grande do Sul e dos pampas. Em agosto de 2001, estreamos o *Boitatá*. Depois, em outubro, estreamos o *Cara Queimada*, único espetáculo até hoje que fizemos em sala. Aí é outra história, outro texto de um dramaturgo alemão contemporâneo que aborda muito mais questões familiares. Em 2002, a gente estreia o *Negrinho do Pastoreio*, fechando a trilogia. Da trilogia gravamos um CD, com músicas dos três espetáculos.

Quais destes espetáculos fazem parte do repertório do grupo?

Hamilton - Os espetáculos que temos em repertório são Deus e o Diabo na Terra de Miséria *e o* Negrinho do Pastoreio. O Boitatá *e o* Cara Queimada, *não. E agora para esse ano, estamos preparando um espetáculo sobre a preservação e o uso consciente da água, sobre a questão da água enquanto sobrevivência humana e vital para o planeta.*

Com relação à ocupação do Hospital Psiquiátrico São Pedro, quando, como e com quem ela começou?

Hamilton - O ano está aqui no chão (Hamilton aponta para o chão, onde há um registro da data no concreto), março de 2002, quando viemos para cá ocupar cotidianamente esse espaço. Bom, quando decidimos montar o nosso primeiro espetáculo em 1999, eu fui a vários lugares procurar algum espaço para ensaiar. Até que eu falei com a Helena Quintana, ex-diretora do grupo *Oficina Perna de Perna* e ela falou para irmos para o Barracão, antiga sede do grupo. Era um espaço que estava precário e tiver que dar uma geral nele, antes de ir para lá. E lá ficamos até 2001, pois, a Helena resolveu ocupar o espaço novamente. Mas, nossa ideia era de um espaço onde pudéssemos guardar nossos materiais e não apenas uma sala de ensaio. O espaço do Hospital Psiquiátrico São Pedro já vinha sendo utilizando para fins artísticos, porém, não cotidianamente. Até então os grupos só se apresentavam lá. Nenhum grupo tinha ocupado! O *Falos &* *Stercus* usava para apresentar o *In-Surto*, ocupava quando apresentava e é óbvio quando estava ensaiando. Mas não era uma ocupação cotidiana, tanto que quando a gente chegou aqui em março de 2002, eles não estavam mais, só estava o material. O espetáculo não estava mais acontecendo na época. O que aconteceu: eu vim ver este espaço e depois fui conversar com a direção do hospital. Isso aqui era extremamente sujo, tudo! Restos hospitalares, móveis, etc. Eu cheguei aqui, olhei e disse: "bah, é aqui que a gente quer ficar!" E eles disseram: "Mas é muito sujo." E eu "Não tem problema, a gente começa a limpar". Claro, quando o *Falos & Stercus* usou o espaço, eles limparam o pátio e o depósito onde guardavam suas coisas, só! Então ocupamos a parte de baixo e começamos limpar tudo e aos poucos trazer nossos materiais para cá. No entanto, era tudo aberto e começava a entrar gente aqui, e aí levavam instrumentos, objetos, tênis, eram coisas absurdas. Porque também teve certa resistência por parte de algumas pessoas, para elas parecia que estávamos pegando um espaço que era meio camuflado, enfim, que servia para fazer qualquer coisa, e eles estavam notando que estavam perdendo este espaço. Ao mesmo tempo começou uma discussão com a direção do hospital de trazer mais grupos para cá. Então, a *Oigalê* foi praticamente o primeiro grupo que entrou para ocupar cotidianamente, e não só para apresentar, mas para fixar um espaço de resistência. E aí gente decidiu que seria importante que mais grupos viessem para cá, entende? Para fortalecer! Não só no sentido "não vão nos tirar daqui", mas no sentido de ser mesmo um núcleo de pesquisa, de isto ser plural. Que não fossem só pessoas que trabalham com a gente, ou só pessoas que tem o mesmo ideal. Por isso que é difícil nossa relação, pois o povo que ocupa o Hospital Psiquiátrico São Pedro é bem eclético, tanto de experiência teatral, como no tempo de existência dos grupos, os números de espetáculos montados, o período de vivência entre os membros. As necessidades palpáveis de cada grupo são extremamente diferentes. No entanto, alguns, por mais diferentes que sejam, parecem que têm uma coerência, uma visão mais ampla, porque tem um tempo maior, mas ainda eu acho que o movimento carece de ter um coletivo harmônico.

Mas quando e como que esses outros grupos passaram a fazer parte da ocupação do HPSP?

Hamilton - Quando a gente começou a notar que estávamos sendo assaltados. Entramos em contato com o pessoal do *Falos & Stercus* e eles apareceram e perceberam que seus materiais tinham sido levados, também! E aí eles fecharam lá em cima e passaram a aparecer com mais frequência. Na época existia um movimento de teatro de rua muito forte, que tinha a participação de grupos daqui, onde havia apresentações, oficinas e debates. Levamos essa questão, de mais grupos ocuparem aqui, para as reuniões que aconteciam entres grupos de teatro de rua. Então, vem o *Corpo Estranho*, o *Artéria Dança*, o *Laboratório Cênico* o *Falos & Stercus* também. Em principio, foram esses grupos. Essa foi, então, a primeira parte da ocupação, podemos dizer assim! Em 2002, termina o governo do Olívio Dutra e, então, acontecem vários problemas. O próprio governador da administração popular, PT, quis nos botar para fora do hospital, antes de entregar o cargo ao novo governador Germano Rigotto. Nós dissemos: "Não! Nós não vamos sair!". E aí eles trocaram o cadeado do portão de acesso aos pavilhões. Mas, a gente conseguiu tirar os materiais do *Negrinho do Pastoreio* e ficar apresentando. Depois que o novo governador assumiu, a gente entrou em contato com ele. O que aconteceu: o novo governador se dispôs a ver o que estava acontecendo. A direção do hospital também trocou. Aí ficou uma coisa muita confusa, pois o novo pessoal não nos conhecia. E até então, tínhamos contato somente com a direção do hospital. Além disso, não tínhamos contato com nenhuma instituição cultural do governo, do estado. Então, a gente procurou o IEACEN, que está vinculado a Secretaria da Cultura do Estado. E o IEACEN interveio junto à direção do hospital, dizendo que o projeto era importante, que os grupos realmente existiam e produziam. E neste período, entram mais grupos. Em julho ou junho de 2003 entram o *Nelic* e o *Povo da Rua*. No final de 2003 resolvemos fazer o evento Porta Aberta. Seria quando os secretários de cultura e da saúde assinariam o convênio de permanência dos grupos. A ideia do convênio era de que ele permanecesse independente da gestão política. Pois, seria um bem para a comunidade! No mínimo, eles nos garantiram quatro anos, que seria a duração da atual administração. Já estamos em 2005. Dois anos e meio do mandato já se passaram e nada foi assinado. Descobrimos que o projeto do convênio de ocupação do HPSP está parado. No entanto, na última reunião que tivemos com a direção do hospital, foi a primeira vez que ela se mostrou favorável à ocupação, mostrando interesse na permanência dos grupos. Mas, ressalvou que tinha que haver a pressão, o apoio cultural. Mas, no meu ponto de vista, e acredito dos outros grupos também, esta ocupação é uma relação de autogestão, até porque o IEACEN e Secretaria da Cultura não fizeram quase nenhum investimento. Em três anos de ocupação, se foi investido duzentos reais para reforma do banheiro, foi muito! Quer dizer, tudo é conquistado através do nosso esforço, da nossa própria conquista. Então, a gente acha muito estranho quando o IEACEN e a Secretaria da Cultura nomeiam o movimento de ocupação do HPSP como o Primeiro Centro Cênico Estadual. Este nome foi criado, divulgado e usado por eles. E dizem, ainda, que haverá mais centros cênicos no interior. No entanto, o governador se diz contra o uso de prédios públicos ociosos. Entende? O governo é contra! Mas, como o governo pode ser contra, se estão ociosos, e estão sendo usados, e estão sendo mantidos, e estão oferecendo atividades de graça? Não dá para entender...

Qual a importância de ocupar um espaço físico que é público?

Hamilton - Na realidade tem várias questões. O espaço público não é de quem está gerindo, mas sim, da população como um todo! Hoje, se você for ver vários tipos de agremiações ou escolas, ou até clubes de futebol têm seus terrenos, pois, eles foram doados, seja pelo município, pelo estado ou federação. E no meio teatral isso não existe! Para uma escola de samba doa-se um terreno. Eu acho que se poderia ter um projeto de doação de terrenos para os grupos de teatro. Imagina se tivesse um grupo de teatro por bairro numa cidade, com certeza a cidade teria muito mais atividade. Este grupo faria uma oficina semanal e a questão da contrapartida vai acontecer no cotidiano do grupo com a comunidade, naturalmente. Seja organizando festas, manifestações populares, instrumentalizando essa comunidade. Outra questão: por que, e para quem são os espaços públicos? Primeiro, acho que tem ser para grupos que desenvolvem um trabalho coletivo, um trabalho público, com notoriedade pública, pois, senão você estará dando espaços para certos artistas e outros não! Então, tem que respaldar uma coletividade, ao invés de dar para um diretor de teatro, ou um ator! Não, tem que dar para um grupo que seja de retorno público. Eu não tenho nada contra teatro comercial, muito pelo contrário, eu acho que cada um pode fazer o que quiser da sua vida, mas a relação que se dá com a comunidade, de troca mesmo, nem sempre, o teatro comercial vai ter. Eu acho essencial a ocupação de espaços públicos, ainda mais ociosos! E aqui em Porto Alegre, existem vários lugares que estão jogados, não é um, nem dois, são vários.

Como a ocupação se relaciona com os projetos do grupo?

Hamilton - Na verdade, ela interferiu em várias coisas. Por exemplo: nós nunca tínhamos divido um espaço com outros grupos. Então, só esse fato já é novo! Além disso, o fato do grupo ter sido um dos articuladores para a vinda de outros grupos, também!

Como você acha que Porto Alegre se relaciona com o eixo hegemônico do teatro brasileiro? Existe este eixo? Porto Alegre estaria mais próxima de um sistema periférico do teatro?

Hamilton - Bem, no momento em que você opta por fazer teatro de rua você se torna periférico. Por exemplo, nós apresentamos nossos espetáculos no centro, no Brique, mas também nos bairros da cidade. Mas, ao mesmo tempo é contraditória essa questão de hegemônico e periférico. Pois, a gente, em seis anos, já viajou por quatorze estados do Brasil, participando dos principais festivais. Neste sentido é contraditório! Então, somos periféricos, porém, almejamos os centros hegemônicos.

Recife - PE

CIA. MÃO MOLENGA
Entrevista com Fábio Caio e Marcondes Lima

Concedida a Ana Luiza Fortes Carvalho
Em maio de 2007, no Centro Cultural Vergueiro, São Paulo SP

Gostaria de saber informações gerais do grupo: quando e por que surgiu, quais eram as pessoas que faziam parte da primeira formação.

Marcondes Lima – Quem começou foi Fábio.

Fábio Caio – Eu comecei a fazer teatro de bonecos no final de 1983, o que me levou a fazer o curso de artes cênicas na universidade, onde eu conheci o Marcondes. No final de 1985, já estávamos trabalhando juntos, e fizemos nossa primeira montagem com um outro grupo, onde convidei Marcondes para fazer figurino e cenário. Também, nesse meio tempo, conheci Elisa, que já trabalhava com teatro de bonecos aqui em São Paulo e tinha ido para Recife. Na sequência a gente se juntou, convidei mais uma vez Marcondes e Carla Denise para integrar a equipe. Só que depois de uns seis meses de trabalho, Elisa precisou voltar para São Paulo e a gente resolveu mesmo assim manter o trabalho, e acabou levando quase um ano para montar o primeiro espetáculo, que era o *Retábulo da Barra Funda*. E nós ficamos em cartaz por quatro meses na Galeria de Arte Metropolitana Aloísio Magalhães, onde agora é o MAMAM (Museu de Arte Moderna Aloísio Magalhães).

Então o grupo existe há quase vinte anos.

Fábio – É, fizemos vinte e um anos em janeiro de 2007. E de lá para cá viemos pesquisando formas de fazer o boneco, aproveitando também a experiência de Carla Denise (que é jornalista) para trabalhar a linguagem do boneco no vídeo.

Marcondes – Sobre a formação do grupo: eu sou formado em arte-educação pela Universidade Federal do Pernambuco, e tenho mestrado em teatro pela Universidade Federal da Bahia. Fábio e eu fomos da mesma turma. Carla Denise, minha esposa, participa como atriz. E Fátima Caio, que é irmã de Fábio. Nós quatro formamos o *Mão Molenga*.

Então, acho que essa longevidade do grupo é dada também pelo valor familiar que possui. Quando algum espetáculo precisar de mais mãos, nós convidamos outros atores.

Como se dá o processo criativo de vocês, por onde iniciam os espetáculos?

Marcondes – Inicialmente, o nosso foco de pesquisa não foi o mamulengo. Trabalhávamos com formas de animação que víamos na televisão, em cursos que fazíamos. Nos primeiros espetáculos que fizemos, usamos bonecos do tipo *muppet*. Os processos de construção e criação são diferentes entre si, de acordo com os projetos que estruturamos. Em 1992, fizemos um espetáculo chamado *Sem Nome*, inspirado num texto do Strindberg, misturando formas animadas, atores e bonecos. Bem diferente do que trabalhamos agora, com manipulação direta. Logo depois, começamos a ter essa experiência do boneco e o vídeo, então fomos sofisticando a confecção, ou seja, uma produção do boneco para o vídeo. Passamos da espuma e do tecido para uma estrutura com papel machê. Percebemos que este material favoreceria mais nos closes da câmera, pelo melhor acabamento e modelagem mais próximas ao que queríamos representar (desenvolvemos um trabalho com personagens históricos do Brasil, para uma série da TV Escola). Em 2006, em função da minha pesquisa de mestrado, trabalhamos com o mamulengo para comemorar os nossos vinte anos de grupo. Então, no espetáculo chamado *Babau* ou *A vida desembestada do homem que tentou engabelar a morte*, misturamos os nossos bonecos e a nossa técnica com bonecos confeccionados por bonequeiros populares, nos quais interferimos minimamente (seja nas cores ou tecidos). Então, havia dois núcleos de manipulação no espetáculo: os de vara e os mamulengos, pois há um jogo de bonecos que manipulam bonecos também. A peça fala sobre a tradição que é passada de mestre para aprendiz, sobre a vida de mamulengueiro e o passar do boneco Babau. Esse é o nome que se dá a esse tipo de boneco na Paraíba e, nos anos 60 e 70, também tinha esse nome no Recife, por conta de um mamulengueiro que se chamava Doutor Babau. No espetáculo há três pequenas tendas, na tenda do centro ocorrem as cenas de mamulengo, nas laterais onde ocorrem as cenas dos bonecos de vara (que representam humanos) que manipulam os mamulengos. A dramaturgia foi elaborada através de entrevistas com mamulengueiros e com cenas tradicionais desse teatro.

Gostaria de saber um pouco mais da relação com o vídeo.

Marcondes – O vídeo entrou antes desse projeto para a TV Escola, num projeto de uma outra emissora que nos solicitou fazer pequenas cenas temáticas para a época das festas de São João. Depois teve este trabalho para a TV Escola, que contava a história do Brasil desde o Descobrimento até o governo de Fernando Henrique Cardoso e isso durou uns quatro anos. São, então, quatro módulos que contêm, cada um, de seis a oito episódios. Compomos um arsenal de quase trezentos bonecos. Não havia na proposta de roteiro o objetivo de se fazer um vídeo-teatro, mas simulações mesmo de cenário e enquadramento... Como se fosse um filme de época, só que feito por bonecos. Isso está disponibilizado em vídeos, acho que tem como encontrar alguns trechos pela internet. Nessa pesquisa com o vídeo nós percebemos que para se conseguir um bom efeito a manipulação tem de ser diferenciada, quase que naturalista, mais sutil e delicada, que é diferente do teatro, onde se tem gestos mais amplos. Houve um trabalho de aprimoramento. Mas, o trabalho com o vídeo ainda não entrou no teatro como linguagem, interferindo realmente. Ainda não! (*risos*)

Fábio – Até pensamos em inserir algumas cenas de vídeo no *Babau*, mas isso encareceria muito a produção, então optamos por guardar isso para um futuro trabalho, algo para depois.

Vocês já trabalharam com vários tipos de bonecos, existe algum tipo de treinamento específico para cada forma, ou é o mesmo para todas? Ou isso parte do espetáculo, então vocês começam a explorar determinada técnica?

Marcondes – Sim, é mais pela especificidade do espetáculo. Quando trabalhamos com o mamulengo, todo mundo teve de partir para o domínio daquela técnica, de preparação corporal e exercícios que ativassem a musculatura necessária para a coordenação e sustentação da manipulação. De qualquer modo, como nós temos uma atividade constante ao longo desses vinte anos, nós temos algo bem próximo do que é o trabalho para os mamulengueiros tradicionais. Eles não têm uma formação convencional em teatro, a formação deles se dá através da observação, na relação entre mestre e aprendiz, porque o aprendiz acompanha o mestre desde muito cedo, desde os sete anos, geralmente é um filho ou um sobrinho, ou até mesmo alguém da plateia que se encantou pelo trabalho (isso aparece nessa peça que fizemos). Ao longo da vida, eles vão aprimorando sua técnica. Os espetáculos são bem longos, e o próprio espetáculo é uma forma de aquecimento e preparação, a forma do mamulengo tradicional dura de quatro a oito horas de duração (o brinquedo completo). Ou seja, eles têm uma prática permanente, geralmente eles se apresentam no momento da ante-safra (muitos são lavradores).

Então vocês tiveram contato com alguns mamulengueiros?

Marconde – Fizemos oficinas com dois mamulengueiros (José Divino e José Lopes) para dominar a técnica. Tem um único boneco que não foi feito por pessoas da região da Zona da Mata, que é o boneco Babau. Ele foi esculpido por Fábio em uma oficina com José Lopes, quem nos passou a técnica da escultura em mulungu, uma madeira bem leve própria para o mamulengo. Fizemos também oficinas de manipulação e de trabalho com as personagens. No mamulengo, as personagens são personagens-tipo, como na *commedia dell'Arte*. Bem, nós acabamos gastando muito mais tempo na confecção dos bonecos do que no trabalho de construção do espetáculo, claro que conforme vamos construindo já se vai trazendo algo da personagem (a voz, o gestual), isso é algo não linear no processo.

O grupo ministra alguma oficina?

Marcondes – Ano passado Fábio participou de dois projetos: um do *Mão Molenga* que era uma residência num espaço, porque precisávamos de uma pauta para apresentar o *Babau*, e em contrapartida nós oferecemos oficinas, montamos uma exposição com os bonecos; a oficina durou dois meses e era voltada para atores-bailarinos. No começo deste ano (2007) nós demos uma oficina de confecção em uma mostra de teatro de bonecos.

Fábio – De 1997 até 2006, eu fiz um trabalho de oficinas com adolescentes, em ONGs. Começou só como uma experiência própria de oferecer essas oficinas de bonecos, mas foi se voltando também para um trabalho de inclusão social pelo Teatro de Bonecos, os adolescentes começaram a passar o que eles aprendiam nas oficinas para a comunidade. Ano passado, eu tive que me afastar da ONG por conta do Palco Giratório, das viagens que tínhamos de fazer, e depois eles me ligaram para eu ir lá na comunidade ver que eles estavam continuando o trabalho, dando aulas para os outros adolescentes.

Marcondes – Nesse sentido, com o *Babau*, percebemos como os grupos são instância de formação também. Porque as pessoas passam pelo grupo e participam do processo de formação e aprimoramento de certo tipo de linguagem.

O grupo tem sede?

Marcondes – Sim.

Mas as oficinas não acontecem lá, e sim nesses projetos em outros espaços.

Fábio – Algumas vezes nós tentamos fazer lá. Mas, apesar de o espaço ser grande, não há uma sala própria que comporte mais de dez pessoas para fazermos um trabalho de corpo.

Marcondes – Nós já passamos por vários espaços, que foram geridos por Fábio, que atuava profissionalmente como produtor de adereços. Ou seja, o grupo sempre se inseriu como sede neste tipo de espaço.

Há no grupo, alguma linha pedagógica que é seguida? O Grupo pensa e transmite no trabalho nas oficinas com base em algum referencial teórico?

Marcondes – A gente sempre se propôs a fazer uma experiência, principalmente porque no início do nosso trabalho, há vinte anos, não havia material teórico de relevância sobre o Teatro de Bonecos. Existiam basicamente dois livros importantes, de Fernando Augusto Gonçalves dos Santos e Hermilo Borba Filho, que falavam sobre o mamulengo, depois veio o da Ana Maria Amaral com seu livro *Teatro de formas animadas*. O crescimento maior disso foi mais na década de 1990. Então, iniciamos o trabalho pela força experimental e autodidata. Na construção dos nossos espetáculos, não há a escolha de uma só técnica, mas procuramos privilegiar sempre alguma forma estética que "dá cara" àquela produção, com um modo de interagir com a plateia.

A respeito do público, vocês buscam algum tipo de público-alvo?

Marcondes – Alguns espetáculos que fizemos, foram voltados ao público infantil. O *Sem nome* e o *Babau*, pensávamos em voltá-los para o público adulto, mas aconteceu de muitas crianças irem ao espetáculo e isso funcionar.

Fábio – Quando fazemos um espetáculo infantil, sempre temos em mente que as crianças não vão sozinhas ao espetáculo, e que então existirão cenas com leituras diferenciadas, o que é muito interessante.

Marcondes – Durante os dez primeiros anos do grupo, nós sobrevivemos muito mais com espetáculos "não-postos em cartaz", mas que participavam de eventos ou de festivais, ou que levávamos para escolas, bibliotecas, animação de festas, aniversários, congressos, etc. Teve uma vez que apresentamos um espetáculo numa festa infantil, a família gostou tanto que nos pediu para apresentar na festa da avó: "mas para a avó, vocês apimentem" – eles nos disseram. Então nós fizemos uma versão *"pop-rock-punk"* do mesmo espetáculo, com os mesmos bonecos, incluindo histórias da própria família que eles nos contaram. Foi uma experiência bem interessante! (*risos*) E que como não trabalhamos com um texto fixo, e sim com um roteiro (uma característica do mamulengo), o nosso espetáculo pode variar muito pelo improviso, como na *commedia dell'Arte*.

E como vocês lidam com os diferentes espaços de apresentação?

Marcondes – Existem espetáculos feitos para espaços tradicionais e outros que comportam espaços variados (uma tenda desmontável que a gente possa levar até para uma feira). Participamos de um projeto informativo e educativo de uma Secretaria, então apresentávamos em vários lugares (desde a região metropolitana de Recife a uma cidadezinha a quatrocentos quilômetros); era um espetáculo com cunho didático-pedagógico que se sobrepunha ao seu caráter artístico, que nos possibilitava o relacionamento com as mais variadas plateias, com as quais nós experimentávamos e desenvolvíamos bastante a improvisação. Aprendemos muito dessa forma, por experiências que não se tem na escola (por mais que aí se ensine o Teatro Fórum, por exemplo, é nesses lugares que se entende realmente, na prática).

Fábio – Fizemos um projeto ligado a uma universidade, que partiu da descoberta de uma pesquisadora de uma grande incidência de parasitas intestinais. Nesse projeto nós criamos um texto, um espetáculo, com oficinas para que os próprios agentes de saúde entendessem mais dessa problemática em questão e pudessem explicar melhor o que eram essas parasitas, através do teatro e dos bonecos. Fizemos uma apresentação junto com os agentes para a comunidade, e também produzimos um vídeo que servisse de material de referência para que passassem à comunidade.

Sobre a manutenção do grupo, há algum subsídio para essas oficinas, alguma Lei de Incentivo?

Marcondes – A gente se "autogeriu" por muito tempo – com bilheteria, cachês dessas apresentações em festas, eventos, publicidade, vídeos institucionais. Só ano passado que nós entramos com um projeto na Lei Municipal de Incentivo à Cultura, e também tivemos o apoio do SESC, pelo Palco Giratório (onde fizemos trinta e oito apresentações). Nisso, vamos nos organizando, dividindo esse dinheiro para o aluguel da sede e os gastos em geral.

Gostaria de saber a respeito do registro do trabalho do grupo. Como vocês se organizam nesse sentido?

Fábio – Existe registro. Não vou dizer que é uma coisa muito organizada, mas está lá, tem bastante coisa registrada em vídeos, e arquivos de fotos digitais, muitos bonecos.

Marcondes – Temos também uma página virtual, que está em construção ainda, porque assim que começamos a organizá-la já tínhamos de sair para o Palco Giratório, então ainda só tem material de dois espetáculos. Talvez se encontre mais coisas se acessar o *Google*... (*risos*)

Esse registro é feito por alguém do próprio grupo?

Fábio – Geralmente é alguém de fora; mas no começo, Carla desempenhava mais esse papel, por sua afinidade com a fotografia.

Marcondes – Temos algum material impresso que podemos disponibilizar a vocês, é só nos solicitar porque não temos isso aqui. Não temos uma sistemática de registro de processo, mas que percebemos ser necessária para manter uma memória do grupo pelo viés dos processos, até porque todos foram muito particulares.

E vocês têm registro de material escrito por alguém de fora do grupo?

Fábio – Kyara Muniz, que já passou pelo grupo, se inscreveu para o mestrado na Bahia com o tema sobre os nossos processos de criação. Então, está nos ajudando muito a recuperar e organizar estes dados.

Marcondes – Existe um projeto em Recife, muito interessante, de Leidson Ferraz que se chama Memória da Cena Pernambucana, uma série de palestras com grupos atuantes de Recife desde a década de 1950 até 1990, que ele está publicando em módulos, será publicado o terceiro módulo, no qual nós estamos inseridos. Ele registrava uma palestra, meio demonstração que fazíamos com o público, quase que uma entrevista coletiva. Esse trabalho tem com vários outros grupos, e está à venda nas livrarias.

COLETIVO ANGU DE TEATRO

Entrevista com André Brasileiro, Fábio Caio, Gheuza Sena, Marcondes
Lima, Tadeu Gondim e Vavá Paulino

Concedida a Ana Luiza Fortes Carvalho
Em maio de 2007, no Centro Cultural Vergueiro, São Paulo, SP

Gostaria de começar por algumas informações gerais sobre o grupo.

Fábio Caio - Eu sou ator, faço produção e ajudo na confecção de adereços.
Gheuza Sena - Trabalho como atriz e faço produção executiva.
André Brasileiro - Ator e produção também.
Vavá Paulino - Sou ator, mas no Coletivo tenho trabalhado mais com a
preparação de ator.
Tadeu Gondim - Trabalho na técnica como operador de som, e também
faço parte da produção.
Marcondes Lima - Diretor, e tenho feito também os cenários e os figurinos
dos espetáculos.

**Quando e por que o grupo surgiu? Quais eram as pessoas que faziam
parte da primeira formação.**

André - O grupo se juntou em 2003 para montar o espetáculo *Angu de
Sangue*. E estreamos no início desse ano, nosso segundo espetáculo, que se
chama *Ópera*. A formação do grupo é bem diversa, algumas pessoas já
tinham trabalhado juntas, como Fábio e Marcondes, pela experiência do
Grupo Mão Molenga, e Gheuza. Na verdade, todos nós já havíamos
trabalhado juntos de alguma forma.

Gheuza - Na verdade, em Recife tem pouquíssimos grupos de teatro.
Então, todos nós vínhamos de outras produções. Com experiência de
outro grupo, realmente a gente só pode dizer que eram Fábio e Marcondes
(que já tinham seu grupo consolidado, o *Mão Molenga*). Com esse primeiro
trabalho, *Angu de Sangue*, nós sentimos a necessidade de estarmos juntos, de
continuar algo e começar a pesquisar, e a partir daí ver o que fazer como
grupo mesmo.

**Como foi o processo de criação desse primeiro espetáculo? De onde
partiu a ideia?**

André - Em 2001, um amigo me apresentou o livro, eu gostei, mostrei a Marcondes que também se interessou pelo projeto. Então Marcondes trouxe Fábio. Eu vim com Gheuza, Hermila, João (quem me apresentou o livro) e Aílson. Depois nem João nem Aílson puderam fazer. E Ivo também entrou no grupo. Começamos o trabalho realmente de ensaios em agosto de 2003 e estreamos em 17 de abril de 2004 (oito meses).

Marcondes - Teve essa demora para iniciar o trabalho porque em 2001 eu estava no mestrado. Então, eu falei para eles que eu não podia fazer a direção naquele momento, e assim que eu defendi a minha dissertação nós iniciamos o projeto em si.

André - O projeto que nós escrevemos teve aprovação numa Lei de Incentivo à Cultura.

Este era um texto teatral?

André - Não, era um livro de contos. Nós partimos de um laboratório de improvisação que Marcondes foi conduzindo.

Gheuza - Nós falamos os textos na íntegra. Em nenhum momento houve uma adaptação significativa do texto. Como nós colocaríamos este texto escrito em cena era a grande questão.

Marcondes - Uma proposição inicial do grupo era justamente essa: trabalhar a construção de um espetáculo teatral a partir de textos não-dramáticos, não-teatrais. Em *Angu de Sangue*, nós tivemos a facilidade de os textos serem em sua maioria narrativas em primeira pessoa, como em monólogos, por isso utilizamos o texto na íntegra. Com exceção de três quadros: um que é um aparente diálogo (que é o "Caso da Menina"), e "Socorrinho" e "Era uma vez", que têm uma construção completamente diferente dos quadros que são monólogos. "Socorrinho", por exemplo, é um texto que não tem pontuação alguma. Já no espetáculo *Ópera*, nós partimos para outra coisa bem diferente. André Brasileiro me apresentou um livro de contos de um amigo, Nilton Moreno, que também é pernambucano. Esses contos são em sua forma completamente diferentes daqueles que usamos para o *Angu*, nesse trabalho nós tivemos que realmente adaptar os textos. Mas eles têm alguns pontos em comum, como o humor ácido, a temática de questionamentos sociais e tal.

No processo de criação, todos os atores interferem nessas adaptações do texto?

Marcondes - Em *Ópera*, o processo de criação foi realmente um processo de criação de grupo, houve interferência grande de todos, desde o texto até a materialização do espetáculo. Então, são quatro contos com proposições cênicas diferentes. Um tem formato de radionovela, outro tem formato de fotonovela, outro tem inspiração nas telenovelas, e último se inspira num musical mesmo, na ópera. Nós trabalhamos em cima dessas linguagens. Basicamente, todos liam os textos em grupo e o discutíamos, dividíamos o texto em unidades, com palavras-chave, com impressões particulares sobre o que era fundamental, e sistematizamos cada um de um modò. Com os contos *O Cão* e *Culpa* (respectivamente, a radionovela e a telenovela) nós dividimos as unidades e improvisamos em cima disso. Depois filmamos, transcrevemos e retrabalhamos (às vezes gravávamos uma segunda versão a partir da transcrição), e finalmente passávamos esse material a Nilton Moreno (o autor do livro) e ele nos dava um retorno para retrabalharmos. Já com um outro conto, "O Troféu" (em formato de fotonovela), também o discutimos em grupo e sintetizamos as duas páginas do texto em trinta e duas tabuletas, que são como as legendas da fotonovela. E no último conto, "A Ópera", nós entregamos o texto na íntegra para um compositor que o musicou, mas antes nós havíamos estabelecido que tivesse um coro (como o grego) de anjos que narrariam, discutiriam e questionariam a própria ação que se desenrola.

O Grupo tem algum modelo de ator, com algum tipo de treinamento?

Gheuza – Como somos um grupo jovem, ainda o nosso nível de construção está sendo uma grande experiência para todos. Então a nossa maneira de organização ainda não foi descoberta, estamos experimentando tudo o que é possível para que, assim, possamos definir algum caminho específico. A nossa proposta mais certa é essa que já executamos no primeiro e no segundo trabalho (e que visamos para o terceiro): trabalhar a partir de textos que não sejam específicos para serem encenados, de descobrir uma maneira de por em cena textos não-teatrais. Cada um tenta se adaptar a esta proposta e contribuir para a construção do espetáculo.

Marcondes - Tem elementos característicos do ator para cada uma dessas montagens. O primeiro deles é o trabalho de ator-narrador. No *Angu de Sangue*, o trabalho é sobre um texto e se valoriza esse ator meio *performer,* um ator que se cola e desloca do personagem narrando as histórias. No segundo, uma sugestão minha que o Grupo aceitou como desafio, foi de brincar com diferentes linguagens, diferentes formas de expressão. Então, no primeiro quadro, "O Cão", há uma valorização da oralidade, porque é uma novela de rádio. Mas na proposição de cena, que é metateatral, há a história sendo contada e a história dos atores que estão fazendo a cena acontecer, em paralelo com a revista. Já na segunda história, "O Troféu", a cena é toda baseada na fisicalidade. Não com uma extrema valorização da potencialidade física, mas é toda estruturada sobre imagens que se constroem sem muito texto, os atores não falam, a não ser quando balbuciam alguma coisa um para o outro sobre o que estão fazendo, em uma proposição metateatral (novamente), mas o físico é o que impera. O terceiro quadro, "Culpa", é mais convencional: eles estão fazendo personagens, mas mesmo assim tem uma metateatralidade quando se descolam das personagens – é o ator que faz a personagem, e que não é a pessoa-ator, é como uma segunda personagem (por exemplo, Ivo faz um soropositivo, então ele faz o ator que representa um soropositivo, e não o Ivo fazendo o soropositivo). O quarto quadro, "Ópera" – que dá nome ao espetáculo, é uma mistura de tudo isso: os atores cantam do início ao fim, também dançam... É uma miscelânea de linguagens, na qual cada um trouxe e passou a sua experiência aos outros.

Como vocês exploram o espaço teatral?

Marcondes – Até então estamos trabalhando com o espaço de apresentação convencional, utilização de palco à italiana, com a visão frontal. Mas ainda estamos no começo, temos uma sede de experimentação, se alguém sugere algo a ser feito, todo mundo já está pronto para começar.

O grupo ministra algum tipo de oficina?

Marcondes – Enquanto grupo ainda não deu tempo. (*risos*)

Sobre a construção de identidade do grupo. Como o grupo se enxerga? Que influências aparecem, como estão pensando o grupo? Além desse trabalho com a metalinguagem, que outras questões aparecem na estética, por exemplo?

Marcondes – Temos um trabalho com o canto (que chamamos de o ator "encantar"), e também a valorização do *performer*. Acho que tem sido não tão focado num estudo teórico sobre a *performance*, mas o que temos feito é um diálogo entre teatro e *performance* enquanto linguagens.

Fábio – Outra coisa que temos nos preocupado é em fugir daquela forma tradicional que se espera de um espetáculo vindo do Nordeste. Trabalhamos realmente do que é local, mas que é contemporâneo, sem cair no âmbito folclórico.

Inclusive vocês usam vídeo em um espetáculo; como foi essa interferência? Tem algo que ver com o vídeo-arte?

Marcondes – Textualmente o espetáculo foi inspirado num livro de Marcelino Freire, que nos deu vários elementos. Então, o projeto gráfico tem umas fotos em negativo, basicamente estruturada sobre verde e vermelho, que foram feitas por um artista plástico pernambucano que mora na Itália, chamado Jô Balo. E isso serviu de elemento para construirmos o projeto visual.

Gheuza - Teve a participação também de dois novos *videomakers*, que queriam pesquisar conosco dentro da nossa proposta textual. Participamos junto com eles do processo de criação dos vídeos.

Marcondes – Houve várias interferências. Em um dos quadros em *Angu* há uma história que não foi escrita por Marcelino Freire. Marcelino, em seu livro, faz uma dedicatória a um personagem emblemático da cena teatral pernambucana, que é Pernalonga - e eu não me recordo o nome dele completo agora (*risos*). Ele fez parte de um grupo importantíssimo, chamado *Vivencial Diversiones*, atuante durante a década de 1970 e começo de 1980. Então, esse ator era soropositivo, e numa tentativa de assalto ele se acidentou, mas, por ele ser soropositivo, ninguém o ajudou e ele morreu de hemorragia. Considerando essa história muito próxima ao que se trata no espetáculo, nós a encenamos esse episódio (que chamamos de *Perna*), como uma homenagem nossa, assim como o fez Marcelino em seu livro. Carla Denise (minha esposa) e eu estruturamos um roteiro, com algumas contribuições de Tuca e Oscar Malda. Quem atua é Fábio, com a participação de não-atores (pessoas da comunidade que se integraram ao vídeo). É uma produção bem experimental, não tem palavras em áudio, e só se vê as personagens da cintura para baixo. Ao mesmo tempo, nessa brincadeira da metatetralidade, que é uma proposição cênica que se afirma no grupo, os atores fazem uma plateia: eles vêm sentam em frente ao telão e assistem ao vídeo, e reagem como uma plateia mal-educada: como cada um dos atores vê o comportamento do público massificado que vai ao cinema hoje, que pouco está se lixando para o que está vendo, ou não tem respeito para com a obra de arte... É um momento de crítica (característica que se mantém presente em todo o espetáculo) e meio de anticlímax.

André – É como se aquelas personagens não considerassem aquilo uma coisa séria. Eles estão lá por qualquer motivo, menos o de assistir a um filme.

Marcondes – Mas de fato não há uma radicalização na utilização do elemento audiovisual no espetáculo como uma proposição experimental. Ele está lá em alguns momentos como uma proposição estritamente ilustrativa, criando um fundo para determinada cena: na cena feita por André Brasileiro, esse recurso está lá como uma imagem síntese. Foi um elemento para tornar mais ágil a narrativa e facilitar essa transformação dos espaços e servir como um viés metafórico, e também de um diálogo com a linguagem teatral. E dos dois realizadores, uma é fotógrafa e videasta, e o outro é videasta e designer, entrando com uma proposição de documentaristas.

E como foi a criação desse vídeo? Vocês trabalharam em conjunto com os realizadores?

Marcondes – Sim, principalmente com a minha monitoria. Nós somos um grupo muito questionador do nosso trabalho, então sempre repensávamos e discutíamos o trabalho.

Como se dá a manutenção financeira do grupo?

André – Olha, na verdade, veja só: nós recebemos trinta e seis mil para montar *Angu*, pela Lei de Incentivo à Cultura do Município de Recife; depois nós recebemos mais trinta mil para circular com *Angu* por cinco cidades do Nordeste: Guaramiranga (onde ganhamos alguns prêmios, entrando mais dois mil para o grupo), Fortaleza, Macau, Natal e Feira de Santana. Ou seja, você vê que está faltando dinheiro, porque montar uma peça com trinta e seis mil e ainda viajar por cinco cidades com trinta mil tendo que cobrir as despesas todas não é fácil. Para montar o *Ópera*, recebemos cinquenta mil da Funarte, que quando descontou virou quarenta e dois mil. Aí recebemos do Governo do Estado de Pernambuco mais cinquenta e oito mil. Então o *Ópera* nós conseguimos montar com mais tranqüilidade. Então, resolvemos ir a Curitiba, foi um investimento de trinta e tantos mil. Aí estamos aqui em São Paulo, depois já vamos a Porto Alegre, já vamos a Brasília. E é assim que tentamos trabalhar para dar visibilidade ao grupo. Claro que a gente sonha em ter condições de ir para uma grande empresa como a Petrobrás, de daqui um ano aprovarmos um projeto de manutenção e a partir daí conseguir desenvolver um trabalho pedagógico, de formação, de chamar pessoas e trabalhar a partir de textos de outros autores pernambucanos, também com a troca de experiência de pessoas de outros grupos.

Marcondes – André é um agitador e produtor cultural na cidade. E surge dele umas proposições interessantes, o que faz este grupo ter uma cara bem particular. Por exemplo, ele propôs a mim uma experiência (que ainda não tivemos condições de efetivar) de uma troa de diretores: eu dirijo o elenco de um grupo do Ceará, e o diretor desse grupo vem e dialoga com a gente.

André – Porque é um grupo que também tem essas inquietações de estar no nordeste, estão nessa mesma batalha, tem praticamente a mesma idade do *Coletivo*, começou da mesma maneira, com um espetáculo com cenas diversas que formam um conjunto, e tem ainda essa busca da contemporaneidade, de pesquisa. Eles já estão um passo a frente, de trabalhar com uma dramaturgia do próprio grupo (os próprios atores escrevem os textos, trabalham junto a partir de improvisações).

Marcondes – Isso pulveriza a ideia de uma identidade imagética do grupo, porque se uma outra pessoa vem de outro grupo, pode propor um jogo de cena, algo completamente diverso do nosso. Mas a proposição é essa, de o grupo estar instigado a caminhar por este experimentalismo. Apesar de sermos diretores com bastante afinidades.

André – Estamos construindo a nossa identidade, mas a nossa cara vai por aí, por essa vontade de experimentar.

Vavá – Tanto na proposição do grupo de trabalhar sempre os problemas, os temas da contemporaneidade, no sentido de que tipo de história que o grupo quer contar, quanto nesse comportamento interno de uma ansiedade, que vira uma espécie de busca, de experimentar. Então eu percebo isso já como uma raiz de identidade do grupo: a busca, a procura, ir atrás do desafio. Cada trabalho é isso, um novo desafio.

Marcondes – E há elementos que começam a aparecer, como já falamos: a musicalidade. Não que no próximo trabalho nós iremos cantar tudo, ou tocar instrumentos. Mas de temos isso como elemento forte, e podermos trabalhá-lo de variadas formas. Outra coisa é a criação de imagens, espetáculos que são marcantes pela questão visual.

André – Acho que tem a questão de a cena se configurar a partir no ator, do *performer*.

Marcondes – Também trabalhamos com o ator se predispondo a extrapolar limites, a se desconstruir. O ator experimentar uma versatilidade, em fazer personagens distintos ao extremo.

Existe já uma preocupação com o registro do trabalho de grupo?

André – Temos desde o início registros fotográficos e filmagens (tanto do processo de criação, quanto da parte final e de apresentações).

Marcondes – O programa do espetáculo *Ópera* tem dois artigos: um escrito pelo Milton Moreno, que é professor daqui, e outro que é escrito pelo Ilton Garcia, que é professor da Universidade de São Paulo. A gente, então, começou a fazer isso de convidar pessoas para falar dos nossos trabalhos.

Tadeu – Das imagens, nós ainda não temos um registro formal. Mas temos muito material arquivado, que podemos utilizar para isso. Também guardamos matérias de imprensa, programa de espetáculos.

Fábio – É algo que estamos pensando, porque já está na hora de estruturar como será a formatação deste material. Talvez fazer um livro, com material escrito sobre o processo de montagem dos espetáculos. O Tadeu, apesar de não ser fotógrafo profissional, sempre tira as fotos dos ensaios e dinâmicas do grupo, que é um olhar mais próximo, porque é uma pessoa do próprio grupo. Mas também temos fotos feitas por profissionais, que já tem um olhar diferenciado.

Vocês buscam algum público específico nas suas apresentações? Visam atrair algum tipo de público?

André – Nós estamos construindo um público. Percebemos bastante a presença do público jovem, e grande parte da área teatral. Com o nosso segundo espetáculo, *Ópera*, nós conseguimos uma parcela de público para o *Coletivo* que nem tinha visto o *Angu*. E, a partir desse último espetáculo, juntamente com a maior visibilidade do grupo tanto no âmbito teatral quanto na imprensa, penso que isso vai trazendo mais público. Quando reestreamos o *Angu* nos surpreendemos com a casa cheia, de pessoas que haviam assistido o *Ópera* e queriam ver o nosso primeiro espetáculo.

Fábio – Acho que também por estarmos viajando por outros lugares do Brasil, traz uma força grande e ajunta mais público, cria interesse nas pessoas.

E a bilheteria dos espetáculos cumpre uma fatia importante no orçamento do grupo? Tem como viver dela?

Gheuza – Não, isso já não chega. Mas uma coisa interessante é que todos os integrantes do grupo vivem e trabalham com cultura e arte. Algumas pessoas dão aula em faculdades de arte, cursos e oficinas, outros produzem eventos culturais na cidade. O que a gente faz (eu principalmente, que estou responsável pela administração financeira) é trabalhar com o dinheiro que recebemos, ir economizando e investindo no que é necessário, muitas vezes "fazendo a multiplicação dos pães". (*risos*) Sempre com o intuito e a esperança de que a pessoa vai receber pelo que ela trabalhou.

Sobre o espaço, vocês já comentaram que até o momento exploraram mais a cena à italiana, mas que têm vontade de pesquisar outros tipos de espaço...

Gheuza – É, e sobre não só o espaço de apresentação, nós também vemos a necessidade de um espaço nosso, para estudos e atividades, a casa do nosso grupo mesmo. Nós começamos o grupo meio que pisando em ovos para ver se o "casamento" iria dar certo. Fizemos o primeiro trabalho e percebemos nossas afinidades e nossa capacidade de produção em conjunto, aprendendo também os defeitos do outros, os seus limites, o que precisa ser mudado. Como um casamento mesmo! E nessa relação vão surgindo as descobertas, e com isso decidimos que ficaríamos juntos; o que já é uma grande coisa! (*risos*). E agora sentimos falta de termos mais tempo juntos. Por exemplo, de ter uma reunião semanal para resolver determinadas questões, temas burocráticos, ou estudar textos de teatro, ou discutir sobre a nossa própria montagem. Além de poder utilizar esse espaço para apresentações. Temos a necessidade desse espaço físico.

Realmente, nós percebemos nas outras entrevistas, como os grupos estão em busca de um espaço próprio, de como isso se torna importante no fortalecimento de um grupo.

Gheuza – Até porque, percebemos que está cada vez mais difícil encontrar um espaço físico para se reunir, discutir, e também se apresentar. E se acaba ficando preso àqueles espaços convencionais que já existem na cidade, todos os grupos, todas as montagens recorrem a esse tipo de espaço. Aí um grupo tem dois ou três espetáculos ao mesmo tempo e não consegue lugar para apresentar, porque tem de dar espaço a outros grupos. Recife ficou "inchada". E acredito que essa necessidade de ter um espaço próprio do grupo também exista em outras capitais.

Sim, é algo bem recorrente, muitos grupos estão atrás disso. Bem, vocês têm um cenógrafo próprio do grupo, gostaria de saber mais sobre o seu trabalho e processo de criação nos espetáculos.

Marcondes – Na universidade eu sou professor de Cenografia, de Indumentária e Maquiagem. No grupo, a construção, composição e elaboração desses elementos se dá de forma processual. Ao contrário de outras práticas que eu vivencio, com outras produções, no grupo eu não tenho uma visão clara e precisa no primeiro momento. Eu sempre digo que a produção dos meus desenhos para o *Coletivo Angu* é menos caprichada, nunca é coloridinha e perfeitinha, porque eu vou mudando muito, são rabiscos de projetos que vão se definindo conforme a encenação se constrói.

Rio de Janeiro – RJ

OS DEZEQUILIBRADOS
Entrevista com Ivan Sugahara

Concedida a Samantha Agustín Cohen.
Rio de Janeiro RJ - 2007.

Você pode comentar inicialmente quem são *Os Dezequilibrados?*

Sou Ivan Sugahara diretor do grupo *Os Dezequilibrados* do Rio de Janeiro. O grupo começou em 1996, e está completando onze anos agora. São seis integrantes fixos. Eu, que sou o diretor do grupo, mais cinco atores. Este grupo de seis pessoas está junto desde 2001. Mas tem duas atrizes que já estão desde 1998. Já fizemos treze espetáculos.

Você faz parte do grupo desde o início?

Ivan - Sim.

Normalmente de onde parte a proposta para os espetáculos? Qual o ponto de partida, o ator, o texto, o espaço?

Ivan - Muda muito. Uma coisa que eu estava comentando no encontro prático que aconteceu pela manhã[27], é que nós não temos uma metodologia muito clara, deixamos que cada espetáculo solicite uma metodologia diferente de trabalho. Então, não temos um método de interpretação ou de construção da cena, de atuação. Não temos também um treinamento diário corporal e vocal. Nós trabalhamos com várias técnicas.

E existe um ponto de partida para o trabalho?

Ivan - O ponto de partida já foi um tema, criamos um texto a partir de um tema. O ponto de partida também já foi um espaço, queríamos fazer um

---

[27] Sugahara refere-se ao encontro prático realizado durante o Evento *Próximo Ato 2007*. Neste, os grupos teatrais participantes do encontro (cerca de 40 grupos de São Paulo e 11 de outros estados brasileiros) dividiram-se em pequenos núcleos para uma troca de experiências práticas.

espetáculo naquele espaço, então criamos para aquele espaço. O ponto de partida já foi um texto escrito, que é um processo mais convencional. Já foi uma ideia, sei lá, uma vez eu falei: "eu quero fazer um espetáculo para um espectador" e esse era o ponto de partida. Então, isso varia muito.

E o ator, ele pode interferir nessa escolha?

Ivan - Sim. É um grupo que, embora eu seja o diretor e exista uma centralização em torno de mim, existe espaço para que todo mundo traga propostas e ideias. Já trabalhamos com um projeto que uma das atrizes trouxe. Durante muito tempo teve uma dramaturga que fazia parte do grupo também. Ela fez sete espetáculos. Dos treze espetáculos do grupo ela escreveu sete. Hoje em dia ela já não está mais com o grupo. Ela era uma integrante fixa e também propunha muita coisa.

Ela também atuava?

Ivan - Não. Só trabalhava com a dramaturgia.

Samantha - Vocês buscam algum modelo de ator? Existem características ou um tipo de ator que o grupo busca?

Ivan - Na verdade, acho que o que mais buscamos é ser menos teatral, um caminho naturalista de atuação. Mas, não esse naturalismo televisivo. É difícil essa história de naturalismo e realismo. É complicado. O grupo tenta buscar alguma coisa que esteja mais próxima do comportamento da vida real. O caminho de "quanto menos melhor". Claro que isso não quer dizer que tudo seja minimalista. Claro que tem coisas que são muito para fora, grandes e intensas. Mas, quanto menos você demonstrar que está representando, quanto menos demonstrar melhor. Melhor para nós e para o nosso trabalho. Acho que seria o caminho que eu identifico como o que o grupo mais persegue, em termos de atuação. Entretanto, isso também não é uma regra. Nós também já trabalhamos com um espetáculo que se chama *Combinado* que é um exercício de gênero baseado no gênero policial e nas histórias de detetive. Neste espetáculo os atores trabalham, em um momento específico, com uma atuação bem marcada, bem teatral, bem farsesca de certa maneira. Mas, aí é uma exceção. Não é o mais comum.

O grupo tem a prática de realizar oficinas?

Ivan - Já ministramos oficinas, mas não é uma prática forte do grupo. Não é muito comum. É esporádica. Com outros grupos, já teve também, mas são práticas isoladas. Existem atores do grupo que dão aulas em escolas e outros lugares. Eu já dei aula de oficina para grupo de atores. Normalmente fazemos oficinas quando viajamos. Por exemplo, como parte do Palco Giratório que já fizemos três vezes. Aí sempre tem uma oficina. Este é o momento em paramos para elaborar algo que tenha mais haver com a linguagem do grupo. E também varia quem dá a oficina. Mas, isso não é uma prática recorrente.

As oficinas têm um público alvo específico? Atores ou alguma comunidade?

Ivan - São oficinas organizadas pelo SESC. Eu acho que na maioria das vezes são oficinas gratuitas que o SESC oferece. Nunca restringimos muito se a oficina é para atores iniciados ou se é para iniciantes. É uma iniciativa do SESC e tentamos aplicar os métodos de trabalho utilizados pelo grupo.

Vocês têm algum referencial teórico para o trabalho de vocês?

Ivan - Sim. Muitos de nós fizemos faculdade de teoria da Universidade Federal do Estado do Rio de Janeiro (UNIRIO). Eu fiz, essa moça que trabalhou como nossa dramaturga fez, um dos atores fez também. Então, não tem assim uma prática que seja constante, um grupo de pesquisa constante. É por espetáculo. Por material. Vamos trabalhar com tal tema, aí lemos livros, debatemos, procuramos o que pode contribuir para a dramaturgia. Por necessidades ligadas ao espetáculo. Mas, existe um vínculo bem forte com a academia, e com professores, por vários de nós já termos feito. Minha monografia, por exemplo, foi sobre o grupo. O grupo já foi objeto de algumas outras teses de pessoas que conhecemos.

Como funciona? Quais as funções administrativas exercidas por membros do grupo?

Ivan - Tudo. O grupo sempre quis ter uma estrutura melhor de produção, ter uma pessoa que cuidasse mais disso, mas nunca tivemos. Então nunca teve, no coletivo, uma pessoa que fizesse só produção. Quem trabalha com a produção também é artista. É o ator ou o diretor, o dramaturgo, o iluminador, enfim.

Essas funções são fixas ou dependendo do trabalho podem variar? Quem está numa função pode assumir outras?

Ivan - Quanto às funções artísticas?

Não, as mais voltadas para a produção.

Ivan - Elas variam, mas eu de certa maneira, sempre centralizei um pouco também essa coisa de produção, coordenação de novos projetos e administração. Sempre centralizei um pouco isso. Eu não acho muito bom, mas foi o jeito que encontramos. Experimentamos várias divisões de função. Já mudou "pra caramba". Hoje em dia, o grupo se organiza da seguinte maneira: são seis integrantes fixos, como já falei, três deles não trabalham com a produção, são só artistas. Claro que eventualmente, quando resolvemos organizar a sede chamamos os três (que não trabalham na produção) para carregar as coisas de um lado para o outro, para fazer alguma compra, mas não para um trabalho diário de escritório, administração e produção como os outros três tem. Há algum tempo o grupo se organiza assim. Porque vimos que na prática não é todo mundo que se dedicava igual. Acabava que alguém era encarregado de fazer uma coisa e não fazia, ou a pessoa não dá para aquilo também. Então é melhor assim. Porque temos mais controle do que tem que ser feito. Tem diferença de salário. Quem trabalha mais, ganha mais, obviamente. Estamos nos organizando assim há algum tempo. Sei lá, deve ter um ano e meio, mas já não está dando certo. Porque tem uma dessas pessoas que quer sair dessa parte de produção, porque também não gosta. E a outra pessoa, em minha opinião, é muito desorganizada. Quer fazer, mas se enrola. Então, na verdade, acho que esse é um dos maiores problemas. O grupo conseguiu se manter durante muito tempo assim, mas tem dificuldade de ganhar dinheiro. Conseguimos realizar muita coisa, mas muita coisa é "no peito e na raça". Claro que já teve grana, mas temos dificuldade de organizar essa coisa de produção. Fazemos do jeito que dá pra fazer. Muitas vezes fica uma coisa um pouco enrolada.

Mas sempre fica a cargo de pessoas do grupo ou já chegou a ter que contratar alguém?

Ivan - O grupo sempre contrata. Já tentamos trabalhar com pessoas que captassem recursos para nós, ou que fizessem uma direção de produção, mas isso quase nunca deu certo. O que funciona é você contratar uma pessoa para fazer uma produção executiva. Quando você já tem o orçamento ou vai fazer um projeto, você chama uma pessoa, a pessoa gere aquele dinheiro. Mas, é só essa parte mais executiva como dar entrada do material na gráfica e cobrar não sei o que do cenógrafo, sempre para um espetáculo. Mas, não a parte administrativa da companhia, de continuidade. De um tempo para cá estamos ensaiando com uma pessoa, é a pessoa que mais trabalhou conosco como produtora executiva. Ela vai se agregar mais. Estamos vendo como é que isso vai se dar. Sem dúvida nenhuma, esse é o calcanhar de Aquiles. Esta dificuldade de se auto gerir, de se administrar. Porque no fundo todo mundo quer é fazer arte. Mas, muitas pessoas não têm essa consciência de que tem que ter esse outro lado, porque se não, nada acontece.

E essa parte administrativa do grupo, seja financeira ou de organização, ela interfere de alguma maneira no projeto criativo de vocês? Isso pode vir a parar um projeto?

Ivan - Sem dúvida. Na maioria das vezes por falta de grana você deixa de fazer tudo aquilo que você pensou. Você concede. Tem que fazer a coisa mais simples. Por exemplo, hoje em dia é diferente, tem duas peças do grupo com essas duas atrizes que estão trabalhando na parte de produção. Elas têm um comprometimento muito maior do que os outros. Então, na hora de escolher um texto novo e escalar o elenco para uma peça, elas são pessoas que obviamente têm de estar. Se não, não faz sentido. Elas já trabalham para o grupo como loucas, já ganham super mal ou nem ganham, então não faz sentido na hora a outra estar e elas não estarem. Então obviamente tem uma preferência, por uma questão de justiça mínima, não por questão de preferência. Acaba que influi muito. Acaba que estas duas coisas (produção e trabalho artístico) estão muito ligadas. Você faz muito o que você pode fazer, quando você pode fazer, e muitas vezes não é o que você quer fazer. Muitas vezes você até faz porque é uma possibilidade que surgiu, tem um dinheiro e você cria o negócio. Não é o ideal. Mas, eu também não tenho essa coisa puritana, de fazer o que se quer. Quantas obras de arte, quantos quadros, quantos livros já não foram escritos por encomenda? E são obras primas.

Como são produzidas as imagens dos espetáculos do grupo? Elas são produzidas por um profissional ou pelo próprio grupo? Fotografia, vídeo...

Ivan - O grupo tem um grande problema que todo mundo no grupo é muito "prego", muito ruim nessas funções de fora, que não são de atuação. Então, não tem ninguém que saiba fotografar, filmar, fazer design e ninguém sabe mexer com computador. É uma desgraça! Isso é muito ruim. Porque ninguém sabe bater um prego! Tentamos. Mas, geralmente temos a preocupação de ter um registro, seja fotografia, seja filme. Geralmente nós contratamos alguém, porque se um de nós se mete a fazer, fica ruim.

E vocês têm um arquivo fotográfico do grupo com atualização constante?

Ivan - Temos uma preocupação de ter foto, de ter vídeo. Acho que temos praticamente de todas as peças. Se não tivermos é de uma ou duas, alguma coisa que se deixou escapar, mas é uma constante. Temos bastante coisa.

Como é que vocês fazem à seleção desse material fotográfico? É pela qualidade da imagem ou por aproximação com alguma das características do trabalho de vocês?

Ivan - Isso é muito subjetivo. Tem uma coisa de olhar se ficou bom ou não ficou bom. Os critérios? Se você vai escolher uma foto para divulgação de um espetáculo, você tem que trabalhar com uma coisa que comunique para as pessoas sobre o que se trata aquele espetáculo. Isso é um critério bem claro de escolha. Claro que tem também a qualidade de imagem. No caso de divulgação, você já sabe que tem coisas que a imprensa prefere. Você já tenta produzir alguma coisa que leve em conta a imprensa e a divulgação. No caso de fotos que você usa para programação visual, site, você já tem mais liberdade. Você já pode partir para fotos mais artísticas. No caso de filmagem, por exemplo, quando você vai selecionar material para produzir um *clip*, vídeo *book*, muitas vezes o critério é a qualidade de imagem e de som. Principalmente de som, que costuma ser um problema.

E quanto aos ensaios e trabalho de sala, vocês também registram?

Ivan - Pois é, infelizmente não. Já teve. Alguns espetáculos já tiveram isso. Mas, não temos muito esse tipo de material. Uma coisa que eu cada vez mais estou me preocupando... Por exemplo, este último espetáculo, teve bastante registro, principalmente de foto, não teve muito de filmagem. Isso é uma coisa que me preocupa. Acho que é importante ter.

A criação de espetáculo está orientada pela busca de um público específico?

Ivan - Acho que sim. Somos todos da classe média, todos moram na zona sul, onde está localizada a grande maioria dos teatros do Rio de Janeiro.

Eu acho que quase todos os grupos de teatro do Rio, com algumas exceções, trabalham para aquele grupo ali. É uma elite, que vai ao teatro, que tem uma certa "situação financeira confortável", um público de classe média da zona sul. A grande maioria das pessoas de teatro trabalha para esse público. Até porque não existe um outro público. Quer dizer, claro que tem. Você pode tentar correr atrás, tem grupos que vão trabalhar em outras comunidades, trabalham mais na zona norte. Mas não é um foco nosso. Já fiz espetáculos em eventos culturais da baixada, mas não é um foco de atuação nosso. Estamos muito mais centrados. Eu pelo menos, como artista, procuro falar às pessoas mais semelhantes a mim, que se identifiquem com uma visão, com certo sentimento de mundo que eu tenho. Agora, dentro desse leque, que já é pequeno, teve uma época em que o grupo procurou recortar mais e se comunicar com um público jovem. Com uma ideia de tentar alcançar pessoas que fossem da nossa idade, da mesma geração. Eu ainda sou uma pessoa jovem, tenho trinta e um anos. Mas sei lá, há dez ou cinco anos atrás eu realmente tinha uma coisa de tentar buscar esses pares etários na plateia. Até porque existe um esvaziamento muito grande nas salas teatrais do Rio de Janeiro, por parte do público jovem. Em São Paulo não sei qual é a situação. Nós também queríamos formar esse público jovem. Acho que isso também é importante. Então o grupo trabalhou muito nesse sentido, tanto no que diz respeito à escolha dos espaços (já trabalhamos muito em espaços não convencionais), procurando aqueles que fossem freqüentados por jovens, para formar esse gosto, na escolha da temática. Hoje em dia, nós não visamos esse público de forma tão objetiva. Já existe uma distância grande, por exemplo, do público universitário. Tem uma geração nova aí, que tem outros paradigmas e já são muito diferentes. Eu ainda me considero uma geração tardia e a geração de hoje já tem outros parâmetros, muito distintos. E eu acho isso super interessante. Eu já vejo de fora. Não entendo de dentro. Quero estudar, quero entender, mas não vivencio aquilo. E tem várias coisas, por exemplo: a ligação com a internet e com o computador, a forma como se comunicam, de como apreendem o mundo através dessa ferramenta, coisas muito específicas deles. E tem uma liberdade sexual muito grande. Quase todo mundo é bissexual, dos jovens que eu conheço e desses jovens que eu estou falando. Então, eu acho que já é bem diferente da minha geração.

E como é a bilheteria para vocês? A bilheteria que vocês arrecadam em um espetáculo, ela é essencial para o grupo?

Ivan - Não. Infelizmente não. Na realidade, devem ser pouquíssimos os grupos em que a bilheteria é uma realidade financeira. Nosso grupo ganha um dinheirinho, mas que não dá nem para pagar as contas. Não dá para nada.

Então, não é um objetivo para o grupo?

Ivan - Ah, é! Quanto mais, melhor. Mas, não sei. Aconteceu alguma coisa que essa equação não é mais possível. Isso já foi possível. Anos atrás era isso, a pessoa pegava um empréstimo no banco para bancar um espetáculo e o dinheiro voltava e sobrava. Hoje em dia isso não é possível. Nem nas grandes produções. Ficou caro fazer teatro. As coisas ficaram mais caras e a classe média ficou mais pobre. Não é mais uma equação real. Esse é um dos problemas. Não é uma atividade economicamente viável. Não é. Existem exceções, sucessos estrondosos de público que as pessoas conseguem ganhar dinheiro. Não é a regra, são exceções mesmo. E às vezes produções que ganham muito dinheiro, gastam muito também, com elencos numerosos, muitos técnicos, o que encarece manter a peça em cartaz.

Quanto ao espaço cênico, o grupo tem preferência por algum tipo de espaço? Espaço fechado, espaço de rua, ou não, isso depende do trabalho?

Ivan - Durante muito tempo nós só trabalhávamos em espaços não convencionais. Trabalhamos em cinemas, em boates, em casas, apartamentos, em centros culturais, não em salas de teatro. Nos últimos espetáculos, começamos a trabalhar mais em teatros. Geralmente, mesmo quando o grupo trabalha em teatros, existe uma preocupação de tentar não usar o espaço teatral de uma maneira convencional. Por exemplo, o palco italiano, normalmente ele propõe uma frontalidade entre palco e plateia. Nós tentamos romper com isso de alguma forma, seja colocando o público no palco, tirando todas as cadeiras do teatro (caso o teatro não tenha cadeiras fixas), fazendo uma outra arrumação, ou mesmo espalhando as cenas pelo teatro inteiro não só pelo palco, na plateia também, em cima, atrás do espectador. Em uma tentativa de dinamizar essa relação público-espetáculo. Esta investigação de espaço é na verdade uma das principais características da nossa pesquisa de linguagem. E essa relação com o público é na verdade uma tentativa de incluir o espectador dentro do espetáculo. De alguma maneira explicitar que nós precisamos da participação dele (do público) para que o espetáculo se constitua. E aí, nesse sentido, o grupo já trabalhou com vários artifícios.

Então vocês pensam no público na hora da criação do espetáculo?

Ivan - Muito. Sempre. Sempre há uma preocupação muito grande, de como isso vai chegar e como trazer as pessoas para dentro do espetáculo. Nós já trabalhamos muito com plateias pequenas. O que eu acho que facilita a pessoa se sentir parte do evento, porque ela não fica diluída no meio de uma grande massa anônima. O grupo já trabalhou, por exemplo, com espetáculo para um espectador. Já teve um espetáculo que fazíamos para oito, espetáculos para quinze, para trinta. Durante muito tempo isso era o comum. Agora, trabalhamos em teatro, até porque tivemos vontade de trabalhar com mais público. Mas essa relação com o espectador ainda é uma questão muito importante. E o grupo já trabalhou também com uma inclusão física do espectador, através de uma interatividade mesmo. Vou citar alguns exemplos: tinha uma cena em que todos estavam sentados à mesa juntos, público e ator, todo mundo comendo junto; ou então, todo mundo numa boate, dançando junto; ou então servindo bebida; ou através da própria proximidade - você fazendo a cena aqui (próximo) já é uma outra relação de intimidade. Também já trabalhamos com uma inclusão dramatúrgica, oferecendo um papel ao espectador dentro da trama. Então, por exemplo, no espetáculo que eu estava falando o *Combinado*, o público fazia o papel de detetive. Ele tinha que descobrir quem era o culpado pelo crime da trama.

E isso interferia no decorrer do espetáculo?

Ivan - Totalmente. O público precisava fazer perguntas para os suspeitos para descobrir quem era o culpado. E tinha uma brincadeira com esses jogos de *Scotland Yard*, o público tinha que preencher uma ficha com o nome do assassino, o método do crime e o motivo. Então se ele não participa a cena não anda. Você precisa dele ali dentro. Tinha um culpado. E o espectador tinha que descobrir quem era. Fizemos uma trilogia de romances desse gênero policial. Um desses espetáculos era itinerante e tinham pistas espalhadas pelo espaço. Em *Combinado* que é o primeiro dessa trilogia, o público tinha acesso a todos os depoimentos dos suspeitos. Então, ainda que o espectador não fizesse perguntas, ele tinha acesso a uma quantidade de informações com a qual ele conseguia descobrir o culpado. No outro espetáculo, os atores não tinham textos, tinham informações. E eles ficavam quietos espalhados pelo espaço e o público ficava andando. Se a pessoa não chegasse e perguntasse alguma coisa, não ia saber. Claro que ele poderia ouvir a resposta a um outro espectador. Mas, por exemplo, tinham pistas espalhadas pelo espaço e ele tinha que ir atrás dessas pistas. Se ele não achasse essas pistas, se ele não achasse não era uma pista para ele. Então, na verdade, é um dos exemplos mais radicais, mesmo que seja um jogo, uma brincadeira que não tenha uma proposta mais reflexiva, é uma coisa muito prática de chamar o público a agir. Todos os espetáculos dessa trilogia que se chama *Assassinato em série*, o último espetáculo se chama *Outro combinado*, o segundo se chama *Cena do crime* e o primeiro *Combinado*. Em todos esses espetáculos tinha uma cena que era o momento em que todo mundo tinha que preencher a tal ficha, que eu achava muito interessante porque não tinha ator nessas cenas. Era uma cena da peça. A peça estava acontecendo e o público interagia com o próprio público. Eles ficavam debatendo, "quem será?", "quem você vai colocar?", raciocinando juntos e tal. Eu acho que, mesmo que a trama da peça seja uma bobagem, formalmente eu acho muito interessante você construir uma cena, chegar numa cena em que você retira o ator. É uma cena feita só pelo público. Acho que isso é um exemplo muito claro do que eu estava falando sobre tentar incluir o público em um espetáculo.

Então, só para fechar, o espaço, de alguma maneira, parece muito importante para a identificação e construção do trabalho de vocês?

Ivan - Muito, muito importante. Acho que são os dois vetores principais: espaço e público, da pesquisa de linguagem. Têm outros, eu poderia lhe falar de outros. Mas sem dúvida acho que esses são os elementos mais importantes.

São Paulo – SP

CIA ELEVADOR PANORÂMICO
Entrevistado com Marcelo Lazzaratto[28]

Concedida a Daniel Olivetto e Margareth Ferreira Rueckert
Em junho de 2005, na Escola Célia Helena, São Paulo SP

Quando falamos em teatro de grupo hoje, que características você acredita serem as mais marcantes deste modelo teatral?

Marcelo Lazzaratto - Poucas coisas. Se não tem um mínimo de convergência estética fica bastante difícil de amalgamar um núcleo de pessoas. E este tipo de convergência se dá de duas formas: ou tem uma pessoa catalisadora – um diretor com um pouco mais de experiência, ou muito mais experiência que consegue atrair um grupo de pessoas que se interessam pelo seu trabalho – ou então é um grupo de jovens onde essa figura do catalisador ainda não apareceu, mas, que se juntam por estarem todos "à deriva", pois, nós sabemos que o teatro não oferece muitos subsídios para sobreviver. Mas, esse estado de deriva é interessante, pois, na formação destes grupos o aprendizado aos poucos ocorre junto, o crescimento ocorre junto, e de repente você pode ter um grupo bem formatado com uma boa linha de pesquisa, uma boa investigação. Geralmente os grupos que perduram mais tempo - pensando na história recente - são grupos em que existe esta figura catalisadora. O *Galpão*, por exemplo, talvez seja uma divergência nisso que eu acabei de falar. Mas, se você pensar em outros grupos que tem por aí, o *Teatro da Vertigem*, o *Folias D'Arte*, o próprio *Elevador Panorâmico* tem uma figura que encabeça o trabalho. Enfim, são pessoas que estão ali para organizar, instigar, fomentar, rearticular, redimensionar conceitos.

Se a gente pensar nas características dos grupos teatrais dos anos 70, que tinham uma inclinação aos processos mais horizontais, esta figura do diretor, como catalisador não descaracterizaria em parte a noção de grupo?

Lazzaratto - Acho que não. Quer dizer, se esta pessoa catalisadora tiver

---

[28] Ator e Diretor Teatral. Professor de Interpretação da Escola Célia Helena, e do Instituto de Artes da UNICAMP. Diretor da Cia. Elevador Panorâmico.

realmente interesse de fazer teatro de grupo, ou seja, ele vai ter que abrir mão de algumas vaidades em prol do 'grande projeto'. É o problema e a virtude da liderança, não é? A liderança é perigosa e ao mesmo tempo necessária. Se o cara souber lidar com a coletividade, se souber se colocar como mais um integrante, que eu acho que é uma atitude correta que a gente tem que ter, aí, eu acho que vai muito bem. Por outro lado, é muito difícil para os jovens atores que chegam ao 'mercado de trabalho" (porque nem mercado temos), que estão formados pela universidade, ou por uma escola técnica, ou por qualquer coisa que seja, persistirem. Eles acabam se juntando, mas falta um pensamento organizador. E até este grupo descobrir um pensamento organizador as relações já se desgastaram. Se eles têm um pensamento organizador um pouco mais determinado fica mais "fácil" para você optar pelo caminho que for.

Você citou a pouco alguns grupos daqui de São Paulo como o *Folias D'Arte*, o *Teatro da Vertigem*. Citou também o *Grupo Galpão*, que é de Minas Gerais. Que outros grupos você acredita que façam parte do modelo de teatro de grupo?

Lazzaratto - O meu grupo faz parte deste modelo. Apesar de ter apenas cinco anos, é um grupo que tem uma certa estrada, que neste tempo montou peça difíceis, ou seja, é um grupo que se arriscou. Montamos uma peça do Peter Handke, com "trezentos" personagens, sem palavras. Nós criamos um monólogo a partir de criações nossas que se chamava *Loucura*. Estávamos em cartaz até semana passada com uma peça totalmente improvisada chamada *Amor de Improviso*. A gente tava "botando a cara à tapa" mesmo. Acho que todos os grupos que se arriscam numa investigação de linguagem, tentando acessar o homem contemporâneo e manter o diálogo, sem fazer concessões, acho que são grupos deste modelo de teatro. No teatro tido como comercial é difícil você ter este tipo de risco. Se começa um trabalho pensando no retorno, e geralmente no retorno financeiro. O teatro de grupo é o único espaço de investigação. As escolas técnicas de teatro e a universidade são importantes também, mas o que eu sinto é que o teatro de grupo é o único lugar em que o ator realmente mergulha no desconhecido, ou mesmo no desconhecido pra si. Não tem que "descobrir a América". O grupo às vezes tem essa ansiedade de ter que sempre estar inventando algo novo, de querer descobrir a América todo dia. Tem que ser coerente com aquilo que o grupo acredita. E isto significa estar constantemente preocupado em acessar o seu desconhecido. Mas, falando em nomes de grupos daqui: tem o *Grupo Malas Artes*. Me passaram na cabeça agora vários grupos, mas são grupos que eu acho que ainda não cumpriram uma jornada, sabe? O Márcio Aurélio falava isso, da *Companhia Razões Inversas*. O Marcio foi meu primeiro diretor de teatro e falava isso, que um grupo de teatro para se estabelecer precisa de, no mínimo, cinco anos. Precisa pelo menos cinco anos para você conseguir organizar todos estes fatores. Em cinco anos as pessoas entram, as pessoas saem. Depois de cinco anos este pensamento começa a solidificar, começa a se adquirir uma 'cara'. Você começa a adquirir uma responsabilidade pelos trabalhos passados que você fez. Você tem essa responsabilidade ao mesmo tempo em que tem projetos a alcançar, tem terrenos desconhecidos. Há vários grupos na minha cabeça agora, de gente jovem, e que são interessantes, mas que precisam de mais tempo ainda para poder dizer que é um grupo e que existe mesmo e que vai estar vivo daqui a dez anos, sabe? Então desses eu não vou falar. (risos).

Gostaria que você comentasse um pouco sobre seu trabalho no *Elevador* e o seu trabalho anterior no *Grupo Razões Inversas*, no que diz respeito ao processo criativo. Como se organizam os processos criativos, e em que medida existe uma interferência do ator na criação da dramaturgia?

Lazzaratto – Acho que no teatro de grupo o ator sempre interfere na dramaturgia, e isto não quer dizer que ele é o dono do pedaço, que eu acho isso um equívoco. Essa coisa do "ator-criador" está muito na moda hoje em dia. O ator é fundamental no trabalho, mas ele precisa ouvir também. Muitas vezes é bom que o ator se coloque na função de fazer simplesmente. No trabalho com o Marcio Aurélio, que foi meu mestre na universidade e também no mestrado, eu propunha coisas, dava ideias, mas tinha muita clareza de que quando ele me falava "faça isto" eu podia fazer. Acho que isto é se colocar a disposição do pensamento que alguém que está te conduzindo já adquiriu. Então, você tem que se colocar no colo dele mesmo. Tem que se jogar. E depois, no meu grupo, quando eu me tornei esta figura catalisadora, foi bacana porque eu tinha o outro lado, o lado de ator que propõe, e que ao mesmo tempo sabe ouvir e sabe se colocar no trabalho sem ter que propor uma coisa a cada dois segundos. É uma bobagem, tem uma ansiedade que não sei se é preciso. Acho que ouvir e fazer de vez em quando é o melhor caminho. Então, quando comecei a trabalhar no meu grupo eu já tinha este lado do ator e tentava na medida do possível, e tento até hoje, compreender estas coisas e oferecer o espaço – o máximo possível - e ao mesmo tempo saber a hora em que devo tomar a rédea. Acho que o ator precisa de um tempo que é só dele, um espaço com aquilo que ele vai fazer especificamente na cena, e que não necessariamente está relacionado com o super objetivo da peça, com a linguagem, com os conceitos mestres da peça. Muitas vezes o ator nem entende direito o conceito e vai lá e realiza exatamente aquilo que o conceito está querendo, e depois é chamado à luz. Porque o ator trabalha muitas vezes por alguns outros vieses, que a nossa mente racionalista não chega a descobrir direito o que é. E é importante o ator saber preservar este momento dele onde ele não está muito preocupado com o conceito, com a produção. Ele vai fazer o trabalho dele. Isto que eu estou falando não é somente no teatro de grupo, acho que é em todo o tipo de trabalho. Só que você precisa de um tempo para estas coisas acontecerem. Precisa de um período de maturação. No teatro de grupo também acontece isso, mesmo que eu seja o diretor e tenha uma ideia tal, ela corre o risco de ser vetada. A minha palavra influencia bastante no *Elevador*, não vou falar que não. Mas não tem cem por cento de chances de que aquilo que estou pensando realmente vá acontecer. Tem muitas necessidades que o grupo precisa gerenciar. Às vezes o grupo opta por pagar salários, outras vezes por investir o dinheiro em um espaço para poder trabalhar. Então o grupo opta por pegar as peças que tem e sair vendendo para vários lugares, colocar a peça em cartaz para fazer um caixa e aí sim poder pensar na próxima produção. E isso demora um tempo. Eu tenho peças agora, com o *Elevador*, projetadas para 2008. Para 2006 a gente conseguiu um projeto bom com o Banco do Brasil. Para 2007 já tem uma promessa antiga que tínhamos planejado, daí só dá para montar esse outro projeto para 2008. Acho isso bacana. Acho que é um bom sinal, porque quando o grupo consegue ganhar certa maturidade no seu percurso você começa a se ver à longa distância. Não quer dizer que o futuro vai acontecer exatamente como você está planejando agora, mas você consegue previamente estipular os tempos que você acredita ser necessários para se estabelecerem.

E para dar continuidade para esse trabalho, você necessita desta estrutura.

Lazzaratto – Exatamente. De uma estrutura em vários níveis. Em primeiro lugar de uma estrutura humana, quer dizer, de amigos, atores, camaradas. Colegas de trabalho que estão junto com você em uma mesma vertente, com a mesma convergência estética, seja lá qual for. Às vezes as ideias se divergem. E essa convergência estética só se encontra junto com estas divergências. Só assim se formula um pensamento que é da coletividade. É como um riozão, um Amazonas, que vai em direção ao mar. E é só com um tempo que você começa a descobrir se você tem esse rio ou não. Se existe este riozão ou era só ilusão sua, uma viagem pessoal. Você tem que abrir mão das coisas. No teatro de grupo você abre mão. Para você existir enquanto grupo a palavra de ordem é abrir mão. Abrir mão da tua vaidade.

Às vezes de um contrato mesmo. Você entra em cartaz e não ganha nada fazendo uma peça. Nada mesmo. Aí você consegue um contratinho que vai tapar algum buraco e bate na mesma época da temporada: você vai abrir mão. Se o rio existe para você, se você está indo em direção ao mar você vai abrir mão daquele contratinho. E o que a gente faz para sobreviver é todo mundo se virar em quinze para conseguir não abrir mão de nada e conseguir preservar o riozinho. É que para ele existir, em algumas horas você tem que abrir mão. Senão, vão represá-lo.

Na sua companhia todos têm outro trabalho. Vocês ainda não conseguem ter retorno financeiro para sobrevivência de cada um.

Lazzaratto – Ainda não. Com esse projeto que a gente conseguiu agora, que é para o ano que vem, vai ser a primeira vez que vamos conseguir tirar, cada um de nós, um pequeno salário, que nem sei se dá para chamar de salário. Mas dá para cada um ganhar um pouco por seis meses.

Isso depois de seis anos de grupo.

Lazzaratto – Depois de seis anos! A gente fez um infantil que fez bastante sucesso aqui em São Paulo que era *A Ilha Desconhecida*, criado sobre o conto do Saramago. Eu quis trabalhar com o universo infantil, mas sem abrir mão do linguajar do Saramago, das metáforas dele. Não queria "facilitar" para as crianças. Peguei o texto, adaptei para teatro e coloquei lá que era para crianças. E essa peça foi muito bem. Aqui em São Paulo sempre tínhamos público. Ficamos quatro anos em cartaz. Como era a primeira peça nossa, optamos por ninguém pegar dinheiro da bilheteria. Muitos ainda faziam faculdade, ainda tinham chance de conseguir sobreviver pelos pais, outros já trabalhavam. Aí guardamos o dinheiro deste espetáculo e conseguimos produzir as duas próximas peças. Aí decidimos que só quando era vendido para alguma cidade, o dinheiro seria dividido em porcentagens. O que era dinheiro de temporada íamos guardando. Então *A Ilha Desconhecida* foi uma peça abençoada em todos os sentidos. Primeiro porque eu peguei o texto e "vi" a peça, propus a eles, e a gente tinha pauta no Teatro Brasileiro de Comédia na época, aí conseguiu montar a peça em três semanas. De repente um crítico viu, depois outro, e a peça foi ficando em cartaz. Foi uma peça abençoada por várias destas coisas. E também nos deu uma possibilidade de permanência, pois conseguimos montar as duas próximas peças com o dinheiro desta. Tem que ter este tipo de política em que você vai abrir mão, à priori, de um dinheiro que está entrando, se você tem um projeto a médio prazo pelo menos. Para isto, se o cara já tem família, se o cara não tem um pai que possa lhe ajudar, ele vai ter que trabalhar em outras coisas, sem dúvida nenhuma. Às vezes consegue trabalhar em algo de sua área, que é o que vocês fazem na faculdade, por exemplo. Você não vai trabalhar em um banco, nem de secretária, em alguns casos, mas em algo próximo daquilo que você mais gostaria de fazer. E aí tem as licenciaturas, mas tem muitas pessoas que dizem que querem ser atores, mas não querem dar aula. E outras que só querem dar aula, que é a profissão mais importante que existe. Mas, isso já é uma outra história. Se a pessoa não tem essas possibilidades ela vai ter que trabalhar em outras coisas, o que significa diminuir uma coisa que o teatro de grupo exige que é a imersão no trabalho. Que é você conseguir preservar períodos da sua vida, ou seja, todos os dias um horário da sua vida, por pelo menos umas quatro horas, para você mergulhar na sua investigação. Que pode ser uma investigação "masturbatória", que não dá em nada, como ela pode ser colossal. Mas isso você só vai saber fazendo. Muitas vezes o perigo do trabalho de grupo é esse, você fica tão fechado nas verdades que o grupo determina para si, que você perde um pouco o contato com a realidade e o resultado deste processo não consegue descobrir interlocutores. A peça fica muito hermética. Isso é um perigo, às vezes. Tem que descobrir uma química entre fazer um trabalho sem concessões e ao mesmo tempo conseguir estabelecer uma área de comunicação. Se você não quer comunicar, tem que fazer que nem o Grotowski, que abriu mão da plateia quando descobriu que ela não interessava mais a ele. Se você quer a plateia, se a plateia é importante para você concluir o seu processo de pesquisa, você precisa descobrir um modo de aprofundar isso, que é a justificativa que este nome estapafúrdio que a minha companhia tem: *Cia. Elevador de Teatro Panorâmico*. Uma justificativa que eu adoro, acho linda: buscamos a verticalidade da pesquisa, com uma abrangência panorâmica, com a horizontalidade do alcance. É minha busca como arista: ser vertical na pesquisa: um elevador que vai desde o mais profundo, lá no subterrâneo, até a estratosfera mais longínqua. E ter uma preocupação com a comunicação. Odeio quando tem que fazer um projeto em que temos que definir um público alvo. Sabe essa coisa mercadológica?

O "onde a gente vai encaixar o seu trabalho"...

Lazzaratto – Claro. Onde vão encaixar o meu produto. Meu público alvo é de A a Z. É todo mundo, à toda hora em qualquer lugar. É para todo mundo. Não tem essa de "público alvo". A peça que eu e a Ligia Cortez estamos fazendo está em cartaz no Teatro Renaiscence, que é um teatro que se caracterizava apenas a apresentar comédias de costume, para classe A e B se divertir. Eles pagam caro – muito caro mesmo – pelo ingresso, e voltam para casa "felizes". Está lá o *A Entrevista*[29] em cartaz. Vai colocar ali uma peça que propõe uma discussão como aquela. Uma estética que tira tudo de cena e deixa só o ator, põe um cara sentado em uma cadeira falando, isso vai contra uma política básica de uma classe média alta. Quer dizer, a peça só entra ali porque tem um cara sensível lá que quer transformar isso. Quer dizer, não é para a classe A que eu quero fazer a peça. Quero fazer teatro que é para todo mundo ver. Não quero que se entenda isso como um conceito de classe ao contrário.

Essa ideia de que fazer para todo mundo significa fazer para classe mais baixa também?

Lazzaratto – Ficar tão preocupado com as classes sociais mais baixas – e tem que haver sim essa preocupação – e achar que as pessoas que nasceram com outros subsídios não podem ter acesso ao seu trabalho. Acho que a gente tem que visar um diálogo com todos. Acho que só assim essa desigualdade pode desaparecer. Se conseguirmos sensibilizar todas as classes, a diferença de classes vai deixar de existir. De que forma? Com educação, com arte. E para o teatro de grupo isso que é importante, pois se trata de um trabalho que consegue criar materiais estéticos com este tipo de verticalidade, e consegue empurrar limites. E para você empurrar limites, você precisa se fechar um tempo num lugar e ir socando uma porta, e outra porta: a sua própria porta. Nos satisfazemos com muito pouco em geral. O mundo em que vivemos nos diz isso: "Faz um truque aqui, outro ali, vai ficando na média e está ótimo". Aí a mediocridade aparece. E acho que o teatro de grupo vem justamente para mediocridade não aparecer. E eu não estou falando do "mau teatro", porque esse mau teatro é lindo. O mau teatro, que geralmente é o teatro amador, é lindo. Ele pode estar cheio de equívocos, ou de ideias viciadas, mas tem alguma coisa em ebulição ali, e que é necessária, que é lindo de morrer. O problema não é esse mau teatro como chamam. Nem o "bom teatro". O problema é o "médio teatro". É a mediocridade. É aquele teatro que se contenta com pouco, com o mais fácil, com o mais rápido. Ficar "montando pecinha". "Vamos montar uma pecinha nós dois?". Aí monta e fica bonitinha, apresenta, mamãe gostou, papai gostou, os amigos gostaram, mais meia dúzia de pessoas gostou e pronto: estamos satisfeitos.

Depois acaba e vai um para o seu lado.

---

[29] Espetáculo em que Lazzaratto dirige a atriz Lígia Cortez sobre texto de Samir Yazbek.

Lazzaratto – E monta outra pecinha e assim vai. Esse tipo de teatro sim é perigoso. Esse é o mais perigoso.

No processo de vocês parece haver uma pesquisa bastante coletiva, no sentido de que os atores embarcam naquilo que você propõe e vice versa. Como é a formação dos atores no seu grupo, e em que medida o trabalho de vocês está investindo no seguimento desta formação de ator.

Lazzaratto – O grupo com quem trabalho é formado de atores que se formaram aqui nos cursos do Teatro Escola Célia Helena em 2000. Voltando um pouco: o *Razões Inversas* foi um grupo que se formou com a primeira turma da UNICAMP. No mesmo ano o Márcio estava Se formando aqui na USP, aí ele convidou alguns atores de São Paulo para entrar no *Razões Inversas*, na UNICAMP. Éramos todos jovens. Todos tinham menos de vinte quatro anos. Aí se passaram dez anos, todos com seus trinta, trinta e poucos anos, e aí a vida começa a chamar. Um vai casar, outro ter filho, quer dizer, em dez anos cada um começa a ter necessidades muito particulares. A última peça que todo mundo fez junto era um absurdo para ensaiar. Eu estava em cena o tempo inteiro, ensaiava mais um ator e o Márcio, por exemplo, na segunda-feira das dez da manhã ao meio dia. Aí com uma outra atriz na terça das dez da noite à meia noite. Começou a ficar assim por conta da vida de cada um, porque a gente precisava sobreviver. Então criávamos este dispositivo que era para dar conta da peça que tínhamos que ensaiar, mas sem estar todo mundo junto o tempo inteiro. E isso era bem complicado. Dez anos. Entende? As pessoas foram saindo, foram fazendo outras coisas, e agora estão lá com o *Agreste*, com Paulo Marcello e o João Carlos Andreazza, e conseguiram então fazer uma peça que estourou a boca do balão. Esses dez anos foram de 1990 até 2000. Em 2000 eu já estava com vontade de ter meu grupo para trabalhar. Aí eu chamei alguns jovens atores que estavam se formando comigo aqui no Célia Helena. E que estavam nessa de "que vamos fazer agora?". Eu precisava de atores para trabalhar, eles precisavam de um diretor, então juntamos os trapos. O que eu sempre falo para eles é que eu já percorri este caminho. Eu sei que daqui a pouco eles vão ter trinta anos e a vida vai começar a chamar. Então, no gerenciamento do dia a dia do grupo eu tento preservar o máximo a relação de trabalho, de produção artística, para não sucumbirmos daqui a quatro anos. É muito provável que isso possa acontecer, porque a vida chama. O filho chama. Você tem que botar comida na boca da criança. Então, atualmente o grupo é composto por jovens atores formados aqui na escola Célia Helena, que é uma escola que oferece diversos procedimentos. Então tem um cara que já passou por diversos processamentos artísticos durante um tempo, e que vai dar para eles um material extra. Esse encontro entre o trabalho na escola e esse material que eu trago para eles vai criando aos poucos um terceiro vetor. E as escolhas artísticas são cruciais. Se escolheu o Saramago e o universo da criança isso é crucial. Se escolheu fazer vinte e cinco personagens no texto do Handke, isso é crucial também. Ao mergulhar nisso você está descobrindo, está se formando. Você mergulha na estética, no que o autor propõe, na sua visão. E você tem que dar conta da peça. Isso tudo é um processo formativo. Escolher montar *Amor de Improviso* e lançar os atores – e a si próprio, porque estou em cena também – num tipo de espetáculo em que tem de haver um tipo de acabamento estético, e que, no entanto, o que interessa é o processo sendo obra e não o processo que um dia vai ser a obra. Ou seja, se você opta por um trabalho que abre mão de certo acabamento e finalização, se opta por um trabalho em que você abre mão das certezas, se expondo de maneira radical, isso só é possível se você acredita muito nesse tipo de formação, se você acredita muito no trabalho do seu companheiro. Eles têm que acreditar profundamente em mim quando proponho isso e eu tenho que confiar profundamente que eles vão dar conta desta ideia maluca. Porque é uma ideia maluca, mas apoiada em muita coisa. Os atores estudaram desde Mallarmé, passando por todos os "ismos" do começo do século passado, até a ideia de performance da década de 70, para que tivessem compreensão deste percurso histórico, e entendessem que estão fazendo uma peça que vem de algum lugar, e não uma "porralouquice", uma "ideia original". Não existe mais ideia original. Nós somos frutos de outra coisa. Esse processo de olhar para trás e entender que linha estamos pegando agora, é o processo de reconhecimento de que esse rio que estamos agora, teve alguma nascente lá atrás. Isso é um processo de formação. Neste momento, por exemplo, estamos imersos num estudo sobre o Duschamp, sobre tudo o que ele falou, tudo o que falaram sobre ele, um estudo sobre as obras dele, para tentar compreender aquele pensamento, que é um pensamento que nos diz respeito. Nossa próxima peça, que vai se chamar *Peça de Elevador*, é feita dentro de um processo "semi-colaborativo". Na verdade, não gosto muito deste nome, "processo colaborativo", pois para mim o teatro só se dá na colaboração, não é preciso nomear algo intrínseco ao nosso fazer. Quando rotula-se algo imediatamente institucionaliza-se esse algo, e a arte não cabe na instituição. Pois bem, improvisamos sobre diversas situações de elevador, das mais estapafúrdias às mais corriqueiras, chamamos um autor, mostramos para ele o material, ele começou então a selecionar e trazer propostas, onde cada ator tinha que desenvolver a ideia de um personagem.

Agora ele está em sua casa escrevendo e semana que vem vamos ver a primeira versão da peça. Hoje, com essa peça, creio que – depois de seis anos – consegui aprofundar essa ideia da verticalidade da pesquisa com a horizontalidade artística. Isto tudo é formação. Outros têm outra formação também. A Carol agora está na USP, fazendo o curso de Artes Cênicas. O Pedro e a Helô fizeram jornalismo na Pontifícia Universidade Católica (PUC). A Tatiana estava até a pouco fazendo a faculdade de corpo da PUC. Acabou de se formar. Tudo o que ela trabalhou lá eu peço para ela desenvolver aqui com a gente. Adquire a experiência lá, deságua aqui. Se o outro ator fez um curso de artes plásticas, deságua isso aqui. O grupo está constantemente se reciclando, se renovando dentro do riozão que escolheu para navegar.

Nos processos do teatro de grupo parece ser bastante presente a ideia de um discurso que é do todo. Como você vê isto na atualidade? Porque nos anos 70 a ideia de grupo era mais presente, parece que isso era mais organizado como um movimento de teatro, talvez por causa da militância, da resistência à Ditadura. Esse teatro que possuía um 'discurso do grupo' estava ligado a esse contexto histórico. Como você percebe isto hoje?

Lazzaratto – Tínhamos uma ditadura política lá, mas hoje eu acho que temos uma ditadura que é pior, que é a ditadura econômica. Esta é pior que aquela. Naquela o inimigo era claro. Eu sei contra o que eu estou lutando. Nos dias de hoje a coisa fica indefinida, fica nisso de "e você é de esquerda ou direita?". Quem é o inimigo de fato hoje? É uma questão da economia. Muitos grupos hoje se reúnem para poder sobreviver. Você acaba uma escola e se junta com quem você gosta e tem afinidade de ideias. A questão afetiva esquecemos de considerar. No grupo ela não é fundamental, mas ela existe e precisa ser levada em conta. Porque nós somos humanos, e não máquinas produtoras. No grupo precisamos trabalhar também as afetividades. Não tem jeito, porque a gente tem que se olhar por muito tempo. Você me irrita, mas me ajuda em muita coisa, então eu aprendo a lidar com isso. Como o inimigo não é claro, as pessoas se juntam. Quantos grupos se formam porque as pessoas não têm perspectiva nenhuma e acabam se juntando para fazer alguma coisa, para compartilhar a tragédia. E demora um tempo para este grupo se estabelecer como um grupo de fato. Muitos se formam só no desespero de causa, por conta da política econômica mundial, não só do Brasil não. Só vai ser grupo mesmo se depois de uns cinco, seis anos, se segurarem muito, não só na prática, mas no pensamento que eles desenvolvem coletivamente. Tem grupos que se reúnem, fazem um trabalho e o negócio é colossal, e depois o grupo não continua. Tudo bem. Lógico que acontece, não há dúvida. Mas não é grupo. No teatro de grupo a questão do tempo está colocada.

Você falava no começo desta conversa sobre a aposta coletiva em um resultado que não se sabe qual é. Embarcar em uma viagem que você não sabe bem onde vai dar e, inclusive, não saber se o resultado vai ser um grande sucesso ou um fiasco total.

Lazzaratto – Acho que a questão do fiasco é relativa no teatro de grupo. Porque conforme você vai descobrindo qual é o seu caminho, o próximo trabalho vai aparecer. Se você está construindo um pensamento, é coerente que um próximo trabalho apareça. Se vai ser um sucesso ou um fiasco não importa. Ele precisa existir para que o processo aconteça, dê continuidade. A gente erra. A peça do Peter Handke que montamos foi um sucesso aqui em São Paulo. Em dois anos e meio nos catapultou como grupo. Muita crítica boa. Aí fomos a outros festivais, fomos à Curitiba e pela primeira vez tivemos críticas negativas e isso abalou a estrutura de muitos atores que estavam no rio. Este abalo fez com que alguns atores saltassem fora. Dos dezesseis que compunham o grupo, ficaram nove. E o percurso vai se definindo. Isso tudo criou o caminho para o *Amor de Improviso*, que é bem mais radical que o anterior, e era outro tipo de teatro, um tipo de teatro que não é fácil assumir. O barco balançou, alguns caíram fora, o que é normal. E não é que eles sejam menos atores que os outros. As pessoas têm suas vontades, visão de mundo. É por isso que o Amazonas tem vários afluentes (risos). Acho que hoje em dia existe um ressurgimento do grupo por dois fatores: primeiro porque se acabou a era dos grandes diretores, dessa figura colossal que é o Deus todo poderoso, para quem os atores devem dizer amém. E também porque acho que os atores voltaram a descobrir seu valor no teatro, e descobriram que o trabalho de equipe é o melhor. As pessoas estão um pouco cansadas desse individualismo que tem sido pregado tão radicalmente. Então elas se reúnem para falar sobre filosofia, profissionais liberais. Aí elas se encontram numa quinta feira à noite depois do trabalho, cansadas, mas preservando isso, discutir filosofia. Se você pensar bem, tem muitas pessoas se reunindo por aí, ou seja, criando um ritual. Então acho que um lado é esse: as pessoas percebem o teatro como arte máxima, por ser uma arte que depende do coletivo. As pessoas estão descobrindo valores dentro de um tipo de pensamento coletivo. E por outro lado, essa questão econômica. Mesmo assim, quantas pessoas começam no teatro, tem chance de trabalhar e descobrem que não era essa a sua praia. E alguns outros acabam na frustração porque não tiveram meios de gerenciar essa vida. Por outro lado, a gente sabe que quem realmente está a fim sempre dá um jeitinho de continuar fazendo, seja numa mega cidade como São Paulo, seja em Piraporinha do Bom Jesus da Lapa.

CIA LIVRE
Entrevista com Cibele Forjaz e Edgar Castro[30]

Concedida a André Felipe Costa, Ana Luiza Fortes Carvalho, Ligia
Batista Ferreira e Vinicius Pereira
Em 10 de dezembro de 2007, na Sede da Cia Livre, São Paulo SP.

**Gostaríamos de conhecer informações gerais do grupo. Quando e
porque o grupo surgiu? Quais eram as pessoas que faziam parte da
primeira formação?**

Cibele Forjaz – Eu fiz ECA (Escola de Comunicações e Artes da USP), de
lá nós saímos com um grupo chamado *Barca de Dionísio*, do qual participava
também o Tó (Antônio Araújo) e várias pessoas que foram para o *Teatro da
Vertigem*, Lúcia Romano. Era um grupo bem grande. Só que depois eu
fiquei dez anos no *Teatro Oficina*, trabalhando como assistente de
iluminação. Durante este tempo nós da *Cia Livre* já tínhamos conversado,
somos todos da mesma geração, todos atores-criadores, que tinham em
comum algumas coisas. A primeira é o fato de que quase todos exerciam
quase todas as funções, ou seja, dirigiam, eram atores-criadores, que
gostavam de ter um trabalho mais autoral, e vários escrevem e dirigem, e
também têm um trabalho pedagógico. Então as nossas conversam vinham
um pouco no sentido de criar uma companhia que não fosse gerida pela
vontade de um diretor, como de alguma forma era o trabalho nos anos 70 e
principalmente o que sobrou depois nos a anos 80. Mesmo o *Oficina* é
muito em torno do Zé Celso, lógico que tem uma equipe grande que
trabalha muito, mas tudo ainda gira em torno de um diretor. E a ideia era
que pudéssemos fazer um núcleo, a princípio a ideia era mais de uma trupe
do que de um grupo, que fosse um pouco mais livre nesse sentido, que as
pessoas pudessem revezar o trabalho. E também a possibilidade de um
grupo que permitisse certo respiro, não um grupo fechado que as pessoas
nunca saíssem. Mas, um grupo que exatamente porque a direção poderia
migrar de um para outro, que a gente tivesse a chance de às vezes fazer um
trabalho fora, viajar e trazer essas experiências para o núcleo. Temos outras
características dessas conversas iniciais que vieram e juntaram esse grupo
(de amigos mesmo). As pessoas valem mais que as coisas, que é uma

---

[30] Integrantes da Cia Livre.

espécie de mote para nós, ou seja, é mais importante o papel de criador e a possibilidade de uma produção que trate a criação em primeiro plano, e não o produto dos espetáculos. Tanto é que toda a linguagem que foi se desenvolvendo na *Cia*, tanto de relação com a dramaturgia, a interpretação, a relação disso com objetos, figurinos, cenários, é sempre baseada no humano. Então, normalmente são mais objetos que se transformam, que viram outras coisas na medida em que são manipulados pelos atores. Em geral, nós trabalhamos com uma relação grande entre o épico e o dramático. A *Cia* é sempre muito autoral, mesmo quando montamos peças prontas, ou quando nós mesmos escrevemos os textos. Outra coisa foi que a gente sempre se preocupou em fazer um processo de estudo grande a cada processo. Então, isso foi aprofundando num trabalho que passou a ter uma cara. Nós começamos montando textos (montamos dois Nelson Rodrigues), mas antes ficamos oito meses fazendo um estudo público grande, onde todo mundo fazia sua leitura dramática, cada um dirigia outro e atuava nas dos outros. Era para sair três montagens, mas saíram duas. Eu dirigi *Toda Nudez Será Castigada* e o Vadim dirigiu *Os Sete Gatinhos*. Era uma trupe mais aberta, com gente que entrava e saía. Lógico que chega um momento em que isso pode virar um problema, porque como é que se vai aprofundar e dar continuidade no trabalho desse modo se é preciso ter as mesmas pessoas? Então nos vimos diante de uma encruzilhada. E nesse momento, nós pegamos o edital de ocupação do Teatro de Arena, e isso fez muita diferença: ter uma sede. Por que a sede demanda responsabilidade aos atores, quem está lá precisa dar conta da sede. Ou seja, além de ser uma possibilidade de um treinamento contínuo, de um ensaiar com mais vagar, de transformar depois esse espaço em lugar de apresentação (que é o nosso passo agora). Então é uma responsabilidade que dá muito trabalho, mas ao mesmo tempo dá certa maturidade ao grupo.

E há quanto tempo vocês têm sede?

Cibele – Nós ficamos um ano no Arena, que foi um tempo de muito trabalho. Porque, na verdade, um espaço significa o trabalho da companhia, mas também a relação com as outras companhias. Um espaço precisa dessa troca. Então nesse período em que ficamos no Arena, várias companhias passaram por lá junto conosco. Nós fizemos um processo de leituras dramáticas com dezoito dramaturgos contemporâneos, e suas respectivas companhias que os acompanhavam. Disso nós fizemos uma temporada em que tinham dez companhias ocupando o espaço conosco. Aí conseguimos pegar o Edital da Petrobrás e fizemos o *Arena Conta Arena*, que foi um processo (muito importante, a meu ver) de ponte entre a nossa geração e a dos anos 60 e 70. Porque houve entre essas duas gerações uma ruptura histórica complicada: normalmente uma geração vai entregando para a outra, uma forma a outra, no teatro tem um pouco disso. É um "passar o bastão" muito pessoal, se trabalha com pessoas que são suas mestras, ou que te ensinam de alguma forma, e certa hora se desgarra. E acho que esta relação pessoal entre uma geração e outra é muito importante. Nós, que começamos a fazer teatro nos anos 80, éramos meio sem pai nem mãe. Tinha muito teatro comercial, e outros como o Antunes Filho, o Zé Celso, ainda meio de "fantasma". Depois também o Gerald Thomas, mas era sempre em torno de alguma pessoa e não realmente um movimento de grupo fortalecido. Tinha o *Mambembe*, que eu ainda peguei. Mas não tinha realmente este "passar de bola". Quando eu decidi trabalhar com o Zé foi por um motivo pessoal (assim como o Vadim, o Gustavo, a Bel escolheram algo semelhante), como uma tentativa de fazer uma ponte entre uma geração e outra. E quando nós chegamos no Arena, tivemos a sorte e a responsabilidade de estar no cinquentenário do Arena, então isso nos permitiu fazer um projeto para a Petrobrás de patrimônio material. Além disso, também tínhamos a Lei de Fomento, o que nos permitiu uma estrutura de produção para pagar passagem para todo mundo do "velho" Arena vir falar de sua história, e isso foi muito forte, porque há grande diferença entre ler e ter um contato pessoal com aquelas pessoas, que não entravam lá fazia vinte ou trinta anos; elas irem ao centro da arena e contarem para nós a sua história. Além disso, nós dirigimos leituras dramáticas das principais peças.

E a partir daí que você acha que a *Cia Livre* se fortaleceu mais enquanto grupo?

Cibele – Eu acho que teve a necessidade de termos uma sede, de aprofundar o trabalho. Ao mesmo tempo não pegamos o espaço em 2005, e isso nos dispersou um pouco, porque a gente trabalhou tanto que isso foi gerando frutos para todos os lados. Essa questão da dispersão é complexa, porque as pessoas precisam viver, e quem vive de teatro vive do dia-a-dia, ninguém tem estrutura fixa. Então, quando não se está com um projeto é muito difícil de manter as pessoas estudando, trabalhando. Essa é uma questão de todos os grupos, principalmente quando as pessoas começam a chegar aos quarenta, que passam a ter necessidades e responsabilidades que elas têm de dar conta e ao mesmo tempo o próprio grupo. Penso que nessa saída do Arena, nós passamos por uma "diáspora", e também pela necessidade de alguns dizerem: não, agora temos que criar um núcleo comum, formar pessoas novas, ter um espaço.

E assumir essa responsabilidade de um aprofundamento da linguagem, se bem que eu acho que isso é o mais fácil, a sobrevivência é muito mais difícil do que a própria pesquisa.

E hoje o Grupo tem membros fixos? Quantos são?

Cibele – Sim, temos dez membros fixos e mais uns vinte móveis, pessoas que estão na *Cia* desde sua origem, mas que têm a liberdade de sair para se dedicar a outros projetos e depois voltar (inclusive porque vários estudam, dão aulas). Entraram agora várias pessoas mais jovens (inclusive alunos nossos), foi muito boa para a *Cia* essa troca. Acho que o próximo passo é fazermos deste espaço um lugar de apresentação, para podermos apresentar o nosso trabalho por mais tempo. Porque sempre se depende de um próximo projeto e de um lugar para apresentar. A sede permite que se tenha uma independência quanto a período de ensaios e também de apresentação. Por outro lado, a nossa dependência do Fomento é grande, principalmente agora que temos sede, porque não conseguiríamos sozinhos segurar uma sede. Então, o que se tem falado no movimento de Teatro de Grupo é que se precisa batalhar de outras formas de produção, outros editais, de manutenção desses grupos fixos, inclusive com algo especial para espaço. Porque o espaço é de um bem público para a cidade, ele é do grupo mas também se abre para outros grupos, cria uma circulação. Logo, é necessária a possibilidade de algum fundo de apoio aos espaços. Nós já conseguimos dois Fomentos, e trabalhamos com eles por quase quatro anos. Esse dinheiro público do Fomento é algo que se multiplica nas companhias, porque cada uma delas vira uma usina de produção: faz pesquisa de linguagem, cria espetáculos, faz dramaturgia, normalmente trabalha com formação, com oficinas, com publicação. Quer dizer, é muito multiplicador. Por exemplo, nesse último fomento, criamos a sede e fizemos um projeto de didática da encenação (passaram quase cem pessoas por aqui, em oficinas, acompanhando o processo de encenação e com o processo de formação), mais a publicação do livro, mais quatro meses do espetáculo em cartaz, a produção do espetáculo, a manutenção do espaço. Tudo isso com trezentos e trinta mil reais. Em um espetáculo comercial ainda faltaria dinheiro, e depois cobram ingressos altos. Isso acontece porque em um grupo de Teatro de Grupo existe uma força de trabalho de multiplicação e de necessidade de recepção que não está diretamente ligada ao comércio. E isso significa um processo de teatro ligado à recepção, à pesquisa e à pedagogia. É intrínseco, não tem como se fazer um trabalho de pesquisa se não se começa a escrever, a pensar e a trocar com outras companhias ou com um processo pedagógico. Não é à toa que as pessoas inseridas nos grupos estejam entrando nas universidades, dando aula nas escolas. Porque esse trabalho exige uma reflexão profunda, que acaba demandando a responsabilidade da produção escrita também.

Então aqui na sede vocês ainda não chegaram a apresentar trabalhos?

Cibele – A minha experiência no *Oficina* me mostrou que ter uma sede que também é um teatro exige dinheiro e dá mais trabalho que dez filhos. (risos) Então, optamos por ir passo a passo, começar com uma sede onde a gente fizesse primeiro uma pequena reforma, trouxesse as nossas coisas, pudesse ensaiar o *Vem Vai*. E, logo de cara, já começamos a convidar outras companhias que precisassem ensaiar nos horários que não ensaiávamos. No processo de escritura do *Vem Vai*, por causa das oficinas, havia sempre muita gente. Em todos os espetáculos que fazemos, nós temos um processo tanto de pesquisa pública quanto de ensaios abertos. Então, uma vez por semana, nós abríamos as portas para mostrar o processo como ele estava. Quando nós estreamos, não havia condições de apresentar aqui (não tinha como fazer estrutura de luz, por exemplo, ou até mesmo banheiro para o público). E agora, a gente quer muito trazer a peça para cá. Toda quinta-feira nós fazemos leituras dramáticas de novos dramaturgos aqui na sede, e isso é aberto também. Tem duas pessoas que são da São Gonçalo, um grupo afim ao nosso, que estão juntos conosco no *Vem Vai*. Esse é um grupo que vem de uma escola na qual damos aula, eles acabaram de fazer um festival em que eles apresentaram aqui. Claro que de uma forma muito improvisada, mas eles bancaram e fizeram um festival de dois meses apresentando aqui as peças deles, umas peças curtas.

E, uma vez que vocês ensaiam aqui e apresentam em outro lugar, como é a presença desse espaço no espetáculo?

Cibele – É engraçado até, porque o espetáculo fica muito com a cara do espaço. Então, o *Vem Vai* é processual, tem muitas portas e cortinas. Isso tem a ver com o nosso espaço ser um labirinto quase, com muitas portas, e essas portas foram utilizadas na cena também como portais de passagem. Foi um processo de estudo muito bonito porque estudamos longamente os povos ameríndios e seus mitos de morte, e principalmente a noção de vida e de pessoa, que é totalmente diferente da nossa.

E quem dirigiu este espetáculo?

Cibele – Eu que dirigi, mas a criação é absolutamente autoral do grupo. Nós trabalhamos muito em conjunto, criando cenas com base tanto em textos teóricos quanto em mitos. Tivemos vasta discussão sobre esse tema com o antropólogo Pedro Cesarino, durante seis meses. E eu não fiquei de fora, todos nós entrávamos em cena para criar juntos, e apresentávamos esse material para o dramaturgo (Newton Moreno). A partir do momento em que nós estabelecemos um roteiro e começou a se escrever o texto, eu saí de cena. Então, eu e todos os atores fomos criadores da história e também da encenação, porque quando se cria um espetáculo a partir de cenas improvisadas e *workshops*, a linguagem está sendo elaborada em conjunto, ao vivo. Em dado momento, cada um foi para o seu lugar: os atores se concentraram naquele texto a partir do momento que já existia texto (escrito pelo Newton), eu saí de cena e olhei de fora. Assim, cada um pôde se dedicar à sua função. Mas nos primeiros oito meses de criação, todo mundo fez tudo.

De onde parte, geralmente, a criação dos espetáculos de vocês? De um tema que o grupo tem vontade de tratar, que o diretor ou os atores trazem?

Cibele – Já teve de tudo.

Edgar Castro – É a Cibele quem geralmente dá o "pontapé" inicial. É ela quem sugere a direção, mas o caminho mesmo vai sendo construído a partir do que o grupo vai encontrando no percurso, e pelas escolhas de qual caminho trilhar, mas sem realmente se fixar em um único ponto. Nós caminhamos percebendo a paisagem, olhando para as margens também, porque pode se encontrar uma abertura e se desviar do caminho. É a Cibele quem nos indica algo, mas tudo é construído por uma visão múltipla constituída por todos do grupo. O que torna muito prazeroso o trabalho em conjunto. Não nos sentimos apenas executores da ideia da direção, mas realmente "construidores" (sic) do espetáculo.

E sobre a dramaturgia? Anteriormente vocês já montaram Nelson Rodrigues, neste último trabalho Newton Moreno escreveu para vocês. Como é essa escolha?

Cibele – Nós já tivemos várias fases. No começo nós tínhamos duas linhas: essa de trabalhar com textos prontos (montamos Nelson Rodrigues, também *O Bonde Chamado Desejo* do Tennessee Williams), e ao mesmo tempo, durante a ocupação do Teatro de Arena, o Edgar, o Gustavo e o Vadim montaram textos próprios, ou seja, todo mundo tinha seus projetos. E a gente dirigiu o *Danton* juntos. No caso desse espetáculo houve dois veios: um que era o próprio texto do Büchner, e uma experiência que eu tive fora da *Cia* (quando eu fui dirigir o Matheus Nachtergaele, com um trabalho de "Teatro-jogo": inventamos um espetáculo sobre o *Woyzeck* totalmente em cima do acaso do jogo), que eu achei que tinha muito a ver com a estrutura do Büchner, e com a ideia do Coringa do Arena. Então a ideia da *Cia* é justamente essa: ter vários projetos que permeiam, que cada um se sinta livre para trazer para o grupo. A pesquisa do Coringa e de toda a história do Arena, mais o trabalho grande sobre o Büchner e com a recriação do texto que fizemos com os atores, gerou o *Arena Conta Danton*, que nesse caso nós chamamos o Bonassi para escrever. Foi ele quem escreveu, mas isso veio de seis meses de elaboração dos atores sobre o texto do Büchner, a partir da ideia de estar no Arena, de estudar a linguagem do Arena. Acho até que algum dado épico acabou sendo introduzido no nosso trabalho a partir daí, e não vai sair nunca mais. Também com essa ideia do Teatro-jogo, da *Cia* que conta uma história. É bem diferente do Coringa do Arena, mas tem ali uma origem do estudo.

Depois que vocês escolhem o texto ou o tema, como é que vocês partem para a encenação? Qual o ponto inicial?

Cibele – Nós sempre trabalhamos com improvisação.

Edgar – É, com *workshops*. Cibele nos propõe cenas e cada um vai fazer sua leitura disso. O que gera muito material, que daria para fazer uns dez espetáculos diferentes.

E no processo de criação, geralmente há pesquisa, treinamento, discussão de texto?

Cibele – Nós temos de tudo. Fazemos treinamento, que geralmente acontece junto com o estudo, e que ainda não é realmente criado por nós, está em desenvolvimento. O que temos é alguns treinamentos específicos para os temas ou para as necessidades que encontramos durante a criação do espetáculo, aquilo que vamos precisar para ele. Agora estamos começando uma parceria, que vem desde o começo do *Vem Vai*, com a Lucia Gayotto, um treinamento de voz (e poética da voz) mais contínuo e também de ioga. Mas normalmente nós chamamos pessoas para fazer um treinamento que seja voltado para tal processo. Sempre fazemos um estudo longo, que é bastante determinante no nosso trabalho, porque nós fazemos um estudo elaborando prática. Por exemplo, no *Vem Vai*, o

Pedro ficava conosco por uma semana - durante a qual nós líamos, analisávamos, pesquisávamos, discutíamos - e depois que ele ia embora, nós "comíamos" em cena tudo o que havíamos estudado com ele, inclusive fazendo cena de textos de antropologia, para que pudéssemos entender de outro jeito, precisávamos que passasse pela cabeça e pelo corpo e pelas cenas. Fizemos isso por uns seis meses, elaborando muito trabalho, foi então que chegou o Newton para escrever a dramaturgia. Ou seja, tem uma dramaturgia do dramaturgo (que olha de fora), mas que é sobre a dramaturgia do ator. E acho que isso é algo que precisamos escrever mais sobre, pois é muito diferente daquela dramaturgia escrita primeiro no papel, porque ela demanda a ação física e a encenação. E vendo de fora para aonde a gente caminha, acho que é para um teatro épico ritual.

E quem realmente muda, corta e fecha essa dramaturgia?

Cibele – Na constituição da dramaturgia há uma troca muito grande entre quem vê de fora e quem está dentro da cena. Eu escrevi um trechinho (que se eu tivesse tempo eu elaboraria mais, porém ainda não tive) no qual eu me pergunto se o processo colaborativo é um processo de antropofagia. Eu acho que é, porque ele tem várias deglutições. Então você me pergunta: a direção é sua? Sim, a direção é minha, mas ela também é coletiva. O texto é do Newton? É, mas também é de todo mundo. A interpretação é de cada ator? É, mas também de todo mundo. Porque é um processo de deglutição de um material que passa por muitas etapas. Nós lemos, e a partir desse entendimento já passamos para o corpo dos atores, pela elaboração dos *workshops*. Por isso que eu resolvi entrar em cena e fazer, porque para eu entender de fato, não dava para eu ficar de fora, eu tinha de pôr o meu corpo na roda também. Então, todos fizeram isso: "ah, quer entender o canibalismo funerário, então bota isso no cabeço e depois vai e bota no corpo". Isso para que possamos elaborar nossos materiais e ideias sobre tal coisa, porque podemos ver na cena, que não era bem aquilo o que achávamos. Ou alguma coisa como, sei lá, canibalismo guerreiro, que é difícil. Quando a gente cria as cenas, elabora um jeito de pensar que é linguagem teatral. Logo, é muito mais que a criação de um espetáculo, porque isso vai desenvolvendo ao longo dos anos um jeito de elaborar a cena. Como eu falei: o canibalismo guerreiro, que era difícil para a gente. Nós fizemos várias cenas, nas quais cada um colocou os seus nortes na roda. Tivemos que devorar a nossa própria vida, e também uma cultura que é nossa, mas que não estávamos elaborando ainda. E depois chega um dramaturgo "virgem" (porque sabíamos que o Newton só poderia vir um tempo depois) e nós damos para ele o que havíamos produzido, que por sua vez vai pegar esse material e deglutir da forma dele e nos devolver, e assim sucessivamente de maneira que no fim não se tem como identificar um único dono.

Edgar – Não tem como realmente dizer "este é o texto do Newton Moreno" ou "esta é a direção da Cibele". Eu sinto que são, dentro das suas funções, pessoas que organizam aquilo como dramaturgo, como diretora. É um pouco do pensamento indígena mesmo, de todos e também cada um ser a tribo inteira, não existe o "eu" ou "isto é meu". Isso que a Cibele falou, é bem nessa natureza mesmo: nós tínhamos questões a partir dos estudos e o entendimento final se dava mesmo no "quente" da cena, fazendo a cena e os *workshops*.

Cibele – Isso acabou gerando um espetáculo no qual o público também é muito participante, porque um espetáculo feito assim comunga com a plateia. Ele cria espaços para que a plateia possa – ela mesma – ser alguém que atravessa esse caminho, no caso o caminho dos mortos. Foi uma decisão, mas não tinha jeito de ser de outra maneira, porque é preciso que a plateia, de alguma forma, complete aquilo que ficou incompleto. Daí que o espetáculo não é de ninguém e, ao fim, só existe enquanto fenômeno com a presença da plateia muito autoral também. Isso já vem forte desde o *Danton*, porque nele tinha muitas cenas improvisadas e que a plateia escrevia e decidia coisas. Dessa vez é menos direto, mas ainda tem estrutura semelhante. Mas o processo do significado do espetáculo é o da travessia. Então, ele vai se contar no encontro com o público, isso vem se tornando um ponto fundamental do trabalho da *Cia Livre*. Eu falei de algo como "épico ritual". É ritual porque há essa "presentificação" e isso de ser único a cada dia. Ao mesmo tempo é épico porque é sempre teatro, e é sempre uma companhia que representa uma história.

Vocês, então, consideram que o grupo segue certa linha estético-ideológica contínua que o caracteriza?

Cibele – "Contínua" é uma palavra engraçada. É contínua porque a vida tem vários "nasceres" e "morreres", mas alguma coisa permanece, ou pelo menos alguma coisa é devorada e transformada a partir de uma continuidade. Por outro lado, de reto não tem nada. É cheio de curvas, de trocas de pele. Existem grandes mudanças, mas que vêm da elaboração do que a gente acabou de viver. Então, existe certa continuidade, mas também há muitas mudanças, alguns saltos qualitativos, algumas mortes terríveis, e as "diásporas". Mas vendo os espetáculos, há uma coerência grande entre eles. Talvez a gente não saiba dizer, mas eu já encontrei críticos, pessoas que escrevem, estudam, pessoas que analisam o teatro que a gente faz, que olham e dizem: "tem aí a construção de uma linguagem". E que há uma coerência que se possa dizer estético-ideológica. Mas ela é mais pela experiência, é mais existencialista. (risos)

Como vocês se organizam administrativamente?

Cibele – Ah, é um caos. (risos) Temos uma crise com isso, a produção é sempre um problema. Para a gente, criar e trabalhar são coisas simples, mas produzir e administrar é difícil. Nós tínhamos a parceria de um professor de fora, que tinha uma outra cabeça, mas depois ele teve de sair porque tinha outros trabalhos. Essa é a nossa grande crise agora, e também é a grande dificuldade da maior parte dos grupos; mesmo quando eu estava no *Oficina*, oitenta por cento da energia era gasta na produção.

Mas, existe alguma divisão de tarefas?

Cibele – Então, a gente está se reprogramando ainda.

Edgar – Cibele é uma pessoa cheia de apetite, ela tem um desejo que não cabe dentro dela. Então, acabou que durante muito tempo ela acabou puxando muita coisa para si. E nós chegamos num momento em que não pode mais funcionar assim. Por isso nós temos de nos reprogamar nessa questão.

Cibele - É que eu comecei a não dar conta (risos). E, assim, se alguém diz "vamos fazer uma faxina", na mesma hora chega todo mundo com uma vassoura em punho, é ótimo. Mas, na hora de produzir é difícil, até porque a pessoa que faz esse serviço tem que saber.

O grupo possui algum arquivo de imagens? Alguém que fica encarregado disso?

Cibele – Temos, mas não está muito organizado ainda. O que está mais organizado é porque resolvemos publicar material. Então, o *Arena Conta Arena* tem um CD-ROM, tem os programas das peças que trazem um pouco a reflexão do trabalho. Nós gravamos tudo em vídeo, mas ainda não conseguimos fazer uma edição disso realmente. Nós temos muita coisa, mas ainda está muito nos trancos e barrancos. Não temos uma pessoa que cuide disso, mas tentamos ao máximo. Nós queremos que cada projeto tenha um livro, porque isso demanda uma organização do material, uma reflexão sobre ele, e uma edição. Então acho que a nossa necessidade de escrever um livro faz com que tenhamos de elaborar o material. E a vida vai indo, e se você não tem essa preocupação na hora depois fica tudo mais difícil.

Falando sobre o projeto pedagógico do grupo, vocês administram oficinas além de darem aulas fora?

Cibele – O nosso grande pedagogo é o Edgar.

Edgar – No espetáculo *Toda Nudez*, nós tivemos uma montagem acompanhada de um grupo de oficinas.

Cibele - No *Bonde*, nós também fizemos essas oficinas culturais.

Essas oficinas são voltadas também para a comunidade, ou só para atores?

Cibele – Depende. A oficina do *Toda Nudez*, era mais para artistas jovens, mas era aberta para quem quisesse vir, quem estivesse interessado. Vem muita gente que estuda teatro, é natural isso. No *Bonde*, porque era uma oficina cultural, veio mais gente que não era de teatro, ou que não estuda teatro, pessoas de várias idades e tal. Depois, no processo de criação do *Danton*, teve a questão da ocupação do Arena que gerou muita coisa. Em geral, sempre acaba entrando alguém que participou das oficinas, ou seja, isso acaba gerando alguma transformação na própria *Cia*.

E como são aqueles encontros de leitura dramática às quintas-feiras?

Edgar – Raquel Anastásia, uma atriz do grupo, é quem coordena essas leituras.

Cibele – São leituras feitas por pessoas que nós convidamos, aí as pessoas vêm com os seus grupos.

Você havia falado da relação dos espetáculos com o público, vocês buscam e/ou percebem algum público específico?

Cibele – O legal é formar público, que o público de teatro venha, mas que a gente consiga se comunicar com o em torno (pessoas que vivem aqui em volta da sede) e também acessar um público que não costuma ir ao teatro. No Arena, nós fazíamos o "pague quanto der", que permitia isso de as pessoas virem de longe. Então, eu acho que visamos ao que é ao contrário do específico, que venha o máximo de gente e o mais diversificado possível.

Vocês trabalham sempre com espaço fechado?

Cibele – A gente nunca fez teatro de rua. O que queremos muito com o *Vem Vai*, mas ainda não conseguimos patrocínio para tal, é levarmos a apresentação para aldeias. Para termos uma reciprocidade cultural nesse sentido, porque tomamos muitas coisas emprestadas. E queríamos apresentar nas aldeias, mas para isso é necessário muito dinheiro. Esse seria também um público em específico.

Para finalizar, nós gostaríamos de saber o que significa, para vocês, Teatro de Grupo.

Edgar – Eu acho que é experimentar novas formas de relação, uma outra sociedade possível no aqui e agora. É não se conformar com a maneira como a sociedade se organiza, como os modos de produção se estruturam. É um laboratório de uma nova e possível sociedade.

CIA. SÃO JORGE DE VARIEDADES
Entrevista com Alexandre Krug[31]

Concedida a André Felipe e Vinicius Pereira
Em 12 de dezembro de 2007, na Praça do Patriarca, em São Paulo.

Quando e porque surgiu o grupo? Quais eram as pessoas que faziam parte da primeira formação.

Alexandre Krug – O grupo surgiu em 1998 dentro da USP, em torno da Georgette Fadel que por muito tempo foi diretora dos espetáculos (depois nós começamos a rodar funções). A Georgette é uma atriz formada na Escola de Arte Dramática da USP, que fez Direção na ECA, então os trabalhos que ela fez durante a universidade deram origem à *Cia. São Jorge*. O primeiro trabalho foi *Pedro Cru*, em cima de uma peça simbolista do começo do século XX. Depois teve o trabalho de conclusão em direção, com um texto do Qorpo Santo (no qual eu entrei no grupo), que chamava-se *Um Credor na Fazenda Nacional*, que foi apresentado na Mostra Fringe do Festival de Curitiba de 2000. A partir daí que a *Cia São Jorge* começou a ficar mais conhecida. Das pessoas que estavam no início, os únicos que estão atualmente são a Georgette Fadel, a Patrícia Gifford (que é atriz e tesoureira) e o Luís Mármora, se bem que o Luís vai se afastar no próximo ano.

Sobre o processo criativo, de onde parte geralmente a criação dos espetáculos do grupo? Do texto, do ator, de improvisações, do espaço, da direção?

Alexandre – Geralmente há um texto base. *Pedro Cru* era essa peça simbolista, do Antônio Patrício. *Um Credor na Fazenda Nacional* eram as peças do Qorpo Santo, cujo texto central era esse. Claro que no processo, às vezes, as coisas vão mudando, mas geralmente tem uma ideia ligada a um texto. Depois foi *Biedermann e os Incendiários*, do Max Frisch, que talvez seja a peça mais bem acabada em termos de dramaturgia tradicional. Em seguida montamos *As Bastianas*, baseada em contos de Gero Camilo. Depois nós remontamos *Pedro Cru*, com novo elenco e novas cenas, uma adaptação um pouco diferente. E agora esta peça que é *O Santo Guerreiro e*

---

[31] Ator da Cia. São Jorge de Variedades.

o Herói Desajustado, com base em *Don Quixote*. Mas nunca é o texto puro, novas ideias se agregam. Por exemplo, em *As Bastianas* houve a ideia de fazê-la dentro de albergues. Às vezes acrescentamos textos de outras pessoas. Mas, geralmente a ideia inicial está ligada a um texto que nos permita um material dramático (podemos achar isso em variados tipos de texto, pode ser um romance).

E quem traz esses textos que dão início aos trabalhos do grupo?

Alexandre – Pode ser qualquer um. Claro que algumas pessoas têm mais iniciativa. Do *Pedro Cru* e de *Um Credor na Fazenda Nacional*, foi a Georgette. De *Biedermann e os Incendiários* foi ela e o Luís, partindo de um projeto que eles já tinham. Os contos de Gero Camilo que deram base para *As Bastianas* foram propostos pelo Luís. E de *O Santo Guerreiro* foi a Paula Klein, porque ela é fascinada por São Jorge e queria falar sobre suas lendas, e a Patrícia Gifford complementou com a questão do Quixote. Neste último espetáculo nós partimos muito mais da ideia dos textos, e não tanto o texto em si. Foi mais a ideia de misturar o cavaleiro idealista com o santo guerreiro, esse foi o ponto inicial. Geralmente, a partir desse início vamos descobrindo outras coisas no caminho vamos sentindo um pouco pela intuição.

Existem no grupo funções definidas para cada membro? Diretor, produtor?

Alexandre – Sim, mas também é fluido. Porque depois do *Biedermann*, por exemplo, o Luís dirigiu *As Bastianas*, o Rogério passou a ser assistente; na remontagem de *Pedro Cru*, a Paula Klein foi a assistente; em *O Santo Guerreiro*, o Rogério está dirigindo pela primeira vez. Então existe certa fluidez nisso. Inclusive nós discutimos essa coisa de rodízio de funções, essa questão da autoridade do diretor (que é algo tão antigo), para tentar ver nessa divisão realmente a função e não a autoridade. Como é uma companhia em que todos são atores, essa é uma questão muito presente, tentar com que o diretor dê liberdade ao ator, deixar partir do ator e não que o diretor diga "faça assim e assim". E também há outras funções que temos que nos desdobrar, como: produção, fotografia, registro, divulgação, quem dá oficinas.

As oficinas são abertas ao público em geral, ou somente para atores?

Alexandre – Atualmente, as oficinas têm sido para o público em geral. Pela primeira vez nós temos uma sede (acho que até março ou maio), então podemos dar oficinas regularmente.

Como são ministradas essas oficinas?

Alexandre – Vou te dizer o que vejo, porque não estou dando oficina. São oficinas que têm a ver com interesses individuais dos membros da *Cia*. Não tem a ver tanto com o repertório comum de pesquisa da *Cia*. Então, por exemplo, a Paula Klein está dando Iniciação Teatral, ela é professora de teatro formada na ECA da USP. Já a Patrícia Gifford está trabalhando com o uso da voz, que é uma pesquisa individual dela mas que já vem de toda a trajetória dela na *Cia*, e de coisas que nós treinamos também. Então, nunca é tão individual assim. A Mariana Senne está trabalhando teatro com quem já tem alguma experiência (trabalho com texto), então ela usa o repertório da companhia e o individual (algo que caminha paralelo). É uma companhia com individualidades muito fortes. Algumas pessoas têm trabalho fora também, quase todo mundo tem, na verdade. E o repertório da *Cia* de treinamentos é bastante variado também. Por isso se chama *Cia. de Variedades*! (risos)

Como funcionam os ensaios? Estes são dirigidos especificamente para a realização dos espetáculos ou existem discussões paralelas de textos, treinamento contínuo?

Alexandre – Treinamos bastante. Têm coisas que a gente sempre usa, por exemplo: jogos com bastões, pesquisa do espaço (jogos que trabalhem a ocupação do espaço). Existe também um treinamento musical que já vem de muitos anos, de canto e instrumentos musicais; todos os nossos espetáculos têm música ao vivo, a não ser no *Pedro Cru* (mas tinha uma proposta de trabalhar com *DJ* e não música em *playback*, ou seja, a música era gravada, mas tinha um trabalho ao vivo). Então é isso, tem um treinamento que se repete como preparação para um estado criativo. Mas, novas coisas podem vir. Geralmente algo que alguém precise ou que ficou sabendo e traz para o grupo. Lembro que no *Credor* fazíamos uns exercícios do Meyerhold, do Suzuki também.

E esses exercícios são guiados pelos atores?

Alexandre – Pode ser pelos atores, pelo diretor. Normalmente tentamos que cada um traga algo para ser trabalhado. E vai um pouco pela intuição do que a gente precisa. Nunca aconteceu de um treinamento virar um espetáculo, como linguagem. Por exemplo, de a gente fazer um treinamento com bambus e utilizar bambus na peça, isso não. O treinamento serviria para gerar um estado de prontidão, e dessa prontidão criativa é que pode surgir a linguagem. Geralmente essa linguagem vai sendo definida aos poucos, por exemplo, no *Biedermann* nós fomos percebendo que havia duas linguagens: uma mais épica (do coro de bombeiros) e outra mais realista (dos personagens centrais).

Essa linguagem, ou linha estética, é particular para cada espetáculo ou o grupo busca em seu trabalho geral uma estética específica?

Alexandre – Isso varia de espetáculo para espetáculo. No caso do *Biedermann* trabalhávamos com tipos, aproximando-se de algo meio clownesco. Mas, tem sempre uma "preocupação" épica, podemos até usar de um realismo (como em *Pedro Cru* ou *Biedermann*), mas existe uma "mente" épica por trás. De falar de problemas da atualidade, de não negar a presença do público. É muito variado, mas eu vejo uma linha de pensamento por trás. A linguagem pode variar, mas tem sempre esse pensamento por trás, o que acaba gerando uma linguagem própria da *Cia*. *As Bastianas*, por exemplo, tem uma linguagem meio inusitada, porque não é nem teatro de rua, nem contação de história, é algo bem híbrido, muito interessante.

Como assim não é de rua?

Alexandre – Não é de rua porque ela é feita para espaço onde haja uma comunidade. Inicialmente era apresentada em albergues, depois até a apresentamos em pátios de faculdades, pátios da FEBEM, em praças (nas que tenha possibilidade de deslocamento, que crie o ambiente de uma "aldeia"). Então, é uma linguagem muito interessante, porque não é aquele teatro de rua "comum". E você vê que tem algo bastante verdadeiro, como se fossem depoimentos das atrizes, e ao mesmo tempo tem umas figuras mitológicas. Elas apostaram em algo bem híbrido, que é bastante épico também. Nunca vai ter quarta parede! (risos)

Vocês notam algum tipo específico de público em seus espetáculos?

Alexandre – Acho que pela *Cia* não existe um público específico. O que existe é um público de teatro, então depende muito do lugar onde você se apresenta. No Centro Cultural São Paulo, por exemplo, vai um povo mais variado porque lá vai muita gente, sempre tem público (as pessoas vão lá para ver o que está passando e assistem ao que tiver). Quando você vai para um teatro em que vai mais gente da classe, aí é outra coisa. E quando você está na rua, é todo mundo. Quando fizemos temporada em albergue, tinha as pessoas do albergue, que com o tempo já meio que faziam parte (mas também estava sempre saindo e chegando gente nova). Então, eu diria que o nosso público é bem variado. Só que claro, teatro é uma coisa restrita no Brasil. Não é o pão de cada dia, não é televisão. Então, tem um alcance muito menor. Muitas vezes eu já ouvi depoimentos como "eu nunca tinha ido ao teatro." Eu acho muito ruim quando uma peça é vista só por gente da classe, acho péssimo. Portanto, há sempre estratégias que pensam onde vamos nos apresentar, em que horário. Sempre tentamos expandir. A ida para o albergue foi uma busca de sair um pouco do circuito. E na rua também. Acho que a coisa mais vanguarda que fizemos foi teatro de rua, porque você está no meio do povo, ele te vê, ali não tem subterfúgio, não tem a benevolência do público. Mas, eu adoro teatro de sala também.

Passando para administração do grupo, quem especificamente são os responsáveis por esta parte, os artistas também desempenham funções administrativas?

Alexandre – Nós não temos um administrador, um produtor. Assim, depois de alguns anos, algumas pessoas vão se especializando. Então, eu lido mais com divulgação e fotografia, tem gente que lida mais com a organização física do espaço (antes estávamos sediados em outro lugar, e agora temos uma sede própria), outros cuidam mais da parte de organizar viagens, tem gente que nem toca nisso e fica só na parte artística. E tem uma pessoa fundamental, que é a Patrícia, nossa tesoureira desde a época do *Credor*, isso para gente é um trabalho insano, eu tiro o meu chapéu para ela. E o Alexandre Faria, que é ator da *Cia*, trabalha junto com a Patrícia na tesouraria (que é um trabalho fundamental), e também é advogado. Então ele é quem vê toda essa coisa de direitos autorais, direitos trabalhistas, todo o contato com a Cooperativa de Teatro. Mesmo a Cooperativa veio dar um suporte, nessa coisa de impostos, e notas.

Vocês têm algum patrocinador ou estão contemplados pela Lei de Fomento no momento?

Alexandre – Não, a gente já ganhou Fomento várias vezes. Acho que ganhamos quatro vezes desde *As Bastianas*. E este ano tivemos os recursos do Programa de Ação Cultural, também, do Governo do Estado para montar *O Santo Guerreiro*. Essa peça de rua. Recebemos também o prêmio Flávio Rangel na época do *Biedermann*, era bem pouco, mal deu para pagar as despesas da peça mesmo. Tivemos ainda este ano o PAC Circulação para circular com *As Bastianas*. Ano passado foi uma "várzea" bem grande, fui um tempo sem dinheiro, foi bem duro. Mas este ano foi melhor, tivemos o PAC Circulação, o PAC Produção, e de novo o Fomento, além da Viagem Teatral do SESI (fomos para o interior do Estado com o *Pedro Cru*, que remontamos ano passado). Ano passado, fizemos uma grande mostra de todo o repertório da *Cia*. Remontamos *Pedro Cru*, recuperamos o *Credor*, e apresentamos *As Bastianas* e o *Biedermann* também, tudo no porão do Centro Cultural São Paulo, foi bem legal. Percebemos que temos um pequeno fã-clube. (risos)

E a bilheteria? Isso representa uma parte significativa para a economia do grupo?

Alexandre – Não, na rua a gente passa o chapéu. Quando estávamos no Arena com o *Biedermann*, eu lembro que chegou a dar um pouquinho de bilheteria, porque esse espetáculo teve um bom público e fizemos de quinta a domingo, durante oito meses. Mas, nunca algo que dê para sobreviver; bilheteria não rende muito. Ainda mais para teatro de grupo, que cobra ingresso baratinho. Quem vive de bilheteria são os que cobram oitenta reais, que fazem ali na Avenida Brigadeiro Luís Antônio (aqueles "teatrões"), e além de cobrar este valor têm Lei Rouanet. Ou seja, além de eles terem dinheiro público, ainda cobram oitenta reais.

Você comentou que faz o registro fotográfico, isso costuma ser somente dos espetáculos ou também dos ensaios?

Alexandre – Ensaios também, principalmente depois que ganhamos o Fomento, passamos a nos preocupar mais em registrar o processo. Não somos muito organizados em relação a isso, mas procuramos fazer. Em *As Bastianas* e também na remontagem de *Pedro Cru*, a gente tinha um livro enorme com folhas em branco onde se escrevia coisas durante o processo, as pessoas também escreviam no final do espetáculo, colavam desenhos. Nesse livro também tem o projeto de figurino, luz e espaço, ou seja, é também uma forma de registro. Tem um fanzine (com publicação meio irregular, semestral, às vezes anual), que eu faço a revisão e fotografia, chama-se São Jorge, cada publicação tem como base algum tema. E ano passado, com aquela mostra de todos os espetáculos da *Cia*, nós fizemos um programa com textos sobre os nossos trabalhos e textos de algumas pessoas convidadas. Não é uma revista muito aprofundada, é quase um *release*. Teve também um trabalho de Iniciação Científica de um pesquisador da Universidade Estadual Paulista "Júlio de Mesquita Filho" (UNESP) que acompanhou todo o processo de *As Bastianas*, e se eu não me engano, ele foi publicado. E a Paula está escrevendo uma tese de mestrado também sobre o processo de *As Bastianas*.

Para fechar, como você define o termo Teatro de Grupo?

Alexandre – É tentar viver a utopia de uma organização coletiva, democrática. É tentar pôr em prática o ideal de uma vida criativa. Porque é diferente quando o grupo gira em torno de um diretor que define tudo. No Teatro de Grupo, todos os membros se organizam de forma coletiva e todos têm voz. E isso de se organizar coletivamente é muito difícil; tem a convivência dos egos. Para mim, se for para resumir, é isso, viver uma utopia. É diferente de você ser um *free-lance*, de vender o seu trabalho para um e depois para outro e outro. Eu acho que é a coisa mais moderna e antiga, ao mesmo tempo. Se for pensar, é uma organização muito antiga, como os grupos da *commedia dell'Arte* em sua época. E, simultaneamente, nessa sociedade tão massificada em que a gente vive, ter essas ilhas de pensamento, de criatividade. Ao mesmo tempo é uma tábua de salvação, porque você está nesse mundo do mercado e só se juntando num grupo mesmo para poder sobreviver. Essa nossa peça nova fala um pouco sobre isso, dos grupos como ilhas de resistência dentro da cidade. Aqui, em São Paulo, a Cooperativa facilitou muito isso de ter um grupo; antigamente (pouco mais de uma década) não tinha grupo, tinha assim: o *Oficina*, o Antunes [Filho], o Cacá Rosset. Ou seja, havia esses grupos grandes e praticamente mais nada, então foram surgindo esses grupos todos de hoje (universitários ou não, da periferia), tanto que agora parece haver uma *overdose* de grupos em São Paulo. Isso pelo o próprio ressurgimento e fortalecimento da Cooperativa. Hoje parece que já não tem tanto, vamos dizer assim, "mercado" para grupos. Até me disseram que atualmente as pessoas estão entrando nos grupos já existentes e não mais criando novos grupos; não que eu ache que um grupo seja incapaz de se impor agora. Também, a busca por uma sede tem sido algo importante, acho que é como um casal que em dado momento tem de tomar uma decisão: ou casa e tem um filho, ou parte para outra. (risos) Tem uma hora que você precisa se organizar mais, claro que há as exceções, têm grupos menores que se organizam com certa precariedade, que são mais soltos. É que a sede dá mais responsabilidade e visibilidade ao grupo. Nós já pulamos muito de lugar: *Vento Forte*, no *Núcleo Bartolomeu de Depoimentos*, algumas épocas sem lugar nenhum. Uma coisa bem importante foi quando ocupamos o Arena, ganhamos o Flávio Rangel para montar o *Biedermann* e o Edital de Ocupação do Teatro de Arena, ficamos lá quase dois anos, depois a sede foi no albergue, depois foi no clube esportivo da prefeitura (do lado do albergue), Até que chegou um momento em que decidimos ter a nossa sede. Tanto que para este novo espetáculo nós estabelecemos um item no orçamento: o aluguel de uma sede. Sede esta que também já está com os dias contados porque não é ideal, tem um problema de ruídos (tem um vizinho que mora em cima) então não tem como fazer apresentações por falta de isolamento acústico.

COMPANHIA DO FEIJÃO

Entrevista com Pedro Pires e Zernesto Pessoa, Fernanda Haucke [32]

Concedida a Ana Luiza Fortes Carvalho e Ligia Batista Ferreira,
após a apresentação do espetáculo *Pálido Colosso*.
Em Dezembro de 2007, na Sede da Companhia do Feijão, São Paulo/SP.

Ficamos curiosas para saber razão do nome do grupo.

Pedro - Fizemos um primeiro espetáculo, que estreou em 1999, que era sobre catadores de lixo, carroceiros. Atrás de uma das carroças tinha escrito: "movido a feijão". Então o espetáculo acabou tendo esse nome e a companhia ficou como *Companhia do Feijão*. De trabalhos práticos estamos completando dez anos e aí teve esse primeiro espetáculo que estreou em 99.

E o grupo mantém a mesma formação?

Pedro - Não, no início eram somente três pessoas, das quais só eu fiquei. Na verdade éramos três pessoas, aí uma pessoa saiu, e o Zé Ernesto começou a trabalhar com a gente em 2000, para um espetáculo que estreou em 2001. Ele auxiliou na parte da dramaturgia, da adaptação. Então a partir de 2002 nós começamos a trabalhar juntos, já nessa dobradinha de direção e dramaturgia. Nessa época entraram a Fernanda, o Petrônio e em 2003 entraram a outra Fernanda e a Vera. Então estamos desde 2003 com essa formação.

Como o grupo se encontrou? Vocês estudaram juntos, como foi?

Pedro - O grupo começou comigo e com a Camila Bolafi, uma atriz e diretora aqui de São Paulo. Nós dois ficamos um tempo fora, estudando na escola Jacques Lecoq, na França. Depois de um período voltamos para o Brasil, em 98, e resolvemos montar uma companhia. Eu comecei também como ator. Tínhamos uma proposta de um trabalho para o ator e também a ideia de tratar, com a companhia, de temas brasileiros, numa perspectiva histórica e numa perspectiva contemporânea, quer dizer, o

---

[32] O s dois primeiros, diretores e dramaturgistas da *Companhia do Feijão*. Fernanda é atriz.

contemporâneo vinha primeiro: "o que está nos tocando nesse momento?" "do que gostaríamos de falar sobre o Brasil e sobre nós mesmos?". Então sempre fomos buscar do segundo, terceiro espetáculo em diante referências da literatura brasileira. Trabalhamos bastante com Mário de Andrade, com Clarice Lispector, com Machado de Assis, sempre fazendo a base da nossa dramaturgia.

Como surge a dramaturgia do grupo? Vocês dois são responsáveis, os atores têm interferência?

Zé Ernesto - Todo mundo é responsável. Já não acontece assim como eu vou falar, mas acontecia. Nós só chegávamos com um tema-estímulo, que é o que se sabe do processo colaborativo (assim chamado colaborativo, nem sei o que significa direito esse nome), mas era sempre um bate-volta entre a gente e os atores. Nesse último espetáculo, o *Pálido Colosso*, se pode quase dizer que é uma dramaturgia do grupo. Nós temos cada vez mais no horizonte que todo mundo pode fazer tudo. Tem as especializações, por necessidade, mas é um progresso continuado de todo mundo. Nós acabamos amarrando, mas as histórias são deles, nós fazemos enxertos, costuras, mas no teatro de grupo todo mundo acaba tendo que saber tudo. Sabe pouco, menos de uma coisa, mais de outra, mas o caminho é uma padronização até hierárquica.

Pedro - É um trabalho que se expande. Todo mundo aqui já tem mais do que trinta e cinco anos, então isso em um certo sentido é bom, por que tem o amadurecimento das relações. Dentro do nosso processo, eu e o Zé temos uma responsabilidade do olho de fora e de um estímulo inicial, mas a partir do momento que é dado o *start*, todo mundo bota o dedo, traz as suas propostas. Ficamos com a responsabilidade da seleção e da edição. O *Pálido Colosso* é bem aberto, os outros espetáculos tinham uma obra, ou algumas obras literárias de referência, então o trabalho era um pouco diferente. Esse processo da criação foi pouco a pouco se impregnando na nossa "gestão". Eu falo isso porque eu vivi a parte anterior mais do que os outros, onde tinha uma ou duas pessoas que tinham que gerenciar tudo e era difícil. Nesse desenvolvimento das relações todos se tornam responsáveis pela companhia. Como o Zé falou, tem algumas atribuições especiais que vão da formação das pessoas. Então, por exemplo, o Petrônio tem um trabalho grande em cenografia, então ele lidera esse processo, a parte de adereços e figurinos fica com o Guto, o Flávio na música, a Fernanda Haucke na parte dos contatos, das vendas, da produção. A outra Fernanda atua comigo na parte financeira, de administração, o Zé na comunicação. Dividimos tudo. As decisões estratégicas são decididas pelo coletivo e as decisões individuais, mais pontuais, são tomadas por essas pessoas que estão liderando ou quem está com a responsabilidade.

Zé Ernesto - Um alívio, pelo menos para a gente nesse momento, é que o tema seguinte, o que vamos mexer, o que nos incomoda, deixou de ser um estímulo nosso, ele sai desse caos do coletivo.

Como o grupo se mantém? Vocês têm algum apoio?

Pedro - Nós nos mantemos graças à Lei de Fomento da cidade de São Paulo, desde 2003. Só podemos ter essa estrutura que vocês estão vendo graças a essa lei. O espaço que é alugado, a nossa remuneração - que não é exorbitante, todo mundo continua tendo seus trabalhinhos em paralelo, porque senão não dá para pagar conta no fim do mês - a manutenção da sede, um trabalho contínuo, cinco vezes por semana, quatro horas por dia, a criação dos espetáculos, a parte de produção. Uma vez ou outra contamos com algum outro apoio. Por exemplo, com o *Pálido colosso* tivemos apoio do PAC para produção.

A direção de vocês parte de onde? Depois que um tema foi escolhido, como vocês começam?

Pedro - Temos um trabalho técnico de treinamento, para que o ator fique com seu instrumento afiado e afinado. Aí o processo de criação parte de improvisações. Tem uma parte técnica, de treinamento e depois tem uma parte de improvisações. Todos nós mergulhamos no tema e a partir daí os atores vão trazendo material. De vez em quando trabalhamos uma técnica específica, por exemplo, no espetáculo anterior trabalhamos um pouco com a linguagem do palhaço, porque precisava disso. Mantemos nos treinamentos uns exercícios de Meyerhold, da biomecânica, o Guto e a Vera fazem treinamento vocal, porque eles têm um conhecimento maior dessa área.

O treinamento ocorre paralelo à construção do espetáculo? Vocês fazem exercícios de biomecânica, o treinamento vocal, e em outro momento a construção do espetáculo?

Pedro - Existem dois momentos, na verdade. Há momentos grandes em que estamos na pesquisa, por exemplo, agora em janeiro começamos uma nova pesquisa. Nesse momento de pesquisa a parte técnica de treinamento, principalmente no início, toma um tempo maior. Quando vamos chegando perto da criação do espetáculo, a gente acaba focando, faz menos o treinamento e foca na criação, que também não deixa de ser um treinamento, porque você está exercitando o tempo todo.

Vocês falaram bastante de um ator participativo. O grupo reconhece a noção de ator-criador, ator-autor?

Zé Ernesto - Evidente, não só na parte criativa, mas na parte administrativa, de serviços. A gente chega antes do espetáculo e divide funções de limpeza do espaço, não é só na hora que acende a luz e "agora eu sou ator". É participar por inteiro, se é para brincar vamos brincar por inteiro.

Pedro - **A**creditamos que esse processo diferencia e contamina as nossas criações, esse tipo de relação. Não tem O ator, O diretor, têm funções, mas não tem essa hierarquia. Todo mundo é igual, com funções diferentes. E todo mundo é criador, senão não tem sentido essa estrutura que propomos, de trabalho coletivo. A nossa estética resulta disso também.

Zé Ernesto - Em última instância o modo de produção e todo o resto, se eles não funcionam, a gente não consegue nem resvalar no que a gente gostaria.

Pedro - Isso tem extensões na nossa participação fora daqui, do teatro, no nosso envolvimento político com outros grupos que se formam em São Paulo.

Vocês fazem parte da Cooperativa?

Pedro - Da Cooperativa, do Redemoinho, de grupos de discussão. Aqui em São Paulo têm muitos grupos que se reúnem para discutir políticas públicas, para propor projetos, para discutir o teatro que fazemos, qual o espaço dele, que tem um viés antimercadológico muito forte. Nós não nos enquadramos nesse processo da mercadoria, do espetáculo só como entretenimento, como uma mercadoria para ser vendida, nós vemos o teatro de uma outra forma, como um lugar de reflexão, de ideias, de sensibilização e que está discutindo nosso processo do Brasil, nosso processo de artistas, que questiona o modelo que está posto, que parece que é único.

E dentro disso vocês têm um público "alvo"? Que tipo de público vocês buscam?

Zé Ernesto - Hoje o público aqui era muito variado, com uma plateia pequena. É muito difícil achar tanta diferença, mesmo em uma plateia de trezentas, quatrocentas, como tinha aqui hoje, numa plateia de vinte, vinte e cinco pessoas. Esse é um dado. O outro é como a gente funciona em relação à mídia. Se não fossem, dois ou três repórteres de valor que acompanham esse trabalho, que percebem o valor desse trabalho, que está contaminando não só São Paulo, mas o Brasil mesmo, nós estaríamos mortos, enterrados. Porque não pagamos anúncio em nenhum meio e eu fico pasmo de ver a variedade de público que tinha aqui hoje. Temos que pensar e de repente aprimorar esse tipo de divulgação que desconhecemos. Uma coisa tem a ver com a outra diretamente. Porque o que você compra é o que é vendido, empacotado. Nós não nos vendemos exatamente, a gente precisa viver, mas existem outras formas.

Pedro - Essa questão da comunicação e desse encontrar com o público, que vai logicamente se identificar, quer dizer, um público que volta é um público que está querendo ouvir aquilo que estamos dizendo e que tem uma relação com os nossos espetáculos, que têm as suas particularidades. Mas, o fato que eu ia dizer especificamente, que tem a ver com a questão do teatro de grupo, que é a ocupação de um espaço. Então a partir do momento que se tem um lugar, um espaço (antes disso, ficamos um ano no teatro de arena e esse foi um momento de estruturação) possibilita que você consiga aprofundar as suas relações com o público em geral, com o público que acompanha a companhia, isso dá uma estruturada boa.

Como o fato de ter um espaço interfere nas criações do grupo?

Pedro - O espaço determina um espetáculo. Até certo momento você teve a hegemonia do palco italiano. A partir do momento se começou a quebrar com essa especificidade do teatro. Cada espaço acaba determinando a cara do espetáculo. E agora temos um espaço que é nosso, então podemos pensar nas duas coisas, quer dizer, tem um limitante, que é sempre bom ter esse parâmetro: "é esse espaço, não é um outro". Então temos que trabalhar nesse, quando estamos criando o espaço também é um estímulo. Como dialogamos com esse espaço e que outro espaço conseguimos criar aqui dentro, a partir da forma que está se encontrando nos ensaios. Em um outro espetáculo, o público ficava todo em uma parede, as colunas que estão atrás dessas cortinas eram incorporadas ao cenário e esse fundo era um vazio - era um espetáculo que se passava para lá da vida, se chamava "No nada" e o público era recebido por um anfitrião que falava "vocês acabaram de morrer". O espetáculo se passa nesse lugar, que não é o céu, não é o inferno, é um lugar. Isso tudo vai determinando o espetáculo e o espaço vai se transformando.

E a linguagem da rua?

Zé Ernesto - Veja como nada é por acaso. Nós estávamos ocupando o Teatro de Arena na época, e o *Milho Verde* (que é um espetáculo que deu uma alavancada na trajetória do grupo) aconteceu ali e com o qual fomos muito premiados. Aí de novo o dilema com a mídia, quando você ganha quatro estrelas no roteiro, o cara vem ver seu espetáculo. Era um espetáculo que, para gente, era para se sair quietinho, e os caras gritavam, gritavam. E nós estávamos na eminência de sair do espaço, estava terminando a nossa ocupação: "vamos fazer o quê?". Então percebemos que esse não era o público que queríamos, desejávamos dialogar com o público como se ele fosse virgem - doce ilusão. Nunca fizemos um espetáculo tão livre quanto o *Reis de Fumaça*. Você não precisa avisar para o crítico, para o primo, para a mãe, para o pai, o cachorro, o papagaio, o passarinho, é para quem estiver passando na rua. Evidente que há situações específicas, às vezes apresentações no SESC, ou dentro de uma determinada programação e você acaba fazendo parte daquilo e o público vai lá para ver o seu espetáculo. Queríamos um público que não estivesse batizado.

Pedro - E a estrutura do espetáculo é essa, ele tem uma proposta inicial com os atores espalhados nesse lugar, que vão contando as suas histórias *tête-à-tête* em pequenos grupos e depois num determinado momento esses atores se juntam para fazer a parte coletiva do espetáculo. Essa foi uma estratégia que a gente chegou em três anos de experimentação, onde os atores se espalham e vão capturando os espectadores.

Zé Ernesto - Estávamos aqui, perto de uma mina de ouro que é a população do centro. Então se pode resumir assim: a rua chamou a gente. Tínhamos um espetáculo inicial que era feito na rua, que era o *Movido a Feijão,* mas que depois foi para sala.

Pedro - E o tema do *Reis de Fumaça* acabou determinando. Já tínhamos pesquisado um pouco de cultura popular no *Movido a feijão*, já tínhamos viajado, sempre trabalhamos muito com observação de campo. Já tínhamos passeado por esse universo do popular aqui e ali. E então pensamos "vamos para a rua", já que estamos trabalhando com as danças dramáticas, com o universo popular, com o universo do brincante. Isso tudo foi nos levando para a rua, também na busca de um outro público, diferente da sala, que vem para assistir o espetáculo com hora marcada.

O grupo oferece algum tipo de oficina?

Pedro - Sim. Tivemos por dois anos seguidos oficinas aqui na nossa sede, de dois, três meses de duração, oficinas de formação para passar um pouco da nossa metodologia de trabalho, de criação. Esse ano não conseguimos fazer essa oficina grande, por falta de recursos, mas fizemos uma oficina piloto para professores, não professores de teatro, para professores em geral, para ver como essa linguagem pode dialogar com eles. E agora no ano que vem, junto com a nossa nova pesquisa, vamos fazer oficinas em quatro lugares diferentes na cidade de São Paulo, nas regiões Norte, Sul, Leste e Oeste, que faz parte da nossa pesquisa de campo sobre o próximo tema que é a utopia. Então vamos levar esse tema para os nossos "oficinandos" (sic) e vai ser uma oficina bem comprida de março a setembro.

Zé Ernesto - Vai ser a mais comprida que a gente já fez.

Pedro - É, talvez não em carga horária, mas em extensão. Vão ser seis horas por semana e no final vamos fazer uma mostra com os espetáculos dessas quatro regiões, nas regiões e um dia aqui na nossa sede.

Fernanda Haucke - Não são constantes as nossas oficinas, porque buscamos justamente financiamento para elas, procuramos que elas sejam sempre gratuitas e às vezes tentamos proporcionar uma ajuda de custo, para que a pessoa possa vir e receber a oficina, porque senão acabamos dando a oficina só para os que podem pagar.

Zé Ernesto - Procuramos pelo menos dar a passagem e um lanche.

Fernanda - Não abrimos oficina que cobra, abrimos oficina quando temos uma grana para fazer ou então quando somos convidados.

Zé Ernesto - Lógico que está na pauta fazer oficinas pagas até como meio de subsistência nossa, para poder direcionar esse dinheiro, não existe um fim lucrativo, existe um fim de subsistência. Isso é importante dizer, parece óbvio, mas eu trabalhei bastante com gente que achava que salário era lucro. Então a gente cogita cobrar coisas, mas com muito cuidado e para quem possa pagar.

Então existem dois públicos para as oficinas, um que é de atores, estudantes de teatro e outro que mais voltado pra comunidade?

Zé Ernesto - Eu gosto de chamar de jovens profissionais de teatro, porque amador não gosto muito. Gosto da palavra amador, de quem ama. Mas são jovens que estão começando a carreira e talvez precisem de alguns estímulos de gente que já passou pelo que eles estão passando agora, que somos nós.

Pedro - Acabamos dando possibilidade para as pessoas que não poderiam pagar uma oficina duas vezes por semana, durante três meses. Não que não aceitemos pessoas que poderiam pagar, porque quando abrimos oficina fazemos uma seleção inicial, que independente da situação financeira da pessoa. Até teve um dos grupos onde perguntamos "quem aqui precisa de ajuda de custo" e teve gente que respondeu "olha, eu não preciso". Era uma ajuda muito pequena, muito simbólica, para pessoa pegar o ônibus e pagar um lanche. E aqui em São Paulo percebemos que condução é um fator de exclusão social e cultural. Por que às vezes a pessoa não pode vir para o centro para assistir um espetáculo porque ela tem o dinheiro contadinho para pegar o ônibus para o trabalho, ela não pode sair da região dela. Então isso é uma coisa que sempre levamos em consideração quando fazemos esse tipo de trabalho.

Vocês têm algum tipo de preocupação com registro do trabalho do grupo? De criar um arquivo de material gráfico?

Zé Ernesto - Não temos essa área estruturada como gostaríamos. Agora em 2008, quando completamos dez anos, vamos começar uma reunião desse material, para ver se conseguimos fazer uma publicação. Mas tem um arquivo bem grande, ele não está devidamente organizado, mas se pode dizer que tem tudo que fizemos lá. Isso também depende de recursos destinados para você aviar esse tipo de seleção, separação, publicação, compartilhamento.

Vocês enxergam algo que se encaixe como um processo pedagógico? Algo que guie o trabalho tanto na parte estética, como na parte ideológica?

Pedro - Temos um processo pedagógico que é um processo mesmo, estruturamos isso através da experiência, mas não com um tom pedagogo. Cada integrante do grupo detém certa pedagogia, pela sua própria experiência de vida, de formação. Então quando vamos dar uma oficina sempre conversamos muito e encontramos a pedagogia específica para o grupo que estamos trabalhando. Tem uma pedagogia em processo que nunca fixamos, aliás, fixamos pouca coisa. Na pedagogia da criação, por exemplo, não nos prendemos a uma maneira, estamos sempre descobrindo a maneira daquele período que estamos trabalhando. Buscamos sempre nos renovarmos, nos questionarmos, para não chegar num modelo. Quando vamos começar um novo trabalho, temos um tema, temos as vontades, temos o trabalho técnico dos atores, que aí na técnica você tem um pouco de pedagogia mais estruturada. A teoria vem depois para a gente.

COMPANHIA DO LATÃO
Entrevista com Sérgio Carvalho e Lia Urbini[33]

Concedida a Ana Luiza Fortes Carvalho e Ligia Batista Ferreira
Em dezembro de 2007, na Sede da Cia. do Latão, São Paulo SP.

Quantos membros têm o grupo e como ele se articula?

Sergio - Temos uma base, que trabalha todos os dias, de umas nove pessoas, incluindo atores, eu de diretor, a Lia que é minha assistente e que também trabalha na área de pesquisa, o João que é produtor, três ou quatro pessoas no núcleo de vídeo. Têm um grupo de sete a nove pessoas que está no dia-a-dia, o número oscila conforme o projeto de base. O espetáculo *Círculo de Giz*, por exemplo, contou com muitos atores convidados que se juntaram com a gente.

O processo de criação do espetáculo parte de onde? De uma proposta do diretor, dos atores?

Sergio - No *Latão*, cada espetáculo teve uma história. São dez anos e muitos espetáculos diferentes. O último, *Círculo de Giz*, partiu de uma ideia minha. Eu queria fazer um texto do Brecht - tinha sido convidado para fazer, em virtude das comemorações dos cinquenta anos da morte de Brecht - e queria um texto que tivesse haver com o tema da terra. Eu estava com dois textos na cabeça, o *Puntila* e o *Círculo de Giz Caucasiano* e acabei, por uma série de circunstâncias, optando pelo *Círculo de Giz*. Mas existiram processos que nasceram dos interesses do atores. Eles estavam, por exemplo, com vontade de pesquisar a obra do Machado de Assis, então por caminhos tortuosos chegamos ao espetáculo *Visões Siamesas*, que foi o nosso último trabalho autoral, em 2004. Nós mesmos escrevemos o texto da montagem durante os ensaios. Nessa ocasião, surgiu de uma vontade dos atores de se aprofundar nesse tema que já tinha surgido em outras ocasiões para a gente. O que é importante é que em cada momento tentamos fazer uma coisa que avançasse em relação à anterior.

---

[33] Sérgio Carvalho: diretor teatral e professor do Departamento de Artes Cênicas da USP.

Lia Urbiri: integrante da companhia e assistente de direção e produção.

Quando fizemos uma peça do tipo da *Comédia do Trabalho*, com uma linguagem de comédia popular, a gente procurou fazer, no espetáculo seguinte, uma coisa que não cristalizasse aquelas conquistas, que abrisse outros campos de pesquisa, que trouxesse novidades para a gente. Eu sempre tive uma atenção para que o grupo avançasse para caminhos nunca percorridos, experimentando coisas. Dentro de uma linha, de um campo de interesse, mas que não cristalizasse fórmulas.

Como funciona a dinâmica dos ensaios dentro dos processos?

Sergio - Cada projeto também é muito diferente. Mas sempre teve improvisação, mesmo quando tem um texto escrito, trabalhamos improvisando com os atores. Por exemplo, vou falar do *Círculo de Giz* que é o mais recente. Eu tinha vários atores convidados de fora e alguns do núcleo base do *Latão* (que estavam me ajudando muito, no sentido de criar uma dinâmica coletiva, mesmo trabalhando com atores novos). E optamos por abordar o texto do Brecht através de improvisações, um pouco segundo o método das ações físicas do Stanislaviski, de você trabalhar improvisando a narrativa inteira antes de trabalhar a análise do texto. Experimentamos vários tipos de improvisação: improvisação a partir da narrativa, a partir de situações gerais da história, de quadros de alguns pintores que achávamos que tinha a ver com o universo de violência e ao mesmo tempo de lirismo que nos interessava abordar de início. Então o espetáculo foi sendo construído, sempre com base na improvisação. Procuramos sempre fazer um tipo de improvisação baseado nas relações entre as personagens ou entre os atores. Eu evito improvisação em que o ator improvisa abstratamente. Eu pessoalmente não costumo praticar no *Latão* e é raro o momento em que a gente trabalha um tipo de treinamento abstrato. Os treinamentos sempre são em função dos processos e sempre relacionais, é difícil que haja um treinamento do ator em si, puramente nele próprio. Da mesma maneira procuramos evitar improvisações em que o ator cria cenas monológicas, cenas dele próprio, pelo contrário, procuramos criar improvisos a partir de células de relações entre figuras, procurando sempre extrair contradições dessa relação. É muito diferente de uma improvisação, por exemplo, da antropologia teatral, baseado no corpo do ator e em si próprio, nas tensões corporais dele mesmo. Sempre procuramos um tipo de improvisação que favoreça a ficção.

Aparece nas discussões de vocês a noção de ator-criador, ator-autor?

Sergio - Não como discussão, mas como prática. Não usamos muito o termo ator-criador, porque eu acho meio redundante. E criador é uma palavra um pouco contaminada pela publicidade. Eu acho que existe a possibilidade do ator ser dramaturgo, por exemplo, de criar o próprio texto, não falar a fala dos outros, falar a fala dele próprio, existe a chance dele partilhar da história, de uma história que se constrói coletivamente. Existe uma ênfase na história do todo antes do papel, o ator vai trabalhar o papel dele numa fase muito posterior dos ensaios, ele vai sempre trabalhar antes a história coletiva, o processo cênico que está sendo instaurado, antes de trabalhar a própria participação autoral como indivíduo. A noção de papel é secundária, importante, mas secundária. Então existe essa chance, agora essa potência precisa ser exercida na medida em que as pessoas assumem responsabilidades: de trabalho com risco, ficam menos presas à expectativa de um resultado e mais dispostas a arriscar. Eu tenho visto que alguns atores são muito autores dos espetáculos da *Cia. do Latão* e outros ficam cozinhando, esperando que algum papel caia para eles durante o processo de ensaios. Esses são os que ficam mais presos à expectativa de um resultado. É o ator que quer o texto porque ele sabe que no texto ele consegue criar algo que lhe dê segurança. Os melhores parceiros de trabalho na história da companhia costumaram ser sempre aqueles dispostos ao risco, a trabalhar no escuro, interessados na pesquisa mais do que no próprio resultado. É uma potência que depende de um tipo de envolvimento no trabalho, que surge e depende do tipo de trabalho também. Acho que ao longo dos anos foi mais fácil para mim como diretor, favorecer isso. Agora acho que estou um pouco mais capaz de favorecer a liberdade. Mas tem gente que prefere que não, tem gente que prefere o padrão, a norma, que o diretor diga o que ele tem que fazer. É meio triste, mas é compreensível.

E no processo de ensaio de vocês, existe um momento para treinamento? Vocês se encontram todos os dias?

Sergio - Existe durante algum período de trabalho, de criação. Agora no fim do ano não estamos preparando um novo trabalho, então esses encontros são mais raros, a não ser que os atores estejam envolvidos em oficinas, tipo a Helena que está dando uma oficina agora. Ou os outros que estão na infra-estrutura de produção. Durante o processo de ensaio reservamos uma parte do dia para aquecimento ou para um treinamento direcionado, por exemplo, 'naquele processo é importante fazer exercícios para comédia popular', como foi na *Comédia do Trabalho*. Então trabalhávamos na primeira parte do ensaio algum treinamento de comédia, para que entendêssemos sobre isso. Por exemplo, no *Visões Siamesas* houve uma época em que a gente resolveu parar um pouco o processo de ensaios e estudar *Kiogen*, que é um teatro japonês cômico, porque era interessante descobrir um tipo de trabalho corporal que era um pouco diferente do que estávamos fazendo, mas aquilo foi uma escolha daquele processo, por uma necessidade daquele trabalho. E se existe uma coisa mais geral que costuma aparecer é uma espécie de trabalho realista, de trabalho a partir de um realismo, não exatamente psicológico, mas um realismo vivencial. Apesar de ser um grupo que trabalha com Brecht, existe, no trabalho prático da companhia, um interesse pelo realismo crítico, que tem a ver com o Stanislaviski e com aquelas pessoas que trabalham a vivência na ficção. Nós nos interessamos num teatro que favoreça mais você viver a ficção do que fique fascinado pela técnica do ator. Então é muito importante esse interesse pelo realismo, até para poder depois se distanciar desse realismo. Para assumir formas teatrais não realistas a gente começa por ele. Em quase todos os processos foi importante olhar de dentro a narrativa, daí o realismo.

Vocês se dedicam a fazer discussões teóricas no grupo?

Sergio - Também depende de cada processo. Mas, entre as famas que temos de grupo, essa é verdadeira, acho. Não que fiquemos discutindo teoria na sala de ensaio, mas durante o processo de ensaios, sempre temos alguma fase de estudos teóricos, porque sempre está disponibilizado um material teórico. No *Visões Siamesas*, por exemplo, em que havia um interesse em estudar o Machado de Assis, convidamos os melhores teóricos sobre esse autor para dar oficinas. Os melhores teóricos machadianos participaram do trabalho no momento nos dando oficinas teóricas. Nesse espetáculo, por estar com dinheiro (o que é coisa rara na história do grupo) mandamos traduzir quilos de textos originais do alemão sobre os ensaios do Brecht com o *Círculo de Giz* e eles estavam disponíveis para os atores, para aqueles que tivessem interesse teórico em se aprofundar no assunto. Mas, ninguém ficou fazendo sabatina em sala de aula para ver se tinha lido ou não, o material estava traduzido e disponibilizado. Ao mesmo tempo, existe um tipo de abordagem teorizante (sic) no trabalho do Latão. Eu procuro, como diretor, esclarecer as linhas teóricas, para onde o trabalho está indo. Por que a opção por esse caminho está sendo tomada? Por que aqui nesse ato estamos experimentando fazer isso? Se depois essa aposta se mostra errada, ela é partilhada, do ponto de vista teórico. É um pouco por gosto e por tendência minha, que tenho produção teórica em teatro, e isso estava lá na origem do latão. Os primeiros espetáculos do *Latão* se chamavam ensaios,

Ensaio sobre o Latão, antes veio *Ensaio para Danton*, que eram espetáculos meio teóricos, apesar de não se falar teoria, mas a forma era meio reflexiva, o tempo todo se quebrava a narrativa, enfim, estava se discutindo a própria função do teatro durante o espetáculo. Então eu acho que essa é uma característica forte.

Como ficam as funções administrativas do grupo, a partir do momento que se tem uma sede? Como o grupo se organiza?

Sergio - Já experimentamos de tudo. Na maior parte da história do *Latão*, houve um ator que foi produtor do grupo, que era o Ney Piacentini, atual presidente da Cooperativa Paulista de Teatro. O Ney organizou as bases da produção ao longo do tempo. Naquela época o Marcio Marciano co-dirigia comigo a companhia, exercia muito de perto a função de dramaturgista, e acabava cuidando também da organização do acervo, cenário, havia algumas divisões. Atualmente elas se modificaram. O Marcio não está mais no *Latão* há dois anos, continua parceiro de dramaturgia eventualmente, mas deixou de fazer parte do grupo. O Ney deixou de ser produtor, ficou apenas na função de ator. E com a entrada do João na função de produtor (entre outras coisas, ninguém faz só uma coisa) houve uma especialização da produção. O produtor de um grupo como a *Cia. do Latão* não é um produtor comum, ele é alguém que tem que entender que um grupo de teatro como a gente está dentro do mercado, mas está meio fora dele também, por opção. Está no mercado porque estamos numa sociedade de mercado e porque precisamos de dinheiro, precisamos controlar os meios de produção, precisamos disponibilizar o nosso material, e queremos atuar dentro dos centros de formação simbólica, nos centros em que temos chance de influenciar em grande escala o pensamento teatral, o público, o gosto, as ideias dominantes. E ao mesmo tempo tem uma formação um pouco fora disso, porque não queremos trabalhar só com quem possa pagar o ingresso e está acostumado a ter só uma relação de consumo cultural. Estamos interessados em outros públicos e fazer outro tipo de intercâmbio. Então produzir um grupo como o *Latão* é saber que ele tem essa ambivalência, que ele atua em frentes contraditórias. É saber que em uma semana estamos negociando um cachê com um grande festival e na semana seguinte estamos divulgando uma oficina sobre o manifesto comunista, que é o que se está fazendo agora, gratuita e com gente de todo lado. Tentamos fazer as duas coisas. É importante saber ao mesmo tempo a diferença entre essas duas atuações, porque elas não são a mesma coisa. Não dá para você chegar no mundo do mercado, onde você está trabalhando com um patrocinador ou alguém de um festival e querer ter uma postura que você tem num ambiente livre, num ambiente como o do Movimento dos Trabalhadores Sem Terra (MST). Você tem de ter posturas diferentes, você tem de ter relações diferentes, assumir isso é produtivo. Quando você está trabalhando com um ator em uma situação de elenco, quer dizer, ele foi contratado para fazer o trabalho, se essa regra fica clara, essa relação pode melhorar, deixar de ser uma relação patronal, e ser uma relação criativa e livre, mais livre, pelo menos. E saber também o contrário, quando você está tentando construir uma coisa mais cooperativada, como parceria, numa outra relação de trabalho. Isso tem que se esclarecer porque isso faz avançar o trabalho, você não chama as pessoas erradas. Com a sede, estamos tentando fazer isso: não ignorar que estamos atuando dentre do sistema capitalista e não ignorar que estamos tentando fazer uma coisa diferente, mais livre, menos pautada pela relação de troca. Mas todo mundo que está aqui tem chance de entender o todo.

O grupo hoje se mantém como?

Sergio - Tivemos fomento. Hoje estamos vivendo com o resto de um fomento e um pouquinho de caixa que acumulamos na carreira do *Círculo de Giz*. Esse trabalho foi muito vendido, muito convidado para fazer coisas e é um espetáculo que deu para todo mundo ganhar razoavelmente bem com ele e ter alguma reserva mínima. Mas, a maior reserva que temos ainda é do fomento de dois anos atrás, que ganhamos e está acabando agora. Mas já estamos em situação de risco total. Ganhamos um edital público da Petrobrás, que vai patrocinar, se tudo der certo, a *Cia. do Latão* pelos próximos dois anos, só estamos esperando aprovação da lei de Incentivo - que é a regra do jogo, justamente não concordar com a lei, a usamos enquanto ela for o único sistema para você ter um apoio como esse. Então estamos esperando essa aprovação para ver se esse patrocínio se confirma, por que então teremos tranquilidade por dois anos, sem precisar ficar correndo atrás de vender espetáculo e sem precisar ficar fazendo um projeto atrás do outro. No momento presente e talvez nos próximos três meses, estamos numa dureza danada, com medo de não ter dinheiro para pagar a sede.

Você falou na busca por um novo público, como o grupo realiza essa busca? E vocês sentem que esse outro público aparece?

Sergio - Na história do *Latão* apareceu um público diferente. Acho que temos um público diferente da maioria dos grupos, não sei se tão diferente, mas de início era muito diferente. Desde o espetáculo *Santa*

Joana dos Matadouros começamos a ter um público que vai ver as peças do *Latão* e não sei se vai ver muito teatro comercial. Um público de estudantes universitários, de letras, ciências sociais, filosofia que começou a aparecer nos nossos espetáculos e que não era o público convencional. Normalmente teatro alternativo tem um público restrito e começamos a ter um bom público. Mesmo dentro dos pagantes, a companhia começou a ter um perfil de público um pouco diferente, um pouco maior do que a média desse tipo de teatro, que costuma ser precária. No nosso caso não é, mas também são anos atuando e gerações diferentes de molecada que vem ver. É uma conquista do nosso tempo de trabalho e uma repercussão que o trabalho teve ao longo do tempo, é um grupo conhecido que tem uma repercussão que já garante isso. Qualquer espetáculo que a gente põe em cartaz, *Círculo de giz*, por exemplo, tivemos a casa cheia quase todos os dias das três temporadas, só nessa última temporada de sexta-feira que não lotamos o teatro. Tudo bem, são lugares de pouca lotação - o Teatro da Universidade de São Paulo (TUSP) tinha cento e quarenta lugares - mas isso é fora do comum para o teatro alternativo. Existe um outro trabalho, que nunca tivemos condição de fazer direito, que aí depende de você fazer apresentações gratuitas, de você ir atrás de um diálogo com um outro movimento social organizado, com grupos. Isso existe, mas é pequeno ainda, algumas parcerias. Por exemplo, na temporada do *Círculo de Giz*, toda semana tinha alguém de algum movimento social, muitos do MST, que ligavam dizendo "Dá para arrumar convite para a gente levar não sei quem". Existe um contato, só de se ter uma fileira que seja de gente com boné vermelho já é um pulo, já torna a plateia híbrida, como aconteceu nesta temporada do *Círculo de Giz*.

O Círculo de Giz tinha como abertura um vídeo com a participação do *Grupo Filhos da Mãe... Terra*. Como foi esse contato?

Sergio - Eles participaram de um documentário que fizemos junto com eles. O contato foi muito positivo. O primeiro trabalho desse grupo foi dirigido por um ex-integrante do *Latão*, que é o Douglas Estevam. É um grupo formado dentro do assentamento, que se formou porque os meninos quiseram fazer teatro, mas houve uma contribuição indireta do trabalho da *Cia. do Latão* na história deles. Já demos oficinas para pessoas desse grupo, que são maravilhosas, especiais mesmo. Mesmo dentro da média dos assentamentos, é raro você encontrar um trabalho artístico tão interessante como o que eles fazem. Então fizemos esse documentário sobre o prólogo do Brecht a partir desse contato com eles.

Como acontecem as oficinas?

Sergio - Variam, por exemplo, com o MST elas foram ocasionais. É difícil ter uma grande mobilização de esforços, porque para fazer uma oficina com o MST, você faz com gente de várias regiões, então tem que conseguir ônibus e alojamento para essas pessoas e tudo mais. Então fizemos poucas. A não ser quando é dentro de algum núcleo de formação. Atualmente temos dado oficinas mais aqui na nossa sede, ou no TUSP onde estávamos até agora, que são oficinas que acompanham viagens do *Latão* para vários lugares. Aí não é só pro MST, qualquer lugar que a gente vá, fazemos uma oficina ou demonstração do trabalho juntos. Com a sede a ideia é começar a preparar um tipo de oficina um pouco mais direcionada para um público mais politizado. Esta da Comuna é um pouco isso. Abrimos uma oficina que sabíamos que não ia vir gente de teatro como maioria. Se o *Latão* tivesse uma estrutura econômica mais forte, acho que teríamos condições de fazer coisas desse tipo com mais freqüência. O problema é que todo mundo fica preso à sobrevivência, não só pessoal, mas sobrevivência da estrutura que conseguimos criar, que é precária, mas é o que temos. Então você fica de mãos atadas, não dá para sair "ah, vamos ficar dez dias fora". Algumas vezes você faz isso, quando é uma coisa muito importante para nossa vida, para o nosso aprendizado. Fomos para Cuba esse ano sem grana, sem recursos, arrancando dinheiro de todo lado. O festival não dava nada lá em Cuba, só a maravilhosa gentileza e atenção com as quais fomos recebidos. Foi um investimento de muito tempo de trabalho para viabilizar essa viagem, os atores abriram mão de cachê pra ir. Enfim são coisas que você faz porque é um intercâmbio pontual na história do grupo, essa experiência com Cuba. Em algumas ocasiões fizemos isso, em situações universitárias, no Fórum de 2003. É um trabalho que depende de uma ação voluntária.

Você pode falar um pouco do registro do material do grupo?

Lia - O registro surgiu a partir do Projeto Latão Dez Anos e eu fui convidada para ajudar a organizar isso, organizar as críticas que estavam nos jornais espalhados, a parte das fotos, procurar quem estava com as fotos, procurar o mínimo de registro de cada espetáculo. Existiram alguns experimentos, coisas que são mais pontuais, feitas em algumas poucas situações que quase não têm registro. Tentamos que pelo menos uma ou duas fotos sobre esses eventos estivessem disponíveis. Uma das perspectivas do projeto era compilar os escritos.

Saiu alguma publicação?

Sergio - A gente fez só uns bonecos. Umas provas de livro. Mas eles vão sair ano que vem.

Como ficou a organização do site?

Lia - Já tinha um site antigo, então atualizamos o mesmo, colocamos muitas outras informações, umas seções que não existiam. Com a Internet, apesar de não ser todo mundo que acesse, é muito mais fácil de se ter informações. Existem bibliotecas de cidades inteiras que não têm divulgação nenhuma sobre os trabalhos, então achamos o site importante por conseguir pelo menos disponibilizar as teses que foram feitas sobre o *Latão*, artigos que foram publicados. Tentamos colocar o maior número de informações possíveis para quem tem interesse em teatro dialético ou no trabalho da companhia, que possa retirar de lá alguma fonte mais recheada.

Como é a relação do grupo com o espaço? Todos os espetáculos foram em espaço fechado? Teve rua?

Sergio - Não, nunca fizemos rua. No Fórum foi num galpãozão. Tentamos fazer algo de rua, mas foi a primeira e última tentativa, lá pelas tantas desistimos. Mas, eu tenho vontade de fazer alguma coisa para rua. Os outros trabalhos do *Latão* foram feitos sempre em teatro, a maioria deles numa relação não-convencional de teatro, uma relação íntima, é raro o caso de palco italiano, de uma peça feita para palco italiano. Só a *Comédia do Trabalho* que foi pensada para palco italiano (apesar dela não ter estreado em palco italiano, ela estreou em um assentamento ao ar livre, em uma ruína de um lugar onde ia ser construído um cinema). Mas, a *Comédia* era uma antipalco italiano, por isso que ela foi feita para palco italiano, ela era completamente anárquica, os caras faziam na boca de cena, era um palco italiano derramado em cima da plateia. As outras foi uma relação íntima, usando o próprio palco, a caixa do palco como o *Danton* e depois o *Mercado do Gozo*, que foram feitos para usar o palco por dentro, com o público dentro.

O que significa teatro de grupo para a Cia. do Latão?

Sergio - Teatro de grupo é ter um projeto em avanço. Acho que a noção de grupo é secundária, diante da noção de um projeto de longo prazo. Um projeto de longo prazo pode perdurar, na medida em que você não faz mais um trabalho para resolver questões nele próprio, você faz um trabalho como desdobramento de uma pesquisa, que se desdobra em outro trabalho, que se desdobra em outro trabalho. Para isso dar certo você precisa ter um grupo de pessoas que partilhe desse acúmulo de experiência. Se aquele projeto está vivo, mesmo que uma pessoa saia e volte, que entrem novos, você tem uma noção de grupo sendo configurada ali, de um trabalho que não se encerra nele próprio, é essa ideia que eu acho fundamental. Acho que a noção de grupo é importante não com uma ideologia, a ideologia do grupo pode estar furadíssima, tem gente que em nome da ideologia do grupo cria situações de trabalho desagradáveis e mentirosas. Não basta você dizer que é um grupo para você ter um grupo, não é porque as pessoas ficaram cinco anos juntas, que você tem um grupo, você pode ter um ambiente não coletivizado, um ambiente de regras normativas, de condução autoritária do processo. Às vezes acontece de você conhecer aquelas pessoas a seis meses e conseguir criar um ambiente de grupo. Quando existe trabalho coletivizado de fato, quando existe chance de autoria coletiva, quando as pessoas assumem o risco e a responsabilidade pelo todo do projeto, quando elas saem da postura de 'me dê o meu papel' e passam para a postura 'vou criar uma história, vou escrever uma história nova'. Aí é que eu acho que se começa a ter um grupo e quando isso acontece alimenta o trabalho, para que ele continue de algum jeito, para que isso continue numa experiência seguinte, para que esse projeto seja levado para outro espetáculo, para outros trabalhos. Teatro de grupo é uma possibilidade, uma potência de ambiente livre, coletivizado e menos alienado. Mas essa potência depende de uma prática, se não houver essa prática, isso não significa nada, é melhor trabalhar elenco, ganhando dinheiro, sabendo quem é o patrão, quem é o empregado, sabendo qual é o seu papel e tendo um ambiente criativo pelo menos, é melhor ter um ambiente criativo do que manter uma mentira. Eu falo isso porque eu acredito muito no teatro de grupo. Trabalhamos para construir um grupo sempre e continuamos trabalhando, porque lutamos cotidianamente para ter um ambiente pouco alienado, livre, onde todos partilham. Só que isso é uma luta constante e importante e é só por isso que eu acho que conseguimos fazer coisas interessantes como resultado artístico. Conseguimos criar isso. Eu estou dizendo isso tudo porque, por exemplo, o *Círculo de Giz* foi uma experiência de grupo, mas também de elenco, tinha vários atores convidados somente para o *Círculo de giz*, mas no todo foi um grande ambiente de grupo, mesmo com aqueles que estavam ali como elenco, porque eles partilharam do projeto. Também foi uma habilidade nossa, daqueles mais antigos e do grupo mesmo, de transmitir isso. Foi um dos melhores ambientes de trabalho que já tive na vida.

GRUPO FOLIAS D'ARTE

Entrevista com Patrícia Barros, Dagoberto Feliz e Danilo Grangheia[34]

Concedida a André Felipe Costa e Vinicius Pereira.
Em dezembro de 2007, após a apresentação do espetáculo *El día que me quieras*
na sede do grupo, em São Paulo, SP.

Gostaríamos de conhecer algumas informações sobre o grupo. Quando e porque surgiu? Quais eram as pessoas que faziam parte da primeira formação?

Patrícia – O grupo faz dez anos nesse ano, porque ele passou a existir como grupo, com este nome, em 1997, quando ganhamos um edital do Estado chamado Flávio Rangel para a montagem do espetáculo *Folias Fellinianas*, um trabalho em cima da obra do Frederico Fellini, com texto do Reinaldo Maia e direção do Marco Antônio Rodrigues. Esse primeiro trabalho é o que consideramos como nascimento do grupo, mas, muitas das pessoas que hoje são base do grupo já trabalhavam juntas e fizeram, por exemplo, *Verás Que Tudo É Mentira,* que era uma adaptação de *O Capitão Fracasso* do cineasta Théophile Gautier. O Maia fez uma adaptação para o teatro, Marco dirigiu, Dagoberto fez a direção musical, eu fiz a produção, a Nani de Oliveira era atriz. Então um grupo que hoje está aqui já fez aquele trabalho. Então resolvemos montar o *Folias Fellinianas* e com o edital - eu falo sempre do edital porque foi muito importante na vida do grupo, era um edital da Secretaria do Estado - a gente economizou dinheiro para a montagem, alugou uma salinha na rua Bento Freitas, comprou telefone, computador e montou um QG. Não era uma sede, mas era um escritório e isso é importante para a organização, conseguiu pagar um produtor, tudo meio mal, mas esse foi o primeiro passo para a gente abrir o *Folias* mesmo. Então *Folias Fellinianas* é realmente o marco de nascimento, *Verás Que Tudo É Mentira* é um espetáculo que a gente diz que é um embrião, a sementinha do grupo. Daquela época ainda estão hoje no grupo Marco Antônio Rodrigues, Reinaldo Maia, Dagoberto Feliz, Nani de Oliveira e eu. A partir de então a gente foi agregando pessoas a cada trabalho. Engraçado, o *Folias* tem uma característica que é de não ser um

---

[34] Atores do Grupo Folias d'Arte.

grupo fechado. Eu até tenho inveja desses grupos fechados, porque é tão mais fácil: "somos sete e vamos fazer pra nós sete!". Aqui não é assim, as coisas são bem mais complicadas porque... sei lá porque, muitas vezes para dar liberdade para o diretor, de repente você tem vontade de fazer um espetáculo ou o grupo decide alguma coisa e você não tem um elenco pra isso, então a gente vai sempre agregando gente no caminho. Temos uma base, que chamamos de gerência, que é quem pensa o que vai ser feito, mas hoje em dia vivemos um momento, talvez pelos dez anos, de abrir mais as decisões, porque circulam hoje por aqui o elenco do espetáculo *El Día Que Me Quieras*, elenco do *Orestéia*, que parte é do *El Día*, parte é gente nova, estamos ensaiando um espetáculo novo, *Cabaré da Santa*, que parte do elenco é do *El Día*, parte é gente nova, então se for pensar tem umas 35 pessoas por aqui, muita gente. Então, quem carrega o piano sempre? É porque a gente tinha essa estrutura, a gerência organiza, decide, talvez pelo histórico de formação, foi sempre assim, mas hoje estamos com esse objetivo de abrir cada vez mais a questão das decisões.

Acaba havendo um papel mais ou menos definido para cada membro?

Patrícia – É, sempre uma parte carrega o piano. Mas, tudo bem, vamos socializar. Junto disso, na nossa história tem o aparecimento do espaço, que é importantíssimo e não dá para deixar de falar. O espaço tem sete anos, acho importante falar que existimos antes da Lei de Fomento e que criamos o espaço antes. É uma maravilha de lei, ela propiciou o aparecimento de vários espaços, vários teatros de grupos e isso muda a qualidade do trabalho de um grupo, quando ele tem o seu próprio espaço, ele consegue se organizar minimamente, então acho muito legal. Mas, no nosso caso, a gente entrou aqui para ensaiar *Folias Fellinianas*, como espaço emprestado. Precisávamos de um espaço principalmente para construir o cenário do espetáculo que era grande e o Carlão – uma pessoa que veio durante o caminho, durante uma oficina ministrada pelo Marco e acabou ficando e fazendo parte da gerência - foi à caça de um espaço para a gente ensaiar e achou esse galpão na rua Ana Cintra, que era um galpazão que não tinha nada, que antes era uma igreja evangélica, depois uma oficina mecânica, que a gente até hoje recebe cartas. Então a fundação emprestou esse espaço para a gente ensaiar, mas o presidente dessa fundação na época era uma pessoa muito sensível, um cara muito legal, o relacionamento foi se estreitando e ele nos falou "vamos transformar isso em um teatro, eu dou o espaço e um comodato para vocês, vocês me pagam o aluguel e fazem a reforma", então o arquiteto José Carlos Serroni, que é amigo do grupo, fez esse projeto maravilhoso, em que se pode usar o teatro de todas as formas e que nós fomos melhorando com o tempo. O projeto inicial previa só fachada, mas a gente fez essa fachada há cinco anos, inauguramos o teatro sem, essas arquibancadas não tinham rodinhas, daí mais tarde nós colocamos rodinhas para poder mudar a posição, com *Othelo* a gente mudou a qualidade da rodinha, porque a arquibancada anda com o público em cima. Agora isso já tem sete anos, então hoje em dia é difícil dissociar espaço do grupo e grupo do espaço, é meio que uma coisa só.

De onde geralmente parte a criação dos espetáculos do grupo? Do texto, do ator, de improvisações, do espaço, da direção?

Dagoberto - Depende muito de cada projeto, cada um vem de uma forma e passa por um processo diverso. O espetáculo que inaugurou o nosso galpão foi *Happy Ends*, texto da Elizabeth Hoffman, provavelmente com roteiro do Brecht mesmo - ela meio que assina, mas tem muita coisa do Brecht - em que a música era muito presente. Depois teve um espetáculo infantil chamado *Tronodocrono* que é um texto do José Rubens Siqueira e da Gabriela Rabelo. Eu acho que o *Folias* tem uma história de escolher textos a partir de uma "premonição histórica", explico: "premonição histórica" do Marco principalmente, acreditamos que você tem que ser artista no seu tempo e falar das coisas que estão acontecendo agora, não das coisas que estão muito atrás e nem das que estão muito na frente, de falar assim "está acontecendo alguma coisa agora e vai dar algum problema" e o Marco Antônio é uma pessoa que pensa muito nos problemas políticos, sociais, de cidadania que estão por vir e o *Happy Ends* é contado para isso, nesse espetáculo partimos basicamente do texto, assim como em *Tronodocrono*. Temos sempre uma base de textos, nunca sai de uma improvisação direta, ao mesmo tempo temos um dramaturgo no grupo, que é o Reinaldo Maia, que acompanha todo o processo. Aí o *Babilônia*, por exemplo, é um texto dele que foi sendo montado através do processo de ensaio, ele deu um roteiro, um texto inicial, depois isso foi sendo montado a partir do que os atores propunham. A mesma coisa aconteceu no *Folias Fellinianas* e na *Orestéia*, aqui com o texto de base da tragédia, mas da mesma forma. O *El Día Que Me Quieras* não, o texto é do dramaturgo José Ignácio Cabrujas mesmo, com alguns cortes aqui, outros lá e com uma concepção de direção. O processo do *El Día* foi em cima do texto. O processo criativo varia, portanto.

Patrícia – A gente costuma mesmo dizer que não tem fórmula. O *Folias* trabalha de acordo com a necessidade do trabalho, cada trabalho exige um método ou um não-método e aí a gente segue, não ficamos rígidos. O que existe hoje é um desejo nosso de trabalhar mais a partir do ator.

E buscam um modelo específico de ator?

Dagoberto – Acho que já existe um modelo de ator, mas não conseguimos definir qual é. Aliás estamos na busca disso. Não de uma definição, mas existe algo que passa por todos os espetáculos, mas que não conseguimos definir exatamente. Claro que tem a presença da música, claro que tem a presença de um teatro mais épico, claro que tem a mistura do popular com o erudito, tem várias coisas que são meio óbvias, mas ainda não se conseguiu fazer uma poética dessa história toda, estamos tentando. A Iná Camargo Costa está pensando em escrever um livro e a gente escreve muita coisa picada nos Cadernos do Folias, que falam um pouco sobre o processo.

Patrícia – E ao mesmo tempo tem essa dificuldade, porque a gente age de acordo com a necessidade do trabalho, então às vezes por mais que você formule alguma coisa... O *Orestéia*, por exemplo, mudou muito.

Danilo – Acho que mesmo quando se busca uma definição, uma metodologia para a forma com que a gente trabalha, ainda pensamos que as diferenças e a história de cada um contribui muito para o trabalho. Então, à medida que a gente tenta amarrar algumas coisas, a gente deixa meio frouxo, porque as diferenças são muito importantes mesmo para o trabalho, para a criação.

E os ensaios, como geralmente funcionam? São essencialmente voltados para o espetáculo ou existem discussões paralelas de textos, treinamento contínuo?

Danilo – O treinamento é voltado para alguma coisa que vamos trabalhar. Ou se não vamos trabalhar, é que nós vamos discutir para entender. Então acho que o treinamento poderia ser para instrumentalizar cada um, trazer algum tipo de ferramenta, mas eu acho que o treinamento acaba fazendo mais sentido à medida que você se depara com as coisas que você está trabalhando. E também é uma necessidade nossa de ter que exigir do outro. Eu acho que trabalhar em grupo tem esse exercício de você tentar, na medida do possível, puxar o outro para algum tipo de treinamento, sempre tentar surpreender o outro da melhor forma possível, para que a gente vá para um caminho crescente, para que não fique estagnado em uma maneira que achamos que sabemos fazer.

Patrícia – E a gente tem, como grupo, algumas atividades como publicações que hoje têm conseguido ser semestrais, como uma prática de debates e discussões com pensadores, amigos, professores, que são o conselho artístico do *Folias* (Iná Camargo, Paulo Arantes) – são pensadores, é um povo que gosta de arte, gosta de teatro, gosta da gente, então aproveitamos e discutimos muito. Já há uns três anos a gente vem fazendo um projeto de seminário, que não deixa de ser um treinamento, porque ele tem sempre uma temática, de uma forma ou de outra, ligada com o espetáculo que vamos montar. Então quando a gente montou a *Orésteia*, e a nossa *Orésteia* passa pela América Latina e pelo Brasil, o seminário tinha como temática essas questões, então de uma certa forma também é outro tipo de treinamento, vem nos instrumentalizar o pensamento.

E como vocês enxergam o papel do diretor no processo criativo?

Patrícia – Acho que o Dagoberto pode falar bastante, porque ele enxerga os dois lados. Mas no nosso caso, antes eu queria dizer, o *Folias* tem uma característica que o Maia colocou muito bem e eu adoro, talvez possa deixar de existir cada vez mais, mas aqui existe divisão social do trabalho. Um diretor é uma pessoa muito forte e o Marco, que não é o único diretor do grupo, mas é o que mais atua como tal, tem características muito fortes.

Dagoberto – É, existem características de função, a função de direção é estar do lado de fora e ir encaminhando. O Marco propõe muita coisa, independentemente de ele dirigir. Fizemos um espetáculo que era em cima do *Orquestra de Senhoritas* que foi uma proposta do Marco, mas que fui eu que dirigi. O *Single Singers Bar* mesmo foi um espetáculo que eu já tinha trabalhado com canto para atores e o Marco propôs: "Por que você não monta isso?". Volto a falar, a figura do Marco é uma presença muito forte como pensamento, como proponente e então muitas propostas são feitas por ele, mas não é ditatorial não, não mesmo. Ditatorial na função, isso sim, mas fora dela não.

Patrícia – E acho que estamos passando por um processo, a partir da *Orésteia*, de cada vez mais autonomia para o ator.

Danilo – A gente busca cada vez mais um equilíbrio, não nas funções, por que a gente sabe exatamente o que cada um representa, mas na criação. Então, o que se busca a partir do provocador, que é o Marco no caso, é um ator que corresponda a esse tipo de provocação. Aí entra o grau de exigência da gente com a gente mesmo nessa história, porque da parte do provocador existe, agora precisa se provocar também para ter a autonomia de chegar e falar assim "eu faço isso justamente por isso, isso, isso e aquilo". Não simplesmente pensar em uma relação em que o diretor manda o ator fazer certa coisa. Buscamos horizontalizar mesmo essa relação, sabendo as funções que cada um representa.

Passando para os projetos pedagógicos do grupo, vocês ministram algum tipo de oficina?

Dagoberto – Existe uma característica no *Folias*, até por abarcar um monte de gente, que é de aproximar pessoas, principalmente pessoas que estão começando, isso acontece desde o início do grupo. Então, pelo *Folias*, eu posso afirmar sem medo que desde *O Assassinato do Anão* (oficina ministrada pelo Marco a partir da peça de Plínio Marcos) já passaram por aqui umas quinhentas pessoas e que hoje boa parte trabalha com teatro. Se for pensar assim "é uma escola". Não, não é uma escola, mas é uma forma de se fazer teatro que buscamos espalhar o máximo possível, até por acreditar nessa e não em outra, acreditar nesse teatro de grupo, que é feito com certa regularidade ou numa tentativa de regularidade (o máximo possível), de passar a não existir protagonista e não-protagonista - conceitos antigos de teatro que não nos interessam, que podem interessar a outras pessoas, mas a nós não interessa mesmo. A ideia não é a de teatro como mercado, produto, porque não existe isso para a gente, esse é um vocabulário que não é nosso e não queremos que seja, por simplesmente não acreditarmos. Alguns odeiam, querem que esse teatro morra, outros acreditam que é possível.

Patrícia – Tem espaço para todo mundo, é mais politicamente correto.

Dagoberto – É, tem espaço para todo mundo. E nessa forma de pensar você acaba atraindo pessoas até por sobrevivência, por falar assim: "repassem isso, porque se não esse tipo de teatro vai perder força" e aí você acaba se aproximando de vários grupos que pensam desse jeito também, tipo o *Feijão*, o *Latão*, *Parlapatões*, *XIX*, *São Jorge*, *Bartolomeu*, que é um povo que está fazendo teatro nessa forma, cada um com suas características, mas nessa forma, por acreditar nisso. E o *Folias* tem uma preocupação: quanto mais gente souber disso, mais interessante para nós. É pura sobrevivência, nada além disso, não é altruísmo, não é "oh, temos que defender o mundo", temos sim, temos que mudar o mundo, temos que revolucionar tudo, mas também é uma questão de sobrevivência, porque daqui a pouco nós estaremos mais velhinhos, alguns quilos mais gordos, tem que passar para a moçada; então há uma tendência de formação. E aí os conceitos são esses que nós falamos, em alguns momentos mais organizados, como *workshop*, como oficina, como curso com começo, meio e fim e em outros momentos chega alguém e fala assim: "como é que eu entro, como é que eu participo disso?" e a pessoa vai entrando, não tem uma regra total.

Patrícia – Nessa preocupação de formação, ouvindo a outras pessoas falando do grupo, percebemos mais ouvindo os outros falando do que com nós mesmos. Percebemos que temos como função a formação, só que é anárquico. Falam: "ah, então têm oficinas periodicamente, sistemáticas", não, não temos, a gente até já tentou, mas não funciona assim. Mas é uma característica do grupo em vários trabalhos, *Babilônia* foi assim, *Orestéia* foi assim, *El Día* foi assim, *Cabaré* está sendo assim e o projeto futuro que estamos pensando será assim de uma forma mais forte ainda. Normalmente nos espetáculos feitos com elenco do *Folias* a gente abre a possibilidade, quando não abre oficinas para acompanhar o processo de trabalho nas diversas áreas (produção, iluminação, figurino, interpretação).

As oficinas são voltadas para comunidades ou para profissionais da área?

Patrícia – As nossas oficinas são sempre assim: acompanhamento de algum trabalho. Quando não é assim, a gente abre a porta para quem quiser acompanhar o trabalho, então muito em função disso que agregamos pessoas ao grupo, porque aquela pessoa acompanhou o trabalho e acabou ficando ou porque fez essas oficinas e convidamos para ficar. Também têm as pessoas que acompanham e saem e reproduzem muitas vezes o nosso modo de trabalho ou às vezes ficam por dois ou três anos, circulam pelo grupo. Eu acho que essa formação é mais nesse sentido, anárquico mesmo.

O grupo considera que segue uma linha estética ou ideológica? Quais as suas principais referências?

Dagoberto – A Ariane Mnouchkine veio aqui há pouco tempo e falou uma coisa que eu estou meio roubando, mas que eu já fazia antes, alguém perguntou algo como "que tipo de teatro você faz?" e ela falou "eu acho que o artista deve falar do que acontece agora". Eu falei de a gente ser premonitório, mas a gente deve estar falando do que acontece agora...

Patrícia – Até quando a gente monta *Orestéia* e *Othelo*, é importante dizer isso.

Dagoberto – Quando a gente montou *Othelo*, o Lula estava entrando no poder e a nossa discussão em cima do *Othelo* era exatamente isso, até onde você é usado para limpar a casa e depois ser cuspido fora dos esquemas? O que acabou meio que acontecendo, ele precisa de alguém bem barra pesada para limpar as coisas, depois "Ah, beleza. Agora joga fora". Existe uma preocupação de alguma localização histórica, a *Orestéia* fala de nós, da nossa realidade teatral, da nossa realidade brasileira, usando uma tragédia muito bem escrita, que pode muito bem acontecer atualmente: como é que você consegue deixar uma fúria ficar calminha? Como é que você consegue destruir um aglomerado de pessoas que está tentando fazer alguma coisa interessante? É isto que está acontecendo na sociedade, no teatro, no Brasil, na América Latina, com algumas fúrias perdidas, tomara que elas continuem. Mas, enfim, voltando à pergunta. A Iná poderia responder isso melhor com certeza, mas passeia pelo *Folias* um teatro épico, aquela pessoa que está aqui e tudo o que ela fala está em relação ao que acontece agora. E Ariane Mnouchkine fala isso, não adianta você falar como aquele imbecil (eu falo mesmo, pode colocar isso) do Gerald Thomas que fala assim "ninguém me compreende, ninguém me entende...", claro, porque você não fala para as pessoas de agora. Então não fala nada, fala daqui há dois mil anos, quem sabe alguém te entenda. A gente está conversando aqui, agora, estou falando com você, então não vou falar assim "olha, você não me entende, só vai me entender daqui a pouco".

Patrícia – Não tem sentido montar uma coisa dissociada do seu tempo, da sua época, do lugar onde você está, isso é a premissa. E aí também passeia por aqui Stanislavski, por incrível que pareça.

Dagoberto – Principalmente na concepção de ação dramática. Então tem esse estar aqui, agora, que se aproxima mais esteticamente do épico, mas não obrigatoriamente da interpretação épica. E sim de você estar aqui e saber o que está acontecendo.

E você fala de uma articulação de grupo e não simplesmente de um diretor como figura central, contrapondo ao que falou de Gerald Thomas...

Dagoberto - Já começa por aí, fala-se de gestos sociais e não de gestos unitários.

Patrícia - E é aquilo que o Danilo falou, de fato é um pouquinho de cada um mesmo em cada montagem, o que cada um pensa.

Como funciona a administração do grupo? Eu gostaria de saber especificamente quem são os responsáveis por esta parte. Os artistas também desempenham funções administrativas?

Dagoberto – Sim, são todos artistas. Quem cuida do escritório atualmente é a Patrícia, a Nani, o Carlão e o Zeca. São os quatro que permanecem aqui no galpão o tempo inteiro.

Patrícia – São quatro na administração e que recebem por isso, têm salário. E são seis na gerência, que é uma administração ampliada, vamos dizer assim, mas não está no dia-a-dia, fazendo o trabalho do dia a dia, trabalhando com horário. E que recebem também uma grana, mas bem menor. Quem está na administração também não recebe uma grana bem maior, mas recebe um pouquinho mais. Esses outros da gerência são o Dago e o Danilo, o Maia e o Marco já foram. E aí, quando temos verba, dependendo de onde ela vem, da quantidade dessa verba, pagamos as pessoas envolvidas no projeto específico ou, o que é o nosso desejo, pagar as pessoas envolvidas com o Folias, independente de estarem no projeto ou não, porque a gente mantém os espetáculos. Mas, isso é sempre meio difícil, só com o fomento, mas mesmo assim no último tivemos um corte altíssimo e se tratando de trinta e cinco membros não é fácil. Então é complicado, é uma administração difícil e cheia de problemas, mas que está aí.

E o que representa para o grupo o dinheiro arrecadado na bilheteria dos espetáculos?

Patrícia – A bilheteria ajuda, qualquer dinheiro sempre ajuda. Mas, temos uma política de preços razoavelmente baixos, a gente aumentou agora com a *Orestéia*, que passou para trinta reais, mas o nosso público forte é estudante, então é raro ter inteira e ainda temos uma política aqui com o bairro, que são os moradores associados, que tem ampliado cada vez mais. Os moradores do bairro se filiam e pagam só oito reais, é sempre vinte por cento do valor do ingresso cheio. Então a bilheteria ajuda, mas não dá de forma nenhuma para sustentar nem espaço e nem ator. Eu sei que alguns grupos pagam as pessoas, grupos menores, por exemplo, são sete membros no grupo, então racha e paga todo mundo. Mas, como a gente tem essa forma muito livre, tem gente que participa em um projeto e não participa no outro, a bilheteria é do ator – trinta por cento é do *Folias*, do teatro, vamos dizer assim, e o restante a gente divide para o elenco e aí depende do número de pessoas envolvidas.

Você falava dos espectadores. Vocês criam os espetáculos pensando em um público específico?

Patrícia – Não.

Mas, vocês percebem algum tipo de público que frequenta mais os espetáculos, como estudantes ou moradores do bairro?

Patrícia – Estudantes, a comunidade em geral e quando fizemos *Othelo*, ganhamos um público novo, porque na época fez muito sucesso, então vieram pessoas que frequentam a Brigadeiro Luís Antônio que é a Broadway. Gente que vai assistir o *Fantasma da Ópera, Os Miseráveis* veio nos assistir. E desse povo uma parte veio e falou "nossa, que legal, existe isso", outra parte falou "que legal, mas nunca mais volto" e outra parte falou "nossa, que legal, eu não sabia que poderia ter coisa boa aqui, desse jeito". Então, depois disso, fizemos o *El Día*, que também foi assim e depois fizemos a *Orestéia*, que até nossos amigos jornalistas e críticos falaram "não sei como isso vai ser recebido, porque vocês montaram *Othelo* e depois o *El Día* e conquistaram um público outro.", E conquistamos um público outro mesmo e quando viemos com *Orestéia*, que é uma tragédia, de três horas e meia, que fala muito sobre o teatro, achamos que seria muito difícil. Então as pessoas falavam "E agora? Esse público, que vocês conquistaram, vocês vão perder?". Acho que não, porque isso também é formação de público. Uma transformação, porque o cara veio ver *Othelo*, veio ver o *El Día*, aí acaba gostando daqui, desse teatro, da gente. Ele passa a olhar com outros olhos. Nem todo mundo estava preparado para ver, mas...

Dagoberto – E é uma coisa de formação mesmo, de você receber essas pessoas, como formação. A grande maioria das pessoas que estão aqui em volta você conhece pelo nome, você realmente conhece e é uma tentativa de ficar próximo, de olhar no olho da pessoa, de descobrir quem você é. Então é assim, é nisso que a gente acredita.

Patrícia – E no *Orestéia* o Dago faz o Corifeu, que é um Corifeu palhaço, um Corifeu *clown*, e ele de fato recebia o público...

Dagoberto - ...e mandava embora.

Patrícia – Falava assim "São três horas e meia, é uma tragédia, morre um monte de gente, tem um monte de gente pelada. Você quer mesmo ver?". Então o público chegava aqui meio sabendo o que ia ver, uma vez foi até uma pessoa embora.

Dagoberto – Eu mandei ele pra rua. Ele começou a ser meio grosseiro e eu falei "Você não precisa ver" e ele "Então eu não vou ver", eu disse "Ótimo, beleza. Vai comer uma pizza", ele disse "Eu adoro pizza" e foi embora.

E vocês sempre apresentam nesse espaço?

Patrícia – Sempre aqui.

Nunca apresentaram na rua?

Patrícia – Na rua só o *Babilônia*, não temos muito essa tradição. E a gente faz em outros espaços quando convidados. O *Othelo*, por exemplo, viajou bastante e como o espetáculo foi muito pensado para esse espaço, a gente até pensou que não ia conseguir sair, mas fomos até para um festival em Portugal. *Othelo* era um espetáculo feito para esse espaço e tinha especificidades como a arquibancada andar com o público em cima, que para sair tinha que ter condições ideais, senão não dava, mas fizemos em vários festivais. Em Porto Alegre nós tivemos as condições ideias, em Portugal também, em Curitiba foi péssimo, cortina caindo, mas enfim. Em *Orestéia* a gente usa tudo aberto, usa camarim, tudo pensando aqui, o *El Día* também pensando para cá. Então tentamos achar um espaço que tenha todas as condições, mas é muito difícil. O *El Día*, por exemplo, em outros lugares a gente já fez uma parte em que aqui a porta do teatro fica aberta com projeção, com filmagem da nossa rua.

Vocês costumam fazer um registro de ensaios e apresentações?

Patrícia – Tem alguma coisa filmada e registrada, mas a gente não é muito bom nisso para falar a verdade.

Dagoberto – Existem dois acompanhamentos somente, o do *Othelo*, que foi feito pela Renata Leme, que foi uma pessoa que acompanhou todo o processo do espetáculo, que fez parte de um estudo dela, foi uma motivação dela. Então ela registrou todos os ensaios, escrevendo, fotografando. No *El Día que me quieras* existe isso feito pela Kátia, com o dia-a-dia do processo. E os outros só de vez em quando.

Patrícia – E às vezes falamos "Puxa, a gente não tem isso filmado", algo como uma improvisação, que nunca mais vai se repetir na vida.

Dagoberto – Na *Orestéia* também teve alguma coisa disso.

Patrícia – Registramos, tiramos foto de vez em quando, filmamos um ensaio de vez em quando, mas não é uma coisa sistemática, organizada.

Dagoberto – Sistemáticos foram só esses dois momentos, que não foram iniciativas nossas.

Patrícia – O que tem acontecido com a gente ultimamente é muito trabalho de faculdade.

Dagoberto – A *Orestéia* provocou isso, talvez por ser uma tragédia, havia muitas universidades e muitas escolas na área de Letras que estavam estudando tragédias e o texto da *Orestéia* estava lá, quase integral. Então teve uma proximidade desse povo, principalmente de Letras, que não eram tão próximos. Com o *El Día* aproximou pessoas que são mais latino americanas.

O *El Día* foi anterior à *Orestéia*?

Dagoberto – Foi, a gente nem ia fazer, nós já estávamos preparando a *Orestéia* quando surgiu o texto do *El Día* pelo António Mercado, que é um tradutor amigo nosso, professor de uma escola de Coimbra, que falou assim "Vocês têm que fazer isto!" e vimos que aquele era mesmo o momento para fazer esse texto.

E o trabalho do Reinaldo Maia com o texto, como acontece?

Dagoberto – No caso do *El Día* ele não mexeu, muito pouco. Nesse espetáculo ele atuou, era o Pio Miranda.

O Reinaldo costuma atuar?

Patrícia – Não. É que o Pio é muito o Reinaldo Maia.

Dagoberto – Porque é um comunista perdido nessa história. Então, era o Maia. Embora ele não tenha, nem queira uma carreira de ator. Mas aqui tinha que ser, era ele.

Para encerrar, como vocês definem o termo Teatro de Grupo?

Dagoberto – Acho que são várias pessoas que se juntam, vários artistas que se juntam – e isso é bem pessoal – por não concordarem com uma estrutura de modulação. Aliás eu me recuso também ao escaninho Teatro de Grupo, você acaba reduzindo a uma expressão, então fica assim: o Teatro Comercial, o Teatro de Grupo, o Teatro Político, o Teatro de Brecht. Mas, eu acho que o Teatro de Grupo é uma tentativa de não entrar em nenhum escaninho, a gente não cabe em nenhum lugar e quanto menos a gente couber melhor. Aí é uma forma de você ainda, utopicamente, acreditar que você faz alguma diferença. Utopicamente, não sei se fazemos alguma diferença, eu acredito piamente que sim, é uma tentativa de mudança real na vida das pessoas. E se você vai para outro tipo de teatro e dá a ele um escaninho, você também acaba reduzindo. Eu já vi teatros comerciais que mudaram a minha vida, teatros que são considerados como comerciais. Atualmente não, mas há vinte anos existia um teatro comercial que era de boa qualidade, com ótimos atores, que sabiam o que estavam falando, que se propunham a fazer alguma coisa, um divertimento, era teatro, dialogava com a plateia, o que não acontece nos teatros chamados comerciais agora, nos chamados teatro de pesquisa, nos chamados teatros de vanguarda. Você tem uma plateia, se você não dialoga com ela, não é entender, não é "captou a mensagem?", não é jesuítico, não é doutrinador, didático, mas assim, se você dialoga com ela, você está fazendo teatro. E muitos Teatros de Grupo, muitos grupos de teatro podem estar juntos e estar fazendo teatro.

Patrícia – Pessoalmente eu falo assim, eu não consigo conceituar Teatro de Grupo, mas dentro do que eu penso Teatro de Grupo é o teatro que me interessa, é o teatro que eu acredito.

Dagoberto – Eu acho que o que interessa é assim, não cabe, não se adapta, não consegue seguir um padrão.

Patrícia – É aquele que tem algo a dizer. Tem muita gente, muito ator, muito amigo nosso que se junta para simplesmente montar um espetáculo. Dá até preguiça de ver.

Dagoberto – Para que você quer montar isso? O que você quer dizer?

Patrícia – É, eu acho que o Teatro de Grupo tem essa qualidade e o outro teatro é mais ou menos assim "Por que você montou isso?" e a resposta é "Porque eu sempre quis fazer um texto do fulano. E afinal de conta os atores são tão bons e"...

Dagoberto - ..."porque eu quero ganhar uma grana, porque eu quero viajar"...

Patrícia – E aí você vai assistir e você fala "Não é isso!". Pode ser que até tenha mais público que a gente, mas você fala "Hum... não é isso". E eu acho que quem vem aqui, esse público desavisado, esse público do *Othelo*, de repente percebe isso e fala "Opa, o que é isso?! Que coisa engraçada." ou então sai no primeiro ato falando "Ai, meu deus, nunca mais!".

Vocês poderiam citar três grupos aqui da cidade que vocês consideram como pertencentes desse movimento de Teatro de Grupo?

Patrícia – Nossa, são muitos. É até difícil falar só três: *Cia. Do Feijão, Núcleo Bartolomeu de Depoimentos* e *Cia. São Jorge de Variedades*.

Dagoberto – *Grupo XIX, Tablado de Arruar* e *As Graças*. A grande maioria dos grupos em São Paulo está conseguindo espaço agora e aí é assim, dos grupos que estão atualmente em atividade o *Folias* foi o primeiro a conseguir um espaço e isso provocou uma tentativa desesperada de as pessoas terem espaço, o que facilita e também complica. Faz com que o grupo se mantenha fisicamente aqui.

Patrícia – Ainda em Campinas tem o *Lume*, em Ribeirão Preto tem o *Fora do Sério*, tem tantos grupos.

Dagoberto – E tem alguns que são travestidos de grupo, mas desses eu não vou falar, não. Mas tem alguns que parecem grupos, mas não são. E que fazem um teatro de grupo, embora seja só uma pessoa a propulsora de tudo isso.

Patrícia - Tem também muita gente formando grupos.

Dagoberto — Tem muitas pessoas saindo de escolas e essas pessoas nos interessam, esses atores que estão se formando. Acho que o teatro de grupo é: o que você quer dizer como artista? O que você necessita angustiadamente falar? È isso? Então vai lá e faz.

Patrícia - E por isso as pessoas se juntam. Porque elas têm uma afinidade, uma afinidade de pensamento. Por que eu me juntei com essa turma (o Maia, o Marco...) e não me juntei com outra? Acho que no *Folias* tem isso de bom, porque de repente você se junta, porque tem determinada afinidade, daí vai juntando.

Dagoberto — A sua angústia será uma característica artística. Qual a sua opinião? O que você quer falar sobre o Molière, o que você que falar sobre o Plínio Marcos, o que você quer dizer sobre o seu dramaturgo? Se você não tem a sua opinião, a minha sugestão é essa: não faça, cale a boca, vá pra casa, não me encha o saco. Mas, é muito pessoal, não é de grupo. Agora, se você quer dizer alguma coisa: diga. Então alguém vai te escutar e se ninguém escutar, pelo menos você falou, você gritou, você falou o que queria falar, artisticamente.

OS SATYROS
Entrevista com Ivam Cabral[35]

Concedida a André Felipe Costa e Vinicius Pereira.
Em Dezembro de 2007, no Espaço 1 d'os Satyros, na Praça Roosevelt,
São Paulo SP.

Gostaria que você falasse um pouco do histórico d'*Os Satyros*. Quando e por que surgiu o grupo? Quem foram os primeiros integrantes?

Ivam – O grupo *Os Satyros* surgiu em 1989 aqui em São Paulo, eu tinha recém saído da universidade, da PUC de Curitiba, e vim para cá tentar a minha profissionalização. Em um primeiro momento achei que era impossível trabalhar como ator, eu tinha consciência da dificuldade dessa profissão, então meu projeto era continuar estudando, fazer mestrado, e aos poucos sentir como isso rolaria em São Paulo. No final acabou acontecendo o contrário, só fui fazer mestrado muitos anos depois. Nesse momento eu conheci o Rodolfo García Vázquez, através de um anúncio que procurava atores lá na ECA, ele fazia mestrado em Sociologia da Arte, tinha um grupo e estava procurando atores. Eu fiz o teste, passei, conheci o Rodolfo, e acabou acontecendo uma grande afinidade de trabalho entre a gente, de ideias e de possibilidades. Então, durante um processo de trabalho chamado *Um Qorpo Santo* (a partir da obra do dramaturgo gaúcho do séc. XIX, Qorpo Santo), a gente idealizou *Os Satyros*. Nesse mesmo ano, 1989, estreamos nossa primeira peça, em setembro, que era uma pesquisa em cima da *commedia dell'arte*. Durante anos foi muito difícil viver de teatro, encontrar uma possibilidade no teatro. Não fosse o sucesso de crítica do *Arlequim* - esse nosso primeiro trabalho, onde eu e outra atriz ganhamos o prêmio da APCA (Associação Paulista de Críticos de Arte) e fomos indicados a vários outros prêmios – acho que *Os Satyros* não teria vingado, teria sido um projeto amalgamado, porque de público não tivemos ninguém e foi muito complicada essa questão da sobrevivência no teatro. Mas, desde o início tivemos uma pesquisa muito particular. Formamos *Os Satyros* porque nos opúnhamos a uma característica da cena brasileira daquele momento. Tinha sido abolido o texto do teatro, era um

---

[35] Ator e Diretor Geral da Cia. de Teatro Os Satyros.

teatro só de forma, um teatro muito apolíneo e reinava o Gerald Thomas, com as experiências maravilhosas dele, o Antunes Filho trabalhava muito, mudando uma linguagem, mudando uma pesquisa que ele tinha desenvolvido nos anos 70. E nesse primeiro momento, achávamos que o teatro estava muito chato, não era exatamente aquele teatro que queríamos fazer, sentíamos a falta da embriaguez, do dionisíaco e *Os Satyros* abriu o cortejo de Dioniso. Sentíamos falta desse elemento, de um teatro que remexesse nas estranhas da sua percepção de vida, que você amasse ou odiasse, mas que não saísse das nossas peças do jeito que entrou, algo bem ideológico. Então a nossa pesquisa envolvia sempre temáticas e autores muito violentos, muito fortes. Naquele momento montamos Marquês de Sade que fez muito sucesso, fazíamos xixi em cena, comíamos merda, óbvio que tudo era encenação, mas o público acreditava que tudo o que ele via era real, era um espetáculo muito violento mesmo e fez muito sucesso de público, mas não de crítica. Tivemos muito público, a peça ficou mais de um ano em cartaz, e começamos a viver de teatro nesse momento, vivíamos de bilheteria. Sempre fomos uma cooperativa, desde aquele primeiro momento, então a gente dividia as funções e rateava a bilheteria. Nesse momento descobrimos uma coisa que também foi fundamental na nossa vida, que foi ter uma sede, então a partir desse começo sempre tivemos uma sede. Isso porque, quando montamos Marquês de Sade, ele estreou no Teatro Guaíra em Curitiba, pela facilidade em produção que eu tinha na cidade e quando viemos para São Paulo, não conseguíamos nenhum teatro, ninguém queria nos acolher, os teatros comerciais diziam que éramos pornográficos demais e os teatros pornográficos (que naquela época começaram a surgir em São Paulo), diziam que éramos intelectualizados demais e que não cabíamos lá. Então nós descobrimos na Major Diogo, que é uma rua da Bela Vista, um teatro que estava abandonado e assumimos esse espaço, estreando com essa peça chamada *Sades ou Noites com os Professores Imorais*. A peça fez muito sucesso, ficamos imediatamente muito conhecidos e, a partir de então, montamos nesse teatro mais dois espetáculos, um em cima do *Pedido de Casamento* do Tchekov, chamado *A Proposta*, e *Saló, Salomé*, a partir do mito. As duas peças foram sucesso de crítica e de público e fomos convidados a apresentar *Saló, Salomé* na Espanha e em Portugal – isso foi em 1992, na época do presidente Collor. O Brasil estava sucateado, não tinha nenhum programa de incentivo à cultura – então resolvemos: "meu, é um exílio voluntário. Vamos embora!". Nós éramos vinte e cinco atores no espetáculo convidado, o convite veio em abril e nós tínhamos que nos apresentar em junho, tínhamos apenas uns quarenta dias para nos articularmos. Em um lugar em que não se tinha incentivo nenhum, imagine a dificuldade que foi.

Então valeu tudo naquele momento, fizemos pedágio na Avenida Paulista, dia e noite ficávamos lá pedindo dinheiro. Há quinze anos era muito mais difícil viajar para a Europa do que é hoje, eu sinto que hoje existem mais facilidades, é mais barato, é mais possível, mas quinze atrás era impossível um grupo de vinte e cinco pessoas viajar para lá. E conseguimos, fizemos de tudo. Na época o Paulo Autran nos deu uma ideia maravilhosa: "Por que vocês não fazem sessões da *Salomé* muito caras, cobrando uns duzentos reais por ingresso, e dirigem esses bilhetes a artistas, a intelectuais, pessoas com grana que comprariam apoiando vocês?". E esse foi um grande tiro certo que a gente deu. Apresentamos uma semana de *Salomé*, com o ingresso equivalente a uns duzentos reais e vendemos às pessoas que tinham grana, muitas compravam e nem iam ver a peça, faziam isso só pra ajudar: "pô, é uma causa legal!". O fato é que conseguimos sei lá quantos mil dólares na época para poder viajar e viajamos, mas já sabendo que não poderíamos voltar por um tempo, que ficaríamos exilados. Não todo o grupo, nem todos esses vinte e cinco tinham função determinante no projeto, oito eram fundamentais no grupo, trabalhavam com as questões estéticas, ideológicas do grupo, o resto eram atores convidados, muitas pessoas saídas de oficinas de teatro que nós dávamos lá no Bela Vista. Então algumas eram pessoas que até nem seguiram carreira, que foi a única experiência teatral que tiveram. Daí começou nossa história na Europa, onde ficamos de 1992 até 2000 com sede fixa. Mas essa é uma história muito louca, porque somos muito inquietos. Por quê? Nós ficamos estabelecidos em Portugal de 1992 a 2000, mas em 1995 abrimos uma sede em Curitiba, então durante o período de 1995 a 2000 trabalhamos entre Lisboa e Curitiba. Em 1997 abrimos uma em Berlim. Então de 1997 a 2000, tínhamos três pólos: Lisboa, Berlim e Curitiba. Nesse momento, em 1999 mais ou menos, quando estávamos fazendo esses intercâmbios, começamos a sonhar com São Paulo, e resolvemos fechar a sede em Lisboa. Nosso trabalho, embora bastante produtivo, muito bacana, não suportava esse trânsito. Você tem que ficar, entende? De qualquer forma mantemos na Alemanha. De 2001 até 2005, trabalhamos em Berlim, São Paulo e Curitiba. Hoje só temos São Paulo. Em 2005 paramos de trabalhar em Berlim, fechamos a sede de Curitiba e nos fixamos só aqui na praça Roosevelt. Porque chegou um momento em que poderíamos ter sede em qualquer lugar do mundo, entende? Ir para Florianópolis abrir uma sede. Por causa disso falei para você, acho que talvez uma das coisas mais importantes que descobrimos foi que um grupo pode se sustentar em um espaço, então essa ideia de espaço é muito importante para nós. A nossa história é longa, mas é mais ou menos isso.

Você falou muito de textos. De onde parte principalmente a criação dos espetáculos de vocês? Basicamente de um texto, de um tema, do espaço?

Ivam – Então, eu e o Rodolfo, quando começamos a trabalhar juntos em 1989, queríamos fazer muitos textos, existiam muitos autores que queríamos montar, mas sempre esbarrávamos na problemática de direito de autor, não tínhamos dinheiro para pagar a Sociedade Brasileira de Autores Teatrais (SBAT) e essas coisas. Então começamos a desenvolver uma dramaturgia própria, começamos a escrever os nossos próprios textos por conta disso. Não era uma vocação nossa ser dramaturgo, era por necessidade. Os textos que queríamos fazer não tínhamos acesso, não podíamos, então fomos desenvolver.

Mas esse processo de escrita era anterior à montagem do espetáculo ou concomitante?

Ivam – Inicialmente era anterior, a gente decidia, por exemplo: "vamos fazer *Salomé? –* Vamos!", então escrevemos a quatro mãos e a partir daí começava a montagem. Ultimamente a gente continua fazendo isso, desenvolvendo os nossos textos, mas a partir de uma ideia de ator-criador, onde o ator interfere bastante nesse processo de montagem de espetáculo, escritura do texto, enfim.

Como funciona a estrutura dos ensaios de vocês? O grupo desenvolve algum tipo de treinamento contínuo, propõe discussões teóricas?

Ivam – Então, desenvolvemos uma metodologia que chamamos de Teatro Veloz, onde sistematizamos um trabalho. Fomos mapeando exercícios legais, que nos interessavam, e montamos esse sistema de trabalho basicamente a partir das ideias do Artaud, do Nietzsche, Eugenio Barba e Stanislavski para fundamentar o trabalho. Porque Artaud não tem uma cartilha para gente, ele tem ideias, mas agora como se aplica isso? Então a gente precisa muito do Stanislavski para poder nos embasar. Enfim, dentro desse trabalho acreditamos em um ator que cria, então todo o processo de montagem de um espetáculo é determinado por esse ator o tempo inteiro. O Rodolfo, que é o nosso diretor, precisa ter um pulso muito forte para desenvolver esse trabalho, não é uma direção coletiva, mas é fruto de um coletivo. Então normalmente todo o processo de pesquisa dos nossos trabalhos é um processo muito exaustivo de ler e estudar. Temos um grupo fixo de atores que estão trabalhando há muito tempo juntos, o que também facilita essas leituras, a gente já sabe onde cada um pode chegar, quem mexe melhor com certos materiais.

E esse trabalho de ator durante os ensaios é composto por exercícios diretamente ligados à montagem dos espetáculos ou vocês têm algum tipo de treinamento paralelo?

Ivam – Quando começamos o processo nunca sabemos onde vamos chegar. Por exemplo, *Divinas Palavras*, um espetáculo cosmopolita, que fala sobre a Praça Roosevelt. O texto é de um autor espanhol do começo do século XX, contemporâneo do Lorca. É a história de uma família que vive em uma pequena aldeia da Galícia, que era uma região muito pobre da Espanha, de um anão hidrocéfalo cuja mãe morre. O menino fica sozinho e perturbado e sua guarda é disputada por sua família, não porque querem cuidar dele, mas porque ele era uma fonte de renda, são um bando de mendigos. A mãe do menino ganhava muito dinheiro com ele pelas feiras, então começa uma grande briga para saber quem vai cuidar do Laureano. Uma das cunhadas dessa mãe que morreu pega o menino e vai viajar pelas aldeias vizinhas. Na nossa adaptação essa história se passa na Praça Roosevelt e o carrinho desse anão hidrocéfalo vai viajar pelo mundo, vai para Paris, vai para Nova York, uma peça de aldeia que vira cosmopolita. Mas, para chegarmos nisso, começamos a montar a peça como se fosse uma peça de aldeia, na Galícia dos anos 20. Então fomos estudar a Galícia, o vocabulário galego, os costumes da Espanha naquele momento, aprendemos cantigas daquela época. Em um determinado momento do processo veio o *start* e delicadamente, de forma muito lenta e tranquila, essa elaboração foi perseguida, entende? Não fazia mais sentido montar uma peça de aldeia, estamos falando da gente. Esse mendigo que pede esmola é uma metáfora do artista hoje, que não consegue sua subsistência, não consegue sobreviver nesse mundo tão maluco. Estamos falando da gente, então aproveitamos isso. Então, em cada trabalho o Rodolfo propõe uma forma diferente de abordagem, a gente não tem um procedimento único. Agora estamos fazendo *Vestido de Noiva*, por exemplo, que está sendo um processo muito rápido, fomos convidados para fazer, e montaremos em uns quatro meses. E o Rodolfo é bom por isso, porque não vem com nenhuma proposta. Estudamos primeiro em uma mesa ou em uma sala de ensaio e vemos o que acontece depois, entende?

E vocês têm algum dramaturgo ou dramaturgista que acompanha os processos?

Ivam - A gente tem criado aqui na praça uma história bastante lucrativa para dramaturgia hoje no Brasil. Por exemplo, nesse ano de 2007 fizemos dois projetos bem legais de dramaturgia, o primeiro foi em março, que era um projeto que chamamos de *E se fez a Praça Roosevelt em sete dias*, chamamos sete dramaturgos e cada um contou um dia da semana na Praça Roosevelt. Curiosamente todos esses grandes dramaturgos de São Paulo eram pessoas muito amigas e muito próximas da gente, que trabalham aqui sempre. Um dramaturgo bastante importante, por exemplo, o Sérgio Roveri, que ganhou o Prêmio Shell passado, que ganhou o prêmio da Funarte, é um cara que surgiu aqui com a gente, entende? E nas *Satyrianas*, nesse final de ano, fizemos um projeto em que chamamos setenta e oito dramaturgos, que escreveram pequenos textos que foram encenados durante setenta e oito horas ininterruptas, daí tinha de Gerald Thomas até, bom, todos os dramaturgos que você possa imaginar caíram nessa história. Esta questão da dramaturgia é muito importante para a gente, achamos que o Brasil hoje está muito aquém na criação dramatúrgica. Porque, cá entre nós, tudo que acontece hoje na dramaturgia europeia, principalmente, as questões pós-modernas, a questão do épico, não temos isso aqui, a nossa dramaturgia ainda está ligada ao final dos anos 60, aos modelos de Plínio Marcos, José Vicente. Chegar em 2007 com a dramaturgia que a gente tem! Eu estou falando de uma forma geral, porque tem muita gente legal escrevendo, mas acho que pelo número de pessoas que tem e pela criatividade que nosso teatro possui, poderíamos estar a bilhões de anos à frente. No entanto, dramaturgos como Koltès na França, Dea Loher na Alemanha, nunca foram editados no Brasil e eles são importantíssimos para história da dramaturgia universal. Descentralizando. Rio e São Paulo são muito caretas na verdade, viu? Quando eu morava em Curitiba a gente fez Philip Ridley, que é um dramaturgo inglês maravilhoso inédito no circuito Rio-São Paulo. Curitiba já fez um monte Philip Ridley. Koltès, por exemplo, a primeira montagem foi também feita em Curitiba. Estou falando de Curitiba por que é por onde eu circulo e conheço, mas está muito à frente de um monte de coisa que foram acontecer ou não acontecem em São Paulo e Rio. A gente tem aqui uma incrível capacidade de fechar os olhos e virar as costas para o que está acontecendo fora daqui, entende? É impressionante isso! Rio e São Paulo são cidades que "comem o próprio rabo". Quando eu cheguei aqui, vir de Curitiba não era um ponto positivo para mim, quero dizer, não era ponto nenhum. Muitos, quando eu falava que era de Curitiba, ainda diziam: "Nossa, eu adoro o Rio Grande do

Sul!". É impressionante! Pessoas que não conhecem nada do Sul. E você tem que conviver com isso, certo? Enfim, isso para dizer que a questão principal que me preocupa hoje é a dramaturgia, porque a questão da linguagem dos grupos, a questão técnica do ator brasileiro, eu acho muito boas, acho admirável isso, esse é o resultado que a gente consegue. Mas quando falo de dramaturgia eu falo de ideia. Queremos um teatro sem ideia então? Como uma linguagem tão potente, tão criativa, pode ser resultado de um espaço vazio e sem ideal? É muito complexa esta questão, mas acho que é o nosso grande problema. E é o que nós d'*Os Satyros* temos apostado já há alguns anos. Começamos com leituras dramáticas, círculos de leitura. Desde que nos estabelecemos na Praça essa questão tem ficado muito forte para a gente. Culminou nisso que eu contei, no projeto dos sete dramaturgos, agora de setenta e oito. E para o ano que vem, o nosso grande projeto, é abrir em São Paulo uma escola de dramaturgia, uma universidade livre de dramaturgia, que existe em todos os países da Europa, que existe nos Estado Unidos, existe na Argentina e não existe no Brasil. Formamos atores aos montes, tem cursinho de ator em tudo quanto é lugar. Mas ninguém parou pra pensar nessa questão da dramaturgia.

A escolha dos textos é coletiva?

Ivam – *Os Satyros* é dirigido por mim e pelo Rodolfo, claro que as sugestões sempre são bem vindas, mas no direcionamento do grupo é mais a gente que dá as cartas, sabe? Porque o trabalho de grupo, é importante dizer isso, é muito cruel. Assim, a gente já pagou dívidas de coisas decididas em grupo e quando estávamos terminando de pagar, metade do grupo foi embora, então pessoas que foram determinantes nas escolhas, às vezes te deixam na mão, entende? Aconteceu muita coisa parecida em processos anteriores, então chegou um momento em que falamos: "A gente não pode mais pagar todos juntos, a gente tem que pagar por nós, e esse grupo precisa de uma linha diretiva de fato". Temos tido sorte, porque há quatro anos temos um grupo estável de atores, o que dá uma tranquilidade maravilhosa para a gente. São quatorze pessoas. O Alberto Guzik, por exemplo, que talvez seja a pessoa mais importante do pensamento d'*Os Satyros*, porque ele foi crítico durante muitos anos, escreveu um monte de livros de teoria do teatro, trabalhou na Editora Perspectiva como mentor do projeto do Jacó Guinsburg. Ele é nosso ator, então é uma pessoa deliciosa para se trocar, é um grande teórico, é um grande estudioso do teatro e óbvio que é uma pessoa fundamental para a gente. Óbvio que eu tenho que parar para ouvir o que ele tem a dizer e ele acaba tendo uma participação, uma determinação muito forte dentro do nosso trabalho. Isso acaba sendo bacana.

E a organização administrativa como fica? Quem é responsável por essa parte?

Ivam - Então, até 2002 mais ou menos a gente fundia tudo. Eu acreditava no teatro como uma padaria. Minha ideia de teatro era como a de um grupo de Moçambique que eu conheci que para se gerir eles tinham uma padaria. Eu achava aquilo lindo. Ideologicamente era o meu sonho. Eles tinham uma padaria embaixo, dormiam todos em cima e tinham um teatrinho do lado. E na padaria todos trabalhavam: um fazia pão, outro atendia, outro era caixa, outro era da limpeza. E tentamos empreender isso dentro d'*Os Satyros* durante muito tempo, um "teatro padaria", mas em centros como São Paulo, Rio. Na Europa ainda a gente tinha uma proximidade muito mais forte com essa questão do "teatro padaria" do que temos em São Paulo. Esse ator hoje, que sai de uma universidade, não está muito a fim de fazer teatro não, sabe? A maioria nos procura porque somos conhecidos, "famosinhos" entre aspas, porque o grande objeto dele é chegar em uma novela da Globo. Então ele passa por aqui porque aqui ele vai ser conhecido. É muito difícil você encontrar um ator que você vê um rumo, sabe? E se eu percebo que existe isso, ele é abraçado pelo grupo. Porque a gente fica muito carente, abandonado, solitário. Sobre o que você tinha perguntado mesmo? Ah, sobre a questão administrativa. Então, a gente separou isso, o ator é só ator. Não é possível mais. Quero dizer, óbvio que existem alguns atores, por exemplo, o Laerte Késsimos, que entende tudo de vídeo, é um ótimo programador visual, então ele cuida disso, eu adoro música, então vou cuidar da trilha, o Guzik é um cara ligado à teoria, então ele escreve um pouco do programa, cuida da pesquisa do trabalho, faz o trabalho de *dramaturg*, a Silvanah Santos adora corpo, então ela acaba conduzindo esse trabalho. Então claro que você acaba encontrando essas pessoas dentro do grupo. Mas, a questão administrativa é totalmente separada. Existe dentro do grupo o conselho, normalmente formado por três pessoas, que vai sugerir ou definir quanto cada ator vai ganhar quando a gente tem um projeto aprovado. Por exemplo, a gente acabou de ganhar o fomento agora em outubro, então o conselho desse ano foi a Silvanah, o Guzik e o Daniel Tavares, três atores. Eles foram lá e resolveram: "Então a gente ganhou trezentos mil reais para um ano, quanto desse dinheiro é destinado aos atores? Ah, quarenta por cento", sei lá. Então eles pegaram esse dinheiro e fizeram uma sugestão para o Rodolfo, que é quem faz a administração geral disso, e obviamente foi aprovada. Eles trabalharam acho que sobre uns três níveis: os mais velhos, os que estão no grupo há uns quatro anos e os estagiários, pessoas que estão se agrupando agora.

Você falou do projeto futuro de uma escola de dramaturgia, mas atualmente o grupo ministra algum tipo de oficina?

Ivam – É um trabalho que fazemos desde que fundamos, que é tentar passar para as pessoas o que estamos pesquisando. Porque a gente acredita no teatro e muitas dessas pessoas acabam se incorporando aos nossos trabalhos depois. Então a gente tem regularmente oficinas.

Abertas para a comunidade em geral ou mais voltadas para profissionais?

Ivam – Essas oficinas são para atores e pessoas de teatro. Elas custam muito barato, normalmente uns setenta reais por mês e em São Paulo isso não é nada, um curso qualquer aqui é no mínimo duzentos reais por mês. Estrategicamente a gente já faz isso, oferecemos umas vinte vagas por semestre, selecionamos as pessoas através de uma entrevista, tem muita procura sempre. Nesse trabalho acabamos conseguindo experimentar muitas coisas que no nosso processo não conseguiríamos, uma vez que normalmente quando a gente se reúne é para pesquisar uma coisa que já está planejada há muito tempo. Teatro profissional tem isso. Por exemplo, a gente já sabe o que vai fazer nos próximos dois anos, porque você tem que mandar projeto. Para você elaborar um projeto e ele ser aprovado, se aprovar, isso leva no mínimo um ano, um ano e meio. Então essa dificuldade que temos no grupo de trabalhar o presente, de discutir o que está acontecendo agora, as oficinas acabam fazendo. Daí a gente tem o Núcleo Experimental d'Os Satyros, que é o núcleo intermediário entre as oficinas e a companhia profissional. É um núcleo que é d'*Os Satyros*, pessoas que já não são mais alunos, mas sim pesquisadores. Nesse núcleo, chamamos normalmente uma pessoa de fora, de outro grupo. Quem está trabalhando nesse ano com a gente e que vai continuar no ano que vem, é o Roberto Áudio, do *Teatro da Vertigem*. É uma forma de sabermos o que o *Teatro da Vertigem* está pensando, o que essa moçada que chegou está querendo e depois nós podemos aproveitar esse trabalho. Há uma junção de ideias bem expressivas e bem bacanas nesse trabalho. Nós temos também um *Satyros* no Pantanal, que fica na zona leste da cidade, dentro de uma comunidade, é um projeto que temos há dois anos, em uma das regiões mais pobres de São Paulo. É um trabalho todo voluntário que fazemos lá, social, sem nenhum apoio, sem nenhum incentivo, não queremos nenhum apoio também, nunca fizemos projeto em nenhum lugar para pedir dinheiro para lá. Seria muito simples comover com um projeto social feito no Pantanal, entende? A gente espera obviamente que esse trabalho crie estrutura por si só, o nosso grande objetivo é que a comunidade venha desenvolver seus próprios projetos, que ela própria se apresente na Lei Rouanet, no Fomento. E futuramente venha a se consolidar em um trabalho bem importante. Enfim, é um trabalho voltado para a comunidade e tudo que acontece lá é gratuito. Muita gente tem interesse em se apresentar nos nossos espaços 1 e 2 aqui na Praça Roosevelt, porque tem público, então contratualmente falamos para esses grupos: "Tá bom, a gente consegue datas para vocês aqui, só que vocês têm que fazer duas apresentações gratuitas no Pantanal". E com isso a gente tem conseguido movimentar o projeto lá de uma forma linda, através de trabalhos voluntários. É um trabalho bem bonito.

Falando de público, vocês notam nos espetáculos de vocês a freqüência de algum tipo específico de público?

Ivam - Eu acho que muda de espetáculo para espetáculo. Obviamente que a gente acaba tendo um público nosso, mas eu acho que esse público é sempre minúsculo, o público dos grupos, o público dos coletivos, são os amigos, os admiradores e tal. Mas, o grande público mesmo... No nosso trabalho sempre temos a possibilidade de fazer temporadas muito longas, quando fazemos uma peça gostamos de ficar um ano em cartaz, sabe? De quinta a domingo ou de sexta a domingo, esse exercício diário é muito bom, nossos atores têm muitas horas de palco e isso para gente é muito bom. A questão da repetição é muito legal. Acabamos tendo muito público, mas porque também nós tentamos bombardear, temos uma assessoria de imprensa super profissional. Isso é uma coisa que a gente aprendeu, criamos um mecanismo dentro d'*Os Satyros*.

Vocês têm a preocupação de registrar imagens, vídeos, ensaios, processos?

Ivam – Temos tudo isso. Registro de ensaios e processos temos pouco, porque a velocidade do trabalho é muito grande.

E vocês têm uma boa organização de arquivos e registros?

Ivam – Temos. Eu sou canceriano, guardar memória para mim é muito importante. Todo o registro de imagem, de vídeo e de som, eu procuro ter. Até notinha que sai na imprensa, uma coisinha que um dia saiu lá em

Florianópolis, eu tenho, sabe? Então nosso *clipping* é super grandão, não é super organizado, mas está tudo guardado, temos tudo isso. O acesso a isso é difícil, se você hoje quisesse ver não ia dar, porque eu não tenho organizado. O que eu quero fazer é doar esse material pro Centro Cultural de São Paulo, para um lugar que cuide da memória. Eu adoraria fazer isso. E devemos fazer isso logo, porque eu acho que é a melhor forma que você tem de... porque é uma coisa que não é para gente, não é? Ler uma história como a nossa, vocês que estão fazendo curso de teatro, eu acho muito importante, porque é uma história que o tempo inteiro diz que não vai dar certo, sabe? Temos dezoito anos e nós montamos em grandes teatros, com milhões de ideias no mundo todo e tal, mas sempre quando você acha que chega você não chega, entende? Sempre quando você acha que está lá em cima, sua conta de telefone é cortada. É isso que eu acho que é bacana, você não funcionar como um espelho, porque a ideia que a gente tem de um profissional bem sucedido no Brasil, nas Artes Cênicas, é o cara que está na capa da *Contigo* ou que está na novela das oito. Você tem pouquíssimos exemplos de pessoas que não precisaram desses dois veículos e que se sustentam dentro de uma ideia, de um projeto. E acho possível, acho super possível de você conquistar o seu mundo, as suas questões, com os seus princípios. Embora eu ache que hoje em São Paulo, os grupos, os coletivos, estão determinando um horizonte, eu acho que é um "puta momento bacana" para esses grupos. O fomento é um modelo, e é muito pouco dinheiro perto do que o fomento acabou fazendo para o teatro em São Paulo. Por exemplo, toda essa proliferação de sedes e tal, surgiram há seis ou cinco anos, exatamente no momento em que o fomento começou a atuar em São Paulo. A gente, por exemplo, ganha trezentos mil a cada dois anos, isso não é nada, qualquer projetinho da Lei Rouanet, com um desses globais e tal, é o dobro disso para fazer um espetáculo e nós temos isso para fazer um monte de coisas. E isso já definiu todo um panorama, deu uma possibilidade aqui.

Quanto aos espaços de apresentação dos espetáculos do grupo, vocês costumam apresentar nos teatros d' *Os Satyros* mesmo?

Ivam – Aqui em São Paulo sim.

Apresentam espetáculo de rua também?

Ivam – Não. Então, lá naquele momento em 1989, uma das nossas pretensões era a questão do palco italiano, quebramos isso durante muito tempo, insistimos em brincar com a relação palco-plateia. Continuamos a fazer isso ainda, então cada vez que você vem n'*Os Satyros* encontra a plateia de um jeito, encontra o espetáculo sendo trabalhado de um jeito. A gente aqui já produziu o espetáculo para outros lugares, por exemplo, agora nós vamos estrear o *Vestido de Noiva* no Itaú Cultural. E viajamos muito também, fomos para vários festivais.

Para fechar, eu gostaria que você definisse pessoalmente o que é Teatro de Grupo? E o que é fazer Teatro de Grupo?

Ivam – Eu acho que teatro é a única arte que não pode ser realizada de forma solitária. Nas Artes Plásticas você tem o exemplo clássico do Van Gogh, que trabalhou a vida inteira, vendeu um único quadro em vida e hoje é um dos caras mais valorizados pelas Artes Plásticas. E ele não precisou estar aqui para que esse trabalho fosse reconhecido. E em outras áreas é a mesma coisa, eu canso de conversar com músicos amigos meus que falam: "Puta, não está rolando!" e eu falo: "Cara, é tão louco imaginar que daqui há cem, duzentos anos alguém pode ter acesso a sua obra, nesse momento incompreendida, e pode notar: 'Nossa, em 2007 existiu alguém que pensou a música assim'". E no teatro não temos isso, é uma arte efêmera, ou seja, o que aconteceu ali aconteceu ali e adeus. Ninguém tem saco de assistir um teatro em vídeo, aliás é muito chato. Enquanto registro, enquanto memória, bacana. E se você tem a foto, a foto é ultra arte do fotógrafo, a maneira com que ele viu aquilo, não é o teu trabalho. Para mim o teatro - mais do que falar de grupo, porque eu acho chavão também falar: "ai, o movimento de Teatro de Grupo" - eu acho que é um momento de encontro, o próprio trabalho que vocês estão fazendo acho que é isso, a necessidade que vocês têm de perceber o outro. Se isso é um fenômeno, se isso é... Talvez o que importa pegar é que a gente vive em um momento muito solitário e que a gente não quer mais ficar sozinho, não é? Se o senso comum evita isso vendo televisão, a gente que tem que pensar, precisa se encontrar e falar. Então eu acho que é um momento importante e que eu só tenho perspectivas muito boas a respeito. Não acho que o que está acontecendo com o Teatro de Grupo em São Paulo e Rio de Janeiro são particulares, eu acho que está acontecendo em Porto Alegre, em Florianópolis, em Curitiba, no Nordeste, sabe? Eu acho que é um momento bacana para a gente se organizar. E também eu acho que é um momento - eu falei isso lá atrás - de que as ideias, as estéticas de linguagem desse pessoal são muito criativas, muito boas. Então talvez a gente se encontre em um momento adequado para continuar pensando o teatro.

TABLADO DE ARRUAR
Entrevista com Clayton Mariano, Felipe Riquelme e Vitor Vieira

Concedida a Ana Luiza Fortes Carvalho, André Felipe Costa Silva, Lígia Ferreira e Vinicius Pereira.
Em dezembro de 2007, na sede do grupo, São Paulo

Gostaria primeiro que vocês se apresentassem e falassem um pouco sobre o grupo.

Clayton - Bom, eu e o Vitor estamos juntos vai fazer sete anos, o Felipe entrou há um ano e meio. Dentro do grupo é assim: temos os mais velhos e os mais novos. São quatro que estão desde o início de um total de seis integrantes. Isso no núcleo artístico mesmo, que dirige o grupo, toca os projetos. Não só dirige a peça, mas dirige realmente o grupo, para onde ele vai, que faz a produção, se encontra todos os dias da semana e faz tudo que for necessário para o andamento dos trabalhos. Agora, para as montagens, a gente trabalha com colaboradores, na última montagem eram mais de quinze colaboradores, e alguns vão ficando muito próximos. O nosso preparador corporal, o dramaturgo, o músico, esses estão sempre muito junto.

Como o grupo se reuniu? A partir do quê?

Clayton - Você quer desde a pré-história?

(Risos) Pode ser.

Clayton- Então, pré-história é assim: eram quatro meninas que tinham acabado de fazer o curso técnico do Teatro Escola Célia Helena e que se reencontraram em uma oficina da *Cia. do Latão*. Essas meninas participaram de todo o processo de montagem da peça *A comédia do trabalho* da *Cia do Latão*, e elas saíram de lá em uma mega pilha de montar uma peça. Elas queriam montar um texto de rua. Aí começaram as quatro a ensaiar e um dos atores da *Cia do Latão* se dispôs a dirigir, aí elas ficaram: "Nossa!", era todo mundo ainda muito moleque. Aí elas começaram a organizar e logo na sequência, depois dos primeiros ensaios, o Heitor Goldfield, ator da *Cia do Latão* há anos e que era o diretor do espetáculo, falou que precisava de mais gente. Nisso uma das atrizes, a Sara Antunes, que é do *Grupo XIX*, do espetáculo *Hysteria*...

A gente acabou de entrevistar o Luiz.

Clayton - Ah, vocês acabaram de entrevistar o Lubi? Então, porque a gente fundou os grupos praticamente juntos.

Ele falou que vocês eram grupos irmãos.

Clayton - É sim, a gente nasceu juntos, gêmeos. A Sara era da minha turma lá na EAD e da turma de mais um ator do grupo, o Rodolfo. Aí ela chamou a gente e logo depois o Danilo, que depois chamou o Vitor. Aí nós chamamos um dramaturgo e começamos na "pilha" de que peça montar, até que encontramos uma tese de História, escrita por uma carioca chamada Vera Lins. Nesse momento, o foco mudou de montar aquela primeira peça que eu falei para fazer uma montagem de rua. A tese era sobre a inauguração de um monumento no Rio de Janeiro em 1900 e que deu um problema, porque eram ex-escravos, isso onze anos depois da abolição da escravatura, que tiraram o nó.

Vitor - É, foi um ex-escravo que pegou a cordinha que tirava o pano para inaugurar o monumento. (risos)

Clayton- Mas no relato oficial está escrito que foi o Estado, o Governo. E a gente achou que isso dava pano para manga, para fazer uma peça onde a gente utilizava os monumentos da cidade e reproduzia as duas versões da história: a oficial e a não-oficial. A linguagem explorava elementos mais comumente utilizados no teatro de rua, era uma farsa, então usávamos máscaras brancas, fizemos treinamento de palhaço, de *commedia dell'arte*, coisas relacionadas. Aí tivemos alguma sorte, porque a peça *A farsa do monumento* estreou como convidada no Festival de Curitiba e éramos apenas um grupo em formação. A organização estava abrindo um espaço maior para o teatro de rua e nós fomos convidados para estrear na mostra oficial do Festival. Então isso acabou reverberando. Nessa mesma época a Sara e Raissa Gregori, estrearam o *Hysteria* (primeira peça do *Grupo XIX*) na Mostra Fringe. Aí o *Hysteria* voltou de Curitiba bombado, o *Tablado* voltou conhecido e as meninas voltaram com um problema, porque elas tinham dois grupos. Então elas decidiram sair do *Tablado* e logo depois, o Felipe entrou e também a Ligia que é uma musicista. Essa peça começou com uma vontade e depois quando entrou em cartaz é que virou uma pesquisa. Decidimos entrar em cartaz na rua. Aí que começou essa loucura: "o que é estar na rua em São Paulo?". Como era uma dificuldade apresentar no centro, começamos em lugares mais tranquilos, como o Parque do Ibirapuera. Mas o nosso desejo era fazer no centro, que a gente sabia que era um pepino, mas que tinha um público muito instigante. Apresentamos essa peça durante dois anos, em tudo quanto é canto de São Paulo, essa era a época dos CEUs (Centros Educacionais Unificados, projeto do Governo de São Paulo que mantinha eventos culturais nas escolas durantes os finais de semana).

Vitor - Foi na temporada que a gente criou o "calo", como se costuma dizer. Porque até então existia a peça, mas não existia uma "peça de rua", com uma linguagem de rua.

Clayton - A gente ensaiava dentro de sala, nunca na rua, éramos todos uns menininhos da EAD e de outras escolas, todo mundo bem de teatro de palco. Com uma formação até um pouco careta, a EAD ainda é um pouco careta. Não podemos negar que saímos de lá. Mas rua mesmo era um abismo para a gente, ninguém fazia ideia do que era estar lá.

Vitor - O legal é que como a peça era uma farsa, ou seja, uma linguagem mais popular, facilitou um pouco nesse processo de formação de "calo". Que para gente significava toda essa coisa de estar na rua, de jogo, de dramaturgia aberta, porque a peça tem um propósito, mas ela se dá pelo jogo com a plateia, principalmente.

Clayton - Essa coisa de fazer piada, improvisar, lidar com o público que interfere, que entra no meio do espetáculo. Fomos realmente adquirindo uma técnica, que eu não diria que são técnicas estritas do teatro de rua, mas que ajudam muito nesse tipo de linguagem. Depois de dois anos apresentando, começamos no que estávamos fazendo, se era aquilo mesmo que queríamos: "fazer as pessoas rirem e irem embora?" Então nós estávamos provocados por uma coisa. Porque, imagina, as meninas tinham vindo da oficina do *Latão*, a galera tinha um pensamento político forte, não restrito, partidário, mas político no sentido de querer discutir a cidade e tal. No projeto seguinte, o nosso desejo era fazer uma coisa, não engajada, mas que tivesse a ver diretamente com a cidade. Então nós começamos um processo, mudamos o dramaturgo e tínhamos um tema vago que era pesquisar a violência.

Vitor - Violência no século XIX.

Clayton - No início. Violência no início do século XIX, mas queríamos partir também das coisas que já tínhamos vislumbrado na rua sobre violência, nesses dois anos de temporada. Aí entrou um novo dramaturgo, o Heitor se manteve como diretor e o *Tablado* dá uma invertida de foco: começamos a pesquisar formas de teatro político, desde o teatro político do Brecht, até o *agit-prop*, que era o teatro revolucionário, panfletário, tanto da Inglaterra quanto da Rússia. O Teatro do Oprimido do Augusto Boal, a gente começou a pesquisar outras formas de intervenção teatral na rua. Começamos a descobrir coisas simples e boas como perceber que interação com o público não significa puxar ele para fazer uma cena. A gente descobriu que interagir é falar com o público algo que lhe diz respeito. E voltamos ao centro da cidade, que antes era um problema e acabou se tornando um dos focos principais da nossa pesquisa. Foi aí que o Rodolfo teve a ideia intuitiva da gente começar a ensaiar na rua. Mesmo sem saber muito bem no que ia dar, nós topamos.

Vitor- Meio a meio, na verdade, mantínhamos os treinamentos e os grupos de estudos teóricos em sala e improvisava na rua.

Clayton - Tinham improvisações que davam muito errado. Porque estar na rua é constantemente ter público.

Vitor - E porque aqui em São Paulo se você parou para amarrar o sapato no centro tem público. (risos)

Clayton - Então sempre parava alguém para ver. É uma loucura mesmo. Fazer uma cena ruim significava dar a cara à tapa mesmo.

Felipe - "Quem é o diretor dessa merda?" (risos)

Clayton - Ou simplesmente as pessoas não paravam para ver, o que é uma situação angustiante. Como fazer aquele cara que está em trânsito parar?

Vitor - Essa era uma época em que o dramaturgo ia estimulando a gente, jogando questões e nós íamos levantando as cenas. O processo do *Movimentos para atravessar a rua*, o nosso segundo espetáculo, começou, como a gente falou antes, com o tema da violência do século XIX. Aí o dramaturgo, o Pedro Mantorroni, começou a jogar questões do tipo: qual era a violência que atingia o nosso público? Que violência ele sofria ou cometia? E aí uma luz começou a aparecer. A gente no centro de São Paulo, sem chão, com "puteiros", camelôs, desempregados, moradores de rua e quando nos demos conta estávamos falando sobre essa galera.

Clayton - E o eixo mudou um pouco. Porque começamos com essa coisa da violência e é muito fácil apontar que violência é crime, roubo, assassinato. E começamos a ver coisas que no dia-a-dia a gente via, mas não enxergava. Aquele efeito do óbvio ululante, sabe? O Pão de Açúcar é tão grande que você não consegue ver de tão óbvio que ele está lá. Existe uma violência promovida pelo sistema que faz parte da estrutura urbana e que é muito mais violenta do que estritamente a morte, os assassinatos. Que é o seguinte: o cara é camelô e ele não virou camelô por uma opção de vida, ele não chegou um dia e falou: "Vovó, vou fazer faculdade para ser camelô", ele virou porque está numa crise de desemprego. E aí ele não consegue autorização do Estado para legalizar o negócio, porque o Estado não dá autorização para camelô. Daí ele vira naturalmente pelo Estado e endossado pela comunidade civil um criminoso, um bandido que tem que fugir da polícia, porque ele é ilegal. Então começamos a notar violências desse tipo. Porque a crise é tão grande que existe um mercado que sobrevive do desemprego das pessoas. Empresa de fazer currículo, curso de computação, uma forma bárbara de lidar com o desemprego. São coisas como brigar por causa de um quilo de papel e ir até a morte, se for necessário. Disputa de ponto, acerto de contas.

Todo um universo paralelo...

Clayton - Todo um universo e que faz parte do nosso dia a dia! E isso foi muito impactante para cada um dentro do grupo. A gente assumiu um compromisso com essa galera, de fazer peças que fossem ligadas a esse universo.

Vitor- O nosso procedimento a princípio encaminhava para um processo de criação bem racional, a gente tinha as perguntas lançadas pelo dramaturgo que eram respondidas por cada um de nós com uma proposta de dramaturgia. Apontava para um e para outro: "quero você e você na cena" e íamos para rua improvisar. O retorno era imediato. Tínhamos sempre esse *feedback* do público. Mas, é importante colocar que a gente também tinha como procedimento dentro do grupo a observação. Nós saíamos e observávamos durante vários dias um determinado grupo de pessoas e situações, nisso também entrava conversar com as pessoas, entrevistá-las, colher histórias.

Clayton - Passava uma tarde sentado com um mendigo, convidava para comer churrasco, tomar cachaça e ficava amigo do mendigo, aí passavam duas semanas e o mendigo tinha sumido e você acabava com um maço de cigarro para diminuir a sua culpa pequeno-burguesa, de classe média. Ficava pensando sem parar: "Ai meu Deus, que foda que é isso". E esse foi o outro calo no pé que fomos criando, porque a barbárie está no mundo, na nossa cidade inteira. Aí nos demos conta de que tínhamos que criar um distanciamento, não brechtiano, mas de fato.

Vitor - Essa coisa da rua também trouxe outras coisas engraçadas, porque a gente tinha que criar na rua, então era tudo meio tosco, "Em busca de um teatro tosco". Se a gente precisava de um papelão, não ia para a papelaria comprar, eu uma vez paguei um real para uma mulher na rua que estava deitada em um papelão, para poder fazer a cena. (risos)

Clayton - Teve também aquela vez em que a gente improvisou a cena do *Rato de Mocó*, que é um acerto de contas.

Vitor - "Rato de Mocó" é um termo que eles usam entre eles para indicar morador que rouba morador. Se você rouba é "Rato de Mocó", espera o cara dormir para roubar, essas coisas.

Clayton - A primeira vez que improvisamos essa cena não tinha figurino, não tinha nada, a gente estava sujo de verdade, porque ficava o dia inteiro na rua, o tempo inteiro na fuligem do centro. A cena era uma briga e nós no nosso registro naturalista, começamos a brigar e de repente começou a encher de gente, moradores de rua para olhar, nós nunca tínhamos visto uma maré se juntar tão rápido, a Praça da Sé parou. Aí uma hora entrou um cara defendendo o Vitor, porque eu dizia que ia matar ele, a cena era essa. E o cara: "mas vai ter que matar eu primeiro!" e a gente: "calma, é teatro, é teatro". O único que ficou feliz foi o dramaturgo, o Pedro Mantorroni, que olhou toda aquela confusão e disse: "é isso!". (risos)

Vitor - Aí quando acabou a cena, esse cara que entrou para me defender olhou para gente e disse: "caralho, é isso mesmo." Eu lembro que ele estava com um *walkman* e começou a explicar, a falar, fez todo o *gestus*: "pô, é assim mesmo, eu tô aqui e vem o rato de mocó querer roubar meu *walkman*." Esse tipo de coisa que foi muito legal nesse processo.

Clayton - No texto, a gente não colocou nenhuma fala inventada, foram todas falas que nós ouvimos na rua. E talvez por isso o texto criasse uma identificação imediata com o público. Esse vínculo foi criado mesmo. Eles sacavam tudo pelo discurso que a gente produzia, mesmo tendo um grande distanciamento em todas as cenas, era um teatro narrativo, muito pautado nas peças didáticas do Brecht, era dividido em episódios. Mas, na forma da fala, eles percebiam que a gente não estava inventando a vida deles, percebiam que nos tínhamos ido lá tentar entender a vida deles. É um posicionamento diferente, primeiro tentar entender a vida do outro para depois decidir se fica do lado deles ou não.

Vitor - Uma vez a gente improvisou sobre o tema da propina e quando terminamos veio uma mulher e falou: "olha, a propina não é assim que se recebe." E aí começou a explicar gestualmente como acontecia de verdade, como ela fazia isso.

Clayton - Nós aprendemos muito sobre a nossa cidade fazendo essa peça. Eu acredito muito nesse teatro, que busca mais aprender do que ensinar, em uma relação de troca mesmo. Óbvio que alguma coisa eles aprendem também porque a gente organiza tudo isso que está diluído na cidade. A peça reúne todos esses elementos em um ideal estético. Eu fico pensando que mesmo as peças didáticas do Brecht estavam mais preocupadas em tornar os atores cidadãos de fato. O grupo ficou apresentando essa peça uns dois anos e no meio disso nós ganhamos o Fomento.

Vitor – Não. Foi antes. Foi na transição da *Farsa* para o *Movimentos*.

Clayton- É, mas não tão no início. Quando estava na pesquisa do século XIX ainda não tinha Fomento. A partir do Fomento o grupo começou a ter outro nível de responsabilidade, de tempo, de disponibilidade e de organização. Nessa época nós organizamos nosso primeiro seminário sobre teatro de rua e depois fizemos uma publicação sobre ele, com fotos que remontam a trajetória do teatro de rua nesses últimos sete anos. Ou até antes, a partir do fim da década de 60 com o grupo *Teatro Olho Vivo*. Tem também a experiência do Paulo Flores que nasceu em 1978, em Porto Alegre. O seminário basicamente girou em torno dessas experiências variadas de intervenção. Foi legal porque abriu um espaço para a discussão teórica, explicando como o teatro nasce na rua e depois se desloca para o espaço fechado e depois volta para rua em determinadas situações políticas. A gente então organizou esse seminário, organizou uma oficina e outras ações que começaram a transcender o ato de fazer uma peça. Foi aí que viramos oficialmente um grupo, com uma pesquisa definida, A gente pensa que está entrando numa "roubadinha" e quando vê está numa "roubada" enorme. Porque começa a constituir patrimônio, porque nós temos uma câmera e se tem uma câmera tem que contratar um *videomaker*, tem que pagar o *site*, a conta de celular no final do mês.

Assim uma "pecinha" de um bando de "goiabinhas" que estão saindo da escola vira um grupo. No ano seguinte nós conseguimos renovar o fomento e com esse dinheiro resolvemos aprofundar a nossa relação com o centro. Nesse momento aconteceu um movimento que foi a aproximação de um grupo de pessoas formado principalmente por estudantes da faculdade de arquitetura e urbanismo que também estavam interessados na cidade, e que começaram a se interessar pelo trabalho do grupo e começamos a estabelecer uma espécie de parceria. O teatro ganha então essa força, nós já tínhamos um vínculo forte com o nosso público, por causa do recorte que fizemos, mas aí apareceram essas pessoas interessadas em pensar a cidade e que enxergaram no nosso trabalho um veículo interessante para fazer isso. Então começamos um diálogo com a arquiteta Mariana Fix, com alguns meninos da Faculdade de Arquitetura e Urbanismo da USP, que entraram como colaboradores de cenografia. A partir da montagem da terceira peça iniciamos um grupo de estudos para pesquisar como o espaço urbano se forma, as contradições desse espaço no sistema capitalista, os outros modelos, estudamos Brasília, algumas questões de arquitetura em geral, um ano estudando isso tudo. A gente achando que ser ator era só trabalhar técnica, voz e corpo. Os meninos entraram não só impulsionando esses estudos, mas também como cenógrafos e *webdesigners* do grupo. Estabelecendo assim uma relação direta conosco.

Vitor - E, sobretudo como pesquisadores, porque temos como princípio que os colaboradores participem desde o início dos processos.

Clayton - Então, o cara tem que ficar um ano com a gente para pensar a cenografia, a gente não contrata um figurinista três meses antes de acabar a montagem da peça.

Vitor - Isso foi mais na *Rua é um rio*, porque no *Movimentos* foi mais para o fim mesmo.

Clayton - Ah, mas quem fez o figurino do *Movimentos* foi a Martha. Uma menina ajudou a organizar as ideias, tem a parte técnica das costureiras, isso ficou para o final, mas a concepção ficou a cargo da Martha. Porque existe esse pensamento de que todo mundo que vai influenciar esteticamente no trabalho tenha o mínimo de domínio do que foi o processo, sem alienação. É essa ideia da pesquisa, onde não importa apenas o produto final. A partir do grupo de estudos entramos em contato com um processo forte, nesse momento já estava consolidado o discurso da higienização social, nós víamos isso no trabalho no centro. Aí chegamos numa arquiteta que tinha acabado de lançar um livro.

Vitor - Espera, volta, volta. É que nesse momento o Clayton tinha se afastado do grupo. Então ganhamos o Fomento pela segunda vez, e aí veio o processo da *Rua É Um Rio*. Fizemos o segundo seminário Teatro de Rua em Movimento, que ainda falta dinheiro para publicar. Saiu o diretor, o Heitor, e esse foi um momento importante de crise em que a gente se olhou e falou: "e agora?". A gente não quis chamar outro diretor, primeiro encaramos a pesquisa sozinhos e deixamos para resolver a questão da direção mais para frente. Aí no processo da *Rua É Um Rio* a gente criou um procedimento que chamamos de ensaio sobre a rua, que seria um período de seis meses do processo que a gente dividiu em dois meses, onde um ator assumia a direção e o outro a dramaturgia e íamos fazendo esse rodízio.

Clayton - Só para completar uma coisinha, assumimos que não sabíamos de fato o que era processo colaborativo, porque estava muito na moda em São Paulo falar sobre isso, então decidimos que íamos pesquisar formas de processo colaborativo, sem se preocupar com um modelo pré-definido, foi aí que inventamos essa estrutura.

Vitor - O modo de produção da coisa também fazia parte da pesquisa. O nosso tema era um só: opção.

Clayton - Não, antes tinha um tema "tucanado" que era a produção do espaço urbano.

Vitor - É. Então nós demos esse tempo para ver onde a coisa ia chegar. Tivemos os três primeiros ensaios, que foram bizarros. E em seguida os outros, porque os ensaios iam se interligando. Nos primeiros, que o Clayton dirigiu, a gente estudou formas de ocupação e de despejo.

Clayton - Nesse momento, ainda muito ligados à literatura, usamos um conto do Machado de Assis, chamado "A arca", onde ele brinca um pouco com a ideia do Genesis da Arca de Noé, mas trabalha com a questão da disputa, logo que acaba o dilúvio os homens já começam a discutir: "Essa terra é minha, essa terra é minha". Então eu e o Zé Du, que é um ator que saiu do grupo, usamos isso como pretexto para pesquisar formas de despejo e de ocupação. A partir do *Movimentos*, a gente já começou a estabelecer uma relação com os movimentos de ocupação urbana e fomos pesquisar como se dá essa ocupação. Foram dois meses, gerou um monte de coisa, a gente ainda ensaiava na rua, exclusivamente. Fomos acumulando os procedimentos, esse de ensaiar na rua, observação das pessoas na rua, entrevistas, estudos teóricos.

Vitor - E depois partimos para a segunda etapa de ensaios, que foi a Martha que dirigiu, que foi o de observação da elite, fomos na Daslu (loja de roupas de grifes internacionais, frequentada por socialites).

Clayton - É legal colocar que no *Movimento*s a elite não aparecia. Mas, a gente se deu conta que queria mostrar que aquela violência das ruas, não era provocada só pelas pessoas que estavam na rua. A gente até aponta algo nesse sentido no fim da peça, mas não dava conta, então nessa peça a gente queria mostrar a elite, colocar ela em cena.

Vitor - Tinha também a vontade de aprofundar o trabalho do ator, algumas coisas que eram necessidades nossas mesmo. Aí nesse segundo ensaio (módulo) aprofundamos as personagens. A Martha passou esses dois meses dirigindo cada um nesse sentido de construir uma personagem, a partir de observações e tal. Então não tinha exatamente cenas. Tinham esses personagens, em sua maioria da elite. Primeiro pesquisamos esse conflito de ocupação, despejo. Depois fomos para as personagens da elite e aí no terceiro, que eu dirigi, foi quando caiu o livro da Mariana Fix na nossa mão. A partir daí começamos a pesquisar a situação que o livro narra que trata de uma favela, a Jardim Edith, que fica na região da Berrini, que foi desapropriada para ser construída a Avenida Água Espraiada e os prédios. Era o novo centro financeiro de São Paulo.

Clayton - Porque o principal centro financeiro de São Paulo é a Avenida Paulista e ao redor dos centros financeiros se formam os bairros dos Jardins. Configurando assim o espaço onde a elite trabalha e onde a elite mora. Como isso foi ficando caótico numa cidade como São Paulo, o centro financeiro sofreu um deslocamento para a Região Sul da cidade, na beira do rio Pinheiros e ao redor, o mesmo modelo dos bairros jardins: Panambi, Real Park, Morumbi, o World Trade Center Brasil. As grandes companhias todas começam a mudar para lá, o hotel Hilton, vários heliportos, o teatro Alfa Real. Está tudo nesse eixo de São Paulo, na beira do rio Pinheiros, que começa a partir da Ponte Eusébio Matoso, onde fica o Shopping Eldorado e vai até a Granja Julieta. Bom, para quem não conhece São Paulo. Enfim, quem não conhece não deve estar entendendo "porra" nenhuma (risos). O livro da Mariana Fix é escrito nessa época do deslocamento do centro financeiro.

Vitor - A Mariana acompanhou todo esse processo de remoção da favela.

Clayton - Esqueci de falar desse ponto crucial, no meio do projeto dos caras tinha uma favela grande, antiga, chamada de Buraco Quente. E ela tinha que sumir.

Vitor - A Mariana acompanhou todo esse processo e vai narrando uma série de situações, uma enchente falsa, um morador que, desesperado com a situação, se enforcou com uma mangueira, as propinas, os advogados comprados, enfim, toda a coisa suja. Imagina, época do Maluf. Tinha uma moradora lá, que se chama Mariana, que a Mariana Fix resolveu acompanhar durante todo esse processo. A Mariana foi uma das últimas moradoras a sair, ela resistiu até o fim. Aí tem uma frase que a Mariana Fix coloca no livro, que é da Mariana-moradora que é assim: "Se eles vierem me tirar daqui eu pego meus dois filhos, vou lá no prédio deles e mato meus filhos na cara deles". Uma Medéia da favela! Pronto, decidimos montar essa peça: a história da Mariana. Foi no terceiro ensaio que começou a se desenrolar o processo da peça.

Clayton - Então a gente sobrepôs a elite e a Mariana e nesse sentido quisemos também trabalhar as duas em registros diferentes. A elite era teatro épico, com relações farsescas, corporalmente muito construídas, muito trabalho com partitura e narratividade, tudo quase caricato. E na história da Mariana começamos a pesquisar essa relação imagética, que o Heiner Müller traz, essa coisa meio lírica, o texto é quase todo em verso, para não colar a personagem na realidade. Durante a peça você só acompanha uma Mariana, mas no início e no fim são quatro atrizes fazendo a Mariana. Então tem uma explosão de coisas e um registro meio da palavra-imagem, peça fragmento. Já estávamos começando a namorar o Heiner Müller, essa coisa da peça não ter que ser uma narrativa completa. Isso tudo estava permeando o trabalho. A dialética que o Brecht tanto prega no teatro dele, o Heiner Müller, de alguma forma, entendia que uma imagem podia ser dialética e sintetizar toda uma narrativa, então era uma tentativa de tentar avançar no trabalho do Brecht. Assim, o registro da Mariana vibra em uma frequência, o do Goodman, que é a outra personagem, que puxa a elite, vibra em outra e esse choque resulta na peça *A Rua é Um Rio*, que é a nossa terceira e última peça.

Como foi o treinamento de vocês para essa peça?

Vitor - O treinamento, no processo do *A Rua é Um Rio*, ficou quase como um procedimento também. Nós chamamos o João Octávio para nos treinar e preparar, pois já conhecíamos o trabalho dele antes do *Tablado* e porque sabíamos que ele tinha um repertório de vivência em treinamento, desde Barba, passando por BMC, até a meditação ativa do Osho. BMC é sigla para *Body Mind Center,* e é uma técnica de educação somática que trabalha a consciência corporal através dos sistemas do corpo, ósseo, celular, muscular. É uma técnica de terapia, que hoje é usada por atores, bailarinos.

Clayton - O conhecimento do João em partituras vem muito do Barba, do Grotowski, do *Teatro-Laboratório*. Disso, a gente fez uma coisa interessante que é usar a partitura com a ideia que o Brecht tinha de *Gestus,* trabalhando a relação entre esse material em forma de partitura, mecanizado, que você consegue repetir com o osso do corpo, com uma atitude crítica e política.

Vitor – Isso aí já seria no desenho que a partitura faz. *Gestus* é relação, então ele trabalhava com a partitura, fazendo o ator adquirir uma partitura e depois colocava para dialogar essa partitura. Disso surgia o *Gestus,* porque ele se dá na relação, ele revela uma atitude social daquela personagem.

Neste caso, o treinamento estava bem vinculado ao espetáculo?

Clayton – Sim, isso foi para o espetáculo, mas o nosso treinamento não é só para espetáculo, a gente faz um treinamento por fora.

Vitor – Nós chamamos esse cara porque criamos essa coisa louca, que chamamos de ensaio sobre a rua. Como o processo poderia enveredar por vários caminhos, esse treinamento andou de acordo com o momento em que nós estávamos. No primeiro módulo eu lembro que foi Barba na veia, ficávamos pulando, exaustão e partitura. No segundo ensaio módulo a Martha investiu no coro e corifeu, uma coisa que aprendeu num workshop com a Juliana Carneiro, do *Soleil*. Lá um dos elementos de treinamento é esse tal de coro e corifeu. Então alguns atores ficam juntos, formando o coro e um ator é o corifeu. Se por algum motivo muda a direção do exercício, o corifeu se torna o ator que está nessa direção, é uma coisa mutante.

Clayton – Todo o elenco faz aquela personagem.

Vitor – Então é uma forma de pesquisar o gestual, a dramaturgia, a relação com o espaço. E é também uma maneira de retirar a responsabilidade de quem está fazendo. Por exemplo, ele está fazendo a cena e eu sou o coro dele, na verdade sou eu que vou fazer a cena, mas ele está fazendo e eu estou atrás estimulando, guiando, um contaminando o outro, tirando um pouco essa responsabilidade de pesquisar. Hoje eu faço o Goodman e uma porrada de partitura que eu faço é de outro ator, que nesse processo do coro e corifeu, foi ficando. No terceiro módulo, veio a parte do BMC através da Mariana, que é um processo muito mais sensorial, introspectivo e profundo de consciência corporal. Por exemplo, você vai trabalhar o sistema ósseo, então você toca a sua tíbia e você vai dançar a partir da sensação de tocar essa parte do corpo. Isso traz uma qualidade de movimento diferente. Então a gente foi juntando todos esses módulos. A peça começa com quatro Marianas, que é o coro e corifeu, começa e termina com coro e corifeu e diferentes Marianas. E no último, por exemplo, tem coro e corifeu com os diafragmas do BMC. No BMC eles dividem em três diafragmas, o diafragma do crânio, o da cintura escapular e o do abdômen, então a ideia era se movimentar a partir desses três diafragmas. Cada Mariana tem um diafragma, tem um registro e elas têm coro e corifeu. É a mesma personagem, porém cada uma tem uma qualidade de movimento distinta, cada uma se movimenta a partir de uma parte do corpo, o que concede uma personalidade para cada uma.

Clayton – Uma coisa importante de falar é a questão do bastão, que surgiu como uma forma de treinar o jogo com a rua, a prontidão. Na rua isso é preciso, porque a toda hora está acontecendo alguma coisa, toda hora tem algo que rouba a sua cena, a rua rouba a sua cena. A rua é uma personagem gigante! Agora, algo que tem a ver com a questão dos procedimentos, das poéticas do grupo é essa investida da última peça para cá, nessa relação de construir imagens muito claras e ao mesmo tempo sintetizar a palavra e valorizar a imagem. Não pelo tamanho, porque essa coisa do tamanho é um recurso muito usado na rua: perna de pau e bonecos. Na verdade nós nunca nos sentimos aptos às formas mais conhecidas de teatro de rua, porque isso não é da nossa formação. Aqui ninguém é bonequeiro, ninguém anda de perna de pau, ninguém faz malabares. Nós não temos essas raízes no teatro popular. Nós achávamos que o urbano requeria formas urbanas de teatro de rua, e esse urbano mostra várias necessidades. Fazer um teatro na rua Barão de Itapetininga, do Teatro Municipal, ou na Praça da Sé, que é uma correria, pressupõe coisas. Porque é uma velocidade muito alta, então você parar, contar uma história inteira de começo, meio e fim, é uma coisa que não combina muito. Então pensamos em algo que combinasse com essa dinâmica da rua. Você pode ver só uma imagem que já sai com alguma coisa.

Vitor – Essa peça é fragmentada, ela tem uma linearidade, mas as cenas são muito independentes. Você pode chegar, assistir uma cena e você já consegue compreender, já sai com uma impressão completa da coisa.

Nesse espetáculo todos assinam a dramaturgia e a direção?

Clayton – Tivemos um dramaturgista, alguém que ficou de fora escrevendo, e o *Tablado* assinou a dramaturgia. Na direção ficamos eu e a Martha. Na verdade nós todos atuamos e dirigimos, ninguém tem uma função muito definida, porque gostamos que as coisas sejam compartilhadas. Pode ter um diretor, contanto que ele esteja dialogando. Não é relação onde tem aquela pessoa que pensa e aquelas que executam. Achamos muito importante a função direção. O João, que é diretor de ator, fez um baita trabalho de direção. È preciso sair uma hora e organizar esteticamente a peça. A função não nos incomoda. O que nos incomoda é como ela pode ser executada. O processo colaborativo é pesquisa, não é uma fórmula, não tem um modelo certo.

A produção também é pensada dessa maneira?

Clayton – Na produção é todo mundo, *Tablado de Arruar.*

Vitor – Na coisa da produção, agora que estamos sem o Fomento e vamos começar um processo criativo, sempre existe um desejo de não se alienar mesmo, fazemos reuniões de produção com todos e tal. Mas, nas épocas de "pico" de trabalho, nós contratamos um produtor executivo.

Mas nessa administração existe um papel definido para cada um?

Vitor – Sim, atualmente o Felipe é tesoureiro e administrador, eu cuido da parte de divulgação, o Clayton inscreve em editais, festivais.

Clayton – Fazemos gestões, para não ficar sempre a mesma pessoa na mesma área.

Vocês têm algum arquivo de imagens e vídeos?

Vitor – Estamos começando a organizar essa parte agora.

Clayton – Mas, tivemos uma fotógrafa que acompanhou os trabalhos durante muito tempo.

Vitor – Tivemos também dois *videomakers* que registraram os processos do grupo. Temos caixas de fitas. Mas, esse material não está organizado, não temos um DVD com o nosso processo, essas coisas, mas estamos organizando isso.

Clayton – Dificulta a coisa de não termos um espaço nosso. Nós trabalhamos numa espécie de residência em espaços. Em nossa trajetória acho que já passamos por todos os espaços públicos possíveis de se ocupar com teatro em São Paulo: FUNARTE, Oswald de Andrade, Galeria Olido, Morrinhos, Centro Cultural de São Paulo. Acho que esse é o primeiro espaço que não é público.

Vocês estão aqui desde quando?

Clayton - Quatro meses. Aqui é a Casa das Caldeiras, um espaço privado que pertence à Associação da Casa das Caldeiras. Originalmente pertencia às Indústrias Matarazzo, indústria de energia. Era uma caldeira, fabricava energia para a cidade de São Paulo. Aqui onde estamos era casa do eletricista.

Como é para conseguir um espaço desses?

Clayton- Mediante apresentação de projeto. Aqui a gente apresentou o projeto de residência nesse espaço, durante treze meses. Então tem data para entrar e tem data para acabar. Esse é o problema de não se ter uma sede.

Vitor- Nos espaços públicos acontece via edital. O nosso próximo passo seria conseguir uma sede, de preferência no centro que é onde a gente atua e que é cheio de imóveis vazios.

Clayton - A gente pensa em alugar ou ocupar (risos).

Vitor- O *União Olho Vivo* fez isso, achou um terreno baldio, falou com a Prefeitura e construiu.

Clayton - O *Grupo XIX* também fez isso lá na Vila Maria Zélia. Eles estão acomodados sob concessão para o prazo de vinte anos. Eles ocuparam mesmo o espaço e construíram um centro cultural. Agora a Prefeitura assume o trabalho deles. Fizeram um projeto em cima da vila, que resgataria um pouco da história da mesma, começaram a transformá-la em uma espécie de referência cultural, numa das regiões da cidade que é mais precária em termos de cultura.

É o que todo grupo quer.

Clayton – É. O nosso desejo vem mais pelo nosso olhar que vai mais para o lado do MST, do *Teatro União Olho Vivo*. Estudando a especulação imobiliária do centro de São Paulo nós vemos muitos prédios ociosos. Então falamos: vamos ocupar um deles. O Maria Zélia é uma referência que deu certo.

Vocês ainda têm Fomento?

Clayton - Para nós, não. Esse é o quarto edital que vamos tentar, estamos a três sem ganhar, o que é uma contradição porque o Fomento é uma lei de continuidade. Mas, ele é uma utopia concretizada, uma contradição no meio do neoliberalismo. O Fomento acabou como um problema para ele mesmo, porque fomentou muitos grupos como nós, o *XIX*, que somos filhos dele e não teríamos condições de formar a estrutura que temos hoje, se não fosse ele. O Fomento possibilitou a formação de grupos e não de espetáculos. Essa visão de criar um grupo para a cidade é que a mudança de paradigma que essa lei cria. Porque a Lei de Incentivo se destina a produtos. E como a gente faz pesquisa e não produtos, não existiria nada para a gente, verba para quem faz pesquisa. Nenhum teatro hoje em São Paulo, fora os vinculados à televisão, que se chama de teatro mais comercial, vive de bilheteria.

Ainda mais teatro de rua.

Vitor - E com nosso chapéu a gente consegue comprar água, pilha, gasolina para o caminhão.

Clayton - A companhia vai virando uma roubada, a gente tem um caminhãozinho que é a estrela da terceira peça. É o protagonista de peça e a nossa sede. (risos)

Vitor - Vive quebrando. Já cancelamos apresentação por causa dele.

Clayton – Mas, enfim, é isso que o Fomento cria. Ao mesmo tempo em que cria a estruturação, ele também cria certa despesa mensal. Hoje em dia o *Tablado* custa mais de mil reais mensais.

Vitor - E isso porque não temos sede.

Clayton - Todos os grupos que nasceram do Fomento, *Bartolomeu* entre outros, enfrentam esse problema de ter que pagar aluguel. É raro um grupo ter sede própria, ser dono de sua sede.

Vitor – Mas, alguma coisa está acontecendo porque mesmo nessa instabilidade os grupos estão abrindo sede. Aqui em São Paulo está uma onda de abrir sede.

Nós ficamos impressionados, muitos grupos têm sede, estão fazendo publicações.

Clayton - É esse tipo de coisa que o Fomento permite. O grupo não é um produtor de peças. Ele é um espaço temporário de produção de pensamentos teatrais. Isso que é um grupo de teatro. A grande contradição da Lei de Fomento, é que ela é uma "Lei de fomento ao teatro para a cidade" e não uma lei da cidade para o teatro. Essa lei deve trazer um respaldo para a cidade e fazer um centro cultural é fazer algo para a cidade.

Vitor - O fomento fala muito em contrapartida e o que nós vamos entendendo é que o próprio grupo já é uma contrapartida. É aquela coisa, se o *Tablado* deixar de existir ele vai fazer falta para cidade?

Clayton - O Fomento também gera a formação do público, porque como é para a cidade, ele acaba se tornando necessário para a cidade, quando um espetáculo mobiliza. As nossas peças mobilizam os moradores que nos acompanham. Gente que nunca pisou num teatro já assistiu as três peças. Então nós criamos uma relação direta com o público, com os espectadores e num lugar como o Brasil, onde o espaço público está sumindo, por conta da política neoliberal. Tudo é privatizado, nós criamos espaços públicos de pensamento sobre a polis, a cidade. Cada grupo pensa a cidade porque isso está na lei. Por exemplo, o *Hygiene* (espetáculo do *Grupo XIX*) é uma reflexão sobre o movimento de desocupação de cortiço, de higienização social. Então a todo o momento estamos lutando, e vendo que nós, pelo mercado, não somos necessários, mas enquanto criadores da dimensão pública num mundo onde o público tende a sumir, nós somos mais do que necessários, porque nós estamos fazendo opção. Não existe só mercado, existe espaço público. Posso dar vários exemplos dessa privatização: praça pública cercada, bancos anti-mendigo para os mendigos não poderem dormir, estacas nos jardins, esse tipo de coisa. É uma limpeza mesmo. O lugar que antigamente se chamava "Cracolândia" agora é um dos mais seguros para se andar. Eles varreram os moleques, o termo é bem esse, varreram para quatro quarteirões além. O Brasil inteiro está passando por isso. Aqui em São Paulo tem uma organização chamada *Centro Vivo* – como se no centro só existisse defunto – que é formada por Bank Boston, Santander, Banco Bradesco, Banco Itaú, Telefônica e que financiam essas ações. E é muito difícil explicar para as pessoas que embelezar a cidade talvez não seja tão benéfico assim.

Vitor - Lógico que todo mundo quer um centro bonito, mas a que custo? E a gente tentando fazer teatro nesse lugar. E de rua ainda por cima (risos). Cancelamos uma temporada agora. Foi a primeira vez que pensamos: vamos fazer a peça à noite, umas sete horas, nem tão noite assim. Mas, acabamos cancelando parte da temporada porque depois de terem nos assaltado, de os moleques "noiados" de cola terem ameaçado o nosso público, com a violência assim do nosso lado, a gente acabou não agüentando.

Clayton – Nós que viemos do movimento "Arte Contra a Barbárie" acabamos chegando à conclusão de que a barbárie venceu a arte.

Vitor - Então nós pensamos: "vamos fazer em outro lugar". Mas não tem, não tem.

Clayton - A não ser o Parque do Ibirapuera, para a elite paulistana, e não é esse público que nós buscávamos. Nós queríamos o público do centro mesmo, meio caótico, que mistura muita gente, mistura zona leste que vem buscar emprego, mistura executivo. É um público que retrata a cidade. Só que o centro está se tornando inviável.

Vitor - Ainda mais com essa peça onde temos um carro, então o espaço cênico é um pouco maior e tem toda uma burocracia.

Clayton - É a burocracia da atual prefeitura que quer tirar os *outdoors*. Não é mais importante tirar a violência, mas sim os *outdoors*.

Vocês realizam algum tipo de oficina?

Vitor - No nosso primeiro Fomento, nós realizamos uma oficina de graça, de dois meses, no Centro Cultural São Paulo. Essa foi a única oficina mais longa que o *Tablado* fez até agora. Para atores e não atores. A ideia dessa oficina e também de *workshops* mais curtos que a gente realiza, é mostrar um pouco da nossa metodologia de trabalho. Nós já ganhamos umas duas vezes um evento chamado "Caravana Paulista", que consiste em apresentar peças no interior do estado. Então em cada cidade que a gente apresentava, realizávamos um *workshop* pequeno. Eles são sempre uma amostra de como é nosso trabalho.

Clayton - O último projeto que a gente foi contemplado, que foi a "Caravana da Funarte", a gente viajou para o Rio de Janeiro e Minas Gerais, sempre interior e capital. A gente optou por fazer debates com os grupos de teatro locais.

Vitor - É. Fomos com o intuito de querer trocar mesmo.

Clayton - Organizamos um debate com o galpão em Belo Horizonte e um na UNIRIO com a *Cia. dos Atores* e o *Teatro do Pequeno Gesto*. Oficina não é muito o nosso foco, apesar de termos os nossos sete anos e daria bem para falar sobre teatro de rua e tal. Mas individualmente todo mundo é professor, eu sou de literatura, o Vitor dá aula de dança na APAE, a Martha é artista plástica então ela dá aula de artes e teatro. A Lê dá aula de teatro. A Ligia de canto, porque ela é musicista. Acho que isso também é uma característica nossa, cada um tem alguma outra especialidade.

Eu fiquei curiosa para saber um pouco mais sobre o Movimento Teatro de Rua que tem aqui em São Paulo. Como é relação de vocês com ele?

Clayton - Posso falar a verdade?

Pode.

Clayton - Vou falar sem medo então. Nós surgimos com o "Arte Contra a Barbárie". Quando ganhamos o Fomento, o Movimento Teatro de Rua surgiu. Era um movimento único que estava acontecendo aqui em São Paulo, dos grupos todos se unindo em prol de uma lei. O *Tablado* foi o primeiro grupo de teatro de rua a ganhar e também o mais novo. Foi "foda". Porque a gente ouviu de "nêgo" que eu respeito, da velha guarda que aquilo não podia porque o nosso grupo só tinha dois anos. E na segunda vez que a gente ganhou o Fomento um monte de gente de teatro de rua falando que nós éramos os eleitos, porque só a gente de teatro de rua ganhava. No meio disso os grupos de teatro de rua começaram a se organizar, em principio para discutir problemas específicos de quem faz teatro na rua. Então era para discutir isso e algumas questões estéticas. E nós não temos o menor preconceito com o Movimento, fomos lá, demos palestras e seminários em sedes de outros grupos. E essa galera começou a se configurar como um movimento político que no início - e eu vou falar sem medo, pode publicar em qualquer lugar -, era para combater o Fomento e criar um fomento especifico para eles. Sendo que a gente já estava no movimento "Arte Contra a Barbárie" desde muito tempo e acompanhou a luta de todo mundo para aprovar uma lei que fosse interessante para o teatro. Teatro ponto, sem sobrenome. E a Lei de Fomento nunca discriminou o teatro de rua ou o teatro físico ou o teatro dança. O que importava é que se fizesse teatro para a cidade de São Paulo. Então surgiu esse conflito com o Movimento logo no inicio, eu achava contraditório ser colocado em pauta a luta pela criação de um fomento para teatro de rua, como se nós fôssemos algo diferente. Então quando eles decidiram persistir nessa questão, se aliando inclusive a um partido político específico, o *Tablado* se retirou. Tudo que diz respeito a teatro de rua nos diz respeito, mas o nosso movimento é o movimento de teatro da cidade de São Paulo e sempre foi e sempre vai ser. Porque eu quero brigar por todos os teatros: teatro físico, teatro de Vila, que é o do *Grupo XIX*. Porque tem que começar a denominar tudo? Eu não entendo isso, teatro é teatro. A rua é onde a gente encontra a interlocução necessária para expressar o que nós queremos expressar. É só por isso que nós estamos na rua, não é porque a rua é mais legal, é simplesmente porque a rua apresenta conflitos que nos interessam pensar. Gradativamente vários grupos de teatro de rua foram ganhando fomento e coincidentemente se desvinculando do Movimento. Estou fazendo provocação direta mesmo, para várias pessoas. E isso não significa que a gente deixou de participar dos eventos organizados por eles. Já participamos da Mostra de Teatro de Rua, só não fizemos esse ano porque o espetáculo era o mesmo. A gente não tem nada contra eles diretamente e mesmo assim nesse ano que participamos teve gente questionando a nossa participação porque não éramos do Movimento. "Ué, não era uma Mostra de Teatro de Rua?" É o que nós fazemos.

Vitor - É que tem que pensar no objetivo deles: em grande parte a Mostra foi organizada para arrecadar dinheiro para o Movimento.

Clayton - Hoje o *Tablado* participa de um movimento e ativamente, semanalmente, que é o Movimento Teatro de Grupo de São Paulo, um braço municipal e estadual do Redemoinho. O Redemoinho é o nosso movimento. O *Tablado* se interessa, sim, em discutir o teatro de rua. Inclusive fomos escolhidos pela Cooperativa para representar o teatro de rua no I° Encontro Nacional de Teatro de Rua em Salvador, que, aliás, foi bem complicado, interessante, mas complicado. Esteticamente cada grupo tem as suas questões, mas não é isso que nos une. O que nos une é a nossa forma de fazer teatro, que é a criação de uma espécie de utopia. Ou seja, a criação de um espaço público em um mundo privatizado. É isso que reúne os grupos do Redemoinho e o *Tablado* faz parte disso. Não fazemos parte do MTR, porque achamos que a pauta deles mais divide do que agrega. E o nosso interesse é agregar.

A última pergunta, o que é para vocês o Teatro de Grupo?

Clayton - Para mim é isso que eu falei antes, é a construção permanente de uma zona de utopia. Porque o grupo é uma contradição. Ele não é mercadoria, não só porque a gente não quer que seja, mas também porque ninguém compra. Ela não sobrevive no mercado. E a gente briga tanto na nossa estética quanto na nossa política para que o Estado retome a sua posição pública, que a cidade seja um espaço público e não privatizado. E isso é uma contradição em uma sociedade neoliberal. O grupo de teatro é a concretização dessa contradição em um microcosmo. Ou seja, o grupo de teatro é a grande obra utópica que a gente fabrica diariamente. É um trabalho de forçar a utopia a qualquer preço. Por isso, eu acredito que afirmar um grupo de teatro, no fundo é afirmar a mudança de toda a sociedade.

Vitor - O *Tablado* acredita nisso. Tudo refletindo também dentro da lógica interna do grupo. Jamais vamos reproduzir as leis do mercado dentro do *Tablado*. E nesse sentido todas as relações têm que ser trabalhadas de outra forma, o próprio meio de produção, é tudo uma pesquisa. Como a gente se organiza sem reproduzir a barbárie do mercado.

Clayton - E isso tem que ser em tudo, a gente não especializa ninguém na função da direção, ninguém recebe a mais. Mesmo quando acumula funções. Só isso já nos coloca na contramão de como o mercado funciona. Portanto, se estamos nessa contramão e nos afirmamos dessa forma, ainda mais com uma estética difícil, que mostra que somos inviáveis no mundo, a gente obrigatoriamente afirma que a sociedade tem que mudar. Então o grupo é um estopim revolucionário que deseja a mudança de toda a sociedade. É utópico, mas é a nossa luta.

GRUPO XIX
Entrevista com Luiz Fernando Marques, diretor do grupo

Concedida a Ana Luiza Fortes Carvalho, André Felipe Costa Silva,
Lígia Ferreira e Vinicius Pereira.
Em dezembro de 2007, no Conjunto Nacional, São Paulo SP.

Gostaríamos que você desse algumas informações básicas sobre o grupo. Quando, como e porque o XIX surgiu? Quem foram os primeiros integrantes?

Luiz - O grupo surgiu em 2001, ao redor da criação da peça *Hysteria*. A gente se encontrou no curso do Antônio Araújo (*Teatro da Vertigem*), sobre direção colaborativa e nós realizávamos experimentos diários, pequenas cenas e uma delas acabou se tornando o embrião do *Hysteria*, por assim dizer. A gente gostou do que tinha criado e nos reunimos em princípio só para desenvolver aquilo, sem intenção de criar grupo, nada disso. Em 2001, nós voltamos para pesquisar em torno do *Hysteria*. O grupo era eu e mais as cinco meninas do elenco original do espetáculo. Para a gente *Hysteria* era um exercício, nos não sabíamos como as pessoas iam reagir, porque ao nosso ver tinha muita coisa do processo que ainda estávamos tentando entender. Mas, quando resolvemos abrir o espetáculo a resposta do público acabou sendo super positiva, o espetáculo era desafiador por causa da interação, o que acabou abrindo para nós um campo de pesquisa interessante. A partir desse momento o *Grupo XIX* foi criado ainda muito relacionado ao espetáculo *Hysteria*. O espetáculo fez uma carreira bem legal, na verdade está em cartaz até hoje. Uma coisa acabou puxando a outra, nos participamos dos principais festivais de teatro do Brasil. O grupo já fez apresentações em vinte e três cidades do Brasil e quatorze cidades no exterior, então a coisa ganhou um tamanho que a gente nem imaginava. Então nos envolvemos com projetos relacionados ao fomento do teatro de grupo em São Paulo, na época em que a prefeitura era do PT. O *Hysteria* ficou um ano em cartaz, de terça a domingo, sendo que de terça a sexta apresentávamos em escolas de educação de adultos, o que era super emocionante, fazíamos debates e foi indo. Realmente essa foi uma experiência que modificou muito o grupo, porque é uma experiência única: um ano inteiro fazendo uma peça todos os dias. Durante esse período todas as questões que foram propostas para o *Hysteria* se dilataram e deram cara para o que é o grupo hoje. *Hysteria* foi feita em espaços não-convencionais, à luz do dia, sem recurso nem de iluminação, nem de música, nada de eletrônico. No decorrer desse ano a gente viu a dimensão que isso podia ter. Essa questão dos espaços históricos, não só durante a cena, mas o que significava reocupar um espaço desses e como esse fato interferia na vida daquele bairro, que ficava na zona norte da cidade. Então ainda aparece essa questão de tirar o teatro do centro e levar o público para outro lugar que ele nem imaginava que existia. O nome do lugar é Sitio Morrine e você falar em sitio em São Paulo já é algo interessante. E é literalmente um sitio, com frutos: macieira, limoeiro, abacateiro. Era uma loucura. Depois, ainda nesse mesmo ano, fomos para a França e passamos o mês inteiro de julho fazendo a peça em francês. Então foram muitas coisas que dilataram o grupo. Nessa segunda etapa de formação nós pleiteamos a Lei de Fomento, aqui de São Paulo, que é a única lei que temos no Brasil voltada especialmente para teatro de grupo e teatro de pesquisa. Aí nesse momento a gente propôs a criação da peça *Hygiene*, que é o nosso segundo espetáculo. Já nesse espetáculo o grupo aumentou, chegando à formação que ele tem hoje. Nessa época chamamos mais cinco meninas, o grupo contava com quatro meninas, sendo que uma atuava apenas como atriz convidada no *Hysteria* e chamamos também mais três meninos para compor o elenco, chamamos também um diretor de arte, que é o Renato Bolelli, para pensar essa questão do espaço histórico. Para fechar de vez a história, a peça *Hygiene* falava sobre casas históricas, sobre a habitação no Brasil, a questão dos cortiços, das habitações coletivas e nessa pesquisa descobrimos as vilas operárias aqui em São Paulo. Nós fomos visitar uma delas como pesquisa que se chama Vila Maria Zélia, e acabamos descobrindo um lugar ainda mais incrível do que o que a gente estava, que era essa vila com cento e setenta casas, duas escolas, dois armazéns, uma igreja, só que tudo isso abandonado, estava tudo fechado há mais de quarenta, cinquenta anos. Com exceção das casas, os moradores estavam lá. Antes estávamos nesse lugar que era o sitio, que era da prefeitura, tudo regularizado, a Prefeitura nos amando porque circulavam três mil pessoas lá por mês, enfim estavam felicíssimos conosco e nós fizemos a loucura de largar tudo isso e fomos para essa vila operária, reabrimos os espaços. Porque primeiro nos achávamos um absurdo aquilo tudo ficar abandonado, cheio de lixo, barata, rato, alguns moradores utilizavam como depósito de ferro-velho, para guardar pneu, coisas desse tipo. Um lugar que estava em degradação contínua e ninguém olhava para isso. Nós já tínhamos percebido com o *Hysteria* a força que tinha essa espécie de *mini-descoberta* dos espaços, o pessoal se surpreendia: "pô, fazer teatro aqui". Essa questão dos espaços históricos serviu para desmistificar também essa história de que teatro só pode ser apresentado em teatro. A partir disso decidimos que o nosso espaço precisava ter esse caráter e nos instigava também o fato de realizar uma criação tão colada a uma comunidade. Portanto, todo o processo criativo foi feito na Vila. O processo criativo aconteceu paralelo ao processo de residência artística, ou seja, abrir essas portas, uma de cada vez, limpar, arrumar, ver os moradores entrarem nesses lugares, porque essas escolas eram as escolas que eles tinham estudado na infância, então toda essa memória emotiva e histórica foi sendo resgatada junto com a construção da peça. Aí vale a pena dizer, que o grupo sempre trabalha com textos originais, criados pelo próprio grupo, nos não temos um dramaturgo, os oito componentes são os dramaturgos das peças. Nós sempre partimos de fatos históricos e de fontes de pesquisa diversas, de preferência pertencentes à história não oficial. De alguma maneira dá para dizer que o grupo trabalha a partir da vida privada brasileira. O *Hysteria* faz esse recorte claro sobre a mulher no século XIX, *Hygiene* sobre a questão da habitação no século XIX e a nova peça *Arrufos* caminhou um pouco no tempo, mas continua tendo esse recorte histórico e na vida privada. Nos interessa muito resgatar a transição desse Brasil rural para esse Brasil urbano, esse momento onde o Brasil importa definitivamente o modelo europeu. O grupo brinca que a gente trabalha em cima dessa contradição. Tem o modelo europeu aqui e a realidade brasileira, você coloca um por cima do outro e é nesse espaço que se cria a delícia e a dor de ser brasileiro. Nessa coisa de forçar a barra nessa história de "quero ser francês e não consigo", criamos algumas coisas para dar conta, mas também sofremos os dilemas, as questões disso até hoje. Então, quando você fala em habitação, você está falando desse modelo que a gente vive hoje: de centro e periferia, de favela. Quer dizer tudo isso está nesse embrião. Faz quatro anos que nos estamos na Vila e ela acabou virando nosso espaço de residência. Desde o ano de criação várias atividades paralelas ao espetáculo foram realizadas e a cada ano essa questão foi se dilatando. À medida que fomos ficando lá isso foi ganhando outros tons. Teve um ano, que por meio do Prêmio Myriam Muniz, a gente ofereceu oficinas, então eram cem núcleos de pesquisa, os atores trabalharam e geraram seis peças ali dentro. Outros grupos ficam em cartaz lá às vezes, as nossas criações continuam sendo lá, a própria comunidade se organizou e criou uma fundação cultural e que, junto com a gente, criou um museu da Vila. Foi realizado um documentário com os moradores mais antigos e também um livro sobre esse documentário, o grupo também escreveu um livro sobre a sua trajetória e processo criativo. A partir daí o grupo foi ganhando outras camadas, que não só da criação. Isso talvez seja muito característico do movimento que a lei de fomento acabou gerando: a medida que o fomento questiona o grupo a responder para a cidade com o seu trabalho, eu sinto que de maneira geral em São os grupos estão se abrindo para a cidade. O pessoal brinca: "ah, vocês não gostam da caixa preta", mas o que me incomoda mesmo na caixa preta é o isolamento, a pessoa ficar ali protegida, para mim é um teatro que acaba falando dele mesmo, você acaba ficando viciado. Nós não chegamos lá e construímos um teatro. Muitos moradores até falaram: "vamos colocar poltronas, pintar de preto" (risos) e eu "Não, gente!", porque a nossa ideia é justamente dialogar com esse espaço e isso tem acontecido com frequência no grupo. *Hygiene* já viajou para umas onze ou treze cidades e cada cidade funciona dentro dessa mesma dinâmica, há pouquinho fomos para Blumenau e foi super legal e cada lugar é assim: você vai atrás da história dessa cidade. No caso do *Hygiene,* fazemos metade do espetáculo na rua e metade em um espaço fechado e nesse percurso da rua entramos nas casas e os atores convivem com os moradores, então é um diálogo real. O espetáculo acaba funcionando também como uma provocação em cada cidade que a gente passa, ele acaba mexendo também nesse centro histórico que hoje em dia, na maioria das cidades, ou é dominado pelo abandono ou pelas drogas. É legal também perceber também como cada cidade trabalha o seu passado, fazer por o exemplo no Pelourinho, como a gente fez, é uma experiência muito bacana, você estar em um lugar cheio de vida e ao mesmo tempo completamente contaminado. Ao redor é cheio daquelas lojas para turista, mas o miolo do Pelourinho é uma grande favela. Então o nosso trabalho de pesquisa consiste também em descobrir um pouco como cada cidade lida com a sua memória. A memória é realmente uma questão muito forte para o grupo.

O processo de criação dos espetáculos ocorre como? De onde parte? Vocês começam com uma pesquisa de campo e depois improvisam?

Luiz - Geralmente partimos de um tema. Que é bastante amplo, tipo: mulher, que é um tema super pequeno (risos), depois o tema foi casa e agora é amor. A gente brinca que são quase não-temas, porque a gente parte normalmente desses lugares bem amplos. *Hysteria*, na verdade, a gente encontrou um lugar um pouco menor por conta daquele processo que eu citei anteriormente que exigiu que fosse feito um recorte mais claro, mas nesses últimos foi desse tamanho mesmo: casa, amor. Aí em um primeiro momento começamos a coletar materiais dos mais diversos, é uma putaria (sic) mesmo: cinema, livros, muitos livros sobre essa corrente histórica da vida privada. Então, vamos lendo todo esse material e começamos a definir que recorte nos interessa. Uma vez definido o recorte, começamos o segundo nível de criação, que seria uma espécie de aprofundamento desse recorte, que chamamos de teórico, mas que também não é totalmente teórico, porque a gente toma cuidado para que esses conceitos já estejam, ao menos internamente, teatralizados. Nesse momento nós fazemos muitos seminários, no caso do *Hygiene*, por exemplo, o tema era lavadeiras, aí a gente combinava: "ok, sexta-feira, todo mundo traz tudo que já pesquisou sobre lavadeiras.", aí montamos uma grande instalação, para nós mesmos, é, é uma coisa doente. (risos). A instalação serve um pouco para que cada componente do grupo explore uma forma de provocar o outro, para ele receber esse conteúdo e logo depois a gente já parte para montar a cena. Em *Arrufos*, já começamos bem forte na cena, talvez porque o recorte estivesse um pouco mais claro e porque também tinha certa urgência nossa em dado momento. Para a construção das cenas há vários pontos de partida, às vezes sou eu que dou, às vezes é algum dos atores, outras é o diretor de arte, às vezes isso emerge do próprio material, por exemplo, *Arrufos*, originalmente, é um quadro. Trata-se do primeiro quadro brasileiro que retrata uma cena privada, no caso um casal brigando e ele foi super famoso na época, porque até então só tinha quadros de grandes temas: a independência, de heróis e tal.

De quem é o quadro?

Luiz - Belmiro de Almeida, esse quadro foi um buchixo (sic) na época, porque as pessoas não sabiam por que aquele casal tinha brigado, então chegamos a achar nos jornais da época hipóteses: "ah, a mulher fez isso, o homem fez aquilo". Acabou que o próprio universo do quadro desencadeou todo um processo. Por exemplo, o jogo era dar conta dessa história do quadro. Então tinha vários pontos de ataque, mas sempre com o foco na construção da cena. A gente não é um grupo cabeção, quando eu ou um ator traz um texto ele já tem que estar em cena no dia seguinte. A cena já tem que estar contaminada de algum material, o próprio espaço cênico, que é muito importante nesse processo de criação, influencia muito, então a gente nunca ensaia em uma sala neutra, pelo contrário. Dificilmente vamos para uma sala preta neutra e, aliás, quem disse que sala preta é neutra? É uma convenção, quer dizer você chega em uma sala toda preta e isso tem um impacto, cria uma leitura. A gente trabalha muito com essa questão da presença até pelo fato das peças serem interativas. E a nossa interatividade se dá tanto com a parede quanto com a pessoa que está do seu lado. Quer dizer as peças partem muito da ideia de um grande diálogo.

E vocês ensaiam sempre nos espaços que vão apresentar?

Luiz - Quase sempre. Em *Hysteria* tivemos um primeiro momento em uma sala da EAD, mas independente disso o espaço em que a gente ensaiamos sempre é personagem, nunca damos uma de "louca": "Ai ignora...", se a gente constrói, é já pensando no espaço.

E a sede do grupo?

Luiz - A sede do grupo fica na Vila Maria Zélia. No livro está mais bem explicado tudo isso.

Como é a organização do grupo? É um processo coletivo?

Luiz - Não, na verdade é um processo colaborativo, cada um tem a sua função. Quanto à produção, quanto a trabalho, é um grupo sem hierarquia. O fato de eu ser diretor não significa nada nesse sentido, eu ganho igual a todo mundo. Nessa linha da produção dá para dizer que o grupo tem um equilíbrio total, é um grupo horizontal. Já na relação de criação existe uma contaminação de cada área e existe um momento final, onde cada um responde por sua área. Como não existe a função do dramaturgo, a dramaturgia acaba ficando nesse campo louco, onde todo mundo pode entrar, onde todo mundo pode sair, é uma loucura, mas também é interessante.

Mas, no caso, os temas foi você quem os sugeriu? Ou eles partiram do grupo?

Luiz - Bom, *Hysteria* nasceu meio sem querer, não foi muito pensado. Acabou que tanto "casa" quanto "amor" foi uma sugestão minha, mas também o que é sugerir "casa"? É quase uma não-sugestão. Mas, sei lá, o *Hysteria* era feito numa casa, o que acabou originando o tema do segundo espetáculo, a verdade é que a gente já estava muito impregnado daquilo tudo, das histórias... O recorte se dá no processo. E na verdade quando eu falo uma palavra-tema todo mundo já tem mais ou menos a mesma compreensão do que ela quer dizer. Quando eu falei casa, a gente tinha aquele modelo burguês na cabeça: o pai, a mãe, mas teve épocas no Brasil que as pessoas moravam em cinquenta pessoas, não existia quarto, o quarto era uma cama. O espaço do convívio era o da lavanderia, dos espaços públicos da própria cidade, então quando a gente descobriu: "pô, eu moro numa casa que inventaram para mim". Então a gente se encantou por esse tema e resolveu construir essa casa, brasileira por excelência. Eu sempre brinco, se você perguntar para uma moradora ali de Jardins o que é o brasileiro, ela vai responder: "ah, é uma pessoa aberta, todo mundo junto", mas ela está lá enclausurada e a doméstica presa no quarto de empregada. Mas toda essa ideia foi tão forte que a gente ainda entende o Brasil como esse lugar do convívio: único, misturado, então o grupo escolheu fazer esse recorte. Por isso, que eu falo, o tema me vem um pouco a partir do que está deslumbrando o grupo naquele momento.

Como é feita a administração do grupo?

Luiz - Pelos oito! É uma loucura. Agora é o primeiro ano que a gente vai ter um produtor, mas nesses sete anos até então nós nos produzimos totalmente.

Mas vocês têm funções definidas?

Luiz - Sim, funções definidas. Já tivemos momentos mais hippies, depois mais divididos, depois a gente passou para os "ministérios", onde cada um tinha uma área e agora estamos encaminhando essa coisa de ter um produtor, porque o grupo cresceu muito. Hoje em dia somos um grupo de repertório, então todas as peças continuam sendo apresentadas, ainda temos as criações, os treinamentos que a gente faz de corpo e de voz, temos os núcleos de pesquisa que cada ator orienta, onde ele é responsável por mais vinte artistas em uma criação, temos toda essa carreira internacional, que para nós significa passar as peças para outra língua, já que elas são interativas, quer dizer todo mundo teve que aprender francês para fazer a peça na França, todo mundo teve que aprender inglês para fazer a peça na Inglaterra, então isso também gera uma demanda de trabalho.

E como é isso de interação em outra língua? Deve dar medo.

Luiz - Dá muito medo, a gente tem que ensaiar muito, é uma loucura, a gente vai e "vambora!". Mas, foi lindo, uma das coisas mais bonitas de apresentar em línguas estrangeiras, foi que essa dificuldade entrou na peça e isso é uma coisa muito legal que o grupo trabalha, a mesma coisa da questão do espaço, a gente não cria uma mentira. Se eles estão com uma dificuldade, não vamos esconder, essa dificuldade vai entrar na cena. É aquela coisa na louca: eu não falo a sua língua, você não fala a minha mas vamos nos entender. E isso foi super forte lá. Claro que estudamos muito, sobretudo as meninas, para falar, para escutar e para entender, mas nas vezes que elas não entendiam alguma coisa, isso entrava na dramaturgia. Foi bárbaro. Porque a peça permite essa dilatação, as nossas dramaturgias são abertas para essa entrada do público e nos interessa que ela também seja verdadeira e não *fake*, porque isso às vezes acontece, da plateia querer ser ator. Na verdade, a maioria dos grupos quando apela para a interatividade apela ressaltando o quanto você, a plateia, não faz parte desse mundo. Então quão cômico é, você que não domina essas convenções, está aqui em cima do palco ou com o holofote na sua cara. Trabalhamos exatamente para achar o inverso, tipo: eu e você estamos aqui. Estamos com os nossos personagens, mas você também está livre para criar os seus. É sempre o jogo que se dá ali, trabalhamos muito com a premissa de perguntar esperando de verdade a resposta e seguir a partir dessa resposta. Nós nos demos conta de que a interatividade se dá desde o momento em que a plateia chega ali para assistir o espetáculo, até o final, quer dizer, mesmo ela sentada. A gente busca entender esse público como um organismo vivo dialogando conosco.

Você pode falar um pouco mais sobre esses núcleos que os atores coordenam? Funcionam como oficinas?

Luiz - A gente chamava de oficina, mas como esse nome estava muito desgastado e no caso eram oito meses de trabalho contínuo, acabamos decidindo que a palavra não dava conta do que era. Eram grupos de pesquisa, porque eram todos atores que participavam, a grande maioria mais velhos do que nós, porque o grupo é novo, todo mundo tem mais ou menos a mesma idade. Não parece, mas o grupo é jovem (risos). Hoje em dia quando a gente fala isso a pessoa faz uma cara(risos), mas a gente começou com vinte e quatro, gente. Nós éramos jovens, sim. Hoje estamos com trinta, mas tudo bem. Nessa questão da oficina eu e o grupo todo sentíamos certo incômodo, principalmente as meninas que são até mais novas. Aí a gente parou para pensar: "o que sabemos fazer?" Bom, nós sabemos fazer peças. Então cada núcleo trabalha em cima de um recorte: o ator-dramaturgo, o ator-criador, o corpo em criação. Foi isso: cada um escolheu um tema e desenvolveu uma pesquisa mesmo. No caso do que eu orientei, junto com outros dois atores, trabalhamos em cima do universo do Plínio Marcos e éramos nós e mais vinte atores, tinha gente com experiência, saindo do Centro de Pesquisa Teatral do Antunes Filho no SESC, ou que eram de outros grupos. Então criava uma relação muito legal e foi um processo mesmo de pesquisa, partindo desse universo, desse universo à cena, um pouco como a gente trabalha mesmo, aí no final formamos uma espécie de peça.

E esse trabalho se mantém?

Luiz - Olha, esse trabalho específico não se manteve, mas de cada um desses núcleos surgiu um grupo, o que é muito legal, quer dizer, eles se reconheceram ali e continuaram. Mas, continuar com os núcleos depende muito da gente, esse ano estávamos querendo experimentar uma segunda vez. É um espaço de investigação que nos interessa muito: porque tem muita coisa para quem está começando, tem muito coisa para quem acaba de se formar, mas uma vez formado você cai em um vácuo, não é? Então estamos querendo aproveitar a Vila, para fazer um espaço de experimentação, de investigação cênica. A longo prazo a gente imagina um momento onde nem vamos ser nós os propositores da pesquisa. Quer dizer, porque estamos criando um coletivo e esse coletivo pode redirecionar tudo.

Para comunidade da Vila vocês fizeram oficinas?

Luiz - A história da Vila é muito engraçada, não é muita gente, são cento e oitenta casas, pensando em São Paulo é um prédio, então não é uma coisa enorme, realmente. E é uma comunidade de classe média, digamos assim, e que tem muitos idosos, tem no mínimo umas quarenta pessoas que são velhinhas mesmo, tipo mais de oitenta anos. Quando a gente chegou achou que as pessoas iam querer fazer oficina, super empolgados: vamos fazer oficina, e eles achavam aquilo bem chato: "não, eu não quero fazer teatro, não é legal". Aí fomos percebendo que a gente tinha que criar um lugar para eles dialogarem conosco que fosse deles também. Então hoje em dia é assim, nossa costureira, nosso marceneiro, todo mundo é da Vila, então eles foram encontrando os espaços para dialogar conosco. E cada vez mais o grupo tem a compreensão de que o próprio lugar da plateia é um lugar de diálogo profundo, você fala de processo colaborativo e lembra da direção, da dramaturgia e da atuação, sabe, esse tripé. E eu gosto muito de falar em uma mesa de quatro pernas, porque eu coloco o público nisso. Temos uma dinâmica no grupo de criar núcleos, chamados núcleos colaborativos, que são pessoas da plateia, que a gente seleciona por email e que acompanham o processo mês a mês. Tanto o *Hygine* quanto o *Arrufos* foi assim. Então esse ponto de vista do público nos interessa muito. A comunidade aprendeu a participar dessa forma, o museu, por exemplo, eles adoram, mas não pede para fazer teatro. Quer dizer, tem pessoas da Vila que participaram das oficinas, sim, porque querem fazer teatro. Tem gente da Vila que faz novela da Record. Mas é essa a liberdade que pretendemos. Essa coisa de: "vamos dar aula de teatro" e as pessoas tendo que recusar: "não, não quero fazer teatro, é chato, filho." Eu quero assistir um filme, eu quero falar de memória, eu quero cantar, eu quero fazer outras coisas. O trabalho lá é muito mais de disponibilizar esse espaço, de transformar esse espaço em um espaço público, de ação cultural, onde os moradores da Vila possam construir, de uma maneira lúdica também. Quando nós chegamos lá, esses espaços eram para eles coisas velhas, abandonadas, feias, sujas e isso foi uma das coisas mais legais, porque eles começaram a ter orgulho desses lugares. E com a imaginação que o teatro propõe, eles começaram também a imaginar aquele espaço, foi muito legal. Temos depoimentos super bonitos dos moradores mais antigos falando que quando eles assistem à peça acontecendo ali, eles podem ver um pouco como era na história deles. Essa brincadeira que o teatro propõe é a grande oficina que a gente faz para os moradores.

Nas apresentações dos espetáculos, vocês têm um tipo de público específico?

Luiz - Olha, temos uma felicidade de não ter o público tradicional de teatro. Porque público tradicional de teatro em São Paulo, infelizmente, é a própria classe teatral. Por conta desse projeto da fundação, por conta de estar na zona leste, por conta de ter o recorte histórico acabamos conseguindo ter uma inserção em outros lugares. Por exemplo, com *Hysteria,* que já está a muitos anos em cartaz, o público cresceu muito porque a nossa divulgação foi o boca a boca do boca a boca do boca a boca. Então é muito engraçado quando chega alguém: "nossa que coisa linda isso, vocês têm que fazer mais isso" e a gente já está fazendo há sete anos. O legal de fazer teatro em São Paulo é isso: você tem um público quase infinito. Isso de conquistar o público para gente é uma coisa meio sinistra e de fato, o teatro hoje está divorciado da população. E esse namoro com o público que vivemos hoje aqui em São Paulo, via fomento, é quase uma ficada, porque ainda é tudo muito lento. Nós vemos pela Vila mesmo, teve gente que demorou três anos para ver o espetáculo, tamanha é a resistência das pessoas com o teatro e não é uma resistência do tipo "odeio vocês", é uma coisa da pessoa estar ali, rindo com você e daqui pouco: ah, vai começar? Então, tchau. É uma coisa mesmo de não ter interesse, de não saber o que é, o que pode vir a ser aquilo. É um trabalho contínuo e é justamente isso que o fomento tem proporcionado, possibilitando que os grupos tenham sede, porque isso já é uma coisa muito legal. Então para a galera que já está há mais tempo essa possibilidade é incrível, para o grupo que está sendo beneficiado, para o teatro e para a cidade. Essa coisa do nosso grupo ter sete anos, e de repente alguém que viu o espetáculo em 2002 poder rever, essa é uma energia muito legal. Mas é sempre uma batalha, os nossos espetáculos são para setenta pessoas, então não é nada demais lotar uma sessão, mas nós podemos dizer que somos um grupo com público. Mas isso não foi conquistado do nada, é trabalho de muitos anos. Se comparar com outros países da América Latina, cidades como Buenos Aires, Santiago a nossa realidade é ridícula. Realmente a gente se dá conta que não tem público, é uma vergonha, nessas cidades tem muitas opções teatrais, os grupos montam repertório, ficam em cartaz um tempo. Aqui em São Paulo são raríssimos os grupos que conseguem montar um repertório e ficar em cartaz.

Sobre o processo de criação, como é a estrutura dos ensaios de vocês? Vocês realizam algum tipo de treinamento?

Luiz - É, não tem um treinamento assim ultra físico como um *Lume*, como um sei lá o que. A gente tem um processo um pouco de contaminação com treinamentos corporais e tal, mas eles não são a base do nosso ensaio, por exemplo, geralmente deixamos um espaço para o ator se aquecer e nesse estágio já existe um outro tipo de contaminação criativa, via a música ou via o próprio espaço. Aí logo depois a gente vai para a cena mesmo, com momentos individuais, às vezes cria uma atmosfera, improvisa, então depende muito do que a gente vai atacar aquele dia. O grupo tem muito essa premissa de não ser necessariamente teatral nesse campo da pesquisa, tem grupos que são grupo de pesquisa de teatro, que tudo está ligado a isso. A gente pensa menos em teatro e mais em assunto. Todos os nossos passos têm muito mais a ver com os nossos assuntos do que com teatro propriamente dito. Quem olha, logo nos classifica: "ah, um grupo interativo", na verdade, nunca fizemos um exercício para a interatividade, tipo: "hoje nós vamos tirar para treinar a interatividade". Estamos, sim, pesquisando. De alguma maneira isso aparece no nosso trabalho cotidiano, vemos o espaço como um lugar de interação, ensaiamos de porta aberta. Mas sempre deixando o assunto nos direcionar, aquela atmosfera, daquele dia, daquela cena é o que conduz tudo e não um movimento em busca de uma energia teatral ou de um tipo de ator, um tipo de interpretação. Então isso define muito grupo e nos coloca um pouco fora dessa coisa da pesquisa em Teatro, com T maiúsculo. Talvez porque na geração anterior à nossa esse discurso era muito forte: eu sou o Grotowski, eu sou o Barba, eu sou o não sei o que, tenho a técnica tal. Não existe a voz do *Grupo XIX*, se acharmos que determinada cena pede uma voz tal, vamos direto para aquela voz, nem pensamos, não tem tanto esse caminho inverso do treinamento específico.

Eu só não entendi bem o que guia os ensaios, são improvisações, discussões?

Luiz - Durante essa pesquisa teórica, algumas coisas chamam a nossa atenção. Às vezes é o trecho de um texto que a gente leva para a cena, às vezes o ator traz uma narrativa, aí a gente conversa e transforma essa narrativa em cena dialógica, então não tem uma regra clara. Geralmente tem um ponto de partida que eu proponho, ou um ator ou o diretor de arte.

Uma última pergunta, alguém é responsável por fazer um arquivo de imagens do grupo?

Luiz - Sim, o grupo tem uma preocupação bem grande em organizar esse material, é algo que a gente gosta muito. Inclusive tentamos fazer com que a nossa documentação também seja um objeto de arte, fazemos painéis grandes, com recortes, buscamos realmente dar essa cara mais elaborada, porque também é o mínimo que um grupo que está trabalhando com a questão da memória pode fazer.

COLETIVO FILHOS DA MÂE... / MST

Concedida a *Daniel Olivetto*.
Em maio de 2007, no Centro Cultural Vergueiro, São Paulo SP
durante a IIa Mostra Latino Americana de Teatro de Grupo

Eu gostaria que vocês começassem falando um pouco sobre como se formou o grupo.

Mãe Terra - O nosso grupo se formou no ano de 2003, a partir de uma necessidade que a tínhamos de reunir os jovens do acampamento onde moramos. Desde a época em que nós éramos acampados sempre trabalhamos com grupos de jovem e já nesses grupos tínhamos a prática de trabalhar cenas. Não tínhamos nem tinha noção direito de que aquilo era teatro, mas quando tinha algum tema específico, como o aniversário do acampamento, dia dos pais, enfim, datas comemorativas, a gente se dividia e fazia pequenas encenações que apresentávamos para todo o grupo. Aí vimos que essa era uma forma que integrava os jovens, muito mais fácil do que as palestras ou debates, porque permitia que eles se expressassem melhor. Depois quando nós passamos da fase de acampamento para a de assentamento e a estrutura passou a ser de lotes individuais, os jovens ficaram muito distantes uns dos outros e sentimos a necessidade de voltar a reunir essas pessoas. Como já trabalhávamos essa questão das cenas vimos que o teatro podia ser uma possibilidade de promover essa reunião. A gente entrou em contato com uma colega nossa, que é psicóloga e trabalhava no acampamento, e decidimos começar a tentar fazer teatro. Ela tinha alguns contatos com grupos de teatro aqui de São Paulo e foi dessa forma que a gente se aproximou de um dos membros da *Cia. Do Latão*, que é o Douglas e ele passou a fazer atividades com o grupo. No início o nosso objetivo básico era esse, organizar a juventude e no máximo apresentar peças dentro do acampamento para a própria comunidade.

Como foi o processo de criação desse espetáculo que vocês apresentaram na Mostra? Ele é o primeiro de vocês ou pelo menos o primeiro que vocês apresentam fora do acampamento?

Mãe Terra - *Posseiros e Fazendeiros* foi o nosso primeiro trabalho, ele já existe há três anos. Foi o primeiro que a gente conseguiu montar inteiro, como uma peça mesmo. E mesmo assim, ela ainda não está terminada.

Para chegar no estágio que apresentamos aqui ficamos esse último mês inteiro só trabalhando em cima dela, acrescentando coisas novas. Além de *Posseiros e Fazendeiros* nós fizemos outros tipos de trabalho, montamos *Por Estes Santos Latifúndios*, que apresentamos no Teatro de Arena, aqui em São Paulo e também uma peça com bonecos gigantes, montada a partir de oficinas com a *Cia. Do Latão* em 2005, quando estávamos indo para a Marcha Nacional. Durante a Marcha nós demos oficinas para outros grupos e na chegada ao congresso nós apresentamos a peça, foi um trabalho bem diferente.

Em que lugares vocês costumam apresentar esses trabalhos?

Mãe Terra - A gente apresenta em acampamentos, assentamentos, igrejas, universidades, escolas, sindicatos, câmaras, nos CEUS (Centros Educacionais Unificados, projeto do Governo de São Paulo que mantinha eventos culturais nas escolas durantes os finais de semana).

Como vocês administram a manutenção desses trabalhos?

Mãe Terra - *Por Estes Santos Latifúndios* apresentamos poucas vezes, porque apresentamos conforme as pessoas pedem. *Posseiros e Fazendeiros* é sempre o pedido que elas mais fazem, então é o que a gente mais apresenta.

E durante esse período, desde a criação do grupo em 2003, vocês fizeram outras oficinas mantendo esses trabalhos?

Mãe Terra - O Douglas sempre ia uma vez por mês ao assentamento, realizávamos atividades nos finais de semana e ele deixava uma tarefa que a gente tinha que apresentar no próximo mês em forma de cena. Quando fomos montar *Posseiros e Fazendeiros* que passamos a nos reunirmos com muito mais freqüência, mesmo quando o Douglas não estava nos reuníamos para trabalhar no final de semana ou mesmo durante a semana. Como ela falou antes, a gente e grupos de outras regionais fazíamos sempre oficinas com a *Cia. Do Latão*. Na Marcha, o teatro com os bonecos gigantes, que chamávamos de teatro procissão, foi feito a nível nacional, cada grande região do país ficava responsável por contar uma parte da história da luta pela terra no Brasil e apresentar na chegada ao congresso. Para montar esse espetáculo nos fizemos várias oficinas com diferentes grupos da Região Sudeste. E sempre que tem algum encontro do movimento, a gente contribui com oficinas, como foi o caso mais recente quando teve o Encontro Estadual da Juventude que o grupo coordenou as oficinas.

E essas oficinas que vocês realizam são feitas a partir desse trabalho que vocês estão desenvolvendo?

Mãe Terra - Sim, sim.

Vocês são um grupo com membros bem jovens, quem está desde o começo?

Mãe Terra - acompanhado de um coro— Todos nós! Menos a Rosa que entrou um pouco depois.

Eu queria que vocês falassem um pouco sobre esse processo das oficinas. Com que frequência vocês ministram oficinas?

Mãe Terra - A gente ministra oficinas quando somos convidados. Então nós fizemos oficinas com a *Cia. Do Latão*, e a partir delas demos oficinas na Marcha Nacional e no Encontro Estadual da Juventude em Ribeirão Preto.

Que outras referências além da *Cia do Latão* fazem parte do trabalho de vocês? De textos, leituras, como vocês dão continuidade a isso?

Mãe Terra - Os textos que fazem parte do nosso repertório de estudo são algumas coisas do Brecht, um dos textos dele inclusive serviu como estrutura para o *Posseiros e Fazendeiros,* que o texto *Horácios e Curiácios*. Pegamos exercícios também do Augusto Boal. Nossa base de estudo e de apropriação técnica é muito a partir do trabalho do Centro do Teatro do Oprimido criado por Augusto Boal, textos e dinâmicas que utilizamos nesse sentido. Também pegamos alguns textos para tentar começar a compreender dramaturgia, então lemos *Édipo Rei*, *Medéia*, algumas tragédias gregas para poder começar a entender um pouco mais o que é drama, o que é épico, o que é tragédia. Enfim. E continuamos com esses estudos sobre dramaturgia, recentemente lemos e vimos o filme: *Eles não usam Black-tie,* e agora estamos lendo *Santa Joana*.

Vocês têm alguém que se responsabiliza por coordenar o grupo?

Mãe Terra - Como alguém já falou, quando resolvemos criar o grupo, convidamos algumas pessoas com mais experiência, tanto em técnica, quanto nos estudos teóricos no campo do teatro. Porque a gente não entrou no teatro pensando: "vamos fazer teatro porque é legal", foi realmente a partir de uma necessidade de reorganização da juventude no assentamento. A gente via que o teatro podia contribuir com isso, porque era algo que os jovens se identificavam, abria uma porta para o debate, a partir das improvisações as pessoas discutiam mais. Quando percebemos isso é que decidimos que íamos tentar montar um grupo de teatro que ia ser bacana. Aí a gente disse: "bom, não sabemos nada de teatro ou quase nada, então vamos atrás de pessoas que possam nos ajudar". Primeiro tentamos o pessoal que estava fazendo Teatro do Oprimido, dentro do movimento não tinha ninguém para acompanhar, porque era uma questão ainda muito nova. Depois entramos em contato também com o pessoal da *Cia. Do Latão*, o Douglas ainda fazia parte da companhia. nessa época e ele que foi contribuir com a gente. A divisão no grupo então é essa: o Douglas coordena o grupo como um todo, as atividades. Mas, é um processo de criação coletiva, todo mundo tem uma experiência própria aqui dentro, dá opinião, diz: "olha eu não estou gostando disso" e tenta mudar. É um processo coletivo, mas com o Douglas coordenando.

E a produção de vocês? Alguém é responsável por essa parte? Ou é um ato coletivo também?

Mãe Terra - É coletivo. Até porque o Douglas não vai ao assentamento com tanta frequência, então não tem como depender totalmente dele, a gente precisa se coordenar. Então o grupo não depende do Douglas para funcionar, ele contribui na parte técnica, mas é um processo bastante coletivo mesmo. Desde estudar o texto, adaptar, fazer improvisações, até chegar em um consenso do que fica mais interessante.

Esses espetáculos que vocês trabalharam até agora tem algo em comum entre eles?

Mãe Terra - Tem um pouco essa coisa dos objetos, a gente tenta usar instrumentos do nosso dia-a-dia, como enxada, foice, facão, enfim, instrumentos de trabalho. Mas, também de luta. Essa é uma característica que têm em quase todas as peças. Que são esses instrumentos do nosso cotidiano, da realidade que a gente vive.

Como é essa relação de apresentar para públicos que conhecem essa realidade que vocês apresentam bem de perto e outros, como eu, que a enxergam totalmente de fora?

Mãe Terra - As apresentações são feitas em lugares com encontros do movimento, universidades, escolas. Então, na verdade são espaços em que a maioria das pessoas já tem alguma consciência da nossa luta também, muita gente conhece pelos meios de comunicação, mas são pessoas que já se identificam com o movimento. Ontem foi o público mais variado que a gente já apresentou, pessoas de várias categorias e classes. A nossa intenção é justamente fazer esse debate, colocar o contraponto em relação à imprensa burguesa, que coloca só de forma manipulada as noticias sobre o movimento. A gente quer mostrar que os assentamentos produzem comida, cultura e, além disso, fazer a denúncia, não só dos conflitos e da violência na luta pela terra, mas de como essa luta é desigual. Denunciar como o agronegócio está estruturado hoje no país e tentar sensibilizar as pessoas para que pelo menos elas reflitam e questionem, para quem sabe tomar uma atitude, umas posição em relação a essas questões. Porque não vai depender do Movimento Sem Terra virar o jogo, se o governo deu verba para o conselho dos fazendeiros, como é que vira esse jogo? Não depende só do movimento, porque nós somos uma porcentagem muito pequena da sociedade, tem que acontecer uma junção de todos os movimentos, de todas as categorias, fazer uma bandeira única, se quisermos alterar essa estrutura social que está colocada. Tem essa coisa de apresentarmos para públicos que conhecem a situação do espetáculo, mas teve uma vez que a gente apresentou em um assentamento em Itapeva e estava tendo um fórum dos assentados e a reação de algumas pessoas foi totalmente contrária ao que a gente estava fazendo, elas saíram inclusive no meio da peça, porque eles eram alunos de uma faculdade em Piracicaba, eu acho, que estudavam essa questão do agronegócio, então, eles saíram no meio do espetáculo: "não, não vou assistir isso", foram poucos, mas foi uma reação completamente diferente do que a que a gente vinha recebendo.

Eu fiquei curioso de saber se, durante o processo, vocês realizam algum tipo de treinamento, algo como fazer exercícios de forma contínua que não tenham a ver com o espetáculo?

Mãe Terra - A gente faz parte desse grupo de teatro, mas ele faz parte de um grande contexto dentro do movimento. Por exemplo, o movimento está organizado em vários setores e existe o setor de cultura, que é no qual a gente está diretamente inserido. Ele é organizado de acordo com as regionais, os estados e mesmo em nível nacional. O setor de cultura também é dividido em várias frentes, tem a frente de música, por exemplo, frente de teatro, frente de artes plásticas, enfim. E aí existem espaços de cursos dentro dessas várias áreas. Eu e a Maria, por exemplo, participamos de um curso aqui em São Paulo, na Escola Nacional do Movimento, que é de formação na área de arte, cultura e comunicação. Então não seria um espaço de treinamento, porque a gente não vai muito nessa lógica, mas um espaço de formação contínua e de troca a nível nacional, porque existem pessoas de vários estados, inclusive de teatro e a gente se reúne para trocar experiências. É um espaço que vários grupos se apresentam, um espaço em que assistimos filmes, fazemos análises de música, de peças de teatro, de poesia, é a forma que a gente tem de estar se aperfeiçoando e também percebendo como está a nossa produção. Mesmo porque a gente acredita que a cultura que queremos é diferente dessa cultura que está aí fora, na sociedade. E buscamos uma coisa justamente diferente disso. Então, participamos do grupo, mas nos vários espaços do Movimento a gente está constante formação. Participamos de cursos, de seminários, congressos. Então acreditamos que a grande escola é o MST. A gente pode aprender várias coisas e depois passar para o teatro. Coisas novas que aprendemos e que podem ser colocadas nas peças.

O MST é uma escola.

Mãe Terra - Tem essa coisa do Movimento, de apostar em um processo de formação contínua que é onde a gente analisa as produções, dentro do que estamos desenvolvendo. Tentando analisar criticamente, de fato, não passando a mão na cabecinha. Só porque a gente faz é bom? Não é. Precisa ter qualidade, levar a alguma coisa. Não é simplesmente apresentar e sair fora, precisa trazer algo além. Especificamente dentro do grupo essa questão da formação contínua tem a ver com a intensidade do trabalho nos ensaios. Por exemplo, para apresentar aqui na Mostra, ficamos esse último mês inteiro trabalhando muito, tanto em produção quanto em ensaio, dá para pensar numa intensificação do processo. Mas, quando não tem isso da apresentação, a gente tenta se encontrar pelo menos uma vez por mês para continuar desenvolvendo o trabalho.

É assim o processo de formação?

Eu acho que esse processo de formação se dá quando a gente está montando a peça. Porque durante a gente lê muito, revistas, jornais e acaba desenvolvendo uma formação política a parte do espetáculo. A gente primeiro pesquisa para depois usar na peça. Isso é bom, porque dá para sentir que você está aprendendo cada vez mais. Por exemplo, se alguém na escola pergunta sobre o agronegócio, ninguém vai saber o que é, mas eu, por causa do teatro, vou poder responder. Eu sinto que depois que entrei no teatro fiquei muito mais politizada do que qualquer um na minha sala.

Mãe Terra - Ela, quando entrou no grupo tinha nove anos, é a nossa mascote.

CIA DO MIOLO

Renata Lemes respondeu o questionário em Julho de 2014

Como é a trajetória do grupo desde seu momento de fundação?

O grupo realizou sua primeira estreia em 2003, tendo como desejo desde o primeiro momento encontrar o público que estava nos espaços da rua. Nesta busca realizou sob um pequeno palco itinerante o espetáculo de matriz popular, *O Burguês Fidalgo*, e um segundo trabalho do mesmo autor (Molière), *O Doente Imaginário*. Após essas experiências o grupo resolveu investigar a rua como matéria para seu treinamento e dramaturgia, e assim verticalizar seu trabalho neste espaço, tendo a própria urbanidade como ponto de partida e possibilidade de encontro com seu espectador. Assim, os trabalhos que seguem - *Ao Largo da Memória, Alice!* uma adaptação urbana da obra de Lewis Carrol; *Amores No Meio-Fio, Taiô* e *Relampião* revelam o caráter autoral do grupo e sua intensa conexão com as ruas da cidade de São Paulo. Atualmente, o grupo se debruça sobre a temática do esgotamento do corpo na contemporaneidade, que tem estreia marcada para setembro próximo com titulo provisório de *A Terceira Margem da Rua*.

Como o grupo está estruturado? Quantos atores, técnicos e diretor (a) trabalham no coletivo?

Somos em cinco atores, um produtor, um diretor musical, um diretor de cena/atores, um dramaturgo (convidado) e um assistente de direção (convidado)

De onde surge a criação dos espetáculos? De textos? De ideias do grupo?

Nosso trabalho está muito ligado à trajetória do grupo. Os trabalhos novos sempre surgem de uma inquietação artística que tem relação com o momento que estamos vivendo, o espaço que estamos ocupando na cidade, mudanças pessoais e artísticas. Em geral, os textos são feitos dentro do próprio grupo com um dramaturgo convidado para este fim.

O grupo tem um tipo específico de ator, com características que definem a identidade do grupo? Vocês trabalham com processos de treinamento do ator?

Sim, ao longo de onze anos de história trabalhando na rua, desenvolvemos uma série de procedimentos, voltado principalmente para o treinamento do ator na rua. De fato, o trabalho do ator tem sido uma das principais marcas de nosso trabalho, e nossa principal materialidade para a cena.

Vocês podem detalhar qual seria o eixo da pesquisa do grupo?

Nosso eixo principal é o ator (corpo) x a rua (cidade). Esse embate na busca de possíveis encontros.

Você trabalham para algum tipo de espaço cênico específico? Quais tipos de espaço são mais habituais nas montagens do grupo? Vocês já sabem em que espaço vão apresentar quando estão criando o espetáculo? Já ensaiam nele?

Não sabemos de antemão qual será o espaço, sabemos apenas que será na rua. Experimentamos vários espaços à medida que o argumento/texto vai se esboçando. Fazemos treinamento na rua e também em sala. Mas, o espaço para nós é também elemento dramatúrgico.

Vocês procuram um tipo de público em particular?

Não, mas um tipo de relação particular com o público.

O grupo tem como hábito registrar o trabalho? Como é feito esse registro? Por profissionais ou pelo próprio grupo? Existe um arquivo organizado?

Registramos muitas coisas em vídeo, com pequenas publicações ao fim de cada processo. O vídeo é feito em parte por nós, e em parte por profissionais convidados para este fim. Nosso acervo não está sistematicamente organizado, apenas em linhas gerais por projeto.

Que critério vocês usam para selecionar as imagens representam o grupo e são utilizadas na divulgação? Isso fica mais perto do real da cena ou se faz uma escolha mais relacionada com uma ideia publicitária?

Escolhemos as fotos que melhor darão uma ideia do espetáculo. Fotos do espetáculo mesmo.

Como é processo de produção para o grupo? Como o grupo se relaciona com as leis de incentivo à cultura e os diferentes tipos de fomento?

Fazemos projetos para todos os editais públicos, tanto os que são programas e leis, vias editais diretos, quanto os de incentivo como o PROAC ICMS, ou via empresa. Mas, nossa principal fonte de recursos, é a Lei Municipal de Fomento ao Teatro para cidade de São Paulo, que permite um aporte maior para grupos com pesquisa continuada.

O grupo tem ou teve algum patrocínio permanente?

Não permanente, a cada edição é uma nova concorrência, e nem sempre se consegue ser contemplado duas vezes em seguida.

Como o grupo se mantém financeiramente?

Principalmente com os editais públicos, e um pouco também de venda de espetáculos para SESC e Festivais.

Vocês ministram oficinas? Em que circunstâncias?

Dentro dos nossos projetos sempre trabalhamos com atividades de formação. E nos projetos pela Lei de Fomento ministramos oficinas em escolas públicas em ações continuadas.

No que se referente às oficinas que o grupo ministra, vocês utilizam algum referencial teórico, vocês tem um projeto pedagógico?

Sim, nossas atividades de formação só começaram a acontecer após seis anos de trabalho continuado na rua, quando percebemos que tínhamos uma série de procedimentos e experiências que poderiam provocar um pensamento sobre pedagogia teatral e assim realizarmos ações pedagógicas. O objetivo destas ações é relativo à formação de espectadores, conectadas ao uso do espaço público. Utilizamos alguns autores como Flávio Desgranges, Milton Santos, entre outros.

Vocês fazem parte de alguma organização ou movimento de teatro de grupo da cidade ou do país? Porque?

Sim. Movimento de Teatro de Grupo em SP e Redemoinho/BR. Porque compreendemos a importância de discutir e ampliar o modo de produção teatral em grupo.

Como o grupo definiria o Teatro de Grupo?

O teatro de grupo é o campo mais complexo e mais possível para a criação de um teatro contundente e conectado à sociedade.

Argus-a

Artes y Humanidades / Arts and Humanities

Los Ángeles-Buenos Aires

2015

www.ingramcontent.com/pod-product-compliance
Lightning Source LLC
Chambersburg PA
CBHW020718180526
45163CB00001B/25